西宮神社文書

第二巻

西宮神社文化研究所編

清文堂史料叢書　第135刊

清文堂

西宮神社文書第二巻　目次

凡例　xxxii

吉井文書五

一三〇　信州持田市之進身許調一件壱冊　文化一三（一八一六）・六・二三　二三〇……1
一三一　広西両宮覚壱冊　年月日未詳　二三一……3
一三二　広田・西宮社記稿壱冊　年月日未詳　二三二……6
一三三　十箇條別廉書壱冊（広田社・西宮社明細書上）　明治三（一八七〇）・七・二九　二三三……9
一三四　広田神社御伝略記壱冊　明治二（一八六九）・一一・二四　二三四……22
一三五　恵美酒大神縁起壱冊　年月日未詳　二三五……34
一三六　神祇官十箇條区別書上沙汰書壱（通脱カ）　明治三（一八七〇）・六・二八　二三六……35
一三七　広西両宮覚壱通　年月日未詳　二三七……35
一三八　兵庫県供米請書壱通　明治三（一八七〇）・五・一二　二三八……36

一三九　広田神社祈願書三通　嘉永七（一八五四）二・二一……二三〇　36
1　〔葉室長順奉書〕（外夷攘服国家清平御祈につき）
2　〔坊城家雑掌連署状〕（異国船渡来につき御所表より御内願御祈禱につき）
3　〔某沙汰書〕（異国船渡来につき叡念御内願御祈禱につき）
一四〇　青山播磨守幸明献上目録壱通（雄剣ほか献上につき）　年月日未詳……二三一　37
一四一　西宮祝部装束吉田裁一件壱通　文政一一（一八二八）・五・二五……二三三　38
一四二　東向良丸一件参通　文政一三（一八三〇）・八・晦……二三四　40
1　口上覚（東向斎宮弟良丸家督出勤の儀御取りはからい下されたく）
2　口上覚（弟良丸吉田家において懸り合これ無き義相違御座なく候につき）
3　乍憚口上（退身のうえ弟良丸へ家督相譲り申したく）
一四三　吉井良郷口上覚壱通（若州・阿州・淡州にて紛敷もの当社似寄の神像札相弘め居り候につき）
万延元（一八六〇）・四・二六……二三五　41
一四四　西宮社人口上覚壱通（神主・社人神像札賦与仕り閉門仰せ付けられ候につき）
元禄二（一六八九）・四・二七……二三六　42
一四五　吉井左京亮訴状壱通（泉州石津社より夷像札賦与致すにつき）
寛延四（一七五一）……二三七　43

一四六　西宮社頭定壱通（開帳につき）　寛政三（一七九一）・二……二三八……46
一四七　西宮関屋役人壱通（関屋役人交代につき）　元禄一三（一七〇〇）・二・二八……二三九……47
一四八　脇指寄進状壱通　宝暦八（一七五八）・七……二四〇……48
一四九　西宮社頭定壱通（開帳につき）　天保一一（一八四〇）・三・一……二四二……49
一五〇　偽神像札停止願壱通（播州辺にて紛敷像札差出候者数多につき）　天明五（一七八五）・二……二四三……50
一五一　辻左内覚壱通（神主名代にて社家・祝部付添人として江戸下向につき）　文政一〇（一八二七）・一一……二四四……51
一五二　銀子借用証文壱通（御本社御神物の内より拝借仕るにつき）　宝暦一二（一七六二）・一一・晦……二四五……52
一五三　辻左内覚壱通（祝部・社役人江戸下向につき）　文政一〇（一八二七）・一一・六……二四六……53
一五四　拝殿勤番定書壱通　元禄一一（一六九八）・五・一……二四七……54
一五五　広田社服忌令壱通　慶長一五（一六一〇）……二四八……55
一五六　吉田装束裁許請書壱通（社家・祝部装束一件につき）　文政一二（一八二九）・九・二五……二四九……56
一五七　祢津為右衛門書状壱通（来年頭御礼勤方につき）

一五八　神楽所之定壱通（夷社開帳につき）
年未詳・一二・二四　二五〇………58
一五九　吉井良秀口上覚壱通（寺社家出金取集めの御触書につき）
文化八（一八一一）・閏二　二五一………59
一六〇　吉井宮内訴状壱通（臼井左忠らの不法につき）
天明六（一七八六）・八・一　二五二………59
一六一　吉井宮内口上之覚壱通（御裁許御條目頂戴仕りたきにつき）
正徳三（一七一三）・一一・一一　二五三………60
一六二　西宮・広田祝部訴状壱通（神職相続仰せ付けられたきにつき）
正徳四（一七一四）・五・二六　二五四………63
一六三　合壁関係文書参《ママ》通
正徳三（一七一三）・一一・一一　二五五………65
1　借用申合壁之事（畔に用い用水のやしないに仕るにつき）
寛文七（一六六七）・三・一〇　二五六………66
2　借申合壁之事（畔に用い用水のやしないに仕るにつき）
一六四　田地売券壱通（字大田九畝拾三歩につき）
寛文八（一六六八）・一二・二四　二五七………67
一六五　鈴木左一書状壱通（上着祝い・奥州須賀川三嶋木父子一件などにつき）
年未詳・一二・一七　二五八………67

一六六　鈴鹿氏連署状壱通（攘夷祈願仰せ出され候につき）
年未詳・三・四　二五九……68
一六七　家普請一札壱通（木を植え申すまじき旨につき）
享保七（一七二二）・一二・三　二六〇……69
一六八　吉井宮内口上覚壱通（夷散在願人へ免許証文交付仕りたきにつき）
正徳五（一七一五）・正・一一・一六　二六一……69
一六九　広西両宮境内絵図弐枚
年月日未詳　二六二……70
一七〇　萩原二位書状壱通（内々頼置候勅問の儀につき）
年月日未詳　二六三……73
一七一　御旅所世話人振舞献立壱通
文化六（一八〇九）・六・二六　二六四……73
一七二　広田社々司先触壱通（禁裏御用につき）
年未詳・九・二〇　二六五……74
一七三　社中水茶屋証文壱通（境内にて水茶屋仕るにつき）
享保七（一七二二）・六・一　二六六……75
一七四　神像頒布願壱通（神像札賦与免許状雛形）
年月日未詳　二六七……76
一七五　広田宮役人物成請書壱通
元禄一二（一六九九）・二・二五　二七〇……76
一七六　広西両宮覚壱通（西宮・広田両社由緒につき）
寛永一一（一六三四）・四・二八　二七一……77

一七七　神人差上証文壱通（祝部堀江忠兵衛由緒書上）　享保五（一七二〇）・四　二七二……79
一七八　広田社領書上壱通　天保三（一八三二）・一一　二七三……80
一七九　鷲林寺境内社家支配願壱通　元禄五（一六九二）・一一・三　二七四……81
一八〇　先祖親類書壱通（東向左膳につき）　享保五（一七二〇）・四　二七五……82
一八一　明礬掘出願弐通　宝暦五（一七五五）・五／六　二七六……84
　1　乍恐御願奉申上候（広田社境内の明礬にて商売仕りたく）
　2　一札証文之事（広田社境内の明礬にて商売仕る儀につき）
一八二　広田馬落道標建石願弐《ママ》通　宝永三（一七〇六）・九・一八　二七七……86
一八三　西宮神主差出書弐《ママ》通（社家郷村々舟坂村山論につき）　享保一六（一七三一）・一〇　二七八……86
一八四　地替証文弐《ママ》通　享保九（一七二四）・四　二七九……87
　1　地替手形之事（広田大日堂畑・道筋地替につき）
　2　地替之事（広田大日堂畑・道筋地替につき）

吉井文書六

一八五　大塩父子申渡書壱綴　年月日未詳……289
一八六　広西両宮禁制弐通　享保一九（一七三四）・九……290
1〔夷社禁制〕
2〔広田社禁制〕
一八七　西宮境内絵図壱枚　年未詳・九・一七……290
一八八　境内境保証一札壱通（新堤築直にあたり名次山御社地へ入込候につき）　文化七（一八一〇）・五……293
一八九　東向斎宮口上覚壱通（私儀心得違いにつき退身、家督の儀弟良丸へ相譲りたく）　文政一三（一八三〇）・八……293
一九〇　東向斎宮差上一札壱通（上ヶ原新田村氏神八幡宮支配神主吉井但馬守・上ヶ原新田村庄屋仲右衛門両人に相究候につき）　嘉永五（一八五二）・四・一……295
一九一　吉井良郷口上書壱通（今般御一新に付、先規仕来の通諸国へ像札賦与の儀御免許成下されたく）　慶応四（一八六八）・七・二七……295
一九二　半田小平次書状壱通（其許配下杉中治部、当役所へ相訴候につき）　年未詳・八・一四……296
一九三　広西両宮書上壱通　享保一五（一七三〇）・五・五……297

一九四　西宮絵馬堂新建願壱通　宝暦一一（一七六一）・九・一三　二九一……98
一九五　寺社山伏江戸年礼触書壱通　享保一六（一七三一）・一一　二九二……99
一九六　神道裁許神文壱通（神道秘訣口伝の書共相伝に預かるにつき）　宝暦八（一七五八）・八　二九四……100
一九七　神馬寄進状壱通　年未詳・一一・九　二九五……100
一九八　納米請書壱通（御会殿所社地より修理料米神納の旨儀定につき）　享保一一（一七二六）・六　二九六……101
一九九　鳥居跡借屋願壱通（鳥居跡の社地ほか除地につき修理料のため借屋・畑地に仕りたく）　享保一一（一七二六）・三・二四　二九七……102
二〇〇　旧地開発願壱通（広田社所替につき、唯今迄の社地跡境内の儀修理料のため畑地に仕りたく）　享保一一（一七二六）・三・二四　二九八……104
二〇一　広西両宮神田神文儀（議）定壱通（広田社跡地ほか修理料の畑に仕るにあたり神納銀の儀につき）　享保一一（一七二六）・六　二九九……106
二〇二　田村伊織口上覚壱通（広田・西宮両社社家・祝部共官位神祇官様御執奏下されたきことなど）　慶応四（一八六八）・六　三〇〇……107
二〇三　鈴鹿氏連署状壱通（禁裏御所より其社頭へ御奉納米あらせられ候旨仰せ出され候につき）

二〇四　吉井良郷口上書参通《ママ》（年始拝賀のため上京にあたり献上物・着服の儀御伺いにつき）
年未詳・一〇・一七　三〇四……108
二〇五　吉井良郷口上書壱通（摂州広田・西宮両社御寄附米の義御許容下されたく）
明治三（一八七〇）・正・一九　三〇五……108
二〇六　御教書請書壱通
慶応四（一八六八）・七・二七　三〇六……109
二〇七　吉井良貫口上覚壱通（広田大神宮社領田地弐反につき）
嘉永六（一八五三）・一二・三　三〇七……110
二〇八　辻兵部口上書参通
天保三（一八三二）・二・一六　三〇八……110
1　一札之事（名古屋御支配下一件につき）
2　請書之事（帰役御聞済につき）
3　乍恐口上（辻兵治帰役仰せ付けられ下されたく）
文化四（一八〇七）・九～文化六（一八〇九）・一二　三〇九……110
二〇九　東向左膳口上覚壱通（老年につき御両社上官の社家職忰斎宮に相譲り申したく）
寛延三（一七五〇）・九・二一　三一〇……112
二一〇　拝殿勤役懈怠詫状壱通（社役差揚の儀御赦免下さるにつき）
年未詳・八・六　三一一……112

二一一　堀田右内追訴連判状壱通（堀田右内仕方悪敷につき当地御役所へ願書差し上げたく）
宝暦四（一七五四）・一二……113
二一二　東向左膳口上覚二通
享保三（一七一八）・三・一一／一一……114
1　口上書之覚（社役出勤にあたり御神領米配分の儀につき）
2　以書付願申上候（跡目社役出勤仰せ付けらるにつき）
二一三　東向左膳口上覚壱綴
文政一三（一八三〇）・八・晦……114
1　乍憚口上（退身のうえ弟良丸へ家督相譲り申したく）
2　口上覚（弟良丸吉田家において懸り合これ無き義相違御座なく候につき）
3　口上覚（東向斎宮弟良丸家督出勤の儀御取りはからい下されたく）
二一四　西宮社議定壱通（江戸支配所・散在願人役銭・江戸年頭礼につき）
享保一一（一七二六）・一一……116
二一五　黄衣神人次郎左衛門口上書壱通（忰善次郎祝部社役に罷り出でたく）
宝永三（一七〇六）・二・一八……117
二一六　地頭金口上覚参通
文化四（一八〇七）・七・八／七・一一……118
1　口上覚（福井町泉屋八左衛門より相手取られ候預ヶ銀出入、切金に相成候儀につき）
2　口上覚（預ヶ銀出入一件にて私共居所御朱印地・除地・年貢地の別御尋ねにつき）
3　乍恐口上（福井町泉屋八左衛門預ヶ銀出入一件にて身分の儀一通り御尋ねにつき）

二一七　御神領米之連印状壱通（東向左膳御神領米配当の儀につき）　享保三（一七一八）　三二一……120
二一八　杉中治部済口証文壱通（檀那場・借金などの儀につき）　寛保二（一七四二）・九・二　三二二……121
二一九　銀子（ママ）預り証文壱通（西宮役人蓑和田要人借用金拾六両につき）　寛保二（一七四二）・九　三二三……121
二二〇　銀子（ママ）預り証文壱通（社用金のため京都西永検校殿下の衆中官金のうち金三両六分につき）　寛保二（一七四二）・九　三二四……122
二二一　蓑和田要人宗旨一札壱通（御当地居住にて摂州西宮社役相勤めるにつき）　元文五（一七四〇）・四　三二五……122
二二二　服部民部口上書壱通（上京・西宮御本社御開帳に参上仕りたく）　延享元（一七四四）・五・一一　三二六……123
二二三　飯田多宮・大沢兵部口上之覚壱通（堀田右内儀諸士方より返済の金子自分借金に引次返済の儀などにつき）　寛保二（一七四二）ヵ・九　三二七……124
二二四　公儀御條目壱通（尾張藩吉利支丹宗門禁制）　寛文八（一六六八）・五（八）・八　三二八……125

二二五　公儀御條目壱通（道心者・行人ほか宗教者取り扱い方につき尾張藩達）
寛文七（一六六七）・三・一八　三二九………125
二二六　公儀御條目壱通（諸社禰宜神主法度）　寛文五（一六六五）・七・一一　三三〇………126
二二七　山本主膳口上覚弐通　寛保二（一七四二）カ・九／九・一二　三三一………127
1　覚（美濃・伊勢配札の儀願うにつき）
2　乍憚口上之覚（信州高遠城下御領分ほか檀那場六ヶ所願いを以て飯田嶋屋彦左衛門方借金返済の儀につき）
二二八　社家法度壱通（尾張様御條目）　元文五（一七四〇）・二・六　三三二………128
二二九　公儀御條目壱通（社家職について相続・他出届けなどにつき）　元文五（一七四〇）・二　三三三………129
二三〇　西宮代官職以下諸職覚壱通　年月日未詳　三三四………130
二三一　配下覚（配下人名書上）　年月日未詳　三三五………130
二三二　山村司・山崎条馬書状（能登守領分北条村宮本大和・宮本伊勢両人、配下にもつかず蛭子守札幷御祓等賦与いたし候由につき）　年未詳・六　三三六………131
二三三　山本主膳口上覚壱通（濃州恵那郡大井について、私檀那場のところ蓑和田要人賦与像代残らず御引取りにつき）　寛保二（一七四二）カ・八　三三七………132
二三四　飯田多宮口上覚壱通（蓑和田要人、勢州菰野御領分五十三ヶ村檀那場の取り扱い不法につき）

二三五　大沢兵部口上之覚壱通（蓑和田要人、金子借用・檀那場取り扱い不法につき）
寛保二（一七四二）ヵ・九　三三八……133
二三六　尾州八郡村附御修理料附壱冊
寛保二（一七四二）・九　三三九……134
二三七　蓑和田要人定書壱袋（西宮職分勤方につき）
年月日未詳　三四〇……135
二三八　尾州配下人別覚壱袋
元文五（一七四〇）・二　三四一……137
二三九　杉中治部訴状壱袋（檀那場飯田領相戻り申す様に仰せ付け下されたく）
文化六（一八〇九）・一一　三四二……138
二四〇　書状留壱冊（諸家贈答の書翰うつし）
寛保二（一七四二）・八　三四三……140
1　〔宗田越前書状〕（私老年につき来暮御下向の節万端の処仰せ付け下されたく）
年未詳・六・一九／八・三／八・一三／八・一八／八・一九　三四四……142
2　〔正木伊勢守書状〕（宗田越前老衰につき田波紀伊へ役儀相続仰せ付け下されたく）
3　〔宗田越前書状〕（諸国山々寺社本寺・本社より江戸表へ出張旅宿勧化処等厳敷御尋につき）
4　〔書状別紙〕（仙台表御社納金の儀につき拙者当月中に仙台へ罷り下り相糺すべく）
5　〔吉井陸奥守書状〕（諸国諸寺社本寺・本社より出張旅宿勧化所に神前・仏壇等錺置候儀、江戸中一統御差留仰せ付けられ候趣につき）

6 〔辻兵治・東向斎宮書状〕（宗田越前年老につき田波紀伊守へ跡御役儀の事願書差し出され候につき）
7 〔辻兵治・東向斎宮書状〕（諸国寺社本寺・本社より江戸表へ出張旅宿勧化処等御吟味これ有り、御支配所御神前是迄之通にて相済かたき由承知につき）
8 〔宗田越前書状〕（私老年につき田波紀伊守へ諸役仰せ付けられたく）
二四一 高津左近追証文壱通（御役人中より御不審の筋御座候につき） 寛保二（一七四二）カ・九 三四五……148
二四二 配下口上覚壱通（蓑和田要人不埒につき社役人相勤申さざるように仰せ付け下されたく） 寛保二（一七四二）・八 三四六……148
二四三 配下連署状壱通（嶋田村勘之丞、西宮御役人中へ願いの儀これ有り、嶋田村百姓共拙者共より添状願出候につき） 年未詳・一二・二七 三四七……149
二四四 谷田部長門守口上覚壱通（触頭方へ神職継目免許の儀御本社幷吉田表へ伺呉候様相頼候得共、伺呉申さず候につき） 寛政五（一七九三）・一一 三四八……150
二四五 大沢兵部書状壱通（年始御礼御祓献上願いの儀などにつき） 寛保三（一七四三）・閏四・一〇 三四九……151
二四六 小林弾正口上覚壱通（私親類安達郡本宮村蛭児社の神職瀧田多膳先年出奔仕り、片平村触頭祠官千木崎近江正兼帯仕る儀につき）

二四七 御神領米割方 寛政六（一七九四）・正 三五〇……153
二四八 諸国配下口上覚壱冊（陸奥国安積郡片平村触頭千木崎近江正支配下中不取計の筋共これ有り候につき） 嘉永六（一八五三）・一一・晦〜万延元（一八六〇）・一一 三五二……155
二四九 蓑和田茂広誓詞壱通（蓑和田要人社役免許につき） 寛政六（一七九四）・三 三五三……163
二五〇 蓑和田要人書状弐通 寛保二（一七四二）ヵ・二・二六 三五五……170
1 〔蓑和田要人書状〕（職分召放され方々流浪につき御救と思召され平職分に仰せ付けられたく）
2 乍憚書附以奉願候御事（職分召放され方々流浪につき御救と思召し平職分に仰せ付けられたく） 年未詳・八・一六／寛保三（一七四三）・八 三五六……171
二五一 広瀬右内・田村右衛門連署状壱通（宗旨除印の儀につき） 年月日未詳 三五七……172
二五二 蓑和田要人社役追放申渡書壱通 寛保二（一七四二）・九 三五八……173

吉井文書七

二五三 吉井神主口上書壱通（宗印除の儀につき） 年月日未詳 三五九……173

二五四　配下不埒覚壱通（蓑和田要人配下不埒の行状書上につき）
寛保二（一七四二）・九　三六〇……176
二五五　美南川芳雄書状壱通（兵部儀今般社役人に御申付候段につき）
年未詳・三・一五　三六一……181
二五六　中尾多内申渡書壱通（御修理料不納不埒などにつき）
年未詳・三・二三　三六二……182
二五七　林主水口上覚壱通（兄金左衛門神職相望候につき）
年未詳・九　三六三……182
二五八　御開帳諸払之記壱冊　寛政三（一七九一）・六・一八　三六四……183
二五九　御開帳勘定仮書壱綴　年月日未詳　三六五……193
二六〇　両社修覆銀預ヶ帳壱冊　安永九（一七八〇）・九　三六六……194
二六一　筒井氏結納諸入用覚壱冊　文化一三（一八一六）～文政四（一八二一）　三六八……197
二六二　吉井書状案壱綴　天保一五（一八四四）・一〇・二五ほか　三七〇……204
1〔吉井但馬守書状〕（魚塩引献上の御礼につき）
2〔但馬守書状〕（御祈禱札差送り候儀などにつき）
3 覚（鮭塩引・初穂など請取につき）
4〔吉井但馬守書状〕（泉州佐野への再答につき）

5 覚（初穂白銀三両請取などにつき）

二六三 吉井良顕送り状壱通 弘化三（一八四六）・閏五ほか 三七一……207
二六四 見世物小屋届書壱通（西宮社境内において小見世物小屋補理貸候につき） 文化一一（一八一四）・一二・一五 三七二……213
二六五 吉角左京書状壱通（免許状改めの御沙汰の儀につき） 年未詳・四・二 三七三……213
二六六 吉井良顕書状壱通（寒中御伺いのため上京仕るべきところ所労にて使者を以て御機嫌伺い奉るにつき） 年未詳・一二・一〇 三七四……214
二六七 神札免許状壱通 弘化三（一八四六）・六 三七六……215
二六八 吉角左京書状壱通（諸国配下免許状交付の儀などにつき） 年未詳・六・五 三七七……215
二六九 吉角左京書状壱通（暑中見舞いにつき） 年未詳・六・五 三七八……217
二七〇 辻大炊・大森主水書状壱通（関東筋支配下御免許状書替の儀につき） 年未詳・八・五 三七九……217
二七一 吉井良行告丹羽先生霊前詞壱通 宝暦八（一七五八）・正 三八〇……218
二七二 松原宮御湯立料寄進帳幷官位着服願下書三冊

1　松原天神宮御湯立料寄進帳　年月日未詳　三八一……219
2　乍恐口上（社家・祝部の官位執奏につき）
3　就官位願趣意書（社家・祝部の官位執奏につき）
二七三　文久三年五月一日覚　幕末史関係壱括　寛政三（一七九一）・正・一三～文久三（一八六三）・六・朔　三八二……221
1　乍恐以書付奉申上候（恵美酒神像開帳につき神宝書上）
2　〔覚〕（大森数馬宗旨人別帳面別帳願いの儀につき）
3　〔覚〕（下関にて異国船打払いの儀につき）
二七四　神明宮遷宮寄附壱冊　年未詳・六・一三　三八三……224
二七五　年貢通壱冊（社家町）　天保五（一八三四）・一二　三八四……226
二七六　隠居普請入用帳壱冊　延享元（一七四四）・一二　三八六……227
二七七　明治初年布告壱通　明治三（一八七〇）　三八七……229
二七八　文化五年三月祝詞壱通　文化五（一八〇八）・三・二八　三八八……234
二七九　安政四年十二月朔旦祝詞壱通　安政四（一八五七）・一二・朔　三八九……235
二八〇　嘉永六年十二月祝詞壱通　嘉永六（一八五三）・一二　三九〇……235
二八一　橘家大元祭式壱通　年月日未詳　三九一……236

二八二　天保十年五月朔旦祝詞壱通　天保一〇（一八三九）・五・朔　三九二……238

二八三　宇都宮直《(真)》名介祭文壱通　年月日未詳　三九三……238

二八四　酒折宮寿詞壱通　寛政三（一七九一）・正　三九四……239

二八五　神代文字梅園信徳記壱通　文化七（一八一〇）・五　三九五……240

二八六　慶応三年十二月祝詞壱通　慶応三（一八六七）・一二　三九六……240

二八七　明治二年八月九日祝詞壱通　明治二（一八六九）・八・九　三九七……241

二八八　清水浜臣懐紙壱通　年月日未詳　三九八……242

二八九　谷田吉右衛門荷物目録壱通　年未詳・一一・朔　三九九……242

二九〇　銀子関係書類壱括　宝暦六（一七五六）・一一～文久三（一八六三）・九　四二一……242

二九一　石燈籠願主人数書付壱通　年月日未詳　四二二……244

二九二　田地売券壱通（上田七畝六歩につき）　貞享三（一六八六）・一二・二五　四二三……245

二九三　畑地譲状壱通（下々畑壱反弐拾弐歩につき）　寛政一一（一七九九）・一一　四二四……245

二九四　田地売券壱通（雛形）　嘉永四（一八五一）・一二　四二五……246

二九五　常夜燈明料寄進請書壱通（燈明油料として金子拾弐両受納につき）　宝永元（一七〇四）・一一・二〇　四二六……246

二九六　社地開発手形二通　延享元（一七四四）・八　四二七……247
1　一札証文之事（御会殿社地蛭子講田に御宛下され候につき）
2　一札証文之事（御茶屋所社地開発にあたり無年貢・半毛期間につき）
二九七　請人関係書類壱括　年月日未詳　四二八……248
二九八　常夜燈明料寄進請書壱通（田畑売券・御手形請取につき）　享保二〇（一七三五）・一二・二四　四二九……250
二九九　金燈籠寄進請書壱通　享保一八（一七三三）・正・一六　四三〇……251
三〇〇　常夜燈明料寄進状三通　享保一二（一七二七）・一二・二一～二三　四三一……251
1　一札之事（夷御神前永代常夜燈明油料として中村田畠弐ヶ所差上候につき）
2　売渡申田地之事（田畑二ヶ所につき）
3　相渡シ申証文之事（油料として差上げられ候中村田畑売券証文受取につき）
三〇一　田地関係書類壱括　宝永六（一七〇九）・四・二五～慶応二（一八六六）・一二　四三二……253
三〇二　ついほ書状弐通　年未詳・五・八　四三三……260
1　覚（木曽徳参らの御祈禱懈怠なく御勤めなさるべき旨）
2　〔書置〕（我引接のため僧へ小判壱両ほか布施になさるべき旨）
三〇三　畑地売券壱通　元文二（一七三七）・一二　四三四……261

三〇四　田地譲渡状壱通　寛政一一（一七九九）・六　四三五……261
三〇五　田地売券壱通　明和元（一七六四）・閏一二　四三六……263
三〇六　畑地譲状壱通　享保一〇（一七二五）・二・二　四三七……263
三〇七　田地売券壱通　延宝四（一六七六）・一二・二五　四三八……264
三〇八　田地返戻証文壱通　享保一八（一七三三）・正・二五　四三九……264
三〇九　田地売券壱通　明和四（一七六七）・一二　四四〇……265

吉井文書八

三一〇　郡山役人願状壱通（御撫物御通行、当宿止宿仰せ付けさせられ候ところ、当日長州様御泊りゆえ宿中壱軒も明宿御座なく候につき）　安政六（一八五九）・三・一九　四四一……266
三一一　久世新吾請書二通　安政六（一八五九）・四　四四二……266
1　差上申一札之事（御本社様より役銭増益致すべき旨仰せ付けられ候につき）
2　奉差上候口上覚（御返答御日延下されたく）
三一二　神納口述壱通（神納品書上）　年未詳・五・四　四四三……267
三一三　田地売券壱通　宝暦九（一七五九）・一二　四四四……268

三一四　請状関係書類壱括（吉井家年季奉公人・人別送り状ほか）
貞享五（一六八八）・八・一三～慶応三（一八六七）・六　四四五……268
三一五　銀子関係書類壱括
延享元（一七四四）・一二～元治元（一八六四）　四四六……270
三一六　銀子関係書類壱括
天明七（一七八七）・一〇～慶応元（一八六五）・一二　四四七……272
三一七　社家祝部職関係書類壱括
享保五（一七二〇）・四～元文四（一七三九）・八・晦　四四八……274
1　仕上ル証文之事（中村祝部橋本治太夫由緒・宗門につき）
2　仕上ル証文之事（中村祝部大森次良兵衛由緒・宗門につき）
3　差上申一札之事（中村祝部大森次郎兵衛、先祖より神職に紛れなき旨）
4　仕上ル証文之事（中村祝部大森某由緒・宗門につき）
5　仕上ル証文之事（中村祝部大森善大夫由緒・宗門につき）
6　〔覚〕（広田村祝部田村某由緒・宗門につき）
7　仕上ル証文之事（広田村祝部広瀬某由緒・宗門につき）
8　以口上書御願申候（祝部大森主水、親跡目相続相勤め申したく）
三一八　神楽講中連名書壱通　年未詳・三　四四九……278

三一九　神楽講中連名書壱通　年未詳・三　四五〇……284
三二〇　吉井宮内口上書壱通（神主継目の節社頭之様子古格共御尋ねにつき）　宝暦八（一七五八）・七　四五一……289
三二一　神前祭主請書壱通（神主差合の節祝部中より祭主相勤候様申付候につき）　文政一三（一八三〇）・六　四五二……291
三二二　神主吉井良明申達書壱通（祝部中の内より祭主定むる儀につき）　文政一三（一八三〇）・六　四五三……292
三二三　吉井良郷願状壱通（恵美酒神像開帳仕りたく）　寛政二（一七九〇）・一〇　四五四……293
三二四　社内住居請書壱通（三ヶ年間御社中へ住居仰せ付けられ候につき）　文化九（一八一二）・六　四五五……293
三二五　吉井良貫口上書壱通（西宮本社屋根檜皮葺替にあたり檜皮等入置候仮屋相建て申したく）　文政一三（一八三〇）・一一・一八　四五六……294
三二六　社家・祝部風折烏帽子裁許請書壱通　文政一一（一八二八）・四・二八　四五七……295
三二七　吉井良秀口上覚壱通（社家高へ用金掛り候につき）　天明六（一七八六）・八・八　四五八……295
三二八　記録請書壱通（公儀御裁許御書物ほか在府社家・祝部へ相渡し申すべき旨）

三二九　茶屋新座敷建願壱通　文政一一（一八二八）・二・八　四五九……296
三三〇　田村織部（衛）口上覚壱通（老年につき悴要人へ社職見習として相勤めさせたく）　文政一〇（一八二七）・一〇・三　四六〇……296
三三一　久世主水口上書壱通（大坂にて神像札賦与仕るにつきその旨御触成し下されたく）　文政一二（一八二九）・一〇　四六一……297
三三二　関屋役人請書二通
1　差上ヶ申手形之事（広田御宮御炊役人に召し抱えられ候につき）　宝暦一〇（一七六〇）・九・二七　四六二……298
2　差上申一札之事（西宮御社中関屋役人に召し遣わされ候につき）　元禄一三（一七〇〇）・二・晦／享保八（一七二三）・六・二三　四六三……299
三三三　宇佐見左中出入済書壱通（遠藤石見守左仲儀を不束者と申立候義御吟味につき）　年未詳・一一・二六　四六四……300
三三四　書状留書壱綴　享保一九（一七三四）・九〜嘉永七（一八五四）・四　四六五……301
1　乍憚御願申上候（親左門老年かつ多病につき跡目の祝部職相勤めたく）
2　乍憚御願申上候（親主膳跡目祝部職相勤めたく）
3　以書附御願申上候（親民部病死仕早速継目御願申し上ぐべきところ幼年につき延引、今般祝部職相続仕りたく）

4　以口上書御願上申候（大石家跡目相続につき神子職出勤仕りたく）
5　〔書付を以奉願上候〕（親清太夫老衰かつ多病につき私神子職出勤仕りたく）
6　〔口上書之覚〕（不束の儀仕り御社頭差扣仰せ付けられ候ところ、何卒差扣の儀御免下されたく）
7　口上書之覚（心得違の儀仕り御社頭差扣仰せ付けられ候ところ、何卒差扣の義御免下されたく）
8　口上書之覚（不束の儀仕り御社頭差扣仰せ付けられ候ところ、何卒差扣の義御免下されたく）
9　口上書之覚（心得違これ有り御社頭差扣仰せ付けられ候ところ、何卒差扣の義御免下されたく）
10　〔広田八幡宮禁制写〕
11　〔夷御社禁制写〕
12　乍憚一札之事（自今已後一己の了簡を以て走足《（マヽ）》の儀仕るまじき旨）
三三五　吉井式部願書壱通（御領分広田村広瀬右内、平生神役の勤方不埒につき急度仰せ付け下されたく）
明和元（一七六四）・一〇・二六　四六六……306
三三六　広瀬右内詫証文（私儀不埒の勤方につき）
明和元（一七六四）・一一　四六七……307
三三七　田村伊織由緒書壱通
天保五（一八三四）・五　四六八……308
三三八　大石長五郎跡目口上書壱通（神子職出勤仕りたく）
寛政五（一七九三）・一一　四六九……308
三三九　田村織衛社職譲願壱通（老年にて社職相勤兼、悴要人へ相勤めさせたく）

三四〇　筒井四郎右衛門覚書壱通（勘定書上）　天保五（一八三四）・一〇カ　四七〇……309
三四一　東山堀（掘）取箇所渡状壱通（広田御宮東ノ山ノ内に粘土これ有るにつき）　年未詳・四　四七一……309
宝暦四（一七五四）・七・三　四七二……310
三四二　神札授与覚書壱通（猥に神像札差出候儀御停止の旨由緒書上）　年未詳・一二　四七三……311
三四三　日記書抜覚壱冊　年未詳・七・二六　四七四……311
三四四　神札賦与願壱綴　元文五（一七四〇）・五　四七五……313
1　乍憚書付以奉願上候（摂州西宮大神宮神像・鎮火安全御祓、紀州御城下・御領分へ賦与仕りたく）
2　〔覚〕（郡山御領知にて賦与仕る旨願うにつき）
3　〔覚〕（下賤卑職の者賦与御停止下されたく、此度賦与仕りたき旨願うにつき）
三四五　東向斎宮竃祓被差留請書壱通　文政七（一八二四）・閏八　四七六……314
三四六　役所返納金通覚壱綴（西永執事都筑勾当房より指越候了簡事・御役所返納金通写）　年未詳・一一・一五　四七七……315
三四七　吉井良郷口上覚壱通（佐州・若州・阿州・淡州信心の輩へ神像札賦与仕りたく）　安政七（一八六〇）　四七八……316
三四八　上納地面譲状壱通（深川越中嶋町平助持来候新田開発之地面凡千弐百坪貴殿方へ相譲り申すにつき）

三四九　田地質入証文留書二冊　明和四（一七六七）・二　四七九……317
三五〇　広田祠官建白書壱冊（広田神社由緒考証につき）　天保九（一八三八）・一〇　四八〇……317
明治六（一八七三）・四　五一九……320
三五一　吉井良信御召状（御召状ほか）　享保一九（一七三四）・一一・二五　五四四……322
1　〔差紙ヵ〕（冷泉家へ御入来あるべく）
2　〔差紙ヵ〕（葉室亭へ御成りならるべく）
3　覚（小高壱帖ほか代銀請取につき）
4　覚（巻数箱ほか代銀書上）
三五二　〔服忌令〕（元禄年中白川二位雅光卿より下し置かれ候御自筆本紙写）　元禄五（一六九二）・六・九　五四五……324
三五三　白川家書上　元禄五（一六九二）・五・二三　五四六……327
三五四　堀江左門由緒書　宝暦九（一七五九）・正　五四七……330
三五五　橋本右門由緒書　宝暦五（一七五五）・一二・二　五四八……331
三五六　広瀬右内由緒書　延享元（一七四四）・七・二三　五四九……332
三五七　田村伊織由緒書　明和四（一七六七）・一二　五五〇……332
三五八　大森善太郎祝部職願書　享保一二（一七二七）・一二・一一　五五一……333

三五九　大森主膳祝部職願書　享保二〇（一七三五）・二・二六　五五二……333
三六〇　堀江忠兵衛社役譲願　享保六（一七二一）・一一・二三　五五三……334
三六一　大森数馬由緒書　明和四（一七六七）・一二　五五四……334
三六二　大森善右衛門祝部職願書　元禄一〇（一六九七）・七・二五　五五五……335
三六三　大森惣右衛門祝部職願書　元禄一〇（一六九七）・八・二八　五五六……335
三六四　大森太郎左衛門祝部職願書　正徳二（一七一二）・一一・四　五五七……336
三六五　大森（ママ）次郎左衛門祝部職願書　正徳四（一七一四）・一二・一一　五五八……336
三六六　大森善右衛門祝部職譲状　享保二（一七一七）・一一・一五　五五九……336
三六七　田村伊左衛門祝部職願　正徳五（一七一五）・一〇・一七　五六〇……337
三六八　大森忠右衛門由緒書　享保七（一七二二）・一一　五六一……337
三六九　大森主膳由緒書　享保二〇（一七三五）・一〇・一　五六二……338
三七〇　吉井良信官位勅許御礼目録　年月日未詳　五六三……339
三七一　橋本治太夫祝部職願　享保一〇（一七二五）・一一・一一　五六四……340
三七二　大森主水由緒書　寛保元（一七四一）・一一・五　五六五……340
三七三　堀江左門祝部職願　宝暦九（一七五九）・正　五六六……341
三七四　田村万（平カ）吉祝部職願　明和元（一七六四）・一一　五六七……341
三七五　大森数馬祝部職願　明和元（一七六四）・一一　五六八……341

三七六　広瀬右京由緒書　享和三（一八〇三）・一一　五六九……342
三七七　広瀬兵馬由緒書　天保五（一八三四）・二・一九　五七〇……342
三七八　吉井良信口上覚（伐竹木の節届間敷の断りにつき）　享保二（一七一七）・□・二四　五七一……343
三七九　辻兵治社役願　天明五（一七八五）・一二・七　五七二……344
三八〇　辻大炊社役願　天保七（一八三六）・一一・二〇　五七三……344
三八一　口上書（村役並の夫役助勤仕候義、其訳御尋につき）　年月日未詳　五七四……344
三八二　関屋役人請証文　享保二（一七一七）　五七五……345
三八三　神子職関係書類壱括　寛保二（一七四二）・一一～文政九（一八二六）・一一　五七六……346
1　御拝借仕候金子之事（宗田勝之進御本社へ両度罷登候路用金六両につき）
2　以書付御願申上候（同職瓶子源兵衛法外不埒の事共多く御座候につき）
3　口上覚（母服中に淡州岩屋浦講中よりの依頼にて猟事祈禱・浜祭など相勤候儀不調法につき）
4　以口上書御願申上候（紅野家跡目相続につき神子職に出勤仕りたく）
5　以口上書ヲ奉願候（親源兵衛病気につき神子職に私出勤仕りたく）
6　添送り一札之事（但馬国朝来郡栗麻（粟鹿カ）村嘉七郎・悴久兵衛御社中御帳面へ御書加え成るべく）

7　差上申一札之事（御社用向休役のところ帰役願い御許容成し下され候につき）
8　差上申手形之事（広田御宮御炊役人に召し抱えられ候につき）
9　差上申手形之事（広田御宮御炊役人に召し抱えられ候につき）
10　以口上書願申上候（紅野家跡目相続につき神子職に出勤仕りたく）
11　以口上書奉願候（跡目相続につき神子職に出勤仕りたく）
12　一札之事（向後淡州浦へ罷越し候儀堅く仕るまじき旨）
13　以口上書御願申上候（大石家跡目相続につき神子職に出勤仕りたく）
14　以口上書御願申上候（紅野家跡目相続につき神子職に出勤仕りたく）
15　以口上書御願申上候（大石家跡目相続につき神子職に出勤仕りたく）
16　差上申一札之事（御家来分に御召し加え下され候につき）
17　以口上書御願申上候（神子職中絶のところ、先祖の筋目につき相続仕りたく）
18　仕上ル由緒証文之事（西宮神子紅野治左衛門につき）
19　覚（吉井宮内改易已後仰せ付けられ候新社役人書上）
三八四　三嶋木紀伊守口上之覚壱綴（白川家中片岡右馬丞との借用金出入につき）
年未詳・正・五　五七七………356
三八五　田畑下作請書（広田御炊役人平助下作地につき）

三八六　田村伊織由緒書壱通　宝暦一二（一七六二）・四・一二　五七八……359
天保五（一八三四）・五　五七九……360

解　題（松本和明）　361

『西宮神社文書』第一巻・第二巻所収史料年代順総目録（松本和明）　453

【凡　例】

一、史料中の改行箇所については、解読上支障がない限り、特に改行せず追い込みとした。また、適宜読点「、」と並列点「・」を付した。

一、用字については原則として常用漢字を使用し、異体字・略字・俗字などはこれに改めた。但し、以下のものについては、原本のまま使用した。

尽（盡）・侭（儘）・燈（灯）・龍（竜）・籠（篭）・躰（体）・檜（桧）・〆（貫・しめて）・忰（倅）・麁（粗）・斗（計）・（吒）（曄）・闕（欠）・扣（控）・竒（奇）・刁（寅）・噯（扱）・曽（曾）・條（条）・壬（閏）・嶋（島）

一、変体仮名は平仮名に改めた。但し、助詞の者（は）・江（え）・而（て）・与（と）・茂（も）・而已（のみ）はそのまま残し、活字の級数を落として記した。また、祝詞については原本通りとした。

一、合字の「より」・「して」などは使用せず、すべて平仮名・片仮名に改めた。

一、監修者による校訂は（　　）に入れ、傍注とした。誤字の場合、正字がわかる場合には正字を傍注に示し、正字が不明の場合には（ママ）とした。但し、「播摩」（播磨）・「百性」（百姓）・「是悲」（是非）・「参烈」（参列）・「大阪」（大坂）などについては原本通りとした。また、脱字は（―脱ヵ）、衍字は（衍ヵ）などと付した。

一、幕府老中・寺社奉行や社参の大名などについては藩名・諱を、大坂町奉行などについては役職名・諱を、それぞれ（　　）に入れ、傍注とした。

一、大名・旗本・藩士の姓名は明らかに誤字であっても原本通りとした。但し、誤字により人名が特定できない恐れのある場合には適宜傍注を付した。

一、人名・地名・語句について、平仮名・片仮名で記されている場合、漢字を（　）に入れ、傍注とした。人名・地名については基本的に同一史料の初出箇所、語句については監修者が必要と判断したものについて、同じく同一史料の初出箇所に付した。但し、便宜上複数箇所に付している場合もある。

一、破損や筆耕者が判読できていない箇所については、字数分を□で示し、字数が不明の場合には［　］で示した。筆耕者が判読できなかったと判断できる場合には右傍に（欠）と付した。

一、訂正・重ね書き・抹消などについては、左傍に見せ消ち記号「〻」を付し、右傍に訂正後の文字を記した。判読できない場合は字数分をくで示した。

一、花押・印などは筆耕通りに記した。花押が筆写されている場合は（花押）とした。

一、表紙・裏表紙・裏書・異筆・付紙・貼紙・欄外・挟込文書・挿入一紙・補入などについては、その文言を「　」で囲み、右傍に（表紙）などと記し、適宜そのあった場所を示した。但し、四角で囲い、その右傍に（表紙）とする場合は厚紙の表紙であり、本文中にて右傍に（表紙ヵ）として「　」を付してある場合は、史料表題より冊形式の表紙と想定したことを示す。また、付箋などの文言が原稿用紙の上部に記録されている場合、付箋の注記は「　」に入れて「付箋、右ニ付」などとし、右傍には（行頭書込み）などと記した。

一、敬意を示す表現については、闕字は一字あけ、平出は二字あけ、擡頭は二字あけのうえ右傍に（台頭）と傍注を付した。但し、追い込みにする上で、これらの表現が行頭・行末にくる場合があるが、その場合は適用していない。

一、前記のほか、体裁ならびに用字については、基本的に筆耕通りとした。

一、筆耕された順番に従い配列し、新たに漢数字にて史料番号を付した。なお、筆耕時・ないし史料調査時に付されたもとの史料番号はアラビア数字にて史料年月日の下に記した。また、史料表題については原史料の形状を示す情報が含まれていることもあり、基本的に調査時に付された表題をそのまま採用した。無表題の史料については、内容から表題を付し、亀甲括弧で括った。表題以下の見方は以下の通り。

(例)

一(史料番号)　年頭書状四通(史料表題)　年未詳・正・七(年月日)　40(もとの史料番号)

一、本書のうち、一部に現在の人権意識からみて明らかな身分的差別表記がみられるが、歴史的身分制度を科学的に研究し、その理解に供するため、そのまま掲載した。

（表紙）
吉井文書　五

一三〇　信州持田市之進身許調一件壱冊

文化一三（一八一六）・六・二三　　一二〇

御答口上書

一、信州持田市之進穢多共より借金仕候様御承知被為下候者、以之外相違ニ御座候、左様之義ニ候へハ市之進如此去年より身代畳之程之難義ハ不仕候、此訳（ママ）告達而二月廿五日出シ之書状猶又折々も委細申上候而奉存候、村長百姓善左衛門おもつて穢多共方より市之進へ申入レ候者、西宮神職配札仕候者中々百姓一同ニ者不相成候、附合等一同ニ仕度候ハヽ、私共へ手立仕、右職より足あらひ金可遣候由書申ニ付、市之進之留主宅へ右善左衛門参り、市之進女房江右種々之悪口、西宮神職穢多之手下成由抔いろ〳〵申聞、則市之進妻より金子壱両壱分請取、穢多共へ下ヶ遣シ候、其後市之進帰宅ニ而大ニ驚、早速触頭ヲもつて拙者へ相尋候ハ、右之仕合彼等申如く西宮職分ニ賤シき筋ニ而も有之候事哉と市之進相尋候故、乍恐西宮之御本社御結諸（由緒）等委細物語為聞候所、市之進得と承知仕、去亥正月十八日願書相認、村役人より段々大庄屋へ持出シ候所、兎角西宮神職下賤之筋ニ取あつかい候故、市之進承知不仕、勿論相手方忠二郎・源四郎外廿余人之訳者此度御覚之御方へ口達ニ而可申上候、一統ニ西宮職下賤と心得候村役人ヲ始、相手方同所ニ御座候故、百姓方之屓贔而已、市之進ハ壱人苦しミ候、此儘に捨置候てハ近国迄之評判ニ御座候故、大（第カ）一御本所様御威光ニも掛り御瑕瑾ニも可相成候故、是ヲ受込明暮御添翰待暮し申上候

一、松平丹波守（信濃松本藩主・光年）殿江通達之事者、再応申上候通り去年正月下旬より松本組・諏（訪）方組之触頭ヲ以テ串之歯ヲひく如く願書乞付、去年四月江戸御留主居細見勘右衛門殿

江以願書願ひ出、御国元御糺し御調被下候様願書差出し候、市之進之村役人を始、西宮職分悪く思ひ居候故ニ而市之進へ申候者、右職分相止め之一札可出、尚又候事を止め候共可仕申候へ共、市之進御支配之御方承り候とのみ申而去年中延引ニ相成候而、当二月此方へ召寄せ申候所、御添簡戴次第公辺へ持出シ可遣存候所、延引ニ相成、乍恐残念と奉存候、触頭方よりも職分立哉不立哉と旦々御出(本カ)所様御添簡待暮候事申来り候

一、市之進身元相改メニ者態々去亥四月信州へ罷越、配下共へ召寄候上ニ而得と相糺シ候所、宝暦年中より御社納等も無相違触頭丸山玄蕃方へ相納、印紙証文所持仕候

松本・諏(訪)方触頭共之親類ニ而西宮神職ニ相違無御座候事明白ニ相改申候

一、二月廿五日出シ候書状之節、私印紙一札差出シ候へバ、是ニ而御勘考奉願候

一、寺社御奉行所ニおいてもむかしとハ違ひ、急度被迎(仰)渡も無之候由御安事被下候へ共、市之進之居村飯田靱負と申吉田家鎮守之社人、此者抔西宮家ヲ至テ賤シめ、是も市之進相手方之内ニテ頭取忠二郎・源四郎幷村役人も社人之親類も御座候故、何れにも西宮神職ハ卑職ニテ神祇道之分ニハ不入、御上向ニ而御取上ヶハ無之物、別而江戸寺社御奉行所抔ハ決而御取上抔ハ下賤者故無之抔と申触シ、草(筆)紙ニ難尽程事共申上御座候由、松本領主ニテ御取上無之ニ相成候故、誠ニ大悪評ニ相成候、如斯大変差越候、市之進事も依職道親代々之穢名、別而諸配下之者も一同ニ穢名之義ハ有之候へ共、一身之定ノ者無之、皆夫々其所之役人之差図斗を守り、乍残念持出し其道清く相成度心底身ヲ捨テ仕候者一人も無御座候、市之進事ハ家内厄介も有之候中、誠ニ老人病気中之親父も壱人御座候而申候ハ、何卒代々勤来り候神職穢名、此度御本所様御支配所之以御威光ニテ(ヲ)明白ニ相成候ハヽ、死テも不苦候間、早速御支配様へ参り、本(拋カ)身命可奉願様申ニ付、尚二月親妻子供幼年ノ者共打捨心ニ而永々晦(暇)も仕、出府仕候而如此心配昼夜無怠案事罷居候、御配下と存候へバ中々神妙之事と存、

むこたらしく人情難捨、其儘見ごろしニも相成間敷と奉存候、拙者迚も御承引被下候通り厄介多之中ニ而、不用之者壱人一許（件）落着迄かくまい置し甚迷惑ニ奉存候、市之進事も去年中より段々一許（件）ニ斗苦しミ、去暮ニハ家材（財）等田畑等少く御座候処、不残借金之方へ差向、只今一銭之貯も無之者を見掛ヶ旅籠屋へも被下ヶ、誠ニ困入申候、中々拙者ヲ始市之進義身よく之筋少シも無御座候

且々親代之御支配所役相勤候へバ、此節之義も少シハ忠勤之片燭ニも可相成与奉存候

右申上候觳負申候ハ、西宮神職之者ハ御奉行所へハふミ出抔申候へバ、御奉行所へさへ持出し候へバ、多分ハ然ルベク奉存候、大一（第）遠国之相手方故旅籠代ニ而も少く（し）ハこら（ろ）し申度候、拙者願主ニ御座候へハ其場ハ相続可申奉存候、乍去余り延引ニ相成候へバ松本御領主より御奉行所へ差越し為致候而ハ、甚以手後レニ相成勝利も無心元御座候故、残念ニ奉存候間、余り御催足申上恐入候得共、右之仕合ニ御座候故、乍憚早速御承知被為下御添簡、片時も早く奉頂載（戴）仕度奉存候

一、寺社御奉行所へ手筋ト申も無御座候へ共、去ル文化申年（九年）三月下総国印旛郡名内村小林清太夫と相手聟女との出入ニ付、脇坂淡路守（播磨龍野藩主・安董）様御奉行職ニ為成候時御出訴申出候、外ニも聞合候所、職分賎しめ出入之事ハ多分有之候事々御座候、且々彼是延引仕候而ハ手後之段歎しく奉存候故、宜御高評之上御承知可被下様、乍恐奉命上候、尚又書付之外此度御登り之御方様へ委細口達ニ而申上候間、万事御差含被置下、御承引之程早速御返翰御出し被下置候様ニ御取斗可被下候様奉希上候

子六月廿三日出ス

一三一　広西両宮覚壱冊　年月日未詳　二一二

一、摂州西宮大神宮と申奉候ハ、伊弉諾尊・伊弉冉尊第三の御子ニして天照大神の弟君木（土）徳自然の神徳也、抑右者五行の祖にして、金銀米銭千草百木も石（土）より生せさる物なく、百物の根元たるを以其徳の自然をうけて

誕生し給ふ神徳なれハ、宜哉日本第一の福神たる事ミ《と称し奉りて》すして顕然たる是を以奥州津かる（軽）南部より《の東》、九州五島八島の果までも士農工商家々ニ尊信して、或ゐひす像なとと号し万民一統に寿福円満を行《祈》らさる者もなく、本社に鎮座の神像釣竿を持、鯛をかゝえ、わきはさミたまふハ、天磐くす船にのせられて浪のまに《世》〳〵西宮ニ神とゝまりたまふ時の神遊ひの御すかたして、土徳柔和ニして常に笑を含める御顔はせヲもて世にゐひすとなつけ奉る、日神・月神・蛭児と次第して三郎の君にあたりたまふヲ以ゐ美す三郎とそ申ゐる《ならはし仰けり》ハ然ける、天下の泰平・万民の豊饒・寿福の満足を守り奉りたまふ事神徳の自然にして、爰《家》に尊信し奉るといへに《り》、其の《沢祥》成るをしる人なく只為の□□とのみおほして万民日々に用ひてしらさる也

一、広田大神宮

日本紀神功皇后の巻に三韓より凱陣したまふ後、天照大神皇后に教へことのたまハく、吾荒魂御心の広田の郷に住たまはんとの御事にて、葉山媛命をして是を祭らしめたまふ

一、南宮正八幡宮、同し御時に皇后自から市杵島姫命をまつり、天真名井の真水をうつし、剣珠を此御社に納めて、永く天下安全の御守・三韓鎮めの御社と成したまふ所也、それ真名井と《社ノ内に井有》申ハ天地の本源丹田気海の水にして、源家の氏の由て出る所の源、其静なる所を名つけて市杵島姫命と申奉り、冑の八幡座に鎮座ましく〳〵て武運武徳を守護し奉（給）ふ源家の氏の源の神霊なれハ、三韓の鎮めとして祭らせたまふも宜ならすや、剣珠と申奉るハ右三韓《おなしくに》御征伐のは長門国豊浦にして得たまふ所、珠内に剣有と申ハ昔神代に所謂名社の形也、全体ハ宝珠にして明か成事鏡の如く、内に霊剣の形を顕ハして、皇后の聖徳自然に感得したまふ所なとハ、日本紀の表ニも得たまふ訳を記さす、御念（カ）の如き宝珠なれハ、只如意の珠を得たまふと記されたり、潮満瓊・潮個《瀰》瓊の両顆の玉ハ神代に彦火々出見尊・海神豊玉彦命より向たまふ、皇后の得たまふ所の剣珠もさる御事にや、三韓に御船のいたるにおよひてハ海潮彼国にお《あ》

ふれて矢一つ《手もなく》はなつ事もなくして帰順し奉りたれハ、神事伝に所謂乾満の軍にして、剣珠一顆に神軍潮満瓊・潮個（涸）瓊両顆の徳を兼たれ《て》ハ武運武徳を守護の瑞珠、日本唯一の宝珠なれハ、万葉集の歌にも玉はやす武庫のわたりと武庫郡の枕言葉ニ玉もてはやすと置ぬれハ、むかしハあまねく世にも人にももてハやされ、尊まれたまふ事明なれハ、中世以来ハ絶て玉の伝来せる事をたにしる人なきハ遺根（恨）ならすや、か丶る宝珠なれハ市杵島姫尊共あハせて南宮に納めたまふ、三韓の鎮めとして皇后の源き《深》御　聖徳のいたりを葉山媛命能知しめして、広田社ハ日神の荒魂なるを皇后の聖徳直ちに日神の神徳に同しきを以、広田を神功皇功（后）の御鎮座也と申伝へたまふそ有難き《も故有哉》いつの比より紀往古八幡等を合せまつりて当時ハ五社ましますも也
右之外ニ摂社末社世祭社都合棟数五拾余ヶ所有之候、往古ハ弐百余石の神領有之西宮より五里西兵庫ノ津和田ヶ崎と申所へ八月廿二日三社之神輿神幸も□々之所、信長公・秀吉公の御時代より次第ニ神領茂没収せられ、当時ハ一石一粒も無之仕合ニ付、神職之輩茂おほくは離散せしか、漸々相残所神主・社家・祝部・神子等都合十人余り、半ハ農業を専ハらとし、半ハ神事を事として、本社之外摂社末社なと都合右五十余ヶ所の雨を凌き風をふせき心を尽し候へは、絶たる神社を再興すへきか（カヵ）もなく、すたれたる神事を継続、勤むへき風情も無之、かつてに妻子を渡世せしめ候へ共、是も当ニテ（マヽ）の御世の徳沢神明広大の宜（冥）加の紀余徳も存候へハ、今日職分之宜（冥）加を存候故、日々夜々朝夕昏旦御神事無怠慢抽精誠、殊更毎年十一月ニ八日七日夜七夜右為残日（るヵ）所之輩を集めて、人事をも廃し、世事万端を相止、懇祈を尽シ丹誠を抽て、天下泰平・万民豊饒、殊更将軍幕下の御武運長久・御子孫の百歳（万）ヲ始、諸老中方・諸奉行方之御上意ヲ日のおよふ限り祈り奉り、其守護の巻数を前々ハ毎年正月七《六》日ニ御酒《城》致献上候、当時ハ御憐愍ニテ五年ニ一度宛ニ致出府候へハ、右霜月毎日御神事御為御徳例と存候故ニ依テ不相替致勤仕、非番之年々ハ守護の巻数社ニ納、当番之年ハ御□

□長ニ山川百里余の雪霜ヲ犯して致出府、御酒（城）致献上
候節ハ別格ニ而独礼座におゐて御拝礼ヲ被為仰付被
下、冥加ニ相叶難有仕合ニ御被（座カ）成候へハ、御神事始当
時相残ル輩困窮奉数十年来来之内一紙半銭ニ而も頂載（戴）
拝領仕候義ハ無之、其上御朱印無之上者、何方ニ而も
緩慢ニ預り候段残念ニも奉存候へハ、御□地方之誠出
不足と而已存候へハ、毛頭遺恨ハ無之、唯幕下之御武
運長久・御寿命万歳、聡明の御徳神□神明之道明かに
知しめすへき天運時いたりて、奉仕之御社神代の昔の
御繁昌ニ立帰可申時節ヲ相紛し志さし、昼夜昏旦寸分
も無怠、日々新ニ月々盛ニ左京亮御忠誠応祈天地ヲ貫
キ、八百万神の冥加ヲ感動し奉らハ、累代の神恩ヲ報、
大願成就の時ハた□さ□ん□と存而已ニ御座候、御尋
ニ付大略書付候へ共、□成義ハ□紙ニハ難□御座候

神主左京亮従五位下良行

一三二　広田・西宮社記稿壱冊　年月日未詳

（表紙カ）
「広田
西宮　社記稿」

広田社　所以名広田者未詳
日本神功皇后紀曰、至務古湊卜立、是
時天・・・・・・・当居御心広田郷乃
以葉山媛祭之云云、古老諺曰、往昔鎮
座于甲山之足也、及中世而鎮座于高熊
原也在今社地之北

東第一殿　住吉　底筒男命・表筒男命・中筒男命
日本紀神代巻曰・・・

第二殿　広田　神功皇后
日本神功紀所謂天照大神荒魂也、今謂
神功皇后者、有伝

第三　八幡　応神天皇
　日本応神天皇紀曰・・・
第四　諏訪　建御名方命
　旧事本紀曰・・・
第五　八祖神
　日本紀神代巻曰・・・□名八祖神者以
　為万物之祖也
神位階　・・・封戸之多小也
―――
―――
延喜式神祇二四―
―――
―――
詠広田社倭歌
歌林（枕）名寄
昔より恵広田の神ならハ□（さり）とも神（秋）の心しるら
ん

新続古今集　中納言藤原定家
けふまてハかくてくらしつ行末ハ恵広田の神
に任せむ
其余在広田歌合　六條入道前大（太）政大臣
東鑑曰
・・・・・
・・・・・
名次社　延喜式武庫郡四座之内
　祈雨神八十一神之内
　　国常立尊
日本紀神代巻曰・・・・
万葉集第三雑哥部
わきもこかいなのハ見せ津名次山津のゝ松ハ
らいつか示さむ　高市連黒人
　名次之名未詳
岡田社　延喜式神名帳四座之中

鰯津社　右同断
須川社
子安社　高皇産・・・
　神代巻曰・・・
船玉社　猿田彦命
　神代巻曰・・・
　○本云、斎殿斎居之殿也、近代奉鎮此大神号
　船王（ママ）神社者也
地神社　大国主命
　神代巻曰・・・
松尾社　大山柞（昨）命
　旧事本紀曰・・・・
祇園社　素盞嗚尊
稲荷社　保食神
　日本紀神代巻曰・・・
春日社　天児屋根命
道祖神　岐神　在若宮境内之中
　神代巻曰・・・

風神社　級長戸神　在六軒新田雲雀谷
　神代巻曰・・・
酒殿　木花開耶姫命
　神代巻曰・・・
牛頭天王社　素盞嗚尊
斎神社　猿田彦大神　在広田
大将軍社　在中村
中殿　在中村有三所
地神社　在中村
天王　在中村
若宮　在広田
愛宕社　軻遇突智命
　神代巻曰・・・
年中神事

本願（朝）人形ノ始祖百太夫ノ社来由記

摂州武庫の浦西宮蛭子太神ハ二尊第三の御子ニして、
土徳の神徳四海ニあまねく万民の尊崇他ニ異なれる、

神代のむかしを尋ぬるに、此児年三歳ニ成奉（給）へとも脚猶立奉（給）ハさるハ所謂土徳の理りにして、天ノ磐楠船ニのせて水のまに〳〵放ち奉（給）ふハ二尊の神慮も亦土徳の自然に任せ奉（給）ふ所なり、然して後此浦に御船泊しかハ始より任奉（給）ふ塩土老翁三郎成ける人奉仕をつかさとり、又同し翁の内道君と云ける人性をのつから幼児を養育の道を得て、雛形人形をつくりて共に戯遊して、此児を日たす後に百太夫と名付祭れる社ハ此神の御事にして、本朝人形の始也と申伝ふる処也、諺に西宮の人形廻し道君の坊と云は此事の訛れる也、神代ふりたりといへ共、余風今猶絶す、此地ニ生る、人百日ニわたれる日此社ニまふて幼児の寿命を祈り、名を神前ニ定む、且五つ貫の団子を備へ、郷党朋友ニも饗けるハ仁義五常の数を示し、串の竹ハ直《スナ》ほに、節ハ程よきをしれとにや、此度すへて御社も破壊ニおよへれハ、かれこれと加ふへき修理を催ふけるに付て尊崇ことなる人ありて、他ニも神徳をあや《ま》ねく知らしめんと志奉て、来由を書せん事を求む、依之粗古老の申伝ふる処を記すもの也

神主敬白

一三三　十箇條別廉書壱冊（広田社・西宮社明細書上）

明治三（一八七〇）・七・二九　一二三

広田社位階

一、文徳天皇嘉祥三年十月癸亥授摂津国広田神従五位下云云

一、清和天皇貞観元年己卯春正月廿七日奉授摂津国従三位勲八等広田神社三位云云

一、同貞観十年十二月乙亥進摂津国正位勲八等広田神階特加従一位云云

古代造営年限之有無

広田社之義者天正七年就戦争炎上仕候処、建仮殿之御綸旨被下置候、左ニ

就今度錯乱広田社炎上之由、太所驚思食也、所詮為社中如元可致其沙汰之旨可下知給者依　天気執啓

如件

往古者朝廷より御造営成被下候処、前條天正七年炎
上、其後慶長九年豊臣秀頼公御造営被成下、今社者
其儘ニ御座候

一、今時府藩県又ハ産子造営或ハ観(勧)進等総テ造営之先例
　附、造営料之高
右前顕申上候通其後屋根葺替等者産子勧進ヲ以仕
来、年限左ニ
享保六年卯八月御社修覆願
寛延元戊辰年廿一日雨覆之願
寛政元己酉十月十三日屋根葺替之願
天保十己丑年屋根葺替之願
右不残産子勧進ヲ以御修覆仕候
右往昔者造営料在之候、当時前顕之仕合ニ御座候
　附り、往古社領・造営料等御座候、巨細書者明治
　二己巳年十一月由緒書相認当(書為)御官江奉差上候

一、社領現米高
　附、地方或者切米雑租等之別

右往古者御座候得共、当時戸田左門殿(元摂津尼崎藩主・氏鉄)より奉納ニ相
成候田地二反、其他社地外除地取開候神田斗ニ御座
候、右巨細左ニ

本社旧地　南北六拾五間半　東西弐拾六間半
右上り高　弐石壱斗

神宮寺跡　南北拾間　東西拾四間弐尺
右上り高　此分関屋守給料

宮田　北ニテ東西八間二尺　南ニテ東西九間二尺　東ニテ南北拾壱間半　西ニテ南北拾間四尺
右上り高　此分関屋守給料
　馬場北之はし東

宮田　北ニテ東西九間　南ニテ東西五間壱尺　南北四拾六間半
右上り高　五斗

宮田　二間四方
右上り高　二升

宮畑　東西拾間　南北弐拾間

　右上り高　壱斗三升
御寄附田　二反
　右上り高　四斗四升　此有畝壱反弐畝歩
　惣上り高　三石壱斗九升
右之通ニ御座候ニ付、式日神供献上仕候、然ル処年中
神供ニ者難行届、依之当社兼帯届在候西宮社へ、右領
主尼ヶ崎戸田左門殿より西宮社へ高三拾石御寄附被為
成、引続青山播磨（幸督）守・青山大（幸秀）繕（膳）亮・松平遠近（江）守累世領
主より被下置候処、明和度西宮町高旧幕府（御）後上知之後
御代官所より被下置、一時卯年御改新之後兵庫県庁よ
り任古例高三拾石此現米九石六斗四升壱合被下置候御
寄附之内ヲ以広田社へ神供献上相償候
外々右同社諸末社除地之分左ニ
広田社境内間尺
　西松山惣間尺　除地
　　南北二百廿六間 東西九拾五間　今之御鎮座之山也、社地惣松
　　林ニ而高無之
伊和志豆社　除地
　敷地　六間 四間　社地松林ニ而高無御座候
岡田社　除地
　敷地　八間 五間　社地松林ニ而高無御座候
名次社　除地
　敷地　南北百五十四間 東西五十六間　松山ニ而高無御座候
六甲社　除地
　敷地　南北七間 東西四間　高山荒地ニ御座候
斎殿社　除地
　敷地　三間四方　社地ニ而高無御座候
　東松山　南北二百十間 南北五十九間　除地　松林ニ御座候
須川社　右之山内ニ御座候
天照大神社　除地
　敷地　南北拾間 東西十四間二尺　同様山中ニ御座候
　間、高無御座候
障神社　除地　少々印之藪有
　高熊原麓ニアリ
風神社　除地
　敷地　拾二間 五間半弐尺四寸

造酒殿社　　　除地　　神木有
猿田彦神社　　除地　　山中ニ御座候
　敷地　十間　十二間半
須佐之男命社　除地　　社地神木有之、
　敷地　七間　八間　　　高無御座候
斎殿社　　　　除地
　敷地　一間半　一間半　神木有之而已、
　　　　　　　　　　　　高無御座候
大将軍社　　　除地　　神木而已
中殿　　　　　除地
　敷地　三間　二間　　神木而已、高無
　　　　　　　　　　　御座候
越水村
迦具土神社　表壱尺七寸御拝付　除地
　敷地　六間半一尺八寸　十二間　　山中ニ御座候間、
　　　　　　　　　　　　　　　　　神木而已
地神社　　　　除地

　敷地　四間　一間半壱尺　　神木御座候得共、
　　　　　　　　　　　　　　高無御座候
具足塚　　　十九間四面　高サ六間　　除地
猿田彦神社　　除地
　敷地　四間半　四間　　　右同断、高無之候
若宮社　　表壱尺壱寸御拝付　　除地
　敷地　三十間　二十二間半　　右同断
武甕土神社　表九寸　除地　　右同断
須佐之男命社　表一尺石祠　　右同断
　敷地　七間　五間　　　　　右同断
上ヶ原
八幡宮社　　　除地
　敷地　八間　十五間　　山中ニ御座候事
　境内松山　四拾間　三拾五間　　除地
南宮社　　　西宮社境内ニ在之候事
本社境内諸末社除地右之通ニ御座候事
広田社兼帯西宮社幷諸末社除地間尺左ニ
西宮社境内惣間尺　　除地

南ニ而東西七十間余　北ニ而東西八拾四間余
中ニ而南北百間余　松樹生茂り、尤無高
火産霊社　西宮社境内ニ在
宇賀御魂社　右同断
庭津日神社　右同断
大国主社　右同断
神輿庫　右同断
権殿　右同断
絵馬所　右同断
神楽所　右同断
井戸家形　右同断
児社　右同断
井戸家形　右同断
梅宮
広田社遥拝所
沖恵美酒遥拝所
雑蔵
神宝蔵

関屋　右悉西宮社境内ニ御座候
住吉社
松尾社　相殿　右同断境内ニ御座候
船玉社
表大門
裏門
不明門
不浄門
南外築地　東西七十間、但門トモ
東築地　南北四十七間、但表大門トモ
西築地　南北二十四間、但不浄門トモ
右築地外芝附
南表　東ニ而五間
南門前ニ而　八間
西ニ而　二十間
西表　広サ三間
同北ニ而　四間
裏門北　南ニテ二間　北ニテ一間

右惣芝附、尤無高
丑寅ノ角土手　拾八間ニ二間
戌亥　土手　長三十一間三尺
南ニテ三間北ニテ一間
宇賀神社　南築地外芝付ニ在
百太夫社前
裏道　長サ三十八間
幅壱間
本社北ニ在
百太夫神社　除地
敷地　東西五間
南北四間
御旅所　除地
社地　南ニ而東西二間
北ニ而東西三間四尺
南北二十間
塀東西南北、但門トモ
沖恵美酒社　除地
敷地　東ニ而南北五間五尺
西ニ而南北九間三尺
南ニ而東西廿間
中ニ而北へ出地四間　無高
武神社　除地

敷地　東西拾壱間
南北九間
津努松原天満宮社　除地
敷地　東ニ而南北廿間
西ニ而南北十二間半
中ニ而東西十六間　松樹有之、尤無高
南門前鳥居跡　除地
北ニ而東西八間
南ニ而東西六間
南北十九間
右享保十一丙午年六月相願、西宮社為修理備(借カ)宅相
建之処、右南門如往古取開ニ付、右備(借カ)宅如素取除
候事
御会殿　除地
東ニ而南北九間半一尺
西ニ而南北十二間
南ニ而東西九間半一尺
北ニ而東西十間半壱尺
右上り高弐斗
夙川西堤ノ下
御茶屋所　除地

西ニ而南北廿九間
中ニ而南北廿二間四尺
東ニ而南北十八間
南ニ而東西三十間
中ニ而東西二十二間
北ニ而東西十六間

右上り高三斗

右二ヶ所享保十一丙午六月松平遠江守（摂津尼崎藩主・忠喬）殿御領主之節
相願為御修理田
三石壱斗九升　広田社附上り高
拾石二斗九升壱合　西宮社附上り高
合拾三石四斗八升壱合
右之内
五石二斗五升四合　広田社・西宮社・諸末社年
中御供米引
差引八石二斗二升七合　神主・祝・社家中配当之分
右石数ニ而ハ神供過半行届兼候得共、西宮社年中神
納物之内ニ而相償仕来候事

一、一社中職名
神主職　壱人
祝部職　七人
社家職　二人　内浜家ハ正徳以前より絶家
男巫職　二人
巫女職　当時断絶
社役人　壱人
右之通ニ御座候、已上

一、古来ヨリ官位
吉井神主
白川殿執奏　口宣案写
上郷（卿）三條中納言（公広）
慶長十七年正月五日　宣旨
神奴良重
宜叙従五位下
蔵人頭左近衛中将藤原実有奉
上郷（卿）東園中納言（基賢）
寛文六年二月廿三日　宣旨

神奴良次
宜叙従五位下
蔵人頭右少弁藤原資廉奉

上郷（卿）久我（通誠）大納言
元禄六年九月五日　宣旨
神奴良信
宜叙従五位下
蔵人左少弁藤原宣顕奉

正徳年中一社中争論在之、白川殿執奏有故武家両伝奏
之執奏ト相成

上郷（卿）新中納言
享保九年十二月二日　宣旨
神奴良行
宜任叙左京亮従五位下
蔵人頭右近衛権中将藤原基相奉

上郷（卿）三條（季晴）大納言
宝暦九年二月十二日　宣旨
神奴良知
宜叙従五位下
蔵人左少弁藤原伊光奉

宝暦九年二月十二日　宣旨
従五位下神奴良知
宜任和泉守
蔵人左少弁藤原伊光奉

上郷（卿）権大納言
明和六年十月五日　宣旨
神奴良秀
宜叙従五位下
蔵人左中弁藤原光祖奉

上郷（卿）権大納言

明和六年十月五日　　宣旨

従五位下神奴良秀

宜任陸奥守

蔵人左中弁藤原光祖奉

上郷(卿帥)師大納言(葉室頼熙)

享和元年十月廿八日　　宣旨

神奴良貫

宜叙従五位下

蔵人頭右大弁兼中宮亮藤原頼寿奉

上郷(卿帥)師大納言(葉室頼熙)

享和元年十月廿八日　　宣旨

従五位下神奴良貫

宜任上総介

蔵人頭右大弁兼中宮亮藤原頼寿奉

上郷(卿)権中納言

天保十年五月二十(二一カ)日　　宣旨

神奴良顕

宜令叙従五位下

蔵人頭左近衛権中将兼皇太后宮権亮藤原忠能奉

上郷(卿)権中納言

天保十年五月二十日

従五位下神奴良顕

宜令任但馬守

蔵人頭左近衛権中将兼皇太后宮権亮藤原忠能奉

上郷(卿)権大納言

安政二年九月廿四日

神奴良郷

宜叙従五位下

蔵人頭右中弁藤原胤保奉

上郷(卿)権大納言

安政二年九月廿四日　宣旨

従五位下神奴良郷

宜任陸奥守

蔵人頭右中弁藤原胤保奉

右従往古拝叙仕候位階口宣案天正年中度々兵乱ニ焼失仕
候ニ付、慶長年中以来之官位口宣案大略写奉差上候

吉井神主

良郷

一、社家官位　口宣案

白川殿御伝奏

上郷(卿)三條中納言(公広)

慶長十七年正月五日

神奴兼集

宜叙従五位下

蔵人頭左近衛権中将藤原実有奉

右之通社家官位口宣案等古例ニ御座候、尚又慶長十九年
上官社家中へ豊臣内府公(秀頼)より冠・袍・差貫(指)・浄衣写(等カ)給之
古例も御座候

御一新之儀者、御布告之通浄衣・風折烏帽子着用、両社
頭無怠慢神務仕来候

祝部補職御許状写

宜以神奴連各実名為摂津国武庫郡
広田・西宮両社祝職事
右以件各実名為彼社祝職畢、旦暮奉仕致欽粛之誠不可右神
事闕怠者也

明治二己巳年六月二十日

神祇官　印

橋本祝部良郡

田村祝部兼資

広瀬祝部兼宜

堀江祝部良定

大森祝部良英

大森祝部良寛
大森祝部良直
東向社家良佐

右之通御許状頂載（戴）仕候

一、今時格式

吉井神主

旧幕府江五ヶ年目毎ニ年始出府、御城於大広間
御礼申上候事

一、着服白無垢地羽二重
一、立烏帽子・紋紗狩衣色不定・紫差貫地龍門無地
一、帯劔
一、白足袋
一、先案内　壱人
一、徒　二人
一、長刀　但シ袋黒天鵞絨紐色萌黄
一、乗物網代
但シ覆地色兜綿色長持黒塗鋲紐無御座候

一、侍　二人
一、挟箱　壱ツ　但し化粧紐色黒
一、長柄　但シ袋黒天鵞絨紐色萌黄
一、陸尺　四人
一、草履取　壱人
一、両拭（掛）挟箱　壱ツ
一、合羽籠　壱ツ
右之通御座候

右神主忌服・病気差合之節、祝部之内出府仕、名代相勤申候

（明治三年）
庚午正月一社上席之者壱人　参朝拝賀被仰出候ニ

付、吉井神主参内、御礼申上候

一、着服之物冠・赤袍無地・紫着（差）貫
一、侍　二人
一、長柄持　壱人
一、沓持　壱人

以上

尚又従古来吉井神主始祝部之者上り、年始御礼として

御奏者所神札献上仕来候
　右之通御座候、以上
一、今時家禄
　附、社領・祭料之分配或者地方切米雑租等収納実
　数
右往古社領御座候砌ニハ家禄等御座候得共、前條之仕
合、更ニ無御座候事
附、社領・祭料分配之義者於広田社者少も無御座候得
共、西宮社神納物之内ニ而聊分配仕来候、左ニ
　八石二斗二升七合
　右従古来配当仕来候
三石五斗三升三合　神主
五斗八升六合三勺宛　祝七人 社家壱人
右之通ニ御座候
　以上
一、社中男女人員
一、嘉永六癸丑年九月神主職続　吉井神主従五位
安政二乙卯九月廿四日従五位下神奴連
位（ママ）下陸奥守　宣下　良郷
〆家内男女合七人　内男三人 女四人
一、文政五壬午年七月祝職続　橋本祝部敬雄
　神奴連良郡
〆家内男女合九人　内男四人 女五人
一、天保六乙未歳四月祝職続　田村祝部静司
　神奴連兼資
〆家内男女合九人　内男五人 女四人
一、天保九戊戌年九月祝職続　広瀬祝部益江
　神奴連兼宣
〆家内男女合九人　内男四人 女五人
一、文久元辛酉年十一月祝職続　堀江祝部真人
　神奴連良定
〆家内男女合四人　内男二人 女二人
一、弘化四丁未年五月祝職続　西大森祝部菶
　神奴連良英
〆家内男女合六人　内男三人 女三人

一、嘉永四辛亥年九月祝職続　中大森祝部厳雄
　　　　　　　　　　　　　　神奴連良寛
　〆家内男女合四人　内男二人女二人
一、文久三癸亥年八月祝職続　東大森祝部豊司
　　　　　　　　　　　　　　神奴連良直
　〆家内男女六（七）人　内男五人女二人
一、元治元甲子年十月社家職　東向社家斎雄
　　　　　　　　　　　　　　神奴連良佐
　〆家内男女合三人　内男二人女壱人
一、親吉春多病ニ付　大石男巫安雄
　明治二己巳年より勤仕　藤原義治
　〆家内二人　内男壱人女壱人
一、明治元戊辰年十一月より勤仕　瓶子男巫清三
　　　　　　　　　　　　　　藤原義倫
　〆家内二人　内男壱人女壱人
一、天保十一庚子年八月より勤仕　辻社役人四郎
　　　　　　　　　　　　　　在原幸行
　〆家内男女合七人　内男五人女二人

一、　広田社兼帯西宮社
　　　　両社関屋守
　〆家内男女合六人　内男四人女二人
一、社中男女合七拾五人
　　内男四拾壱人女三拾四人
　右之通ニ御座候、以上

右十ヶ條区別兼々大略奉献上候、当件々之書様幷表書等
如何相認候哉御伺奉上候、宜敷御沙汰被成下度奉願上候、
以上
　庚午（明治三年）
　　七月廿九日
　　　　　　　　広田社
　　　　　　　　　西大森祝　印
　　　　　　　　　吉井神主　印
神祇官
　御役所

一三四　広田神社御伝略記壱冊

明治二（一八六九）・一一・二四　　二二四

明治二己巳歳十月廿九日より京都神祇官より広田社鎮座年月・由緒書幷ニ神領高・神職交名等取調、至急可差出御沙汰ニ付、十一月朔日より一同集誠（議）皇典等取調、漸々同月廿一日御伝略記ト表書いたし、神主従五位良郷・大森莠良英ニ而上京、神祇官江差出候処、早速御落手相成候事

広田神社御伝略記

紙員　三拾一枚

広田社

其社鎮座年月・由緒書幷大祭日・神領高・神職交名等取調、至急可差出事

十月　神祇官

右御沙汰ニ附大略奉差上候

広田神社御伝略記

御本殿　五座

一殿　住吉三筒男命　二殿　天照荒御魂大神宮

三殿　誉田別命　四殿　諏訪建御名方命

五殿　高皇産霊尊

日本書紀曰、爰伐新羅之明年春二月皇后摂政元年或書ニ胎中天皇元年云云皇后之船廻於海中不能進更還務古水門和名抄ニ摂津国武庫郡武庫里ト有而卜之於是天照大神誨之曰我魂不可近皇居皇居之居之字本ニ后ト作ハ誤也、帝王編年記ニ居トある也、宜幾卜古事記伝云云当居御必（心）、広田国即以山背根子之女葉山媛令祭神社啓蒙或神社考云云広田御名始而見于此

当社之儀者享保年中迄旧地ニ御鎮座有之候、右者明治弐年巳九月当社絵図面巨細取調、可差上御沙汰ニ付差上候図面之通、東北ニ川在之、年々土砂流出、社地より川堤高ク水難不少候ニ付、享保八卯年九月大阪御奉行所へ社地替願出候処、同年十一月十一日御検分被成下、翌九年辰四月五（日脱カ）願之通被仰付、只今之本社・末社総而西松山ニ御鎮座相成候事

由緒書

延喜式神名帳曰、武庫郡四座大二座小二座広田神社名神大月次相嘗・新嘗
　摂社
伊和志豆神社大月次新嘗
三代実録曰、貞観元年正月廿七日授従五位下云云
名次神社鍬靫
延喜式祈雨神八十五座之内、神階記曰、貞観元年正月廿
七日授正五位下云云
万葉集巻三
　吾妹児二猪名野者令見都名次山角松原何時将示
岡（太）田神社
須川御前社
　　以上摂社在境内摂陽郡（群）談云云
南宮神社
　　　　豊玉比売命
祭神　市杵嶋媛命
　　　葉山比咩命
　　　大山咋命
右者或（式カ）別（外）之社ニ御座候得共、名高御宮ニ而既ニ広田社

歌合ニ
　今朝みれは浜の南の宮造り
　あらためミけり夜半の白雪
六甲山社　祭神菊理比咩命
　万葉集
　津の国のむこの奥なる有馬山
　ありとも見へす雪そかゝれる
風神社　祭神　志那都比古命
　　　　　　　志那都比売命
建甕（槌）椎神社
造酒殿神社　祭神　豊宇加能売命
迦具土神社
猿田彦神社
障神社
斎神社
大将軍社
中殿
地神社

須佐男命神社
火迦具土神社
障神社
若宮社　具足塚　松尾社
船玉社　祭神　猿田彦命
大日霊命神社
越木若（岩）神社　祭神　事代主命
　　須佐男命
五社相殿　祭神　磐長姫命
　　天児屋根命
　　大土御祖命
　　宇賀御魂命
　　住吉三箇（筒）男命
上ヶ原神社　祭神　息長足媛命
　　誉田別命
右従往古当社摂社末社とし而祭り来り候
但シ敷地之儀ハ明治二年巳九月当社絵図面差上候

節、巨細取調書記奉差上候
歌枕名寄　中納言藤原定家
むかしよりめくみ広田の神なれは
去とも秋のこゝろしるらむ
新続古今集　六條入道前大（太）政大臣
今日まてはかくて暮しつ行末は
めくみ広田の神ニまかせん
夫木集　広宣（言）朝臣
人はいさとわ（われ脱）ふまし神垣や
広田のはまにふれる白雪
歌枕　御歌
白浜の砂のかすにはあらねとも
めくみ広田の名をや頼まん
詞花集ニ神祇伯顕仲広田社之歌合しはへるとえ（て）寄月述懐
といふことを詠ミていひ伝けれは　左京太（大）夫顕輔
難波江の芦まにやとる月みれは
我身ひとつも波（沈）まさりけり

夫木集
　憐れミを広田の濱ニ祈ても
　今もかひなき身の思ひかな
広田社歌合
　榊とるむこの山風さへ〳〵て
　社もしろく雪ふりにけり
延喜式
大国主西神社　鍬靫
　西宮大神宮
祭神　天照皇大神宮
　須佐男命
右三座祭来候
摂津志曰、在西宮村毎歳正月十日修斎居、祭前日閉戸、
其昼夜過空声響、延喜式菟原郡今入本郡云云
夫木集　俊成
　柴小舟真帆にかけなせ木綿してニ
同　惟阿
　西宮ひと風まつりしつ
　名にし応へは頼そかくる西宮
　其方に我をみちひくやとて
厳嶋行幸記に西宮に幣を奉らせ給ふと云云
　摂社
澳恵美酒社　祭神　西宮大神宮荒御魂
角松原社　祭神　天満大自在天神
万葉集巻十七
　海人通女伊射里多久火能於煩保之久都努乃松原於母保
　田留可聞
梅宮社　祭神　酒解命
児宮社
庭津火神社　祭神　澳津比古命　澳津比売命
火産霊神社
宇賀魂神社
松尾社　祭神　住吉三箇（筒）男命　大山咋命　猿田彦命
大国主神社
神明宮　祭神　天照皇大神

宮比神社　祭神　宇須女命
武宮社　　祭神　武甕椎(槌)命
厳嶋姫神社
右従往古西宮之摂社・末社として祭来候
文徳実録巻第二曰、嘉祥三年十月癸亥授摂津国広田神従五位下云云
三代実録第二、貞観元年正月廿七日奉授摂津国従三位勲八等広田神正三位云云
同巻十五、貞観十年十二月十六日乙亥進摂津国正三位勲八等広田神階特加従一位云云
延喜玄蕃式曰、凡新羅客入朝者給神酒、其醸酒糈(料)稲大和国加茂・意富・纒向・倭文四社、河内国恩智一社、和泉国安郡志一社、摂津国住道・伊佐具二社各卅束、合二百四十束送住道社、大和国片岡一社、摂津国広田・長田・生田三社各五十束合二百束送生田社、並令神部造差中臣一人充給酒使、醸生田社酒者於敏売崎給之、醸住道社酒者於難波館給之云云
仲哀天皇二年秋七月、皇后之御船豊浦ニ泊ましぬ、是日皇后海中より如意珠をそ得給ける、此珠今社頭伝来なり、又和訓栞ニモ摂津国広田社ニアリト云云　後崇光院貞成親王の御記応永廿六年六月廿五日の下に、抑大唐蜂起のこと沙汰あり、出雲大社震動し血を流す、西宮荒夷社も震動す、又広田社より軍兵数十騎出て東方を指して行給へる、其中に女騎の武者一人大将の如し、そこの神人是を見奉りて後狂を発しぬと、社家より注進せしかば、伯二位馳下りて実否を尋ねらる、こゝに神祇伯とあるは白川二位資忠王なりとそ、御社の御祭なとのときは伯殿みつから下りますよし、伯家部類に記されたりと神功皇后御伝記に云云
神社啓蒙曰
　所定二十二社座之由
二十二社註式曰、人皇六十二代村上天皇治十九年康保乙丑霖雨経月九天覆雲、依之閏八月廿一日奉幣於十六社止雨案江次第云正暦已前十七社云云、反比説
伊勢　石清水　加茂上下　松尾
平野　稲荷　春日　大原野

大神　石上　大和　広瀬
龍田　住吉　丹生　貴船
第六十六代一條院正暦二年辛卯、炎天送日万物変色、
依之六月廿四日祈雨奉幣時加
吉田　広田　北野　三社被奉幣為十九社、同五年二月
十七日祈年穀時加梅宮被奉幣為廿社云云
第六十六代一條院長徳二年乙未二月廿五日被奉臨時官
幣之日加祇園為廿一社云云
八月廿六日被奉幣之日加日吉為廿二社
神社啓蒙巻之三曰
広田社者在摂津国武庫郡西宮郷広田村、所祭神一座
二十二社註式云、広田者天照大神之荒魂也、可謂神宮
御同体如式文者也、現在五座
註進記曰、人皇百一代後小松院治廿三年応永十三年四
月四日甲子、伯三位資忠王依招也
日本紀第九読合云云、広田社者神功皇后也、自余神社
意得之勧請歟
一殿　住吉三筒男命　二殿　広田天照皇大神荒魂
三殿　誉田天皇　四殿　南宮大山咋命
五殿　八祖神　高皇産霊尊　已上五社也
以広田為皇后難心得歟、不合日本書紀等旨
三代実録十五巻曰、貞観元年閏十二月十日己亥遣使於
摂津国広田・生田神社奉幣告文ニ曰
天皇我詔旨止広田大神乃広前仁申賜倍止申久、大神乎弥
高尓弥広尓供奉牟止所念行須、而間尓摂津国解良久地震
乃後尓小震不止、因卜求之牟礼波大神乃布志己利賜天所致賜
奈利止申利、又先日尓禱申賜布事毛有介利、因今従一位乃
御冠尓上奉利崇奉留状乎主殿権助従五位下大中臣国雄
乎差使弖御位記乎令捧持天奉出須、大神那加良毛聞食天今毛
往前毛天下平安尓天皇朝廷乎宝位无動久常磐尓堅磐尓
夜守日守尓護幸倍奉賜倍止申賜波久止申、又辞別申久、去
八月三日祈申久雨旱乃災無之天五穀無損久天下饒足之米
賜倍止祈申賜比岐、而祈申毛験久諸国豊饒尓苅収訖太利、此
又皇太神乃厚助奈利奈毛止歓崇比所念行須、因今礼代乃大幣
帛乎令捧持奉出大神平介久聞食天天下平安尓護助賜倍止
申賜波久止申

応和三年癸亥、帝祈雨於山内摂三州神十一社当社其内
也、見于拾芥抄、炎旱及数日民間之愁尤甚一七ヶ日可
抽丹誠之由可令下知　松尾　稲荷　広田社給之由
天気所候也、依言上如件
（慶長九年）六月十四日　左少弁俊昌
謹上伯二位殿

近日炎旱殊甚、民戸悉憂　皇沢盍普、早仰一社之請（諸）
司可令致一七日之間祈雨、於此時天油然作雲沛然下雨
変愁為喜者、宜有懇祈之丹心之旨可令下知稲荷　広田
社者、依　天気上啓如件
五月廿一日　左少弁時長
謹上　白川宰相殿

炎旱御祈　倫（綸）旨如此、仍案文遣之、一社中可抽懇祈之
（由）田、本官所候也、仍執達如件
五月廿二日　左衛門尉時文奉
広田社祠官・供僧中

就止雨御祈倫（綸）旨如斯可被抽一社一同誠情之由、本官所
候也、仍執達如件
五月廿九日　和泉守英永奉
謹上広田神主殿

止雨御祈禱御巻数三合珍重候、則可有御披露之旨、本
官所候也、依而執達如件
六月十四日　和泉守英永判
広田社祠官・供僧中

就今度錯乱広田社炎上之由太所驚思食也、所詮為社中
如元可致其沙汰之旨可令下知給者、依　天気執啓如件
天正七年十二月廿八日　右少弁判
謹上　伯（雅朝王）中将殿

嘉永六年丑十一月

勅命御祈　御教書
夷類頻来、乞求通商、其情狡点(黠)固不可量、因茲辺海防禦雖尽警戒　宸襟所不綏、庶幾以神明冥助不汚神州不損人民、国体安穏・天下泰平・宝祚悠久・武運延長之御祈一社一同可抽丹誠可令下知于広田社給者、依
天気言上如件
十二月三日　　権右中弁　藤長順奉

両伝奏　坊城殿(俊明)　関東下向
　　　　三條殿(実万)
御代役　広幡殿
　　　　広橋殿

進上　右大将殿(広幡基豊カ)

嘉永七年寅三月
正月上旬魯西亜船已揚帆於西埵(陲)、至中旬亜美利加船又来於東海、応接雖穏人情不安、早垂神助、外夷攘服国家清平御祈一社一同愈悉精力可有懇請、重被仰下之事
月日　　右中弁藤長順
坊城前大納言殿(俊明)

(二)
安政元年卯正月
夷船度々渡来已去秋泉州海岸来船、京畿程不遠人情不安、加之六月・十一月畿内并諸国津浪等之変災、愈深被悩宸襟、依之益天下泰平・宝祚長久・万民安穏御祈一七ヶ日一社一同可抽丹誠之事

辰年(安政三年)　御教書
黒船去秋以来雖穏応接之次第有之、且去十月関東地動、依之宸襟不安、愈天下泰平・宝祚長久・万民安穏御祈一七ヶ日一社一同可抽精誠之旨可令下知広田社給被仰下候、仍早々申入候也
正月十二日　　経之
権大納言殿

前大納言殿

午年(安政五年)　御教書

今度墨夷驕敖企望国家之大患不容易可係闔国人心之帰向、深被悩叡慮、神明冥助不墜皇威弥天下泰平・万民娯楽之御祈一七ヶ日一社一同可抽丹誠可令下知広田社給被仰下候、仍早々申入候也

四月一日　　経之

広橋(光成)前大納言殿

安政六未年　御教書

諸蛮渡来情実雖平穏　神州之瑕瑾卒土之汚穢不容易、誠宸襟不安、依神明之冥助、四海無醜類之変、衆庶之患難早静謐、茲不墜皇威宝祚万歳・天下泰平・武軍(運)長久・人民和楽之御祈一七箇日一社一同可抽丹誠可令下知于広田社給之旨被仰下候、仍早々申入候也

二月廿七日　　豊房

広橋(光成)前大納言殿

文久三年亥三月　御教書

近来外夷追日跋扈、深被悩宸衷、将変夷(蛮)拒絶之期限被決定処、此頃既英夷之軍艦来横浜請求之旨趣、必可開兵端之情態顕然、実天下安危在於是時矣、庶幾依神明之冥助以奮起皇国勇威、国内一和上下斎(斉)志早攘醜夷于氾海之遠、永令絶於凱覦意念、不汚神州、不損人民、宝祚延長・武運悠久御祈一社一同可抽丹誠可令下知于摂津国広田社給者、依天気上啓如件

三月四日　　右少弁俊政

謹上　左宰相中将(野宮定功)殿

炎旱及数日之巳下倫(綸)旨御教書不残社頭伝来仕候事

嘉永六丑年已来、正・五・九月御祈被仰附度毎御幣料銀拾枚宛御奉納之事

文久二戌年

御米　　三拾石

孝明天皇様御奉納被為在候事

　大祭日

従八月十八日廿二日迄

往昔同国八部郡和田崎迄

神幸当時中絶、今其日神祭而已

　往古御神領

吾妻鏡巻第三曰

寿永三年四月十六日改元、為元暦元年　四月廿八日丙申、平氏在西国之

由風聞、依被遣軍兵為征罰無事御祈禱以淡路国広田庄、

被遣神祇伯仲資云云

寄進　広田社神領事

在淡路国広田領一ヶ所

右為増神威、殊存祈禱寄進如件

寿永三年四月廿八日　　正四位下源朝臣（頼朝）

同十月廿七日壬午、淡路国広田広（衍）田庄者先日寄附広田社

之処、梶原平三景時為追討平氏当時在彼国之間郎徒乱入

彼庄妨乃責（貢）歟、仍仲資王被申子細、更非改変儀且可下知

景時之由今日被遣御報

右寄附状今現社頭伝来

広田・西宮両社之義者往古御神領二万石余も在之候処、

慶長以来増減在之、左ニ

今度西宮社――御再興――社役御番無懈怠――摩滅不見

一、二百八拾石　　社家方廿三人内

――八人

拾五人

一、七十石三斗　　社人方拾三人

合三百五拾石三斗

右神人衆手作之義者従太閤様御時仕来候条、如近年可相

立候、其外之義者何も致用捨候

慶長十四己酉二月二十四日

片桐市正（且元）　印

摂州西宮社人衆中

当社神人□□(夫役)之事
禁裏様へ御披□(露)之処御両伝奏・片桐市正殿被仰出、就而
者御免除之旨如此候、則市正殿御跗(返)札被遣候、以此書御
番所無懈怠可抽御祈禱丹誠之由、本官所候也
　三月二十四日　　　伯家雑掌英永　判
　　摂州西宮社家・神人中

豊臣内府秀頼公社領覚
一、七百石　　御神主(事)米
一、三百石　　造営米
一、千石　　　社家職但シ百廿人、上中下押合
一、弐百石　　社僧職　但五十人
一、五拾石　　神子職　但五十人
　　合弐千弐百五拾石、内三百石者在之所々在之
　　　右神領ハ中絶

広田社神領寄附証文
為広田大明神社領其村ニ而田地弐反附置候、永代可有
所務者也
元和六年庚申八月廿一日　　戸田左門(摂津尼崎藩主・氏鉄)印
　　広田村神主
当時者右二反之社領而已、余者委(悉カ)断絶仕候
　当職交名
　　神子藤原　瓶子清三　義倫
　　神子藤原　大石安雄　義治
　　社家神奴連　東向斎雄　良佐
　　祝神奴連　大森豊司　良直
　　祝神奴連　大森厳雄　良寛
　　祝神奴連　大森　蒡　良英
　　祝神奴連　堀江真人　良定
　　祝神奴連　広瀬益江　兼宣

祝神奴連
田村静次　兼資
祝神奴連
橋本敬雄　良郡
神主従五位神奴連
吉井良郷

右之通御座候、以上

神祇官へ中奉書・立紙ニ而本紙壱冊・同美濃紙写壱冊持参、其節差出候添書幷ニ本紙写

口上覚

広田社

其社鎮座年月・由緒書幷大祭に(日)・神領高・神職交名ニ而取調、至急可差出御沙汰ニ付別紙両通大略取調、乍延引奉差上候、頓首

明治二年
巳十一月
摂州武庫郡広田社祝
大森　莠　印

同　神主
吉井従五位

神祇官
御役所

右之通ニ而相済十一月廿四日各帰社候事

当所役所へ写持参候添書

口上覚

一、先達而神祇官より被仰出候広田社鎮座年月・由緒書幷大祭日・神領高・神職交名御取調可差出御沙汰ニ付、別紙之通大略取調、神祇官へ神主吉井従五位・祝大森莠ノ両人持参奉差上候処、御落手被成候付別紙写書壱通当御役所へ奉差上候、頓首

明治二年
己巳十一月廿四日
神主家
東向斎雄

御役所

右之通此事件相済候事

一三五　恵美酒大神縁起壱冊　年月日未詳　二二五

抑西宮恵美酒大神と申奉るハ、伊弉諾・伊弉冉二尊第三の御子蛭児尊にておはしまし、日本一体の太神也、掛まくもかしこき天照太神の御弟にてぞましましける、土の御徳を備へ給へハ、御心柔順に御客（容）も温和におはしまし、常に怒れる色なく笑を含ミ奉（給）ひて、御顔うるはしけれハ、ゑミす大神と申奉る、農工商買万民の祖にして、田野の中におはします土徳自然の御名也、夫土ハ水火木金のおやにして森羅万象凡て万の物土より出さることのなし、爰を以天地の福録（禄）を備へ、且安く静にとこしなへなる御徳ましませは、寿命長久を守り給ふ、是皆おのづからのことばにして往古より西宮乃社に福寿円満の守を諸人に授け与ふる事、かゝる御徳より始める、推古天皇九年の春、蛭児尊を以市の神に祭り、商買売買の守護神と定め給ふ、本より福徳全備の御徳ましします事をふかくしろし召たるなるへし、今御社の南の人家を市庭の町といへるも、古大神の宝の市をはしめ奉（た）まふ所とかや、商家人々諸々の市をなし、物のきまりの節手を打事、是また神の教の拍手の心ならん、天が下に所在、士農工商乃輩各産業の為にあらぬ誓文請合を云て事を成類ひ少からす、依之昔より年々十月廿日御社ニ御祭有之、世に誓文祓ひと名付て、恵美酒講と云ふ事を営ミ、殊更に此大神を祭るもいと故ある事ならすや、天の岩楠船に召れて、海川に逍遙し、御釣したまふ御事なれハ、船乗綱引漁の業を守りたまふ所うたがひなし、右御神徳広大の御事なれハ、悉ハ挙て数へがたし、唯万民の祖神と心得ぬれハたがふべからず、御神恩の忝をいさゝかにても報せんと信心の輩ハ、物の多少に不限結構を企給ふへし、且又大々御神楽等も御奉納有之、御いさめ祭奉らバ、子孫のさかえ・家業繁栄・長久福寿の幸を保へし、此度世話人を以相進頼入処也、あなかしこ

一三六　神祇官十箇條区別書上沙汰書壱（通脱カ）

明治三（一八七〇）・六・二八　二二六

広田社

一、位階
一、古代造営年限之有無
一、今時府藩県又ハ産子造営、或ハ勧進等総テ造営之先例
　附、造営料之高
一、社領現米高
　附、地方或ハ切米・雑租等之別
一、一社中之職名
一、古来ヨリ官位
一、家系
一、今時格式
一、今時家禄
　附、社領祭料之分配、或ハ地方切米雑租等収納実数
一、社中男女人員

右十箇條区別之廉書、七月限可差出事

庚午（明治三年）六月廿八日　神祇官

一三七　広西両宮覚壱通　年月日未詳　二二七

大国主西神社　靫鍬

右御社御鎮座之記年更ニ相分不申、御神位も無之候、和漢三才図会ニハ椎根津彦神ノ云とて古伝を記し有之、しかれハ神武天皇之朝之御鎮座と可申候、彼書者難信候へとも御引合之ため申上候、摂津志等御校可被成候

広田神社ハ
文徳実録嘉祥三年十月朔授従五位
三代実録貞観元年正月廿七日従三位勲八等広田神ニ授正三位と見エ、同十年十二月十六日授従一位与見エ候
民部省図帳云、広田大神神貢二百五十束、神霊少彦名命・蛭児以右両神為二座、相殿大己貴命・園韓神也云云

右荒増申上候、御記禄（録）へ御引くらへ
摂社ハ本社へ一等下り相並ノ社格
末社ハ附属ノ社ニテ又一二等下り候
猶申上義も候へとも大取込、乱筆御免奉願候
年治（敷田カ）

一三八　兵庫県供米請書壱通

明治三（一八七〇）・五・一二　二二八

西宮社御供米御請書

御請書

一、九石六斗四升壱合　摂州武庫郡
西宮社
御供米

右昨巳年十一月廿四日仕来之通被下置候、難有拝請仕
候、已上

明治三年庚午五月十二日

吉井神主
従五位　印

兵庫県
御役所

一三九　広田神社祈願書三通

嘉永七（一八五四）二・二二　二三〇

広田神社御祈願書　三通

1 〔葉室長順奉書〕（外夷攘服国家清平御祈につき）

正月上旬魯西亜船已揚帰帆於西垂（陲）、至中旬亜美利加船又
来於東海、応接雖穏人情不安、早垂神助、外夷摂（攘）服、国
家清平御祈一社一同愈悉精力可有懇請、重被仰下之事

御祈始来三月十一日之事
自当日一七箇日於達所者到着次第之事
満座巻数便宜献上之事
万事可為如昨年事
右御祈正月分之事
五月・九月等重御沙汰之事

右可令下知于広田社給候也

（嘉永七年）二月廿二日　　　長順

坊城前大納言（俊明）殿

2　〔坊城家雑掌連署状〕（異国船渡来につき御所表より御内願御祈禱につき）

近来度々異国船渡来ニ付、従御所表其御社江御内願御祈禱被仰出候ニ付、以別紙申入候、尚御靖（請）之儀者着次第以脚便早可被申上候、此段可申入旨被申付如此御座候、恐々謹言

尚以両伝奏連名を以可被申達候之処、此節三條大納言（実万）殿御故障御引籠ニ付、当家一名ニ而申入候間、左様可被成御心得候、以上

二月廿二日

浅野主膳
昌信　印

山本将監
憲美　印

広田社
一社中

3　〔某沙汰書〕（異国船渡来につき叡念御内願御祈禱につき）

此度異国船渡来ニ付、叡念御内願被為在、広田社江御祈禱被仰出候ニ付、御教書相達申候、依之来三月十一日より一七ヶ日之間一社一同抽丹誠可有御祈禱候事

但シ当時右御時節柄之儀ニ付諸事可為質素、於御祈者励精心祈念可有之候、尤満座神札等者以便宜献上可被致候事

二月

一四〇　青山播磨守幸明献上目録壱通（雄剣ほか献上につき）

年月日未詳　二三一

青山播磨守（摂津尼崎藩主・幸督）献上目録

奉献上

雄剣　一振
龍蹄　一疋
已上
青山播磨守幸明（幸督）

一四一　西宮祝部装束吉田裁一件壱通

文政一一（一八二八）・五・二五　　一二三三

一、摂州西宮・広田両社之社家・祝部共一統奉申上候、私共儀不当之装束等致着用、吉田家之御差図相拒候旨、御同家より当御奉行所へ被仰立ニ相成、再応御吟味御座候処、私共義前々之仕来ヲ以東向斎宮者四位之衣冠着し、其外之もの共者風折烏帽子・紗狩衣豊臣内府公（秀頼）より被下置候儘着用致候段、且々《品》申上候得共、右者何れも申候迄之儀、其外自己之書留而已ニテ難取用筋ニテ、既ニ元文五年之御裁許ニも本社之社人両伝奏之執奏ニ寄受領いたし候例無之由認有之、又者吉田家へ申立受領可致旨之御文言も相見へ候、殊ニ吉田家より被仰立候元文度御裁許之節之御書留ニも、本社之神主者御両卿江相願可致受領候、本社之社人并配下之社人受領之儀者吉田家へ可相願趣記し有之、然ル上ハ天明之度御触之通相心得、若此上官位等相願候て《ハヽ》吉田家申立、御同所之御差図可請筋之旨相斎《弁》、勿論私共儀申伝迄之儀ヲ以右装束之儀仕舞置着用仕間敷候間、御吟味是迄ニテ御下被成下候様偏ニ奉願上候、以上

右之通着用致間敷旨江戸表ニおいて被申上候心得之由、右ニ付拙者存寄之儀も有之候て（ハヽ）、江戸表へ拙者義も罷出、其段申上候様被致度、勿論江戸ニテも拙者可相願義有之候ハヽ、同道被致候様御沙汰之趣致承知候、然ル処右江戸表ニテ御請取申上候書付文言之内、元文五年之御裁許ニも本社之社人両御伝奏之執奏ニ寄難（致カ）受領候例無之由認有之候与之儀者、其節ニ御裁許承候先祖左京亮（神主・良行）書留ニも致符合候得共、又者吉田家へ申

立受領可致旨之御文言も相見へ候与申儀者、左京亮承候

御裁許心得ニハ少々致相違有之、其節本社付之社人受領之義ハ分而被仰渡無之、勿論其節本社之社人中ニ受領相望候人も無之、配下之社人受領相望候節ハ領主役人添簡之上神主遂吟味令添簡、両添簡ヲ以吉田家へ被願出受領可為致与被仰渡候段者、本社附之社人之事ニ者不相心得、配下之社人受領望之度事村・神主家ニ遂吟味差出来候事ニ而候得共、右江戸表へ被書上候書面之趣者、江戸表御役所之御書留之趣を此度各被致承知候与之趣意与存、拙者江戸表迄罷〈出〉成可願立程之義ニも無之様存心得共、一応為念各迄申達置候、何れにも天明年中御触之趣ハ相当御礼も相察（済カ）罷在、元文年中御裁許之節本社之社人之義分而被仰渡も無之儀ニ付、古来よりの記録之通相守、本社之社人中装束等之義ハ是迄古格之儘ニ而相済来候儀ニ有之処、此度各々江戸表ニ而御吟味之趣承候而者、天明年中之御触通を被済、装束之儀着用致間敷旨被申上候段御尤ニ存候、乍併弥右被申上候通、永代白張着用之儘御神役被相勤存寄ニ候ハ、子細無之候得共、若已後官位幷許状等之儀被相望候節者、時之神主へ可被申談候、元文五年御裁許之砌、配下之社人受領相願候節者、領主役人添簡之上、猶又神主遂吟味令添簡、両添簡ヲ以受領可為致之御文言も有之候ニ付、其節取調及熟談候筋も有之候間、一己之了簡ヲ以受領等被致間敷候、右之趣一統承知之儀ニ候ハヽ、此度之書上書面別ニ拙者より差当差支可申上筋無之候、為念此趣承知之否承度候

右之趣私共承知仕候、若已後官位幷許状等相望願候節者、御差図を請可申候、若心得違之儀御座候ハヽ、如何様被仰立候共一言之違背申間敷候、此度在府四人之衆中之儀者存寄難斗御座候間、此段御断申上置候、右御請仍而如件

文政十一年子五月廿五日

祝部 橋本弥太郎 印

同 大森数馬

同　大森帯刀

同　田村織衛　印

神主
吉井上総介殿

（行頭書込み）
「（数馬）附箋、右取締御文言之趣私義致承知候得共、印形無之候ニ付落印仕、一統帰国之上調印仕候」
「（帯刀）附箋、右取締御文言之趣私致承知候得共、印形無御座候ニ付落印ニ相成、一統帰国之上調印仕候」

一四二　東向良丸一件参通

文政一三（一八三〇）・八・晦　二三四

1　口上覚（東向斎宮弟良丸家督出勤の儀御取りはからい下されたく）

口上覚

一、東向斎宮弟良丸殿吉田家配下之儀銘々共より始末相尋候所、別紙之通被申出候上者相違無之趣ニ相聞へ候、然ル上ハ同人家督御社頭江出勤之儀御取斗被遣《下》度奉存候、為其添書を以致証判候、已上

文政十三寅年
八月晦日

町方庄屋　植村七右衛門

年寄　浅尾市右衛門

同断　紅野平左衛門　印

浜方庄屋　中川甚兵衛　印

年番年寄　小池市郎兵衛　印

同断　当舎九《久》右衛門　印

神主
吉井上総介殿

2　口上覚（弟良丸吉田家において懸り合これ無き義相違

御座なく候につき）

口上覚

一、拙者弟良丸儀文政八酉二月より吉田家配下ニ相成、許状申受罷在候処、右許状致、且旦（ママ）子三月兎原郡森村神主神田家江養子ニ参り候処、丑七月不縁ニ而当方江引取罷在候、然ル上者当時吉田家ニおゐて懸り合無之、手切ニ有之候義毛頭相違無御座候間、此段当方神主方へ宜御申立被下候様奉願上候、以上

文政十三年寅八月晦日

東向斉（斎）宮　印

町浜
庄屋
年寄中

3　乍憚口上（退身のうえ弟良丸に家督相譲り申したく）

乍憚口上

一、私儀旧冬御社頭取締一札ニ調印仕候様被仰聞候所、心得違を以右調印不致、彼是申論候、御社頭出勤も不仕罷在候処、段々勘弁仕候処、全心得違之段、今更後悔仕無面目義ニ奉存候、此上ハ如何様被申付候共違背不仕候、何卒私儀退身被仰付、家督之儀者弟良丸江相譲申度、是又御許容被下候ハヽ、忝奉存候、御社頭之儀宜奉頼（願）上候、右退身之儀御聞済被成下候ハヽ、難有奉存候、以上

文政十三寅年
八月

社家
東向斎宮　印

神主
吉井上総介殿

一四三　吉井良郷口上覚壱通（若州・阿州・淡州にて紛敷もの当社似寄の神像札相弘め居り候につき）

万延元（一八六〇）・四・二六　一二三五

奉差上口上覚

西宮恵美酒社
神主
吉井陸奥守

西宮恵美酒社
神像札賦与之儀
御願

一、西宮恵美酒本社之儀ハ寛文三卯年厳有院様(徳川家綱)御造営被為成下、其後御修理料ニハ諸国江恵美酒神像札致賦与、以其助力社頭無怠慢修覆等相加候様被為仰渡候処、近来当社及破損、修理相加候儀難出来候ニ付、歎ヶ敷奉存候間、此度若州・阿州・淡州右三ヶ国信者之輩江神像札賦与仕、其料を以修覆等行届候様仕度奉存候、然ル処右三ヶ国江神像札相弘メ度候得共、兼而紛敷もの先々江相廻り、当社似寄之神像札相弘メ居候趣ニ茂相聞候ニ付、当社よりの弘メ方ニ差支、欲(歎)ケ敷奉存候、江戸表江茂願出度奉存候得共、右之通弘方相減シ、何分困窮之社頭、遠路ハ罷下候路用失脚等相懸り難混(渋)仕候、尤諸国江神像札賦与御免之儀ニ候得共、前書之通似寄之像札相弘メ候もの有之候間、右三ヶ国江当社より為賦与、私幷社中之内出立仕度奉存候間、右三ヶ国江御声遣り被為成下候様奉願上候、何卒右願之通御許容被為成下候ハ丶、難有仕合ニ奉存候、以上

万延元年
申四月廿六日
右神主
吉井陸奥守

御奉行所

一四四　西宮社人口上覚壱通（神主・社人神像札賦与仕り閉門仰せ付けられ候につき）

元禄二（一六八九）・四・二七　一二三六

差上申一札之事

一、摂州西宮願人中西太郎兵衛・辻勘右衛門、以訴状当春私共御当地罷立候砌、夷之像妄ニ売賦候旨申上候ニ付、双方被召出被遂御吟味候処、去冬太郎兵衛御当地ニテ売残候夷之像跡より為差登候ニ与拙者共江預ヶ置候、然処当春私共罷帰候、則路銀ニ差詰り、右之像浦々氏子共江土産ニ遣候段紛無御座候、去辰十月下総国八幡村夷之社人鈴木長大夫訴訟之儀ニ付私共被召下候

節、神主・社人方ニ而茂像賦申度由御訴訟申上候得共、五年以前丑年（貞享二年）御裁許之通、像之儀願人方ニ而賦之申筈ニ相極候処違背仕、我儘之動不届被思召之由誤至極仕候、依之三人共ニ閉門被仰付候間、於在所急度逼塞可仕旨被仰渡奉畏候、向後若右之趣相背候者、何様之曲事ニ茂可被仰付候、仍為後日如件

元禄弐年巳四月廿七日

摂州西宮夷之社人
田中宇右衛門　印
鷹羽源之丞　印
吉井式部　印

寺社
御奉行所

一四五　吉井左京亮訴状壱通（泉州石津社より夷像札賦与致すにつき）

寛延四（一七五一）　一二三七

乍恐願書附御訴訟申上候

摂州武庫郡西宮神主
訴訟方　吉井左京亮

（大津代官・正顕）
御代官石原清左衛門殿御支配ノ内
泉州大鳥郡石津神主
相手方　陸野飛騨（左大夫）

西宮本社之義公儀御造営之御社ニテ、其御修理料として諸国江恵美酒神像之札賦与売買之義古来より支配仕り来り、年々右職分之輩御修理料社納仕候、往古より之事ニ御座候故、毎々寺社御奉行所ニおゐて御定之社法格式も御座候上、別而貞享年中右支配之社役人中西太郎兵衛と神主争論之事御座候而、御老中・寺社御奉行所御連判之御裁判等ニ茂散銭幷ニ支配之御修理料等ヲ以社頭無怠慢加御修理様に被仰渡候品も御座候ニ付、右太郎兵衛精力仕、諸国江委敷遂吟味、御修理料を茂不致社納、不受支配輩尽く令没収、御当地（大阪）ニおゐて今宮恵美酒社より指出シ候像札ヲ茂元録（禄）七年ニ御願申上、同八年亥十二月六日天満堀川夷社（大坂）・泉州堺夷島慈源堀（院）・同州石津夷社一列ニ御願申上、当御番所ニおゐて同年十二月ニ不受支配御修理料不出上ハ像札賦与御停止之旨被為仰付被下候　ニ而、

其後今日迄御当地《大坂》を始、勿論何方ニも西宮本社之外致賦与候処無御座候、然ル所ニ去ル元文三年之春石津社開帳有之候節、始而像札被指出候ニ付、右先年被仰渡候訳失念も有之候、有間敷義ニ候、段々委曲申達シ候処、尤も仰出シ趣ニハ乍申、猶其後茂被指出候由ニ御座候故、右支配之社役人中西太郎兵衛義ハ正徳年中ニ不調法之義有之御追放ニ罷成、依之其後本社神主より直ニ取捌被仰付支配仕候ニ付、社家之内壱人態々指出シ、弥不信出《心》ニおゐて外之妨ニ茂相成候へハ、其分ニ難指置候得共、先年御裁許被仰付候義ヲ被及違背候与申訴へ出候義、千万恐レ多キ義と申、相互ニ神職之義、余り失本意候事ニ御座候旨精誠申達シ候処、至極ニ信出《心》尤ニ被存候旨ニ付、内々ニ而茂事相済可申様ニ奉存罷在候処、寛保三年亥春天満ニおゐて御開帳之催シニ付、下社家と申者御当地《大阪》へ被指出、内々ニ而講尺等為致、講中と申シ人数ヲ取結ヒ、其内より正月十日今宮参詣之人ニ西宮本社より日本橋等ニ而古来より見世ヲ張り、像札ヲ指出シ候其格式之通、長町二ヶ所ニ新法ニ見世ヲかざり、九日・十日像札ヲ被指出候ニ付、此迄ハ公儀より被仰付候御修理料之妨ニ相成候義茂甚敷、一向社法茂相立不申候へハ、不及是非次第ニ候間、及御訴訟ニ可申旨相断候処、下社家笹才治《内記》と申者西宮ニ被指越、並《全》テ講中と申者共之致ス義ニ而、神主心底ニ無之候、併春中天満ニ而開帳候節致世話候様ニ頼置候講中ニ候へハ、其者共之致シ候事及違義ニ候而ハ江戸迄御願申上候開帳共ニ埒明不申品ニ候、何卒此開帳に《(た)》に相済候ハヽ、何故ニ事を好《(ミ)》ニ候事可致様ハ無之、段々被致演説、何分開帳中之処達而致了簡くれ候様ニと無余義申分ニ御座候故、不得已事、幾重ニ茂内々ニ而相済候様ニと奉存見合候処、右之口上致相違、其後相止ミ不申候ニ付、極て不届ニハ奉存候得共、申達シ候へハ、近年ニ相成候而ハ恵美酒像札ニ而ハ無之、此方ニ指出シ候ハ事代主命之像札ニ而格別之品ニ御座候旨被申紛候、往古より鎮座之神霊をたに《(時の)》休ミ勝手不勝手少々之利害ニ而仕替被申程之事ニ御座候へハ、此上内々ニ而相済可申様も無之様ニ奉存、乍恐右之仕合ニ御座候間、被召出候而、先年太郎兵衛御願申上候節之通我儘ニ像札賦与之義御停

止被成下候ハ、、西宮本社古来より之社法茂相立、諸方
ニ違乱も出来仕間敷、難有仕合ニ可奉存候、以上
寛延四未年
御奉行所
(欄外記入、挿入箇所不明)「当地戎島慈源院・石津夷社之義当御奉行処へ御願申上
候而右大阪表通両社共夷像札賦与売買候義御停止被成
下候由ニ而」
大阪御奉行処(所)へ指上可申訴状案、処(然カ)ル処御支配違、明年
泉州堺御奉行処(所)へ致出訴候、此書面致添削候ハ堺へ指上
之、本文之通ハ大阪へ指上候処也、委敷ハ年々之日記ニ
書記ス者也
貞享年中ノ餞(裁カ)判書之
御老中・寺社御奉行所
本多淡路(寺社奉行・忠周)
坂本内記(寺社奉行・重治)
水野右衛門(寺社奉行・忠春)
戸田山城(老中・忠昌)
安倍豊後(老中・阿部正武)
大久保加賀(老中・忠朝)

乍恐以口上書申上候
石津神主より被指上候返答書披見被為仰付被下、委曲可
相知仕候、私御願申上候処ハ、社之大小被下神号之品御
格別像札も少々違御座候へ共、諸人ハ只何れも恵美酒と
而已奉存候而御請候へハ、外より指出候処御座候而ハ、と(何)
角(分)西宮ニ修理料之妨ニ罷成候上、大阪へ出見世迄被致候
へハ、其分ニ指置候而ハ御当地戎島・大坂今宮等今日迄
一枚も指出シ不申処も石津同前ニ相成候、得可申上奉存
候、然ハ貞享年中御老中・寺社御奉行行(衍)御連判ニ而散銭
幷諸国支配之御修理料等取集、社頭無懈怠慢加御修理候
様ニと被仰渡候御書出候表も反故ニ相成候へハ、右之判
ニ行乍致所持反故ニ相成候様成義、其分ニ仕置候而ハ

後々私不調法之御咎ニ預り可申段も難斗御座候へニ者、近年新法之義彼是以義（ママ）御座候ニ者、古来之通御停止被成被致奉願候、勿論恵美酒像札賦与候事而已之義ニ而、社々ニテ□ヲ申立神霊ノ差別ヲ正シ、石津社へ指構可申御座（ママ）毛頭無御座候、戎島・今宮等ニ而も像札賦与之義不被致処へハ一言も指構候事無御座候、右貞享年中之御書出シ写シ別紙ニ指上、右之段改而御尋被下候ニ付、如此御座候

年号月日　　西宮神主
　　　　　　吉井左京亮　印

御奉行所

一四六　西宮社頭定壱通（開帳につき）

寛政三（一七九一）・二　　二三八

定

一、朝夕御神事怠慢有間敷事

一、昼夜火之用心入念、五十日之間神主之外輪番ニ一人宛拝殿ニ終夜相詰可申事

一、本社拝殿其外銘々引請候守護之場所ヲ明ケ、作（他）出致間敷事

一、本社拝殿幷南宮其外散銭者勿論、初穂物・寄進之金銀米銭等尽致神納、毛頭私欲存間敷事

一、境内・堀（境）外之水茶屋・見世物類ハ勿論、菓子店たりとも無用ニ立入堅致間敷候、将又商人等其余一切内縁・賄路（賂）之筋ヲ以依怙贔屓之沙汰致間敷事

一、献上物有之候節、金銀米銭ハ不及申、かさりもの其外聊之品たりとも不可預置、若預ヶ置開帳相済候後ニ戻シ候様申事有之候者、献上相済次第差戻事、一日一夜たり共預り置申（間脱）敷事

一、諸初穂物・寄進之願主参詣之節、もの丶多少或遠路近辺ニよらす先例之通御神酒等差出候までにて、其余之沙汰あるへからす、もとより内縁私之筋毛頭不可存候事

一、御神前・宝物場・内陣口ニおゐても内縁を以私の沙汰致間敷事

右之通若及違背之者ハ其品相応之過料ヲ蒙り可申候、其外相定候通能々相守、昼夜抽丹誠各和順ニ申合大切ニ可為勤仕候、仍而相定之状如件

寛政三年

亥二月

社役人 辻兵治

祝部 橋本常太郎

同 広瀬熊次郎

同 田村常蔵

同 大森数馬

同 堀江左門

同 大森主膳

同 広瀬右内

同 大森主水

同 橋本右膳

同 田村伊織

社家 東向斎宮

神主陸奥守

一四七　西宮関屋役人壱通（関屋役人交代につき）

元禄一三（一七〇〇）・一一・二八　　二三九

卯ノ六月廿三日

広田御宮役人又左衛門手形

覚

西宮社中関屋役人之儀、弐人御神納銀を以扶持被致、其外諸雑用共ニ同断ニ相賄、神主職より支配ニ而被抱置、

御社用ニ相遣申候、別而去ル子（元禄九年）ノ春より社家・祝子中ニ
被申談、神子ニも申付御神前昼夜勤役有之可然相見江候
様ニ被申渡、無懈怠相勤申候、就夫関屋役人共対社家・
祝部中ニ無礼不届キ之族も有之様ニ相聞江候ニ付、此度
関屋役人差替被置候段被申渡令承知候、為念如此ニ御座
候、以上

元禄十三年辰二月廿八日

中村治部　印
浜庄太夫
田中右衛門
東向刑部
鷹羽源太夫
広瀬次郎兵衛
橋本久左衛門
田村惣左衛門
大森善右衛門
同姓惣右衛門

吉井宮内殿

一四八　脇指寄進状壱通　宝暦八（一七五八）・七　二四〇

一札之事

一、脇指九寸五歩、銘来国光、但シ杢目のこえ　壱腰
右脇指拙者雖先祖相伝此度宿願之義有之御祈禱料とし
て指上申候、於御神前諸願成就・家業繁昌之御祈禱被
成可之（被）下候、右脇指之義ニ付脇より可一言之差構申旨
無御座候ニ付、為念一札仍而如件

宝暦八年
寅七月日　　臼井勘兵衛

西宮御神主
吉井宮内殿

一四九　西宮社頭定壱通（開帳につき）

天保一一（一八四〇）・三・一　　二四二

定

一、朝夕御神事怠慢有間敷事

一、昼夜火之用心可入念、五十日之間神主之外輪番ニ壱人宛拝殿ニ終夜相詰可申事

一、本社拝殿其外銘々引請候守護之場所ヲ明ヶ、他出有間敷事

一、本社拝殿幷南宮其他散銭者不及申、初穂物・寄進之金銀米銭等致神納、毛頭私欲存間敷事

一、境内・境外之水茶屋・見せもの類は勿論、菓子店たりとも無用ニ立入堅致間敷候、将亦商人等其余一切内縁・賄賂之筋ヲ以依怙贔負沙汰致間敷事

一、献上物有之候節、金銀米銭ハ不及申、錺物其外聊之品たりとも不可預置、若預り置開帳相済候後ニ戻シ候様申事有之候ハ、、献上相兼〔済〕次第差戻シ可申候、一日一夜たりとも預り置申間敷事

一、諸初穂物・寄進之願主参詣之節、もの、多少或ハ遠路近辺ニよらす先例之通御神酒等差出候までにて、其余之沙汰有へからす、もとより内縁私之筋毛頭不可存候事

一、御神前・宝物場・内陣口ニおいても内縁を以私の沙汰致間敷事

右之通若及違背者ハ其品相応之過料ヲ蒙り可申候、其外相定之通能々相守、昼夜抽丹誠各和順ニ申合セ大切ニ可為勤仕候、依相定之状如件

天保十一年
子三月朔日

社役人　辻大炊　印
祝部　広瀬右京　印
同　田村伊織　印
同　大森主膳　印
同　橋本右膳　印
同　大森民部　印

同　　　　堀江左門　印
同　　　　大森主水　印
社家　　　東向兼宮済（斎）　印
神主上総介　印

一五〇　偽神像札停止願壱通（播州辺にて紛敷像札差出候者数多につき）

天明五（一七八五）・二　　二四三

乍恐以書付奉願上候

西宮恵美酒御社
神主
吉井陸奥守

一、西宮恵美酒本社之義者公儀御造営之御社ニ御座候処、修理料ニハ諸国ニおゐて恵美酒神像之札賦与仕、其像料を以社頭無怠慢修理を加へ候様被仰渡候義ニ御座候、且亦貞享年中社中争論之節御裁判御書付ニも像賦之儀可為如先規旨被仰渡候、其後元禄十五年御定被成下候神馬・田神・恵美酒三躰之神像被下置候ニ付、只今以関東・北国筋悉賦与仕候、右之通之義ニ御座候故、外々より紛敷像札差出候節ハ御願申上、御差止被成下候例数多御座候、猶又御当地三郷町中江右像札賦与仕候節、御触之儀御願申上候処、則御聞済被成下、宝暦十一年・明和四年両度御触被成下候ニ付、紛敷義茂無之候而難有奉存賦与仕罷有候、然処此度播州辺江右像札賦与ニ社役人共差遣シ候処、村々之番人共猥ニ神像ヲ拵相賦り、却而西宮より差遣候社役人ヲ紛敷もの、よし申之、像札賦与之妨ニ相成、被仰渡候修理料茂納不申、甚迷惑至極ニ奉存候、尤播州辺ニ而紛敷像札差出候者茂数多之儀ニ御座候得ハ、悉相手取御吟味等御願申上候而御上之御苦□（労）ニ罷成候儀も恐入、猶亦大勢之者共被為召出候様ニも相成候而ハ銘々難義可仕与奉存候、神職之身として数多之者之難義をも不顧御願申上候事とも何とも如何敷奉存候、猶亦右村々之者とも相手取御吟味御願申上、其村々江難義を懸候而者、譬私共より申上候通被仰付被下候とも、其後右村々江像

札賦与ニ罷越候而も中々助力も御座有間敷与奉存、此段甚歎敷奉存候、何卒紛敷像札差出候儀御差止被成下、西宮正像札請用ひ候様、乍恐可相成義ニ御座候ハヽ、御触等被成下候ハヽ、修覆之助力ニも相成、猶亦貞享年中被仰付候通有来神事祭礼もおのつから無怠慢、社頭も相続可仕与難有奉存候、尤像札賦与仕候節、初穂物等ハ信心相対之儀ニ御座候、且元禄年中御定被成下候絵形之写并播州辺ニ而猥ニ差出候神像札壱枚奉入御覧候、右願之通被為聞召上被仰付被下候ハヽ、広大之御慈悲難有可奉存候、已上

天明五年巳二月　　吉井陸奥守

一五一　辻左内覚壱通（神主名代にて社家・祝部付添人として江戸下向につき）

文政一〇（一八二七）・一一　　二四四

覚

一、此度社家・祝部中江戸寺社御奉行所大〔土〕井大炊頭（下総古河藩主・利位）様より御用之儀有之、御召下ニ付大阪御奉行所より付添人之義被仰聞、貴殿御名代ニ私付添被仰付罷下候、公儀御法度之儀者不及申、従前々御社法仕来之通堅相守、少茂新規我儘之取斗致間敷候事

一、道中并旅宿等ニおゐても喧嘩口論相慎、且又病気・足痛之者有之候ハヽ、互ニ気ヲ付合、万事和順ニ取斗可申事

一、此度御用之儀者難斗候得共、若当春已来吉田家一件之儀ニも御座候ハヽ、大阪御奉行所より御尋之節社中一同相談為一決上御答被仰上候通相守、尤両執奏等之儀者社頭後年之恐多、此段急度相心得候、御社法之内ニも貞享・正徳・享保年中之儀大切可為事

右之趣急度承知仕候、若私之遺根（恨）を以我意を募申立、社例相乱候ハヽ、如何様ニ被仰立候共一言之違背申間敷候、右社家・祝部中心得違無之様気ヲ付取斗可致候、仍而如件

文政十年亥十一月

社役人 辻佐内

神主 吉井上総介殿

一五二 銀子借用証文壱通（御本社御神物の内より拝借仕るにつき） 宝暦一二（一七六二）・一一・晦 二四五

一札連判之事

御本社御神物之内、時々五拾文或ハ百文宛銘々致拝借候事冥加至極難有御事ニ候、御本社大切之御社用ニ而御入用之節者、銘々家財を家財を（衍カ）致御却候而も力之及ふ限り急度御用ニ相立、廉（麁カ）略之心底毛頭奉存間敷旨、各連判仍如件

宝暦十二年壬午十一月晦日

神主 吉井和泉守

社家 東向斎宮

祝部 田村伊左衛門

同 大森善太夫

同 大森主膳

同 大森主水

同 広瀬右内

同 橋本右内

同 堀江左門

社役人 辻左内

已上

神主・社家・祝部・社役人一列

文政七年申十一月晦日一同致拝見、任先例辻兵治封印之事

宝暦十二年壬午十一月晦日

拝借銀之連判一札

一五三　辻左内覚壱通（祝部・社役人江戸下向につき）

文政一〇（一八二七）・一一・六　二四六

覚

一、此度私共江戸寺社御奉行所土井大炊頭（下総古河藩主・利位）様より御用之儀有之、御召下ニ付出府可仕候、公儀御法度之儀ハ不及申、従前之御社法仕来之通堅相守、少茂新規我儘之取斗致間敷候事

一、道中幷旅宿ニおゐて喧嘩口論相騒、且又病気・足痛之者有之候ハヽ、相互ニ気付合、万事和順ニ可致事

一、此度御用之儀者難斗候得共、若当春以（已）来吉田家一件之儀ニモ有之候ハヽ、大坂御奉行所より御尋之節社中一同相談為一決上御答被仰上候通相守、尤両執奏等之儀者社頭後年之恐多、其段急度相心得候、御社法之内ニも貞享・正徳・享保年中之儀大切可為事

右之条々急度承知仕候、若私之遺恨等を以我意暮（募）申立、社例相乱候ハヽ、如何様ニ被仰立候とも一言之違背申間敷候、依連印如件

文政十年
亥十一月六日

附添社役人　辻左内

祝部　橋本弥太郎印

同　大森数馬　印

同　堀江左門　印

同　大森帯刀　印

同　広瀬右京　印

同　田村織衛　印

同　大森修理　印

社家　東向斎宮　印

神主殿

一五四　拝殿勤番定書壱通

元禄一一（一六九八）・五・一　二四七

元禄十一刁年五月朔日
拝殿勤番定書本紙壱通　社家
祝子

定書

一、西宮拝殿勤番之事、昼之間ハ社家壱人祝部壱人為弐人相勤、其間《日》御神徳之義者社家六分祝子四分可致配当候、包札望候者有之候時分者壱枚ニ付五文、小札之義ハ弐文社家方江引、相残ル分右之割符ニ相順シ候、此外御神徳之義者有来ル古法之通ニ御座候、此拝殿御神徳之義者子細有之に付、宮内殿依差図右之通ニ相究、古法之割ニ相構不申候事

一、拝殿夜ル勤番之義者社家・祝子中壱人宛順々ニ相勤申筈ニ相究候、尤関屋役人壱人為小使呼置候事

一、社家・祝子病気出来之節者、廿日までの内ハ相残ル輩助番或ハかへす（つ）とめにいたすへく候、昼番同前たるへく候事

一、依御神用ニ方々へ他参砌者替勤ニ可致候、或ハ江戸下向之節勤番懈怠勿論候事

一、面々他所他国ニ祈禱之旦那有之、相尋来候ハ、、直ニ早速告知せ、初尾等之義者社家旦那有来候通社用受納之筈、少茂自堕落ニ致シ申間敷候事

一、右五ヶ條之趣者評談之上相究候上者、至後々年ニ迄聊違犯有間敷候、為後証定書仍如件

元禄十一寅年五月朔日

社家　中村治部
社家　浜庄太夫　印
社家　田中右衛門
社家　東向刑部　印
社家　鷹羽源太夫　印

祝子　広瀬次郎兵衛　印
祝子　橋本久左衛門　印
祝子　田村惣左衛門　印
祝子　大森善右衛門　印
祝子　同姓惣左（右）衛門　印

吉井宮内殿

一五五　広田社服忌令壱通　慶長一五（一六一〇）　二四八

広田之社ふつきりよ（服忌令）の事

慶長十五年

一、壱年　忌《但》五拾一日ハひさしへ入親母
　　但中やしない□□（おやハ）半年
一、半年　雖為壱月在子（壱年）ハいまる丶也　ふさい
　　雖無子共十ヶ年過候とも（者）いまる也
　　　但おんなあ子（の）いま（る脱）
一、いミ親方母方内
　五拾日上而火二拾五日社前九十一日　おうしうは
一、いミ五拾日上而火二拾五日社前へ九十一日　あにおと丶
一、いミ五拾日上而火二十五日社前へ九十一日　子方
　　七ツより内ハいミなし
一、いミ五拾日　火二十五日社前へ九十一日　ち丶方おち
　　おは
一、火三拾日いミ廿日社前へ五十一日　は丶かたお
　　ちおは
一、いミ七日　社前へ二七ヶ日　ち丶かたい
　　とこ
一、いミ七日　社前へ二七ヶ日　は丶かたい
　　とこ

一、一日　　　　　　　　　　ひともし
一、七日　　　　　　　　　　にら
一、七拾五日、但からひるハ百日　ひる
一、大小七日　　　　　　　　四足之物
一、大小三日　　　　　　　　二足之物
一、三日　　　　　　　　　　六ちく生《た》き
一、いみ五拾日火ニ拾五日社前へ九十一日　女よろこひ
一、いみ火　　社前へ十一日　月水
一、七日　樽（カ）治是も同前　はかまいり
一、け見のミねひにん来入不可仕者也
若（背）者此旨者ハ三百過銭可為者也
三日　た丶しあらはだ（日脱）七也　いんし
一、うんひやう七拾五日
　但はりのた《そう》《く》したくは九十一日め
一、馬之うゐ《こ》《く》　　　　七日也
一、人之うゐ《こ》《く》　　　　三日也
一、いミつき廿日より内ハつき申也
一、くわちん　　　　　　　廿日

一五六　吉田装束裁許請書壱通（社家・祝部装束一件につき）　文政一二（一八二九）・九・二五　二四九

一、摂州西宮・広田両社之社家・祝部共一統奉申上候、私共茂不当之装束等致着用、吉田家之御差図相拒候旨、御同家より当御奉行所へ被仰立ニ相成、再応御吟味御座候処、私共儀前々之仕事ヲ以東向斎宮ハ四位之衣冠着シ、其外のものとも者風折烏帽子・紗狩衣豊臣内府（秀頼）公より被下置候儘着用致候段、品々申上候得共、右者何れも申口迄之義、其外自己之書留而已ニ而難取用筋ニ而、既ニ元文五年之御裁許ニも本社之社人両伝奏執奏ニより受領いたし候例無之由認有之、又ハ吉田家へ申立受領可致旨之御文言も相見へ候、殊ニ吉田家より被仰立候元文度御裁許之節之御書留ニも本社之神主ハ

御両公へ相願可致受領候、本社之社人并配下之社人受領義ハ吉田家へ可相願趣記シ有之、然ル上ハ天明之度御触之通相心得、若此上官位等相願候ハヽ吉田家へ申立、御同所之御差図可請筋之旨相弁、勿論私共儀申伝迄之儀ヲ以右装束之義仕舞置、着用仕間敷候間、御吟味是迄ニ而御下被成下候様偏ニ奉願上候、以上

右之通着用致間敷旨、江戸表ニおゐて被申上候心得之由、右ニ付拙者存寄之儀も有之候ハヽ、江戸表へ拙者義も罷出、其段申上候様被致度、勿論江戸ニ而も拙者可相願義有之候ハヽ、同道被致候様御沙汰之趣致承知候、然ル処右江戸表ニ而御請申上候書付文言之内、元文五年之御裁許ニも本社之社人両御伝奏之執奏ニ寄致受領候例無之由認有之候ハ之(マヽ)儀ハ、其節ニ御裁許承候先祖左京亮書留ニも致心付合候得共、又ハ吉田家へ申立受領可致旨之御文言も相見へ候与申儀者、左京亮承候御裁許心得ニハ少々致相違有之、其節ハ本社付之社人受領之義ハ分而被仰渡無之、勿論其節本社之社人中ニ受領相望候人も無之、配下之社人受領相望候節ハ、領主役人添簡之上神主遂吟味令添簡、両添簡ヲ以吉田家へ被願出受領可為致与被仰渡候段ハ、本社付之社人之事ニハ不相心得、配下之社人之義之様相心得、既ニ其節右御裁許茂相済候上吉田家へ罷出相伺、其已来配下之社人受領望之致事於神主家ニ遂吟味、差出(若)出来候事ニ而候得共、右江戸表へ被書上候書面之趣ハ、江戸表御役所之御書留之趣を此度各被致承知候与之趣意与存、拙者江戸表迄罷出可願立程之義ニも無之様存候得共、一応為念各迄申達置候、何れニも天明年中御触之趣ハ於当御社ニも相弁罷在、元文年中御裁許之節本社之社人之義分而被仰渡も無之儀ニ付、古来より之記録之通相守、本社之社人中装束等之義ハ是迄古格之儘ニ候間(而)相済来候儀ニ有之処、此度各へ江戸表ニ而御吟味之趣承候而ハ、天明年中之御触通を被弁、装束之儀着用致間敷旨被申上候段御尤ニ存候、乍併弥右被申上候通、永代白張着用之儘御神役被相勤候存寄ニ候ハヽ、子細無之候得共、若已後官位并ニ許状等之義被相望候節ハ時之神主へ可被申談候、元文五年御裁許之砌、配下

之社人受領相願候節ハ領主役人添簡之上、猶又神主遂
吟味令添簡、両添簡ヲ以受領可為致之御文言も有之候
ニ付、其節取締《調》及熟談候筋も有之候間、一己之了簡ヲ
以受領等被致間敷候、右之趣一統承知之儀ニ候ハヽ、
此度之書上書面別ニ拙者より差当り差支可申立筋無之
候、為念此趣承知之否承度候、文政十一年五月右之趣
私とも承知仕候、若已後官位幷許状等相望願節ハ、御
差図を請可申候、若心得違之義御座候ハヽ、如何様被仰
立候共一言之違背申間敷候、右御請仍而如件

文政十二年
丑九月廿五日

祝部 大森主膳 印
同 橋本弥太郎印
同 大森数馬 印
同 堀江左門 印
同 大森帯刀 印
同 広瀬右京 印
同 田村織衛 印
社家 東向斎宮 印

神主
吉井上総之介殿

一五七 祢津為右衛門書状壱通（来年頭御礼勤方につき）

年未詳・一二・二四 二五〇

来年頭御礼正月五日可被遊御請旨被仰出候間、朝五ツ時
右之刻限無□御登城可有之候、被指上物者先格之通用意
可有之候、尤病気ニテ一両日前方可被仰聞召無、左候へ
者御礼帳相認差出し候間、左様可被相心得候、以上

十二月廿四日 祢津為右衛門

吉井宮内殿

一五八　神楽所之定壱通（夷社開帳につき）

文化八（一八一一）・閏二　二五一

神楽所之定

一、朝夕神楽勤仕怠慢有間敷事
一、昼夜火之用心可入念事
一、昼夜ニ不限神楽所ヲ明ヶ、他出有間敷事
一、神楽所(料)者平生之通可致受納候、勿論初穂物・寄進之金銀米銭等者神納ニ罷成候物、神楽料ニ致混同、毛頭私欲之働有間舗事
一、神楽料平生之通致受納候上者、五十日之間も食事万端自分ニ相営可申事
一、此度御開帳首尾能相済、神楽料多分有之候ハヽ、其内より多少ニ不限可致神納候、私欲者存間敷候得共、神納之事者可為心持次第事
右従先規御定之通銘々能々相守、和順合一抽丹誠相勤可申候、勿論水茶屋・見せもの其外菓子見せたりとも無用ニ立入致間敷候、万一右之趣相背候歟、昼夜ニ不限大酒・色欲其外法外之我儘成事有之候ハヽ、其品相応之過料ヲ蒙り可申候、仍而連印一札如件

文化八年未閏二月

紅野治良太夫
大石長大夫
瓶子清太夫

神主殿

一五九　吉井良秀口上覚壱通（寺社家出金取集めの御触書につき）

天明六（一七八六）・八・一　二五二

奉窺口上覚

一、宮門跡方尼御所者相除、其余之分本寺・本山幷重立候社家ニ而取調、其末々之趣ニ随ひ、上之分壱ヶ所ニ而金拾五両与定、其以下者相応之出金高本寺・本山幷重立候社家ニ而相極、寺寺触下支配等江可申渡候
右之趣以御触書被仰渡承知奉畏候得共、私共懸(愚)昧ニ而

難相分御座候ニ付、左之通奉伺上候
一、西宮・広田両社之義、従往古兼帯之社ニ而、寛文年中厳有院(徳川家綱)様御造営之御社ニ御座候得共、社領等無御座候、且西宮町・浜中ニ私共奉仕之社之外ニ者社壱ヶ所茂無御座候、私共儀触頭・支配頭等無御座候得者、一分ニ上納仕候儀ニ御座候哉
一、西宮・広田御社修復料ニハ諸国ニおゐて恵美酒神像之札売弘メ、其像料之助成ヲ以社頭無怠慢加修理候様被仰渡候得共、此義諸人信心次第之儀ニ御座候得ハ、相定候助成茂無御座候
一、西宮御社江先年者尼崎御城主より年々米九石六斗四升壱合宛御寄附御座候処、御料ニ相成候後者御代官所より御渡米九石六斗四升壱合宛年々被下置候、尤御朱印等頂載(戴)仕候ニ而ハ無御座候
一、西宮・広田両社ニ有来神事祭礼無怠慢相勤候様被仰渡候ニ付、年中数ヶ度之神事別而年々十一月之内一七ヶ日之間公儀御祈禱執行仕、御札ヲ封シ、五年目毎ニ江戸表江御拝礼ニ私出府仕候節献上仕候
右御渡米之儀者年中数ヶ度之神事御供米ニ仕候儀ニ御座候
一、西宮・広田御社之儀、何れの処に相当り、金子何程差出候儀ニ御座候哉
右之段如何仕候而宜御座候哉無覚束奉存候ニ付、乍恐此段奉伺上候、已上

天明六年午八月朔日

西宮・広田両社神主
吉井陸奥守　印

御奉行所

一六〇　吉井宮内訴状壱通（臼井左忠らの不法につき）

正徳三（一七一三）・一一・一一　　一二五三

乍恐御訴詔

摂州西宮・広田神主
吉井宮内

一、西宮太神宮・広田太神宮両社之儀者従御公儀御造営ニ而、天下御安全之御祈禱相勤、従古神主年頭之御礼

申上、巻数奉献上候、神主・社家・祝部与申神職之次第従古来相立、御社法定式之通相守相勤来申候御事

一、太神宮御祭礼三月十八日ニ而、神輿御旅所江奉成神幸、御祈禱執行仕候、則西宮御伝奏者白川中将(雅冬王)様ニ而、従御先代神前之法式・神官之次第御定法御座候処ニ、当三月十八日御祭礼之砌、中将様御名代と申、京都知恩院町ニ住宅仕候臼井左忠与申者西宮江罷越、十七日之夜神官ヲ旅宿江呼寄セ、此度白川様より御差図与申下知状相渡シ候、左忠儀十五日ニ西宮江罷越、神主方江者漸十七日之夜書付相渡候ニ付、翌日者早々御祭礼之儀ニ候得者、御下知被申渡候故無詮方相勤申候御事

一、大神宮御旅所肝煎掃除人ニ印頭庄左衛門与申者ニ而御座候処ニ、此者相果跡目無御座候抔見竹親より一家之由ニ而御旅所近所ニ罷有、掃除等之心懸ヶ仕候ニ付、夫より見竹も其通ニ致置候、元来社役之筋目曽而無之者ニ而候段、前神主・社家共為申聞候、右見竹儀前々ハ旅籠屋ヲ商売仕、其後医行ヲ家業ニ致シ罷有候、此者私欲ヲ以尼崎御地頭へも御届不申、神主取次ヲも不仕候処ニ、左忠取持ニ而白川様江御目見江為致、社人・社家同前之狩衣・折烏帽子ヲ着シ、御神事之節御旅所江御鎮座之儀、左忠新規ニ下知仕、神主・社家其外神職之面々ヲ左忠江退(申カ)由、見竹ニ神供ヲ三社之御神前江為献上候、第一神供之義者神主宅ニ而も調進難致候ニ付、従御公儀御社頭之内ニ御供所別ニ御建置、是ニテ相調、祝部職之者共御神前ニ運送仕、神主奉献上候従往古之御法式ニ而候処、見竹俗家ニ而神供ヲ調候大俗医師之儀ニ候得者、数多之病気昼夜出入不浄之処無極、常々不浄之身ニ而候見竹ニ神供備させ候段、前代未聞之儀ヲ仕、大切成御社法ヲ破り申候御事

一、大神宮御神幸之節も見竹ニ社家神官之者共ヲ召連させ、金幣等祝部職為持見竹ニつれさせ、神主者壱人跡より歩行仕候法式之由申渡シ候、其後左忠御神前ニ而神主ヲ差置、上中下之諸役人ヲ下知仕、我儘ニ無礼之品々可申上様も無御座候、社家・祝部之儀者神主ニ帰順仕相勤申筈之御御社法ニ而御座候処ニ、大俗之見竹ニ召つれさせ、社頭之御法式ヲ相破り、剰神主位階之

綸旨・古来御社頭江之綸旨幷御定法書付等取寄せ、いか様之たくらミにて候哉、中将様江御一覧之ため悉預り可御取達而《ト》申候得共、大切成ニ（之カ）儀ニ御座候得者、相渡シ不申候御事

一、太神宮御神幸之節、散銭又ハ神供料・初尾等不残見竹江受納為致、神主江も散銭箱壱つ受納仕候様ニ而《と》差図仕候得者《共》、夷散銭之儀者社頭之御修理料ニ先年従御公儀被為仰付、則散銭支配仕候願人与申者取捌仕、御神用ニ相立、神職之者共ニも助成ニ仕候而ハ御條目ニ相背候由、段々断申候得者《共》、此度従白川様御差図之上者不苦与申、悉見竹方江受納為致候而、御公儀様御連判之御條目を相背申候、神主儀者恐多奉存、支配之願人江相渡シ受納不仕候御事

一、左忠申渡シ候者、御社法之儀も向後不構、神主ニ、神《社》家・神官《主》者勿論何者ニ而も社人ニ成度願者伝奏江直ニ罷登り、左忠取次を頼、御許状ヲ願候様ニと以之外法外之儀ヲ申渡候、御社法御定之趣者、社家ニ而も実子ヲ継目ニ出シ候節者神主江断ヲ相立可申候、養子仕候ハ、由緒書神主方ニ而相改差上、其わけ相立候ハ、神主同道にて伝奏江御目見江、継目之神職相勤可申上《旨》候、其外御社去（法）の品々永々堅相守、相勤可申与神職之者共連判ニ而取替候、只今に至而無相違相勤罷有候処ニ、此度佐忠罷越シ上中下之無差別直ニ罷登り、御許状ヲ受候様ニ与申渡候故、御権威ヲ奉恐、神官《主》之者共も心々に罷成、神主も立不申、御社法書反故成迷惑之由断申候得共、無承引社中相判之御社法ヲ破り申候御事

一、沖之夷社頭之御鎰左忠方江取替り、何者ニ遣候哉ヲ今通シ不申候、此鎰者従古来社家預り来り候所ニ、左忠理不尽に取帰り申候得者、先燈明取不罷成難儀至極仕候、如此段々新法我儘仕、御社法悉及破却ニ難儀可申上様無御座候御事

右之通少も相違無御座候、左忠新法ヲ企、御定法書を悉破り申候ニ付、御社頭及混乱ニ迷惑至極仕罷有候処ニ、四月廿六日従白川様神主位階之綸旨幷御條目其外旧記不残持参仕候様御召ニ付、写仕差上ヶ候得者、佐忠罷出、御本紙差上ヶ不申候段不届至極之由被申候故、神主家御

社頭巳来相続仕来候得者、何方様より御覧可被遊与被仰
候而も、只今之写より外差上ヶ申候儀無御座候得共、御
伝奏之儀ニ候得者難譬、左ニ候ハヽ、宿ニ差置候間、罷帰
り追付持参可仕与立退、御門外迄罷出候得者、いか様の
儀ニ候哉、廿人斗左右より折重り、私ヲ手込ニ仕、上下・
大小をもき取、理不尽ニ搦置、何哉覧読聞せ、神主職幷
祝部神職之者共不残取上ヶ候由、左忠罷出申渡し候、其
上ニ而遠江守（摂津尼崎藩主・松平忠喬）留主居役人方江人参り候、其後縄ヲとき、
私儀嘉（駕）籠ニ乗せ、大勢取かこひ、西宮へ送り被申候、綸
旨幷御連判之御條目其外家之旧記大切成物ニ御座候得者
相渡シ不申候、神主家幷祝部家共御社頭以来相勤、何之
誤り毛頭覚（無脱カ）御座候処ニ、一言之不及詮義、理不尽ニ取上ヶ
候段至極難敷（歎ヽ）奉存候、御慈悲之上乍恐被為聞召上、古法
之通神主家相続仕候様ニ被為仰付被下候ハヽ、難有忝可
奉存候、以上

正徳三巳年十一月十一日

摂州西宮・広田神主
吉井宮内

寺社
御奉行様

一六一　吉井宮内口上之覚壱通（御裁許御條目頂戴仕りたきにつき）

正徳四（一七一四）・五・二六　二五四

口上之覚

一、西宮夷社散銭願人支配致、私相封仕、毎月勘定仕、
為社納銀御修覆・御年礼入用其外神用ニ仕、差引之像（儀ヽ）
帳面を以私印形仕、願人平次右衛門方江帳面預り罷有
候、然ル所ニ巳ノ四月より十月迄右之社納銀平次右衛
門・小左衛門・社家共いか様に仕候儀茂不存候、十月
より只今迄社家田中右近父宗（宇）右衛門支配仕候由、此儀
ハ罷登り、宇右衛門吟味仕、十月迄之儀と小左衛門罷
出候節相改可申与奉存候、夷之像板木社中関屋に是も
相封にて納置、願人・私共立合押たて、関屋に罷有候
役人にうらせ、神納に仕候、此度罷登り候ハヽ、ゑひ
す散銭・像ともに願人立合不申、私共斗支配仕候儀い

か丶に奉存候間、小左衛門親類共之内社中江呼寄、散銭櫃に相封致させ、勘定等之儀明白ニ仕度奉存候事

（行頭書込み）
「（附箋）、西宮夷社散銭之事、夷之像板木之事、伺之通ニ可致候、領主家来江茂申渡候間、可得其意候」

一、夷社納銀私方ニ弐貫四百目余幷治部方ニ銀八百目預り罷有候、追付御本社屋根雨よけ修覆仕御入用銀ニ罷成候、此外広田御社散銭祝部廻番ニ受納仕候処、去年四月ニ散銭櫃之鎰治部方江理不尽に取、散銭受納仕候、右治部預り銀幷散銭之儀者いか丶可仕候哉、御伺申上候

（行頭書込み）
「（附箋）治部方江預り置候社納銀之事、領主家来江委細申渡候」

一、夷散在願人之儀、夷之像売為役銭毎年鳥目五百文宛別平次右衛門支配仕、社家壱人相添罷下り、双方立合勘定仕来り候、然ル処ニ去当両年之役銭此度平次右衛門御追放被為仰付候へ者、右平次右衛門手代山木勘解由・横田勘兵衛と申者両人御当地ニ罷在、末々願人共役銭取集め支配仕来り候、尤平次右衛門罷下り候儀も隔年之儀ニ候得者、不参之年ハ役銭人数帳面為差登申候、去当両年之役銭幷人数帳面右両人之者共より西宮江無滞相届候様ニ被為仰付被下候様ニ奉願候、其上ニ而私方ニ預り置、小左衛門罷出候節立合、先年定書之通り勘定相達申度奉存候

（行頭書込み）
「（附箋）、散在夷願人役銭之事、山木勘解由江申付候、得其意、追而勘定等その通可仕候」

一、上方散在願人之儀ハ組頭御座候、此者共呼寄吟味仕、小左衛門罷出候上ニ而勘定可仕と奉存候

（行頭書込み）
「（附箋）、上方筋願人之儀ハ伺之通可致候」

一、夷御旅所肝煎見竹儀此度被召上候跡役之儀、似合舗者茂無御座候、其上常々御旅所江参詣仕候者曽而無御座候、毎年五月十四日之晩少々参詣仕候迄ニ而御座候、散銭ハ多少ニ不限願人ニ取集めさせ、御本社之散銭と

一所ニ御神用ニ仕度奉存候
(行頭書込み)「(附箋)、御旅所肝煎ノ儀、伺之通可致候、追而相応之者
有之候ハヽ、至其節可相伺候」
一、去年四月白川様におゐて私大小弁上下理不尽に御取
上ヶ、西宮社家鷹羽源太夫方ニ預り居申候、此儀茂如
何可仕候哉、御伺申上候
(行頭書込み)「刀・脇差之事、領主家来江申渡候」
一、此度難有御裁許之御條目頂載(戴)仕度、乍恐奉願候
右之通乍憚奉窺候、以上
正徳四年午五月廿六日

摂州西宮神主
吉井宮内　印

御奉行様

一六二　西宮・広田祝部訴状壱通（神職相続仰せ付けられたきにつき）　正徳三（一七一三）・一一・一一　二五五

正徳四午年六月九日
江戸寺社御奉行様江御伺申上候御附紙被仰出候本紙一通

乍恐御訴訟

摂州西宮・広田祝部共

当四月廿七日、社家浜庄太夫悴幾之助・鷹羽源大夫伯父
源左衛門与申者両人、私共江中将様(雅冬王)為御意当三月十八日
夷御神事之散銭受納不仕科ニ付、社役可被召上之旨申渡
シ候、此両人之者共者未社役之者ニ而も無御座候処、臼
井左忠為申渡段何共得心難仕候、私共家社頭已来代々無
懈怠相勤来、御公儀様御條目其外御社法急度相守、少も
誤り之覚無御座候処、此度新法之儀を以従往古勤来候社
役理不尽ニ被取上候段、至極迷惑仕候、御慈悲之上被為
聞召上、私共神職相続仕候様被為仰付被下候ハヽ、難有奉(忝)ヽ

可奉存候、以上

正徳三巳年十一月十一日

摂州西宮・広田祝部
大森善右衛門
同　大森惣衛門
同　堀江忠兵衛
同　大森太郎左衛門
同　田村惣左衛門

寺社
御奉行様

一六三　合壁関係文書参通（ママ）

寛文七（一六六七）・三・一〇　二五六

包紙
これハあせそのほかてかたあり
とうふんハいらぬものなり

1　借用申合壁之事（畔に用い用水のやしないに仕るにつき）

借用申合壁之事

一、茶木本ノ田地作毛仕り申候ニ付、其方様之御合壁をかり、畔ニ用ひ候て用水之やしなひに仕候処実正明白也、向後此御かつへきに鍬鎌を入荒シ申間敷候、為其手形如此ニ候

寛文七年
ひつし三月十日

かり主浦町
市左衛門
請人
市兵衛

吉井民部

2　借申合壁之事（畔に用い用水のやしないに仕るにつき）

借申合壁之事

一、茶之木ノ本之田地之用水之やしなひのために、我等に合壁を畔がし申候処実正明白也、為其手形如此ニ也

ひのとの
寛文七年
ひつしノ
三月十日

借シ主　吉井民部
口入　東向半四郎

浦之町
市左衛門殿

一六四　田地売券壱通（字大田九畝拾三歩につき）

寛文八（一六六八）・一二・二四　二五七

永代売渡シ申田地之事

合九畝拾三歩　斗代壱石三斗弐升
字名大田

右之田地者吉井従先祖弥為相伝、申ノ年御年貢米ニ相詰リ、小判弐両但シ五拾三文（匁カ）六斗（分）かへニ窪（久保）之町千足源兵衛殿へ限永代売渡シ申処実正明白候也、則酉ノ年ニ御納所可申候、若納所不申候ハ此田地ヲ其方へ御取可被成候之時一言之恨申間敷候、若紛たる御事候ハヽ、此連判之者罷出急度証明可申候、為後日証文仍而如件

寛文八戊申年極月廿四日

売主　吉井民部
請人　東向半四郎

千足源兵衛殿

一六五　鈴木左一書状壱通（上着祝い・奥州須賀川三嶋木父子一件などにつき）

年未詳・二・一七　二五八

尚々

一筆啓上仕候、遇（追）日暖重之趣候得共、御神主様益々御機嫌能可被遊御座候、珍重ニ奉存候、扨亦其御元様并ニ御供之衆中御道中無恙御上着可被来与奉存加（ママ）候、寔ニ東へ御逼（逗）留之砌ハ麁味之至今に御残多く奉存候、恐

多ハ御座候得共、御序之砌り御神主様へ宜仰被上可被
下候、且亦拙者義当二月中旬御支配所表退役、御在所
へ引込申候
一、御存知も有之候奥州須加(賀)川町三嶋木御父子・同国片
平村千木崎近江正一件、御本社表迄御達シニ相成り候
訳合、其御元元(衍)様へ御礼被申上者(与カ)存居候得共、彼是取
込故御祈(噺)も不申上候、元来ハ江戸御当役三嶋氏不和よ
り事出来申候、寔ハ右両人威勢つよき御人方ニ御座候
間、貴公様ノ御智ヲ以三嶋木御父子御支配所当役和礼(談)
致候様双方へ御下シ文御座候ハヽ、御本社様ハ不及申
ニ、諸国御支配之社人事おんびん和順ニ可有御座候、
乍恐奉存候、且又外々にも込入たる訳合抔も可有御座
候へ共、不分明に御座候間、少々之儀ハ御取上不被遊
候ハヽ、数年数月ヲ定(過カ)事之実否分明ニ可有御座候、乍
恐奉存候、先ハ右之始末書於拙者ニ相違無御座候、猶
亦時節御座候ハヽ、可奉得御意候、恐惶

寅二月十七日　　鈴木左一

辻兵治様

包紙

摂州西宮御社中ニ而
辻兵治様
参人々御中

江戸神田大和町
鈴木左一

一六六　鈴鹿氏連署状壱通（攘夷祈願仰せ出され候につき）

年未詳・三・四　二五九

一筆致啓達候、然者近来外夷追日跋扈、深被悩宸裏(衷)、将
蛮夷拒絶之期限被決定之処、此頃既英夷之軍艦来横浜、
請求之旨趣、必可開兵燭之情態顕然、実天下安危在於是
時矣、庶幾依神明之冥助以奮起皇国之勇威、国内一和上
下斉志早攘醜夷干汎海之遠、永令絶於覬覦之意念、不汚
神州、不損人民、宝祚延長・武運悠久御祈其社頭江被仰
出候ニ付、社家・祝部等へ及書達候條、此段為念得御意

度如此御座候、恐惶謹言

三月四日

鈴鹿信濃守
熈明（花押影）

鈴鹿陸奥守
勝（花押影）

鈴鹿但馬守
芳春（花押影）

鈴鹿石見守
長存（花押影）

吉井但馬守殿

一六七　家普請請一札壱通（木を植え申すまじき旨につき）

享保七（一七二二）・一二・三　二六〇

一、此度手前家普請仕候《ニ》付、半間通り北へ出シ申度候、先年堅北へ出シ不申、木□等うへ申間敷約束仕候、地かへ仕候所少々柿ノ木あるうへ申候、無調法ニテ不残取はらひ可申候、自今已後□もうへ申間敷候、為後日手形如件

享保七年拾二月三日

浦之町
清二郎　印

吉井宮内殿

一六八　吉井宮内口上覚壱通（夷散在願人へ免許証文交付仕りたきにつき）

正徳五（一七一五）・正・一六　二六一

江戸ニ而奉伺候散在願人へ差出候証文等伺書扣

乍恐以口上書奉伺候

西宮夷散在願人之儀、去年罷登り候而段々吟味仕候処、年々願人平次衛門より私方江差出シ候帳面人数、上方筋之分五拾人余御座候、此者共江平次衛門我儘成免証文差出候而私欲仕候、平次衛門出シ候証文奉入御高覧候、就者文平次衛門儀御追（放脱カ）被為仰付、然者向後散在願人共江相渡し候証文此度別紙ニ差上ヶ奉伺候、且又証文之儀者年切内

ニ相改吟味仕、御公儀御條目之通相守、後々年まて違乱
無御座様ニ仕度奉願候、此段乍恐以書付奉窺候、以上
正徳五年未正月十六日
摂州西宮・広田神主
吉井宮内　印形
寺社
御奉行様

一六九　広西両宮境内絵図弐枚　年月日未詳　二六二

上下両社境内間数明細絵図弐面入

広田御社境内絵図間数之書付

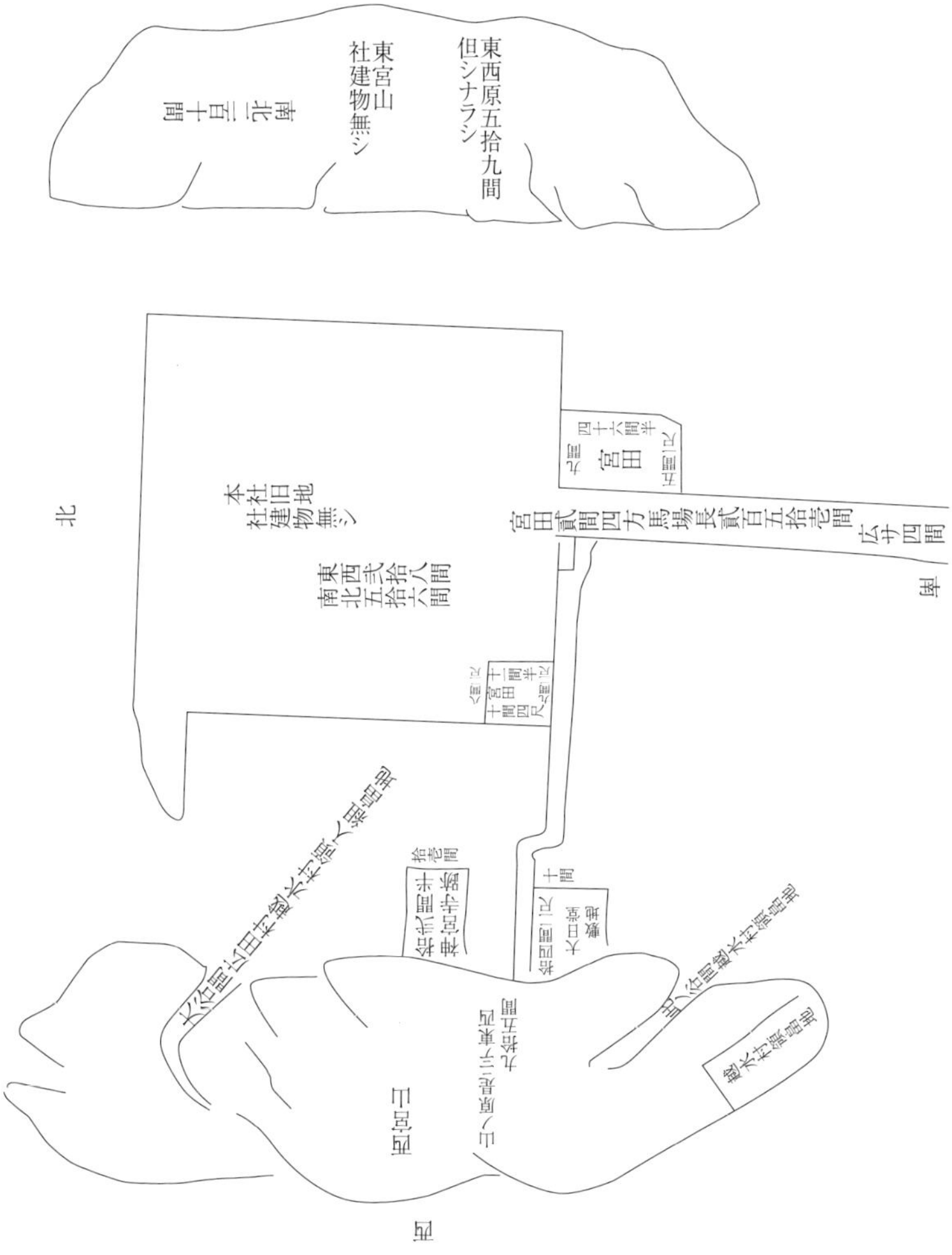

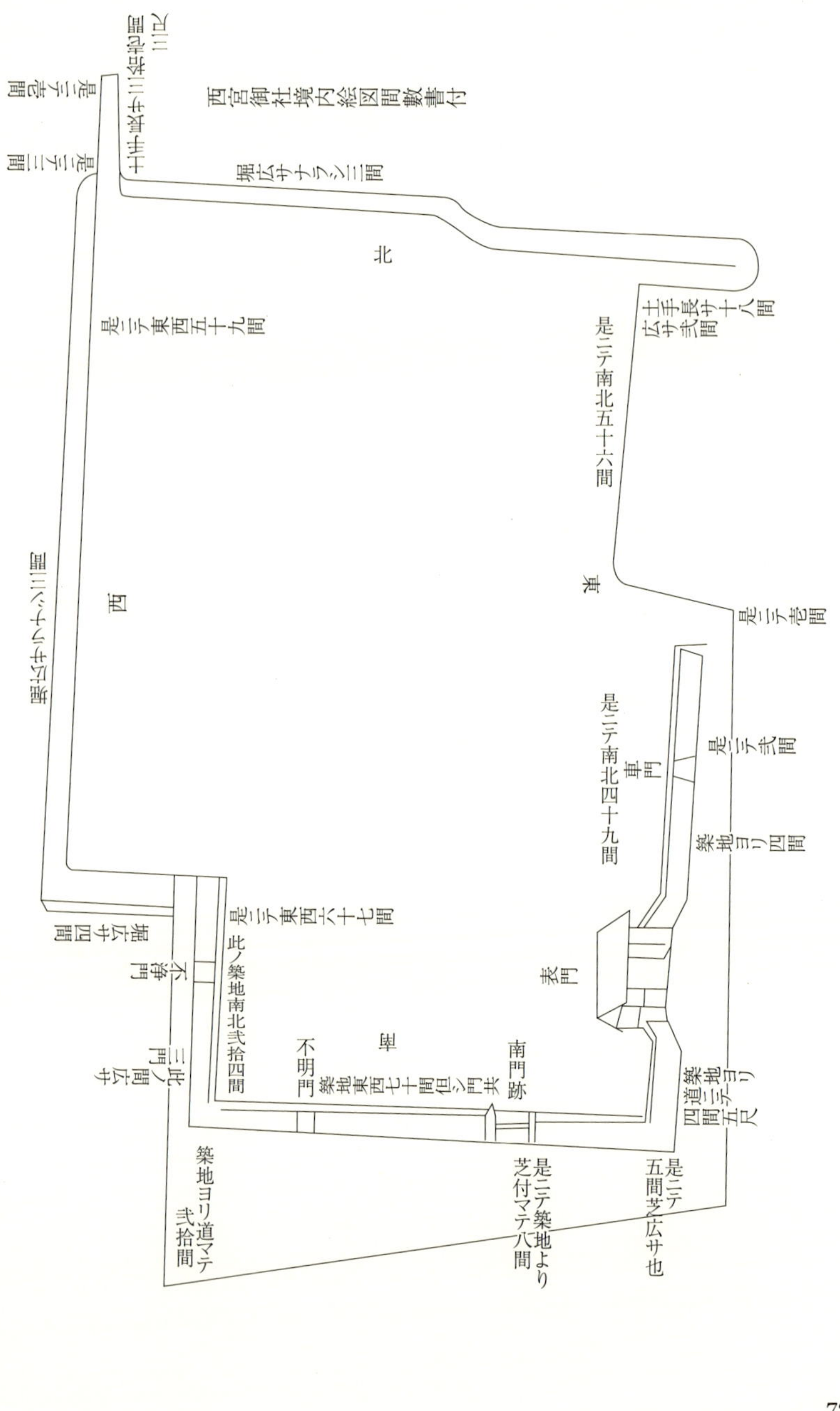
西宮御社境内絵図間数書付
堀広サナラシ三間
是ニテ壱間
是ニテ三間
北
是ニテ東西五十九間
土手長サ十八間
広サ弐間
是ニテ南北五十六間
西
堀広サナラシ三間
東
是ニテ壱間
是ニテ南北四十九間
車門
是ニテ弐間
築地ヨリ四間
是ニテ東西六十七間
堀広サ四間
表門
不浄門
此ノ築地南北弐拾四間
南
不明門
築地東西七十間但シ門共
南門跡
築地ヨリ道ニテ四間五尺
築地ヨリ道マテ弐拾間
是ニテ築地より芝付マテ八間
是ニテ五間芝広サ也

一七〇　萩原二位書状壱通（内々頼置候勅問の儀につき）

年月日未詳　二六三

追々暑増長候、弥御壮福珍賀候、懸然（然、衍カ）者内々ニ頼置候
勅問事、来三十日被仰出候由、極密自中山被示候、御礼
ハ来月二日ニ可相成哉之様子極内々自同方被示候、仍
早々申入候也
追而此頃ハ御遠し所まで長々御逼（逗）留御固りと存候、
万々方々面上可申述候、先者用事已而、早々不具
二位（萩原員維カ）
上総介殿（吉井良貫）

一七一　御旅所世話人振舞献立壱通

文化六（一八〇九）・六・二六　二六四

文化六巳年六月廿六日御旅所世話人振舞
献立
御座附
三ツ組木盃
御銚子
御肴
台　礼（紅）はしかみ
生かい
花海（老）苔
小くし
き（厚）の茸
吸もの　ミそ
皮くしら
丼　おろしゆう
石川いも煎付
大鉢　鯛浜焼
丼　したしもの
丼　たこ　関東煎
大鉢　すミそ
あらひ鱸
白がうど

吸もの　すた《ま》し
巻きす
神馬草
台　はも付やき
冷もの　なし
もゝ
御膳
鱠　爪白か
明夏子
いわたけ
金原（糸）玉子
さより
わさひ　ゆう
小猪口三品　汁　あこう
ふ
香のもの　なら清（漬）うり
なす
御飯

車海苔《老》
平椎茸
かゐわりな
永いも
くす引
菓子椀　あんへゐ
松たけ
はり生が
焼もの
〆

一七二　広田社々司先触壱通（禁裏御用につき）

年未詳・九・二〇　二六五

先触
一、先払　人足壱人
一、御用唐櫃　人足弐人
一、両懸　人足壱人

御用意　人足弐人

右之通　禁裏御用ニ付明廿二日京都発足、西宮江帰社
致候間、宿々問宿々（衍）問屋・船川渡場用意御申附可有之候、
以上

辰九月廿日

広田社々司
田村伊織　印
大森主膳　印

宿々問屋
役人中

船川渡場
役人中

山崎より西宮迄

但し泊り之儀者郡山、猶又不浄之輩相除、随分粗忽無
之様可被相心得候、以上

一七三　社中水茶屋証文壱通（境内にて水茶屋仕るにつき）

享保七（一七二二）・六・一　二六六

上　社中水茶屋証文　水茶屋者也
市庭之町勘兵衛手形

一札之事

一、私儀当社御境内ニ而水茶屋仕度旨御願申上候所、被
仰付忝奉存候、仮屋迄之儀ニ候へ共、遊女・博奕かま
しき類引入申間敷候、惣而御法度之旨相守可申候、御
社中ニ而落葉・枯枝等少にてもかき取申間敷候、右之
外各別之企仕候而我儘之仕形仕候ハヽ、何時ニ而も水
ちや屋のかり屋取払、御外へ罷出可申候、為後日手形
如件

享保七年寅六月朔日

市庭町
勘兵衛　印

吉井宮内殿

一七四　神像頒布願壱通（神像札賦与免許状雛形）

年月日未詳　二六七

何国何郡何村誰

右何左衛門儀西宮散在願人ト号候、神職□名乗装束等着之候儀、前々従公儀御停止之通相守、少も紛敷儀不致様ニ可申渡者也

年号月日　神主宮内　印形

前書之通堅相守夷像可賦之候、為役銭前々之通五百文可致持参候、此証文壱年切ニ改替可致候、若証文不持者賦之候ハヽ、可申出候、仍而証文如件

西宮願人
小左衛門

一七五　広田宮役人物成請書壱通

元禄一二（一六九九）・二・二五　二七〇

一札之事

一、畑地壱反余　御供所前ニ有之候
一、田地弐畝余　御供所西ニ有之候
一、田地壱畝歩　但シ大日堂之奥、下馬之西ニ有之、又御田之所
一、畑地七畝歩　御林之内丸山ニ有之、但宮林也
一、米五斗　南宮御炊料
一、米麦　但両秋初尾西宮・三ヶ村・六軒新田村・上ヶ原村・越木岩村・鷲林寺・夙村・五ヶ之庄・津門村・小松村・こそね《小曽根》村・両瓦林村・御代村・大庄村、此村々致歩行初尾受納

右之通り之物成之内米五斗年貢宮江差上、且又有来通毎年九月ニ御仲間中へ初尾振舞仕、此外之作相初尾等年中給分ニ私共両人江被下御奉公申上候、尤我々広田村住居之者ニ而、宗旨ハ浄土宗同村豊乗寺旦那ニ而御座候、勿論御公儀様御法度相守可申候、宮山林常々相廻り致大切、境内掃地等念ヲ入可申候、其外御社用ニ付何時ニ而も罷

越、無滞相勤可申候、将又御神役之御方へ不礼不届之仕形少茂仕間敷候事
右之趣急度相守相勤可申候、万一自堕落仕、御差図違背仕候ハヽ、何処ニも可被仰付候、為後日仍証文如件

元禄十二卯年二月廿五日

広田宮役人　庄次郎
同断　弥次兵衛
広田村口入　広瀬次郎兵衛

吉井宮内殿

一七六　広西両宮覚壱通（西宮・広田両社由緒につき）

寛永一一（一六三四）・四・二八　二七一

覚

一、摂津国武庫郡西宮・広田大明（ママ）拾四代中（仲）哀天王（皇）是也
一、戎三郎殿両社とも奉祟
一、日本大社二十二社之内西宮・広田両社也
一、中（仲）哀天王之御代三韓発起而九州□国を三韓平ヶ有之処、中哀天王為誅□（功）九州江趣給、豊前国文字（門司）之浦にて崩御被成、其後神宮皇后住吉明神を頼給て、亦九州へ趣給御時、同国難波浦よりわつか日本の船四十八艘にて御船にめさるゝ時に、応神天王（皇）胎内ニおハします、皇后物具をめさるゝ御時、御腹大きなるよつて物具の御腹巻めされかたきにより、御腹巻の瀬をたちわりめされたるによつて、せわりの御物具此御代より初ルなり、于今至て軍陣のゆかけ大ゆひとなかゆひとて赤皮にて仕事、応神御誕生の時皇后王子の御つふりをいろわせられ、御ゆひに血の付たるまねひにて、出陣之御ゆかけハ必如此と神道に見え申候、さて御船四十八艘にて兵庫和田の崎に着たまふ、和田にて応神天皇御誕生被成候と所々神秘に申ならハし候、天王を則すなにうつませらるゝによりうふすなと申事自是初たるよし申ならハし候

一、右如此にて則文字(門司)之浦江四十八艘にてつかせたまふ時、異国之船八万八艘と申伝候、然ル処住吉明神鷺給ひ、龍宮城へいのらせたまひ、干珠満珠を借り取、干珠を抛入たまふ時、文字之浦速干潟と成時に、異国の船速下り立かちたちに成を見て、満珠ヲ入たまふによりしほミちて、異国之者共悉滅亡寸(すカ)、それよりきらい高らい白西(百済)三韓亡したまひ、さて異国之者日本に渡り、狗と成て御番をつとめ可申と堅けいやくにて、右之御代には異国之者御番仕たるよし、神道に申ならハし候、其例に依テ大社之前両脇に立たるこま狗ハ異国之者と申ならハし候、高麗より御帰朝の時三韓の者共狗と成て日本に相詰る上ハ、堅我朝に敵たひ申間敷と清(誓カ)紙をさせられ、則高麗のとくねきと申所に日本山とて御城をきつかせらる、御門の両脇の石にのせ、いしを弓のほこにて押籠置給ふにより、寺のほこにあたらぬと申事、是よりはしまりたるによし申ならハし候

一、御帰朝の時、文字之浦へ着給ふ、則四王寺の峯にて目出度御代之御神拝おこなわせたまふ時、龍宮城より日本目出度御代に成る、弥重異国之者心つけましき日本の守神とて剣珠を渡し給ふ、其ヲ則西宮にこめたまふ日本第一之守宝と申ならわし候、則武庫山のミね六甲山と申事、弥異国御防きのために甲を六はねうつませられたるに依て六の甲の山と書候由、神儀に申ならハし候、それによりて西国より天下を望申事、此剣珠に向ひ給ふ叶よし、神道にて申ならハし候

一、如右之天照大神より第四番之弓箭の御神西宮・広田にて御座候へとも、信長公より社領ことことくおとされ、六十余年に至て神事祭礼たいはん仕(てカ)、一飯の御供さへ奉備事不罷成、なけかしき次第ニ御座候、当御代御慈悲之処下々まて感涙をなりし忝所、御代に加様之義不申上ハ、末代社頭建立仕事神人・氏子共の力にてハ末代捨り申候条、憚なから只可申上候

一、右両社の社領むかしハ弐万石余御座候、此上に頼朝公御代に御立願被立、成就仕たるよしにて淡路の国広田の庄を為御加増御付ニ成候、然共三好公之御代まてハ五千石余社領相残る、神事をつとめ申候、むかしハ

一年に七十五度之神事在之、中に八月廿二日の大神事と申ハ西宮より御こしを出シ、兵庫和田の崎まて道六里参、其日に帰給ふをうふすなまいりと申ならハし候、神人・氏子共軍陣の出立ニて供仕たるよしに候へとも、信長公より社領無之ニ付、日本第一之まつり事捨り候、然共于今至て禁中様より被仰付、天下之御祈念ヲハ無御油断仕候

一、日本弓箭之守神西海を静めたまふハ西宮・広田八幡宮、東海を静めたまふハ熱田明神と神道にも伝候、然処ニ両輪之御神にて御座候に、如此之儀共可然伝てハ無御座、神人・氏子共も末々に罷成、土人之躰ニ罷成候ゆへ、一ハ憚と申可まてハ不申上候、則右ニ申上候剣珠を守り下候条、あハれ御次手を以て剣珠を被為拝候ハヽ、可忝候、次に社頭に之有かつ物とて八代集一通并天満天神之御自筆之心経一巻御座候、是能物も悪物も不存候へとも、上様江指上ヶ申度御座候、加様之物をも取召上御造宮又ハ社領被仰付被下候様ニ奉仰候

寛永十一

四月廿八日

摂津国西之宮神主
吉井宮内大夫

同
平田左京大夫

上官
中村兵部大夫

酒井(忠勝)雅楽頭殿

一七七　神人差上証文壱通（祝部堀江忠兵衛由緒書上）

享保五（一七二〇）・四　二七二

仕上証文之事

一、私本国・生国共青山(旗本・幸豊)信濃守様御領内摂州武庫郡中村、祝部堀江七郎兵衛悴、親代より浄土宗同村観音寺旦那、父廿五年以前ニ相果、右之寺ニ而取置申候、母十四年以前ニ相果、同寺ニ而取置申候、兄弟弐人同時ニ罷成候、弟勘衛門・兄妙喜・同村次郎衛門手前ニ罷有候、同宗同寺ニ而御座候

一、父堀江七郎兵衛代々広田・西宮両社之祝部職相勤申候、私儀五拾弐年以前より父家督相続仕、亡父家伝之通以今無怠慢祝部職相勤申候事
一、私妻本国・生国共広田村茂兵衛娘、宗門代々同村文丈寺旦那、私手前ニ而ハ同宗同寺旦那ニ御座候
一、悴四人、内男三人・女壱人、権大夫・七十郎・かめ私手前ニ罷有候、八衛門儀西宮東浜八左衛門所へ養子ニ遣申候、養父一向宗西宮正念寺旦那、養父同宗門ニ而御座候事
一、私儀不及申上、妻迄切支丹ころひ之子孫ニ而無御座候、附り、召使之者宗門念入、宗門手形・請状まて取召抱可申事
一、社中境内浪人一切抱置申間敷候、他人ハ勿論親類之好有之候共、国法背輩抱置間敷候、其外旅人之儀不及申上、不限何者一夜宿間敷候
右之趣相違無御座候、兼而被仰出候御定法之儀ハ不及申上、前書之通急度相守、全邪法勤仕間敷、為後日如件
享保五年子亥（ママ）四月

中村祝部
堀江忠兵衛
（尼崎藩寺社役）庄田弥右衛門殿

差上申一札之事
中村祝部堀江忠兵衛事、先祖より神職ニ紛無御座候、此度忠兵衛由緒書之趣幷宗門之儀書付差上候通少も相違無御座候、為後日如件
享保五子年四月
西宮神主
吉井宮内
庄田弥右衛門殿

一七八　広田社領書上壱通

天保三（一八三二）・一一　　二七三

摂津国武庫郡
広田村之内
田弐反
外

高三百九拾五石七斗四升七合　松平遠江守（摂津尼崎藩主・忠栄）領分
右者広（田脱カ）大神宮為社領御領主従松平遠江守殿御寄附除地国郡村名書面之通相違無御座候、尤右之外改出新田幷見取・反高・流作場・林等無御座候、以上

天保三辰年十一月　摂津国広田社神主
　　　　　　　　　吉井上総介　印

御勘定所

一七九　鷲林寺境内社家支配願壱通

元禄五（一六九二）・一一・三　　二七四

乍恐口上覚

一、鷲林寺観音形像之儀、元来広田明神之奥院ニ而御座候、就夫往古ハ供僧七拾六坊有之候、此内頭坊八坊御座候処ニ、慶長之年号比迄南勝坊一坊相残、鷲林寺供僧職相勤住居申候、右之供僧ハ社家支配ニ而為勤申候、然共度々兵乱ニ社領断絶仕候故、南勝坊義ハ鷲林寺ニ而者当日之経営茂難暮ニ付、当地へ下り新類（ママ）等之加情ニ而辻薬師ヲ取立渡世仕候、其後ハ鷲林寺門前之百姓共として燈明等仕候、然所ニ拾弐年（延宝九年）已前寺社御改之時分ニ円満寺より申上候者、此鷲林寺ハ南勝坊由緒ヲ以円満寺より支配仕筈ニ候由申上候ニ付、其刻ニも段々私共申上候得者、従御奉行所被為御意成候ハ、神職為身観音宝前勤行之義不似合様ニ答候ゆへ、先円満寺ニ観音堂勤行為致申様ニと被為仰付相済申候、然者此度寺社頭敷地境内社頭事委細ニ御改ニ付、鷲林寺観音堂幷社跡敷地境内も御改被為遊候ニ付、観音勤行之儀者拾弐年已前相済候通ニ候へハ、今以申分無御座候、併境内之儀ハ殿様御支配之山林ニ而御座候へ者、社家支配之願毛頭無御座候、然ハ八年已前之絵図等も遠慮いたし除置申候、然共此度円満寺支配之境内ヲ願上候ハヽ、此方（私共）ニも由緒御吟味之上鷲林寺境内之儀ハ社家支配所と仕度奉願候、委細之儀ハ御詮（尋）義之上口上ニ可申上候、以上

元禄五申年十一月三日

西宮神主　吉井宮内
社家　中村治部
同　田中右衛門
同　東向刑部
同　鷹羽源之丞
同　同姓源大夫
広瀬次良兵衛
堀江忠兵衛

御奉行様

一八〇　先祖親類書壱通（東向左膳につき）

享保五（一七二〇）・四　二七五

先祖親類書

一、　六代以前之父　東向兵庫

本国・生国共西宮住人ニテ社家職相勤候、尤宗門浄土宗当所西安寺旦那ニ而、相果候節西安寺ニ而取置申候

高祖父　東向彦五郎

本国・生国共当所住人、社家之内田中家より東向兵庫方へ養子ニ参、社家職相続仕、神職相勤申候、宗門浄土宗当所西安寺旦那ニ而、相果候節右西安寺ニ而取置申候

曽祖父　東向庄衛門

本国・生国共当所住人、右彦五郎実子ニ而御座候へ共、社職之儀ハ断絶申候、宗門之儀右同断、相果候節右之寺ニ而取置申候

祖父　東向庄左衛門

本国・生国共当所役(住カ)人、右庄衛門実子ニ而御座候へ共、神職之儀断絶申候、宗門浄土宗右同寺旦那ニ而、相果候節右寺ニ而取置申候

父　東向刑部

本国・生国共当所住人、右庄左衛門実子ニ而御座候、

右刑部社家職相勤候、宗門浄土宗ニ而右同寺旦那ニ而、
九年已前ニ相果候節右寺ニ而取置申候

伯父　　　次郎兵衛

宗門浄土宗右同寺旦那ニ而御座候、元禄八年乙亥年当
所浜久保町太郎兵衛方へ養子ニ参り、右養父同宗右同
寺旦那ニ而、存生ニ罷成り候

伯母　　　きち

今津村吉兵衛方へ縁付仕、此者宗門一向宗ニ而、同村
浄源寺旦那ニ而、夫同宗ニ罷成候、六年以前ニ相果、
右寺ニ而取置申候

私儀三年以前より神職相勤申候、宗門浄土宗当所西安
寺旦那ニ而、宗門御改之節西安寺住持宗門御請負之判
形仕候

右之通相違無御座候、為其仍如件

享保五年子四月

西宮社家職　東向左膳

（尼崎藩寺社役）庄田弥右衛門殿

差上申一札之事

西宮社家東向左膳事、先祖より社家紛無御座候、左膳
高祖父彦五郎と申神職、其後曽祖父庄衛門・祖父庄左
衛門右弐代神職断絶仕候所、刑部実子左善（膳）神職相続仕、
三年以前より社役相勤申候、此度由緒書之趣幷宗門旦
那寺等委細儀者書付差上候通少も相違無御座候、為後
日仍而如件

享保五年子四月

西宮神主　吉井宮内

庄田弥右衛門殿

一八一　明礬掘出願弐通

宝暦五（一七五五）・五／六　　二七六

1　乍恐御願奉申上候（広田社境内の明礬にて商売仕りたく）

乍恐御願奉申上候

一、御領分広田大神宮御境内於東山ニ明礬土此度見出シ申、依之私共懇意之内明礬切（功カ）者成ル炊人御座候ニ付、右土有之候場所江炊人同道仕見せ申候処、弥明礬土ニ少茂相違無之由申ニ付、私共商売に仕度、明ばん問炊仕候所如斯ニ出来仕候ニ付御覧ニ奉入候、尤銀主之義ハ於近在ニ上ヶ原村藤兵衛と申者致世話呉候、依之右山へ少々小屋掛ヶ仕、明礬炊申度候、勿論神主殿方江相願及置候、何卒私共商売ニ仕度奉存候、被為聞召上被為仰付被下候ハヽ、当分炊□（釜カ）金三ツニ付為冥加金と壱ヶ年ニ金子壱両宛毎年十一月ニ御上納可仕候、尚又商売繁昌仕ハ釜数茂多罷成候節者、御上納金も釜数ニ応し相増可申候、并社役人・神主殿方江茂後々年々至（ニカ）申分無之様ニ、互ニ証文取為替置申筈ニ御座候、乍恐御慈悲之上願之通被為仰付被下候ハヽ、難有可奉存候、以上

宝暦五亥年五月

広田村　治兵衛

同村吉兵衛悴　平兵衛

同断年寄　吉兵衛

同村同断　清右衛門

庄屋　弥兵衛

右之通相違無御座候、被為仰付可被下候

大庄屋西宮　茂左衛門

御奉行様

2　一札証文之事（広田社境内の明礬にて商売仕る儀につき）

一札証文之事

一、広田御宮御境内之東山ニ明礬ニ相成候土御座候ニ付、此（衍）此度私共掘取為焼申度段御願申上候処、御許容被成下忝奉存候、則為御運上毎年金子拾両宛御社納可仕候、尤御社地之内小屋を建、細工仕候事ニ御座候、小屋地代之儀も是又定之通年々急度御社納可仕候事

一、御公儀様御法度之轉（博カ）奕ハ不及申、喧咙口論猶又無用之人寄セ、万事放埒成義堅仕間敷候事

一、松木・下木等伐取候儀ハ勿論、枯枝・落葉等至ル迄一切かき取不申、惣躰御山をあるく申様成儀更致仕間敷候事

一、広田村ハ勿論、中村・越水村ニも致相談候処、何之差構無之候段、相対相済候事

一、御宮境内之義ニ御座候得ハ、私共より相願斗ニ而ハ相済不申候由ニ御座候、乍御苦労尼崎様へ御願被成下候様奉願存候事

右之通急度相守可申候、若不埒之儀御座候ハ、何時ニても山御指止メ候（可被成）、已来候、其時一言之違儀申間敷候、勿論此儀ニ付如何様之六ヶ敷難義出来仕候共、私方（へカ）ハ引取、御社中へ少茂御苦労懸申間敷候、為後日連判証文仍而如件

宝暦五年亥六月

広田村願主　治兵衛
同村同断　平兵衛
西宮　善塔利兵衛
神（ママ）上ヶ原村　藤兵衛

神主
吉井左京亮殿

一八二　広田馬落道標建石願弐（ママ）通

宝永三（一七〇六）・九・一八　二七七

乍恐以書付御願申上候

一、広田八幡宮江之道しるへ之杭、広田村往還之西堤馬落北之方之上ニ、杉丸太に書付立置申度奉願候、杉丸太高サ四尺五六寸ニ仕度候、文言之儀左ニ書付差上候、願之通ニ被為仰付被下候ハヽ忝可奉存候、以上

二十二社之内
広田八幡宮江　是より三丁おく
右南表之文言

神功皇后之御事
広田八幡宮江　是より三丁おく此土手を行
右西表之文言

じんぐうこうこうの御事
ひろた八まん宮へ　是より三丁おく
このとてを行
右東表之文言

右之通ニ書付申義ニ御座候、以上
宝永三戌年九月十八日

西宮社家惣代
東向刑部　印
同所神主
吉井宮内　印

（尼崎藩代官役）土田平重郎殿

一八三　西宮神主差出書弐（ママ）通（社家郷村々舟坂村山論につき）

享保一六（一七三一）・一〇　二七八

乍恐口上書

今度社家郷村々舟坂村山論ニ付、社家郷より社山山手年貢之儀申上、依之此段御尋被遊候、元来武庫山之儀往古ハ西宮・広田両社之神領地ニ而、社家四ヶ村支配仕社山と申来候、天正年中兵乱之節神領断絶之後ハ他領ニ罷成候、然共山手之儀ハ往古社山之例ニ而候哉、津戸村より米壱石、高木村より十二月《青》銅三百文宛毎年社納仕来候、

此外山子数多御座候得共中絶社納不仕候、勿論社納帳面等も無御座候、尤武庫山神領地之□境之儀ハ、六甲山峯限り、南原□ハかしか峯迄社山ト申伝来候社山と申分、除地ニ而御座候由社家郷より申上候、其通ニテ候やと御尋被遊候得共、左様之紙証ハ無御座候、只社山と伝承候斗ニ而御座候、右之外ニ社山ハ無御座候、此度依御尋如斯ニ御座候、以上

享保十六年亥十月

摂州西宮・広田社神主
吉井宮内　印

御奉行所

一八四　地替証文弐通《ママ》　享保九（一七二四）・四　二七九

（包紙）「広田大日堂畑与道筋と地替手形

上　越水村十兵衛方へ遣シ候扣

神主
吉井宮内」

1　地替手形之事（広田大日堂畑・道筋地替につき）

地替手形之事

字大日
一、長拾間南北　横三間半東西但三つならし　此坪三拾五坪　畝壱畝五歩

一、長五間東西　横壱間南北　此坪三畝五歩五リン

右惣坪数合四拾歩五厘

右之畑地面今度御社西境内之高見へ引直し候ニ付、道筋せばく候故、其方畑地之地替いたし候、則右之替ニ大日堂ノ敷地之内ニ而右間数之通替地ニ相渡シ申所実正也、勿論大日堂も脇へ引直シ、松木等伐払申儀ニ候、為後日証文仍而如件

享保九年辰四月

神主
吉井宮内

越水村地主
重兵衛殿

2　地替之事（広田大日堂畑・道筋地替につき）

（裏表紙）

地替之事　越水村十兵衛

字大日
一、長十間　此坪但シ三拾五坪　壱畝五歩
拾（横カ）三間半東西　但シ三つならし
一、長五間半東西　此坪□（三カ）畝五歩五厘
横壱間南北

右惣坪数合四拾歩五厘

右間数之田地我等先祖伝来田ニ御座候、此度御社西境内之高見江御引直シ被成候ニ付、道筋せばく候ニ付地替仕、則為替り大日堂之社地之内ニ而右間数之通御渡シ被成、替地受取申候処実正也、地面無相違替地受取候上ハ、後々ニ致候迄互ニ少も構無御座候、為後日一札如件

享保九年辰四月

越水村地主
十兵衛

神主
吉井宮内殿

（表紙）

吉井文書　六

一八五　大塩父子申渡書壱綴　年月日未詳　二八〇

大坂町奉行東組
与力　大塩格之助養父
大塩平八郎
右
大塩格之助

此者儀平八郎者表ニ謹厳之行状を餝り、文武忠孝之道を講シなから、内実ハ養子格之助之嫁を約束ニ而摂州般若寺村之忠兵衛娘みねと及奸道（通）、殊ニ諸人之信用ニ随ヒ慢心を生シ、軽き身分ヲ不顧御政道へ（を）判致シ、其上浅散果（はか）成儀ニハ候得共、不容易謀斗ヲ企、師命ヲ称愚昧之門弟ヲ威伏為致、追而米価高直諸民難渋之折ヲ伺ヒ、仁慈ヲ行候存立ニ託、又ハ同組与力・同心等之気合ヲ量、品々奸舌ヲ以不平之志ヲ募し、夫々一味連判ニ引入、猶人気為靡候ため、所持之書籍其除（餘）、摂州兵庫西出町長太夫等ヲ申掠メ出金為致買調候書類ヲモ売払、一己之慈善可申成、右代金難渋之者へ施シ遣シ、或ハ反賊之名聞ヲ厭ヒ諸民ヲ惑乱可為致ため、不思慮大言ヲ語、不惶文意ヲ諸戴（認載）候檄文村々へ為捨置、剰名家之末孫抔与申触、救民へ斗義与偽唱、計策ヲ以奉行ヲ討、殿（ママ）大坂御城ヲ始諸役所幷ニ市中ヲも焼払、豪家之金銀窮民へ分あたへ、一旦同国甲山へ可構篭（栖）旨申合、右露（顕）郡（期）之都ニ至り、逆意ニ不随門弟宇津木矩之允ヲ及殺害ニ、一味荷担之者共兵具ヲ帯シ、鎗・長刀等ヲ携、恐多文字ヲ書記シ候籏押立、百姓共ヲ申威シ多人数徒党ヲ結、大筒・火矢ヲ打払、附放（所々）火及乱妨、捕方役人へ敵対為（い）たし、格之助儀も右躰之企申合、愚民ヲ誑惑致し、平八郎倶（々）等（反）及賊之所業ニおよひ、捕方人数ニ被討立逃去候後、油掛町五郎兵衛ヲ申威シ、同人方ニ忍罷在候始末、不恐公儀ヲ仕方重々不届至極ニ

付、塩詰之死骸引廻シ之上磔ニ行ふもの也

一八六　広西両宮禁制弐通　享保一九（一七三四）・九　二八一

1 〔夷社禁制〕

夷御社　中ニテ高サ壱尺四寸五分　端ニテ高サ壱尺四寸　横　弐尺壱寸

一、当境内ニおゐて猥ニ代（伐カ）採竹木事
一、牛馬をはなち入幷殺生事
一、らくかきいたす事
右従先規堅御制禁処也、仍如件
享保十九年九月　神主　吉井左京

2 〔広田社禁制〕

広田八幡宮　中ニテ高サ壱尺五寸　端ニテ高サ壱尺四寸五分　横　弐尺壱寸

一、当境内江放入牛馬事
一、東西山林におゐて伐採松木事
一、当社中にて喧哢狼藉いたす事
一、らくかきいたす事
一、社中ハ勿論山林にて致殺生事
右□（従カ）先規堅御制禁処也、仍如件
享保十九年九月　神主　吉井左京

覚

西宮・広田両社之制札幷関屋之札古来文言之通可建之、
尤場所之儀茂可為前々之通候
六月

一八七　西宮境内絵図壱枚　年未詳・九・一七　二八二

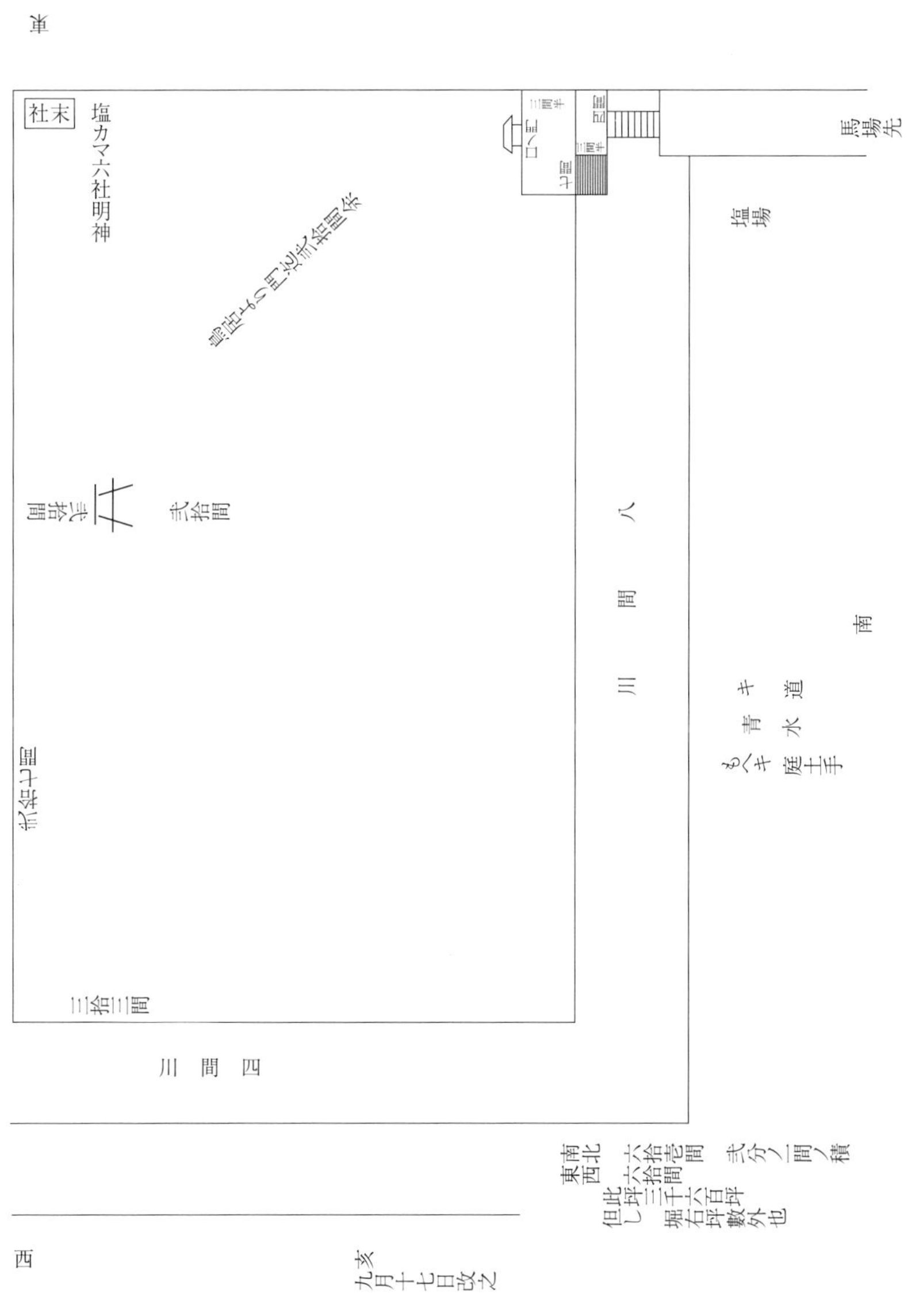
東
社末
塩カマ六社明神
弐拾間
八間川
四間川
三拾三間
馬場先
塩場
南
道
水
土手
青
もへキ
庭
西
南北六拾壱間弐分ノ一間ノ積
東西六拾間
此坪三千六百坪
但し堀右坪数外也
亥九月十七日改之

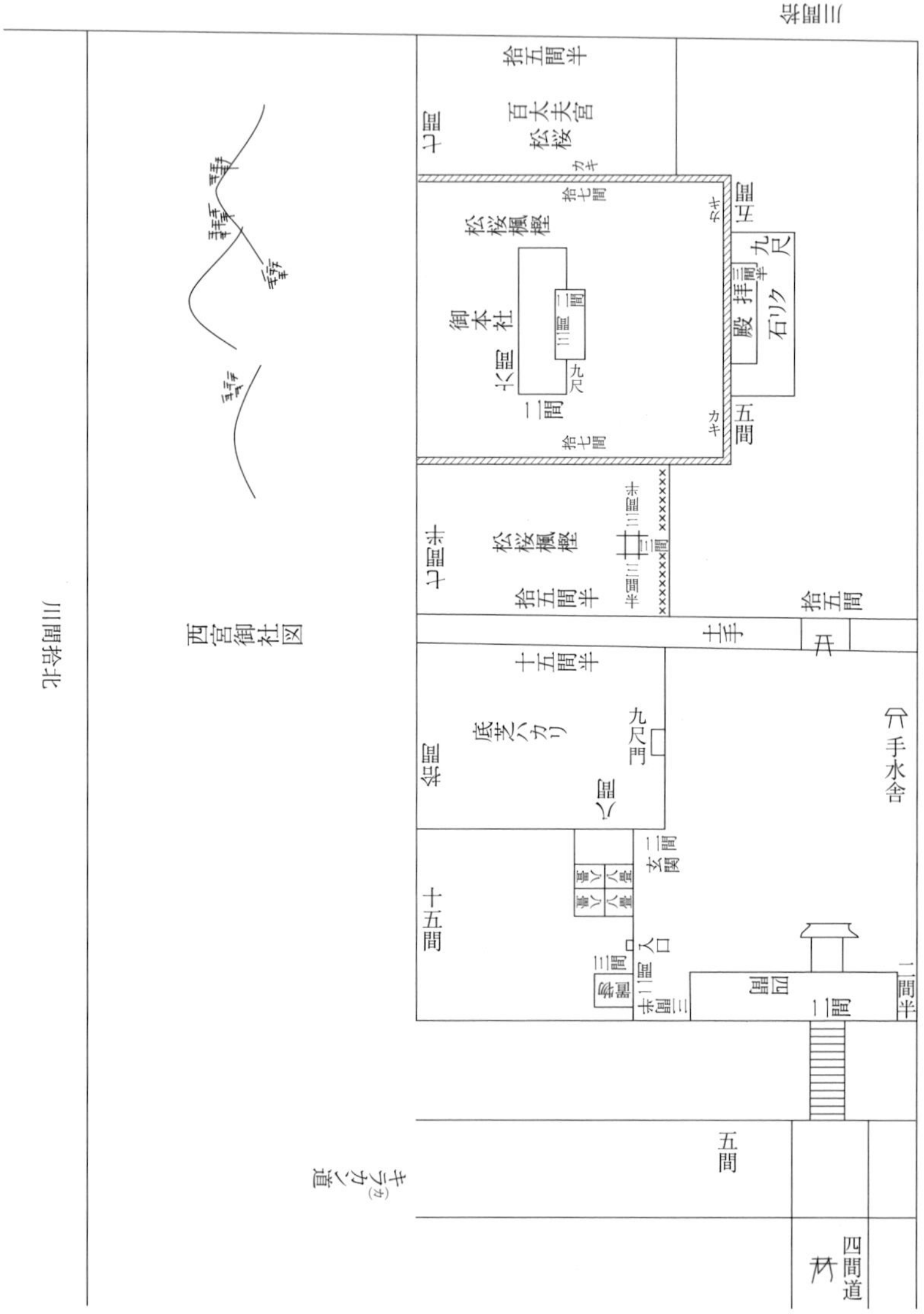
西宮御社図
御本社
拝殿
石リク
百太夫宮
松桜
松桜楓樫
松桜楓樫
拾五間半
拾五間半
十五間半
底芝ハカリ
手水舎
土手
拾五間
十五間
五間
五間
九尺
四間道
拾七間
拾七間

一八八　境内境保証一札壱通（新堤築直にあたり名次山御社地へ入込候につき）　文化七（一八一〇）・五　二八三

一札之事

一、此度用水満湖池（仁亭湖カ）北堤際ニ土砂留小池を目論見、南側ニ新堤を築直候之処、右地面之内名次山御社地入込候ニ而、其段御断申上候之処、御承引御借被下忝候

一、境目之儀者横川堤之取樋落口より此度目論見、小池用水抜石建、樋底樋通筋違ニ見通候西手者御社地ニ相違無御座候、右境目之儀社役人中立合之上相改候、勿論見通シより西手ニ松立木御座候、是ハ全御社木ニ相違無御座候、依之後年ニ至候共見通より西手之立木所用与唱、猥ニ伐取為致間鋪候

一、土砂留小池南新堤ニおゐて、境目内外ニ不抱如何様之儀出来候共、用水通り江引請、御社地江為御難義かけ申間鋪候、為後証一札仍而如件

文化七午年
五月

浜方年寄　仁右衛門
庄屋　厚（原カ）五郎
町方年寄　喜兵衛
又左衛門
庄屋　源兵衛

吉井上総介殿

一八九　東向斎宮口上覚壱通（私儀心得違いにつき退身、家督の儀弟良丸へ相譲りたく）　文政一三（一八三〇）・八　二八四

乍憚口上

一、私儀旧冬御社頭取締一札ニ調印仕候様被仰聞候所、心得違を以右調印不致、彼是申論候而御社頭出勤も不仕罷在候処、段々勘弁仕候所、全心衛（得）違之段、今更後悔仕無面目義ニ奉存候、此上者同様（如何カ）被申付候共違背不

仕候、何卒私儀退身被仰付、家督之儀者弟良丸江相譲
申度、是又御許容被下候ハ、忝奉存候、御社頭之儀宜
敷奉願上候、右退身之儀御聞済被成下候ハ、難有奉存
候、已上

文政十三寅年八月

社家　東向斎宮

神主　吉井上総介殿

口上覚

一、東向斎宮弟良丸殿吉田家配下之儀、銘々共より始末
相尋候所、別紙之通被申出候上ハ相違無之趣ニ相聞候、
然ル上者同人家督御社頭江出勤之儀御取量(ママ)被遣度奉得(存カ)
候、為其添書を以致証判候、已上

文政十三寅年
八月晦日

町方庄屋　植村七右衛門

年寄　浅尾市右衛門

同断　紅野平左衛門

浜方庄屋　中川甚兵衛

年番年寄　小池市良兵衛

同断　当舎久右衛門

神主　吉井上総介殿

口上覚

一、拙者弟良丸儀、文政八酉二月より吉田家配下ニ相成、
許状申受罷有候処、右許状致返上、子三月菟原郡森村
神主神田家江養子ニ参り候処、丑七月不縁ニ而当方江
引取罷在候、然ル上者当時吉田家ニおゐて懸り合無之
手切ニ有之候義、毛頭相違無御座候間、此段当方神主
方へ宜敷御申立被下候様奉願上候、以上

文政十三年寅(ママ)月晦日

東向斎宮

町浜
庄屋
年寄中

一九〇　東向斎宮差上一札壱通（上ヶ原新田村氏神八幡宮支配神主吉井但馬守・上ヶ原新田村庄屋仲右衛門両人に相究候につき）

嘉永五（一八五二）・四・一　　二八六

差上申一札之事

一、摂州武庫郡上ヶ原新田村氏神八幡宮、同郡西宮・広田両社之社家田中宇右衛門・上ヶ原新田村庄屋三郎兵衛両人支配ニ相究候由、天和四甲子年正月十八日御奉行所江御断申上有之、然ル所元禄八亥年八幡宮改造願ニ、神主吉井宮内病気ニ付調印ニ相洩候書留有之、其後正徳四午年社中争論出来、江戸表ニおゐて御糺之上、社家之輩追放被仰付候、已来一社中之儀神主支配仕来ニ付、右八幡宮之儀今般相改、支配神主吉井但馬守・上ヶ原新田村庄屋仲右衛門両人ニ相究、勿論其趣神主吉井但馬守・社家東向斎宮・庄屋仲右衛門・年寄嘉兵衛・氏子惣代七右衛門江為申聞候所、一統承知仕候段相違無御座候ニ付、為後証調印一札差上申候、仍而如件

嘉永五年子四月朔日

西宮・広田両社社家
東向斎宮

御奉行所

一九一　吉井良郷口上書壱通（今般御一新に付、先規仕来の通諸国へ像札賦与の儀御免許成下されたく）

慶応四（一八六八）・七・二七　　二八七

奉願上口上書

一、摂州広田・西宮両社之義者兼帯所ニ而、往古者朝廷より御造営被成下候、然ル処天正七年炎上ニ付、慶長九年豊臣内府公（秀頼）より御再建被成下、右之社承応二年三月又候炎上ニ付、寛文三卯年徳川家綱公より両社御造営

被成下、其後御修理料ニ者諸国ニおゐて恵美酒神像札賦与、其役銭ヲ以修覆無怠慢相加候様被仰附賦与仕来候、然ル処近年来時節柄諸品高価ニ付、諸国より役銭等一向上物無之御座候而ハ、社頭向及大破、一社中苦心仕候、然ル処今般御一新ニ付、何卒先規仕来之通諸国へ像札賦与之義改而御布令之義御免許被成下候様奉願上候、右願之通御許容被成下候ハヽ、広大之御仁恵難有仕合ニ奉存候、已上

慶応四年
辰七月廿七日

広田・西宮両社神主
吉井陸奥守

弁事
御役所

（行頭書込み）
「難及御沙汰候事付箋アリ」

一九二　半田小平次書状壱通（其許配下杉中治部、当役所へ相訴候につき）

年未詳・八・一四　二八九

当国ニ罷在候其許配下杉中治部、別紙之通当役所江相訴、当時甚及難儀罷在候間、何とそ御吟味被成下候様仕度旨申聞候付、右達書事写指遣候、右達シ通ニ而ハ社役人蓑和田要人儀甚以不埒之取扱品と相見候、右両人取合双方当国者之儀ニ候得者、於役所可遂吟味歟ニ候得共、右出入全躰他領江懸り候之儀、殊預社法候儀之条、兼々其許役人御指下右一件是非之境被遂御吟味、御配下之内御糺し相済候上、若仕置等御申付度儀も候ハヽ、其品委細当役所江御申達、役所許容之上御申付候之様ニ与存候、前件之通被遂御吟味、已後当地ニ罷在候配下之面々、於他所者勿論於当領内不埒間違等之仕方無之様精々其元よりも急度御申渡置候様ニとの事候、右之趣拙者共より可申入旨奉行中被申候付如斯御座候、以上

八月十四日

半田小平次

吉井左京亮様

一九三　広西両宮書上壱通

享保一五（一七三〇）・五・五　二九〇

享保十五年庚戌五月五日並河五市郎殿へ懸□之社付之写シ一通

摂州武庫郡広田社

第一殿　住吉社
第二　広田社大神　神功皇后
第三　八幡大神
第四　諏訪明神　（御名）建南方命
第五　八祖神　高皇産霊尊

神位階貞観十二年十月六日従一位

拝殿

当時現在在之末社

子安社　御斉殿　地乃社
松尾社　祇園社　稲荷社
御千度塚　春日社　大日堂
須川社　無社
岡田社　無社
鰯津社　無社
具足塚

西宮社

東
第一　蛭児尊
第二　天照太神
第三　素盞鳴尊

南宮社

西
第一　豊玉　亦名櫛明玉命
第二　大山咋命
第三　市杵嶋姫命

当時現在之末社

梅宮　児宮　火大神　宇賀神社　百太夫社

神明社　沖戎社　天神社

名次社天御中主尊

神領之儀秀頼公以来断絶

天正年中広田幷戎社兵火炎燈（焼カ）ニ付、以伝奏達此旨之処、同七年十二月廿八日給綸旨奉遷仮殿、其後慶長九年秀頼公両社御造替、承応二年十二月廿三日戎社炎焼、寛文三年征夷大将軍家綱公御建立

伝来之宝物

剣珠

八代集

古今集　御筆内裡

後撰集　同　妙法院殿

拾遺集　同　定法院僧正殿

後拾遺集　同　甘露寺殿

金葉集　同　正妙院殿

詞花集　同　一条禅閤

千載集　同　弁内大僧頭　亦之遍正僧正

新古今集上同　後奈良院

下御筆柏原殿

一九四　西宮絵馬堂新建願壱通

宝暦一一（一七六一）・九・一三　二九一

乍恐以書付奉願候

一、松平遠江守（摂津尼崎藩主・忠名）殿知行所摂州西宮戎之社絵馬掛壱宇、梁行弐間・桁行三間、瓦葺ニ新建之儀、廿五年以前元文弐年巳十一月五日ニ御願申上被為仰付被下候処、助勢届兼、是迄延引仕候、願上置候而年重候ニ付、右絵馬掛先年申上候通普請仕度奉願候事

一、同所神楽殿梁行弐間半・桁行五間瓦葺ニ而、往古より在来候所、軒高ク風雨之節不勝手之上破損強御座候ニ付、今度東之方ニ瓦葺ニ仕、五尺之庇をおろし、北之方ニも五尺之下屋ヲ付申度奉願候事

右之通普請仕度奉願候、勿論御法度之彫物・組物等結構

成作事不仕候、則絵図・指図仕奉差上候、願之通被為聞
召上被為仰付被下候ハヽ、難有可奉存候、以上

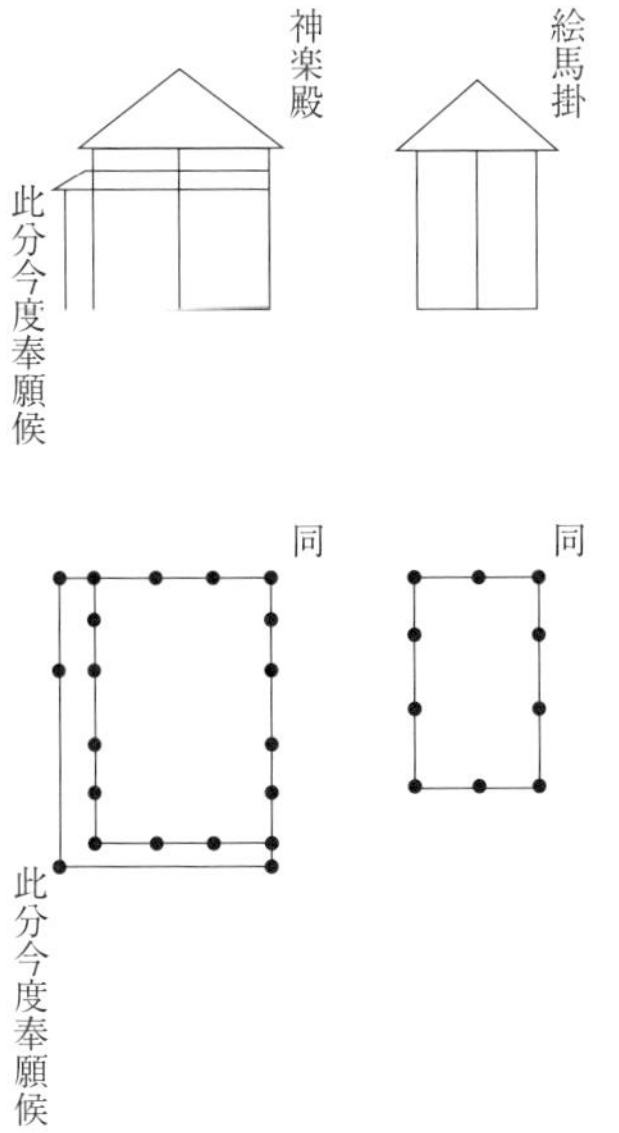

宝暦十一年巳九月十三日
摂州西宮神主
吉井式部（印影「神奴連」）印

御奉行所

一九五　寺社山伏江戸年礼触書壱通

享保一六（一七三一）・一一　二九二

十二月朔日暮六ツ時至（到）来御触状之写

諸国寺社山伏来ル子ノ年より御年礼ニ罷出候定
一、当亥春迄毎年罷出候分、向後三年目可罷出
一、隔年ニ罷出候分、向後四年目
一、三年目ニ罷出候分、向後五年目
一、四年・五年・六年目罷出候分、向後七年目
一、七年目より相延候分ハ当春迄之通、但シ当春迄年々罷出候年より積りヲ以、向後御定之通可罷出候
一、江戸より廿里四方唯今迄之通可罷出候、且又寺院惣代幷代僧、神主・社家等名代ヲ以御札等差上来り候分ハ只今迄之通可相心得候
右之通御料ハ御代官、私領ハ領主幷地頭より可申付候、承合候儀有之候ハヽ、寺社奉行江可被談候、已上
亥十一月
右之趣可被為触候
右之通今度従江戸被仰下候ニ付触知セ候、寺院・社家・山伏幷ニ庄屋・年寄承知仕候段致判形、郡切村次順々相廻シ、触留りより大坂番所江可持参者也

但シ右寺院・社家・山伏共是迄江戸表江御年礼罷出候分ハ致付紙可差出候事

享保十六辛亥年十一月

淡路　印（大坂東町奉行・稲垣種信）
日向　印（大坂西町奉行・松平勘敬）

摂州武庫郡村々
寺院中
社家中
山伏中
庄屋
年寄

一九六　神道裁許神文壱通（神道秘訣口伝の書共相伝に預かるにつき）

宝暦八（一七五八）・八　二九四

誓詞状　社家　東向斎宮

宝暦八寅年東向斎宮神道之秘書相伝ニ預り候誓詞　一通

誓詞之事

此般神道秘訣口伝之書共預御相伝忝収之至ニ候、妄他見他言致間敷段奉懸神祇誓詞之状仍如件

宝暦八戊寅年八月

社家　東向斎宮
良近　花押

神主　吉井宮内殿

一九七　神馬寄進状壱通

年未詳・一一・九　二九五

第三拾号

信久南宮社神馬書状　壱通

南宮社御神馬悉之余（ママ）以不可然候間、為御馬代三百疋被進献候、為社家相調之早立置御厩可被致御祈禱由被仰下之

状如件
十一月九日　　　　　信久　花押
広田社々家中

一九八　納米請書壱通（御会殿所社地より修理料米神納の旨儀定につき）　享保一一（一七二六）・六　二九六

覚

一、御会殿所　東西拾間 南北拾弐間

右之社地先年旱之節私共田地為養取池ニ致申候、然ル処ニ今度御社頭為修覆料田地ニ可被成処、其俣ニ被指置候而近辺之田地養申ニ附、為御修理料毎年池床ニ仕地より納米四斗神納仕筈ニ儀定仕候所実正ニ御座候、然ル上者向後毎年無滞右之納米神納可仕候、若壱ヶ年ニ而茂及不足ニ候ハヽ、何様とも可被成候、其節少ニ而茂違乱申間敷候、為後証水掛り田地主連印仍而如件

享保十一年午六月

水掛り田地主
仲之丁　六左衛門　印
同丁　助右衛門　印
馬場之丁　治兵衛　印
くらかけ　源九郎　印
くらかけはま　市郎右衛門　印
久保之はま　太郎兵衛　印
同丁　太左衛門　印
石才　九兵衛　印
浜之町田代判　治右衛門　印
久保之浜あめや　長次郎　印
鞍掛浜路や　権左衛門　印

神主
吉井宮内殿
惣社役人仲

右之通相違無之者也

鞍掛浜田代判　甚兵衛　印
東浜　七右衛門　印
大庄屋　六左衛門　印
町庄屋　市右衛門　印
浜庄屋　茂左衛門　印
町年寄　藤十郎　印
同断　理左衛門　印
浜年寄　善兵衛　印
同断　源介　印
同断　太郎左衛門　印
同断　与左衛門　印
同断　理兵衛　印
同断　甚兵衛　印
同断　治右衛門　印

一九九　鳥居跡借屋願壱通（鳥居跡の社地ほか除地につき修理料のため借屋・畑地に仕りたく）

享保一一（一七二六）・三・二四　二九七

乍恐以書付奉願候

一、西宮御茶屋所　弐拾壱間半ニ弐拾間　除地
一、西宮南門鳥居跡之社地　拾九間ニ五間　除地
一、御会殿所之社地　拾弐間ニ拾間　除地

右三ヶ所之儀除地にて無用之荒地に罷成候ニ付、修理料のため畑地ニ仕度奉願候、右三ヶ所之内鳥居跡之儀ハ少分之儀ニ御座候得ハ、借屋ニ仕神納ニ罷成候様ニ奉願候、被為聞召上願之通被為仰付被下候ハヽ、難有可

奉存候、以上

享保十一年午三月廿四日

西宮・広田神主 吉井宮内 印

社家 東向左膳 印

祝部 大森太郎左衛門 印

同 広瀬丈右衛門 印

同 大森次郎兵衛 印

同 田村伊左衛門 印

同 堀江権太夫 印

同 橋本治太夫 印

願人 辻 重左衛門 印

神子 長右衛門 印

同断 源兵衛 印

(尼崎藩寺社役)庄田弥右衛門殿

右之通西宮御茶屋所廿壱間半廿間・同南門鳥居跡十九間五間・御会殿所拾弐間拾間三ヶ所ともニ従往古除地ニ而御座候、此度神主宮内并社役人畑ニ致シ、修覆料仕度由奉願候、但御茶屋(ママ)所之御会殿所弐ヶ所ニハ池御座候得共、元来氏神除地之義ニ候間、池床之料神納可致由水懸り之百姓共申ニ付、已来相違無之様ニ拙者共方江証文取置申候、其外何の差かまい申儀毛頭無御座候、神主・社役人奉願候通右三ヶ所畑ニ仕、永ク修覆料に仕度、拙者共儀も一同ニ奉願候、被聞召上願之通被為仰付被下候ハヽ、難有可奉存候、以上

享保十一午六月

大庄屋西宮 六左衛門

西宮町庄屋 市郎衛門

浜庄屋 茂左衛門

町年寄　藤十郎
同断　理左衛門
浜年寄　治右衛門
同　甚兵衛
同　理兵衛
同　与左衛門
同　善兵衛
同　源介
同　文左衛門

二〇〇　旧地開発願壱通（広田社所替につき、唯今迄の社地跡境内の儀修理料のため畑地に仕りたく）

享保一一（一七二六）・三・二四　二九八

乍恐以書付御願申上候
一、広田八幡宮社所替之儀御願申上候ニ付、唯今迄之社跡境内之儀修理料のため、畑地ニ仕度奉願候
間数　六拾五間半ニ
弐拾六間半
右願之通被為聞召上被為仰付被下候ハ丶、難有可奉存候、以上
享保十一年午三月廿四日
西宮・広田神主　吉井宮内　印
社家　東向左膳　印
祝部　大森太郎左衛門　印
同　広瀬丈右衛門　印

同　大森次郎兵衛　印
同　田村伊左衛門　印
同　堀江権太夫　印
同　橋本治太夫　印
願人　辻　重左衛門　印
神子　長右衛門　印
同断　源兵衛　印

（尼崎藩寺社役）庄田弥右衛門殿

右之通広田宮社地跡六十五間半 廿六間半 従往古除地ニ紛無御座候、此度神主吉井宮内・社役人共修覆田に仕度旨奉願候、此儀村方ニおひて何之差かまい候儀毛頭無御座候、神主・社役人相願候段御聞届被遊、修覆田に被仰付被下候をゐて（ママ）候ハ、氏神之儀ニ候へハ拙者共一同に難有可奉存候、以上

享保十一午六月

広田村庄屋　七右衛門
同村年寄　弥兵衛
同断　喜左衛門
同村頭百姓　市郎右衛門
源兵衛
市郎兵衛
喜左衛門
彦左衛門
茂左衛門
佐次兵衛

二〇一　広西両宮神田神文儀（議）定壱通（広田社跡地ほか修理料の畑に仕るにあたり神納銀の儀につき）

享保一一（一七二六）・六　二九九

神文儀定之覚

一、広田御社跡之地	間数	六拾五間半 弐拾六間半	除地
一、西宮御茶屋所		弐拾壱間半 弐拾間	除地
一、西宮南門鳥居跡之社地		拾九間 五間	除地
一、御会殿所之社地		拾弐間 拾間	除地

右社地之分無用之荒地ニ付、永々西宮・広田両社為修理料之畑に仕、神納ニ仕度旨御領主へ神主・社役人連名之書付を以奉願候所、被聞召届、則西宮庄屋・年寄、広田村庄屋・年寄一同之之（ママ）頭奥印御取被成、修覆田ニ被仰付候、依之後々永々ニ至まて右神納之儀年々帳面に記し、修理料之余銀有之候ハヽ、広田五社之神前ニ燈明無之間、向後毎夜燈明差上ヶ、又ハ十五日広田・南宮神前へ御供献上、御祈禱可相勤候、ケ様之御神用毎年入払速ニ致勘定、神主幷社役人共少茂私欲に仕間鋪候、勿論神主を始社役人配当助成ニいたす儀者不及申ニ、以内談ヲ右之御神用又ハ神前廻り之御社用より外つかい申間鋪候、自然何様之儀出来候とも此神納銀者大切ニ可仕候

右儀定之趣永々に至まて堅ク相守、聊違犯有間鋪候、若後々年にいたり紛乱之儀申者有之於相背ニ者、両社太神之背照覧ニ可遂神罰候、則此神文之通連印にて神主三ヶ日致宮籠、西宮大神宮開御戸ヲ、神殿へ令奉納□此写シ銘々一通ツ、、為後鑑之致所持候、仍而神文儀定如件

享保十一年午六月

神主　吉井宮内良信
社家　東向左膳
祝部　大森太郎左衛門
同　広瀬丈右衛門

同　田村伊左衛門
同　大森次郎兵衛
同　堀江権太夫
同　橋本治太夫

二〇二　田村伊織口上覚壱通（広田・西宮両社社家・祝部共官位神祇官様御執奏下されたきことなど）

慶応四（一八六八）・六　三〇〇

奉願上候口上覚

一、摂州広田・西宮両社之祝部・社家之儀者、是迄武家御伝奏方御執奏ニ而、社頭向神務無怠慢勤仕来候処、去ル文政十亥年之吉田家より私共着服物之儀御咎御座候得共、私共往古より吉田家之免許請候例無之由ヲ神主上総介御答被成候処、吉田家より公辺江被申立候ニ付、私共難混（渋カ）仕候ニ付、既ニ私共儀者近衛殿江従来御館入被為受候ニ付、右之始末ニ而難混（渋カ）之趣一々願込候ニ付、近衛御殿より吉田家江御掛合被成下候而、先何事も御取押ニ相成、尚又嘉永六丑年十一月黒船渡来ニ付広田社一社一同江勅命御祈被為仰付、依之御教書一通・御達書一通・御趣意書一通、為御幣料白銀拾枚等被為下置候、委細者別紙奉差上候通ニ御座候、則御祈之儀者文久度迄度々被為仰付、一社一同難有奉御請候、右御祈ニ付近衛御殿より御貸服被為差免、只今ニ至り社頭一統ニ而神務無怠慢勤来候、続而毎年年始御礼朝廷江御神札献上仕来候、其節例年両伝奏御添使ヲ以御奏者所江献上仕来、尚又当春御一新ニ付御礼之節参与御役所より御添使ヲ以是迄通御奏者所江神札献上仕候処無滞相済、難有仕合奉存候、然ル処先般勅祭神社之向者由緒書委細御届申上候様御沙汰ニ付、大阪御裁判所別紙之通差上候得者、御留置ニ相成、猶此旨京都神祇御役所江御届可申旨被仰渡候ニ付、則別紙三冊御届申上奉入御覧候、就而者恐多御願ニ御座候得共、今般諸社神勤之者共神祇官附属ニ被仰付候廉ヲ以、是迄通神札献上仕度、就而者神勤之節浄衣・風折烏帽子等着用、右二ヶ条御許容被仰付度、向後右広田・西宮両社神主ハ勿論、祝部・社家共官位万端神祇官様御執奏奉願上候、何卒願之通御許容被成下候ハヽ、一社一同難有仕合奉存候、誠恐誠惶敬白

慶応四年辰六月

摂州武庫郡広田・西宮両社一社惣代
祝部　田村伊織　印

弁事
御役所

二〇三　鈴鹿氏連署状壱通（禁裏御所より其社頭へ御奉納米あらせられ候旨仰せ出され候につき）

年未詳・一〇・一七　三〇四

一筆致啓達候、然者従禁裏御所其社頭江御奉納米被為在候旨被仰出候ニ付、社家・祝部等江及書達候條、此段為念得御意度如是御座候、恐惶謹言

十月十七日

鈴鹿信濃守　凞明　花押
鈴鹿陸奥守　勝　花押
鈴鹿但馬守　芳春　花押
鈴鹿石見守　長存　花押

吉井但馬守殿

二〇四　吉井良郷口上書参（ママ）通（年始拝賀のため上京にあたり献上物・着服の儀御伺いにつき）

明治三（一八七〇）・正・一九　三〇五

口上書

広田社

右来二十日巳之剋、年始為拝賀一社上席之者一人参朝被

仰出候事

但依所労不参之節者前以可届出事

右被仰出奉恐承候、年始為拝賀私上京仕候、献上物之義
是迄年始御礼として御奏者所へ神札幷ニ熨斗献上仕来
候、明廿日巳之剋参朝之節も神札・熨斗奉差（上脱カ）候而宜敷候
哉、幷ニ着服之義ハ如何可仕哉、御差図奉伺候、頓首

明治三午年正月十九日

広田社
吉井神主
良郷　花押

神祇官
御役所

二〇五　吉井良郷口上書壱通（摂州広田・西宮両社御寄附米の義御許容下されたく）

慶応四（一八六八）・七・二七　三〇六

乍恐口上書

一、摂州広田・西宮両社御寄附米之義、去ル三月晦日西
宮御役所江御願申上候処、其後勅祭神社由緒書持参可
仕旨御布令ニ付、四月九日西宮御役所江御願申上御添
翰頂戴、大阪行在所神祇御局江差上候処、御留置ニ相
成、尚又由緒書其外書類京都大（太）政官代江可差上旨御返
翰之趣ニ付、西宮御役所より神祇御局へ御達被成下難
有仕合奉存候、当月廿日願之趣御沙汰御座候処之趣御
伺ニ西宮御役所江罷出候処、神祇御局江直々御伺ニ可
罷出旨被仰聞御添翰頂戴仕候、何卒願之趣御許容被成
下候様奉懇願候、已上

慶応四年
辰七月廿七日

広田・西宮両社神主
吉井陸奥守　印

弁事
御役所

「（付箋）（行頭書込み）、由緒書之儀者神祇官ニ留置候得共、旧復之儀者
未被仰付候事」

二〇六　御教書請書壱通

嘉永六（一八五三）・一二・三　三〇七

覚

一、御教書　一通
一、御趣意書御四ツ折　一通
一、御初穂白銀拾枚　御附台附
一、御達書　一通

以上

右之通慥ニ奉拝受候、以上

嘉永六癸丑年
十二月三日

摂州広田社一社惣代
田村伊織
兼資　花押

広幡右大将様御家
岸本筑前守様
毛利采女佑様
広橋大納言様御家
藤堂兵庫権助様
浜路阿波守様

二〇七　吉井良貫口上覚壱通（広田大神宮社領田地弐反につき）

天保三（一八三二）・二・一六　三〇八

奉差上口上覚

一、広田大神宮社領田地弐反

右之通従往古除地ニ而、戸田左門様（元摂津尼崎藩主・氏鉄）より以来御代々御寄附有之、御代替り御証文被下置候、今般も先例之通御寄附御墨付被成下度奉願上候、依之御先代御証文之写奉入御覧候、以上

天保三年辰二月十六日　広田・西宮両社神主
吉井上総介

尼崎
寺社御奉行所

二〇八　辻兵部口上書参通

文化四（一八〇七）・九～文化六（一八〇九）・一二　三〇九

1　一札之事（名古屋御支配下一件につき）

一札之事

一、名古屋御支配下一件ニ付私心得違不調請(法)仕候処、此
度(被脱カ)致御吟味一言之申訳も無御座奉恐入候、然ル処御憐
愍以御聞済被成下候段難有仕合ニ奉存候、已来之儀者
急度相改万事御窺之上御差図請、御大切ニ相勤可申候
間、(為脱カ)後日一札仍而如件

文化六年巳十二月

社役人
辻　兵治　印

右之通相違無御座候、猶此後心得違無之様両人より心添
仕、御大切ニ為相勤申候、仍而加印仕候

大森主水　印
東向斎宮　印

吉井上総介様

2　請書之事（帰役御聞済につき）

請書之事

一、去々丑年御断不申他行仕候ニ付、其砌諸帳面幷御本
社寛(賽カ)銭之鍵差上置候処、此度帰役御願申上候ニ付、以
御憐愍願之通御聞済被成下難有奉存候、則諸御帳面御
渡シ被下難有奉存候、慥ニ受取御預り申候、猶又不取
締ニ付引負仕候両年分御運上金拾両今般御社納仕候様
被仰付畏入候得共、何分困窮者ニ御座候得ハ、右金子
廿年賦御願申候処、是又御聞済被成下難有奉存候、已
来心得違無之様万事随御差図大切ニ相勤可申候、若此
後不心得我侭等之儀御座候ハヽ、其節如何様被仰付候
とも一言之子細申間敷候、仍而御請一札如件

文化四年卯九月　日

社役人
辻　兵治

上総介様

3　乍恐口上（辻兵治帰役仰せ付けられ下されたく）

乍恐口上

一、去々丑年私儀御断不申他行仕候処、預御尋ニ不行届

之段申訳も無御座候、依之家内親類之者共御社法之趣
被仰聞候得共、彼是御請延引罷成奉恐入候、右被仰付
候趣速ニ承知仕候間、何卒御憐愍ヲ以帰役被仰付被下
候ハヽ、難有奉存候、已来御差図之通大切ニ相勤可申候
間、右願之通御聞済被成下候ハヽ、難有奉存候、已上

文化四年卯九月日

親類　江田惣十郎　印

辻　兵治　印

上総介様

二〇九　東向左膳口上覚壱通（老年につき御両社上官の社家職悴斎宮に相譲り申したく）

寛延三（一七五〇）・九・二一　三一〇

口上書

私儀及老年悴斎宮茂致成人候ニ付、御両社上官之社家職
悴斎宮ニ相譲り申度奉願候、尤御社法之事共前々伝来之
通無相違相守候様ニ兼而申付候、此上若輩ニ御座候得者
万事御指図被下候而首尾能致相譲候様可（ママ）成被下候ハヽ、辱
可奉存候、以上

寛延三午年九月廿一日

東向左膳

東向斎宮

吉井左京亮殿

二一〇　拝殿勤役懈怠詫状壱通（社役差揚の儀御赦免下さるにつき）

年未詳・八・六　三一一

一札之事

私儀先月廿九日も西宮拝殿勤役之当番ニ御座候処懈怠
仕、不届至極ニ被思召、自今已後者勤怠仕間敷与申御用
捨被成被下候処ニ、又々当二日之晩夜当番ニ御座候処不
参仕、重々及怠慢ニ、此度ハ社役差揚申様ニと宮内殿よ
り御申候由被仰渡候而、迷惑至極仕候而御侘言申、此度
之義者御赦免忝奉存候、向後之御神役ニ付少も不参仕間

布候、已後右之通之不届仕候ハヽ、急度社役差揚可申候、
為後日一札如件

子八月六日

先祝子
次郎兵衛　印

鷹羽源太夫殿

二一一　堀田右内追訴連判状壱通（堀田右内仕方悪敷につき当地御役所へ願書差し上げたく）

宝暦四（一七五四）・一二　三一二

宝暦四年戌十二月堀田右内仕方悪敷段々追訴之連判状
壱通

乍恐奉願上候御事

右内職分之儀ニ付御配下仲満中□（去カ）酉之□（暮カ）より達而御願申上候得共、右之者共悪心ニ而も有之候而之事と被思召、御報も不被下置候、当秋両（西カ）宮方へ御状被下置候、兎角和順ニ仕候様ニ被仰下候得共、仮初之儀ニ者無御座候故、乍憚背御意ニ罷在候、勿論御為ニも可成と奉存申上候事、布（却カ）而御腹立之御紙面御為悪敷、時節罷成而ハ後悔ニ候故達而申上候、弥御承知不被下置候者、第一御為悪敷、仲満者及難儀候様相成候得者、無是非当地御役所江願書可差上奉存候、以上

戌十二月

大橋治部　印
古田兵馬　印（付箋）「旅居申候故印判持参仕候付差除申候」
小嶋左近　印
山本左膳　印
石崎織江　印
堀井式部　印
林　主水（付箋）「遠方ニ居申候故印判失念仕候」
藤井民部　印

吉采女様

二一二　東向左膳口上覚二通

享保三（一七一八）・三・一一／一一　三一三

1　口上書之覚（社役出勤にあたり御神領米配分の儀につき）

口上書之覚

私儀御取建ヲ以社役出勤仕候様ニ成シ被下忝奉存候、其節願書を以申候通、六年以前社中出入ニ神主・祝部中在京・江戸詰艱難被遂、多分之借銀等被成候処、加力仕義不罷成上、御神領米配分仕度願難申候、とかく御引立之私儀候へ者、御評議之上何様とも御差図願申御儀ニ候間、何れも宜御了簡願奉存候、以上

享保三いぬ年十一月

東向左膳

神主・祝部衆中

2　以書付願申上候（跡目社役出勤仰せ付けらるにつき）

以書付願申上候

私儀親刑部ニ幼年ニ而相離候処、万事預御親志ニ、其上去ル頃社頭出入御座候御艱難被遂候砌も更加之も不及被有候、愈御社頭平定被成候、依之私家も相ニ《（タ）》テ難有次第ニ奉存候、乍此上私も後も此度刑部跡目之神職相勤申度奉願候、未若輩□□□乍御世話万端御差図被成、社役出勤仕候様被仰付被下忝可奉存候、以上

享保三年戌三月十一日

東向左膳

吉井宮内殿

二一三　東向左膳口上覚壱綴

文政一三（一八三〇）・八・晦　三一四

1　乍憚口上（退身のうえ弟良丸へ家督相譲り申したく）

乍憚口上

一、私儀旧冬御社頭取締一札ニ調印仕候様被仰聞候所、心得違ヲ以右調印不致、彼是申論候而御社頭出勤も不仕罷在候所、段々勘弁仕候処、全心得違之段今更後悔

仕無面目儀ニ奉存候、此上者如何様被申付候共違背不
仕候、何卒私儀退身仰付、家督之儀者弟良丸へ相譲申
度、是又御許容被下候ハ、忝奉存候、御社頭之儀宜奉
願上候、右退身之儀御聞済被成下候ハ、難有奉存候、
以上

文政十三年寅八月

社家
東向斎宮

神主
吉井上総介殿

2 口上覚（弟良丸吉田家において懸り合これ無き義相違御座なく候につき）

口上覚

一、拙者弟良丸儀、文政八酉二月より吉田家配下ニ相成、
許状申受罷在候処、右許状致返上子三月菟原郡森村神
主神田家へ養子ニ参候処、丑七月不縁ニ而当方へ引取
罷在候、然ル上者当時吉田家ニおゐて懸り合無之手切
ニ有之候儀毛頭相違無御座候間、此段神主方へ宜御申
立可被下候様奉願上候、以上

文政十三年寅八月晦日

東向斎宮

町・浜
庄屋
年寄中

3 口上覚（東向斎宮弟良丸家督出勤の儀御取りはからい下されたく）

口上覚

一、東向斎宮弟良丸殿吉田家配下之儀銘々共より始末相
尋候所、別紙之通被申出候上者相違無之趣ニ相聞へ候、
然ル上者同人家督御社頭へ出勤之儀御取量被遂（遊カ）度奉存
候、為其添書を以致証判候、已上

文政十三寅年八月晦日

町方庄屋
植村七右衛門 、

年寄　浅尾市右衛門、
同断　紅野平左衛門、
浜方庄屋　中川甚兵衛、
年番年寄　小池市郎兵衛、
同断　当舎久左衛門、

神主　吉井上総介殿

二一四　西宮社議定壱通（江戸支配所・散在願人役銭・江戸年頭礼につき）　享保一一（一七二六）・一一　三一八

正徳年中所追放之者共より観（歎カ）願候ニ付、右節裁許之始末神主へ御尋ニ付、享保八卯年正月廿一日井（牧カ）野因幡守（寺社奉行・牧野英成）様江申上候書附候者也

定

一、関東・奥州筋支配下之者共より修覆料社納之儀、平次右衛門一分ニ相勤候節より混乱耳ニ而社納無之、其後平次右衛門御追放被仰付候、以後神主段々遂吟味候処、山木勘ヶ由私欲致シ、其以後須藤但馬私欲をかまへ至極不埒ニ而少茂社納ニ不罷成候ニ付、去年巳ノ春中於江戸ニ奥州筋組頭共ヲ呼寄、神主直談之上社納可致者ニ相定、且又関東筋支配役人ニ前方公儀へ御届申上候而永井外記役料ヲ遣シ為相勤候事

一、奥州筋・関東役銭有之候ハヽ、向後諸入用相払余金有之候ハヽ、七分ハ御社頭修覆料ニ可令神納候、弐分ハ重左衛門、一分ハ社役人両人之役料ニ可致受納候事

一、隔年ニ神主江戸へ御年礼ニ出府之節、重左衛門・社役人壱人ツヽ罷下り候、神主茂御年礼相勤候而、逗留何角取捌可申付候、諸入用社納之内ニ而相贈（賄カ）、右両人とも衣類一ツ上下等相拵、其外諸雑用ハ勿論帳面ヲ以可致勘定事

右之通致儀定置上ハ、永々ニ至まて相違有間鋪候、為後

証連印仍而如件

享保十一年丙午十一月

神主 吉井宮内 印
社家 東向左膳
祝部 広瀬丈右衛門
同 田村伊左衛門
同 大森次郎兵衛
同 堀江権太夫
同 橋本治太夫
願人 辻　重左衛門

二一五　黄衣神人次郎左衛門口上書壱通（忰善次郎祝部社役に罷り出でたく）

宝永三（一七〇六）・二・一八　三一九

口上書

一、私先祖祝部社役相勤候家筋御座候得共、私迄三代已来社役中絶仕候、此度私忰善次郎と申者祝子之社役相勤させ申度年来之所望ニ御座候、先祖祝子家ニ紛無御座候、則烏帽子・黄衣伝来所持仕罷有候間、右之通御披露被成被下、願之通社役ニ罷出候様ニ奉願存候、以上

宝永三戌年二月十八日

越水村善次郎親
次郎左衛門

鷹羽源太夫殿

右之通り承届ヶ致吟味候処滞（偽カ）之儀も無御座候ニ付加判仕候、以上

鷹羽源太夫　印

吉井宮内殿

二一六　地頭金口上覚参通

文化四（一八〇七）・七・八／七・一一　　三二〇

祝部主水・左門御地頭金六貫目証文へ百姓同様連印致、銀主より願付候ニ付、両人よりも段々相対致候へ共承知不致、依之連印之内両人願出候処連々済被仰付、切金ニ相成候願書之写

1　口上覚（福井町泉屋八左衛門より相手取られ候預ヶ銀出入、切金に相成候儀につき）

口上覚

一、福井町泉屋八左衛門より私共外四人相手取預ヶ御（銀カ）出入願上、御日切□（済カ）方被仰下候へ共出入相済不申候ニ付、右滞御（銀カ）高人数割方仕、両人分弐貫四百五十弐匁五分六リン何卒連々受取呉様八左衛門へ被仰付被下度奉願上候処、御支（聞カ）済之上随分出情（精）仕銀子相渡、今日取渡御断申上候様被仰付重々難有奉存候、依之前書銀高之内三十三匁相渡候様段々引合候へ共承知致呉不申、何分困窮之私共、此上増銀之引合も出来不申候ニ付、恐入候得共無拠此段御断奉申上候、何卒右銀子受取取渡御断申上呉候様被仰付被下候ハヽ、難有奉存候、以上

文化四卯年
七月十一日

青山斧次郎殿知行所
摂州武庫郡中村
西宮・広田両社祝部
堀江左門
大森主水

御奉行所

2　口上覚（預ヶ銀出入一件にて私共居所御朱印地・除地・年貢地の別御尋ねにつき）

口上覚

一、預ヶ銀出入ニ付御日切被仰付候得共相済不申、依之連々済候儀願上候処、私共居所者御朱印地幷除地ニ而も御座候哉、又ハ年貢地ニ候哉、御尋ニ御座候

此義私共先祖八九代已前迄ハ御社地ニ同職之者共一

同ニ住居仕候処、御社度々之炎上ニ付、買求メ置候田畑も有之候ニ付、同職之者共夫々其地所江引移り罷在候、依之人別改之義ハ別帳ニ而私共より地頭表へ納来候、神祭・社用等之義者先規之通神主江申達シ相勤罷在候、尤私共居処者御朱印地・除地ニ而も無御座候、斧次郎殿知行所之内ニ御座候、且亦外々ニ往古より除地有之、右作渡米等者神職之者共一同ニ配当仕来り罷在候、右御尋ニ付以書付奉申上候

文化四卯年七月十一日

青山斧次郎殿知行所
摂州武庫郡中村
西宮・広田両社祝部
堀江左門
大森主水

御奉行所

3　乍恐口上（福井町泉屋八左衛門預ヶ銀出入一件にて身分の儀一通り御尋ねにつき）

乍恐口上
青山斧次郎知行所
摂州武庫郡中村
大森主水病気ニ付
代　小右衛門
堀江左門病気ニ付
代　仁左衛門

一、御番（当カ）所福井町泉屋八左衛門幷外連印相手取預ヶ御出（銀カ）入、先達而願上対決之上御切日□（済カ）方被仰付候得共出入不相済、依之用達へ一同病気見届被仰付、尤私共義百姓内職ニ而祝部職ニ御座候ハヽ、見届相除候様被仰付、用達村方へ被罷越、身分之儀一通り被相尋候ニ付、往古より苗字帯刀仕祝職相勤来候得共、困窮之神職ニ御座候故内職ニ農業仕候趣申可答、其後御断被申上候ニ付、猶又私共職分由緒等之儀委敷奉申上候様御糺御届（座カ）候ニ付、左ニ奉申上候

一、西宮・広田両御社之義ハ従往古兼帯之処ニ而、神主・社家・祝部・神子・社役人江各其職号相分り相勤罷在候、神主・社家・祝部之義ハ於神前平日御祈禱仕候職分ニ御座候

一、西宮・広田両社之義ハ寛文年中　厳有院殿(徳川家綱)御造営被為成候御社ニテ御座候、別而広田御社之義ハ日本二十二社之内ニ而官幣所ニ御座候、往古ハ毎々被為立勅使、其砌倫(綸)旨・祝詞等奉請取候義ハ私共職分ニ御座候、依之祝部江被下置候儀御座候、往古ハ社領等多御座候得共、当時ニ而ハ社領等も無御座候、祝部職之者共在中ニ住居仕、内職ニ耕作仕候得共、前書之通両社神職ニ御座候ニ付、宗旨人別帳面等私共義ハ別帳仕地頭表へ差上来り候、右之通御尋ニ奉申上候、且亦此上出入相済不申御咎メ奉受候而ハ社用も難相勤候ニ付、私共両人之義連々ニ受取相済呉候様願人八左衛門へ被仰付被下候様奉願上候、尤御切日之節右之趣可願上之処、何分病気旁心得違ニ延引ニ相成候段奉恐入候、何卒右之趣御聞済被成候ハヽ、難有奉存候、以上

文化四卯七月八日

代　小衛門
代　仁左衛門

御奉行様

二一七　御神領米之連印状壱通（東向左膳御神領米配当の儀につき）

享保三（一七一八）　三二一

御神領米之儀ニ付連印ノ定書

今度東向左膳御神領米配当之儀ニ付願書被差出候ニ付、於神主方祝部中遂集会、左膳儀者願書之通出入之砌不相構、神主・祝部儀及難儀候処、公儀御影を以社頭相続仕候ニ付、此度取建社役ニ出シ候得共、御神領米之義ハ難相当訳茂有之候得共、迚茂引建之儀ニ候得ハ、此度相談之上、御神領帳面ニ割付候格式之通永々無相違相当可申筈ニ相定置候、為後証連印仍如件

享保三戌歳

神主
吉井宮内
大森惣右衛門
同姓次郎兵衛
同姓太郎左衛門

堀江忠兵衛
広瀬丈右衛門
田村伊左衛門
東向左膳

二一八　杉中治部済口証文壱通（檀那場・借金などの儀につき）

寛保二（一七四二）・九・二　三二二

一札之事

一、先達而当御役所江願書指上候所御聞届被遊、西宮江被仰達候ニ付、今度其元御越被成御取扱被成、御役所表迄御苦労ニ罷成、難有仕合ニ奉存候

一、飯田領分ハ無拠訳御座候而、其代りとして尾州海西郡六拾四村、濃州・江州之内拾九村、勢州亀山領弐拾弐村幷町、〆百六ヶ所御渡シ被下忝仕合ニ奉存候

一、願書ニ申上候飯田宿彦衛門方ニ而私借り請候金子ハ勿論、私方より相対可仕候要人方紙代・主膳雑用之金子ハ触頭申（ママ）追々御取扱可被成段承知仕候

右御取扱之趣一々承知相済申候、然上ハ私ニおいて一言之申分も無御座候、仍済口証文如件

寛保二戌年九月二日

西宮配下名古屋橋町裏
杉中治部　印

摂州西宮御本社代
吉井采女殿

二一九　銀子（ママ）預り証文壱通（西宮役人蓑和田要人借用金拾六両につき）

寛保二（一七四二）・九　三二三

預り申金子之事

合金拾六両也

右ハ於京都西永検校殿下々衆中（之カ）官金之内也、然所西宮役人蓑和田要人段々今（ママ）借用候処、返済候日（限カ）銀茂及遅滞候、今度手形ヲ以遂吟味相改、如斯本社預り申所実正也、□（意カ）還之義難調候得共、御当地配下之輩御修□（理カ）料幷賦与其外上り金ニ而段々返済可申、為後日印形仍如件

寛保二年戌九月

吉井采女　印

西永検校殿

二二〇　銀（ママ）子預り証文壱通（社用金のため京都西永検校殿下の衆中官金のうち金三両六分につき）

寛保二（一七四二）・九　三二四

預り申金子之事

金三両六分

右者於京都西永検校殿下之衆中官金之内、為社用金如斯預申所実正也、返済之儀者追而御修理料賦与寄金之内ニ而返可申候、為念我等共印形仍如件

寛保三（二）年戌九月

飯田多宮

山本主膳

大沢兵部殿

内取次

表書之通相違無之者也

西宮

吉井采女　印

二二一　蓑和田要人宗旨一札壱通（御当地居住にて摂州西宮社役相勤めるにつき）

元文五（一七四〇）・四　三二五

寺社奉行所江蓑和田要人差出候銀（ママ）一札□

指出申一札之事

一、私儀今度御当地居住仕、就摂州西宮社役相勤候、切支丹宗門御制禁之旨従寛文五年段々ニ（被カ）仰出候御書付之條数承知仕候、私宗旨ハ代々禅宗ニ而、寺ハ海東郡百嶋村厳龍寺旦那ニ而御座候、勿論切支丹宗門ニ而無御座候、自然宗旨替申候ハヽ、其節御断可申上候、先祖之菩提所下野国都賀郡鍋山村禅宗西方寺旦那ニ御座候、妻切支丹宗門ニ而無御座候、幷召仕之男女宗旨穿鑿仕候処怪敷者無御座候、則其者共之自分手形寺手形を茂

為致取置候事

一、御城下幷町続配下之者共、自分幷妻子右召仕之男女
掛り人ニ至迄、切支丹宗門相改候処怪敷儀無御座候、
則請帳為指出連判取置候事

右之趣相違無御座候、少ニ而も怪敷儀御座候ハヽ、早速
御役所江可申上候、為其仍如件

元文五年申四月　　蓑和田要人　印判
　　　　　　　　　　　　　　　書判

寺社御奉行所

二二二　服部民部口上書壱通（上京・西宮御本社御開帳に参上仕りたく）　延享元（一七四四）・五・一一　三二六

（包紙）
「上　延享元甲子年
　　五月十一日願出　　尾州名古屋
　　　　　　　　　　　服部民部」

口上

私儀当三月六日ニ飯田多宮殿方江参上仕、我（俄カ）ニ用事御
座候ニ付京地江罷登申度存候、其より西宮御本社ニハ
御開帳御座候ニ付参上仕度候、此儀より日限□茂難斗
奉存候間、御公儀ノ表幷ニ御仲間衆中万端宜敷奉願入
候と申置候儀ニ御座候御事
次ニ大沢兵部殿方江参上仕、右之筋申上候処ニ、御公
儀様表御願申上ヶ、其上ニ而出立可然と御座候ニ付、
一同相待、御公儀様表相済申候儀承、乍此上万端之儀
宜敷奉願上候と申置候御儀ニ御座候御事

乍恐奉願上候御事

一、御本社御開帳之節私登り合、殊更御取込ニ御座候故
御取持仕罷在候故、日限延引仕候ニ付、尾張表御支配
所大沢兵部殿より神職取上ヶニ而、私難儀至極ニ奉存
候、何卒先々之通り相済申度奉願上候所仍如件

五月

尾州名古屋
服部民部

西宮
御社役所

二二三　飯田多宮・大沢兵部口上之覚壱通（堀田右内儀諸士方より返済の金子自分借金に引次返済の儀などにつき）

寛保二（一七四二）カ・九　三二七

口上之覚

一、堀田右内儀諸士方より返済之金子自分借金ニ引次返済致候処、金子方ニハ諸士方より返済無之ニ付、手形ヲ以右之趣段申入候処、至極尤之事、手形有之上ハ無是非筋ニより返済可申由ニ而再返被致候、然所諸士方此外ニ難捨置由ニ而御役人方江茂達有之候処、委細御承知被成、不届千万成儀ニテ直々奉行衆江御達シ可被成由、其上急度可被申付旨ニ御座候、然共追而諸子（士）方より達可被申候、惣而此もの不埒之事共数多御座候事

一、渡辺多門儀濃州笠松御代官所江罷出、私之働を以笠松領御免之由要人方へ申来、万端之義要人と申合、場所配下江割渡申候ニ付、壱両人茂相廻り候処、笠松御役所より御触之趣西宮御師之由役人共家名を書印、村々相廻り候様ニ相聞候、右躰之者役所江願等ニ不罷出候間、重而相廻り申者有之候ハ留置、早々役所江相達候様ニとの御廻文相廻り候、就者謀斗之者与相見へ申候

一、鬼頭舎人義去年より仲間江茂不出、其上社用等申遣候而茂彼是申立を以不通ニ不罷出候、自分用事等ニハ日々罷出候、且又こもの（菰野）・海東郡之義外江相渡シ有之処、要人与申合治部方江又々相渡シ申候、是等之趣甚以不届成儀共ニ御座候事

戌九月

飯田多宮　印
大沢兵部　印

吉井采女様

二二四　公儀御條目壱通（尾張藩吉利支丹宗門禁制）

寛文八（一六六八）・五（八）・八　三二八

（表書）「寛文八申年之仰出五ヶ條」

覚

一、吉利支丹宗門之儀、村中互に僉儀仕、貴利支丹与存候者ハ早速可申出候、常々何事ニ付而も宗旨之躰ニ危敷存より候者有之候者、及見聞およひ（ママ）候共其（ママ）村之儀ハ不及申、御領分中ハ他村之者にても早々可申出候、依其品御褒美可被下候事

一、宗旨疑敷様子有之候ハヽ、雖親類縁者何者にても少茂依怙贔屓なく早速可申出候、あやしき躰見出シ聞出シ候心懸油断仕間敷候事

一、五人組之内ニキ利（支脱）丹有之、脇より於《アラハシ》候ハヽ、御僉議之上組合之者可為死罪事

一、貴利（支脱）丹宗門之者を訴人仕候者、先年従公儀御定之通御褒美被下、其外にも別而御褒美可被下候事

一、御領国中在々江去未春御触被成候御書付之通、生れ所しれざる者又ハ他国より不図参候者ハ何者によらす弥一夜之宿も一切仕間敷候、しかれ共不指置して不叶様子有之者は、其所之御代官・給人江早速相断置可申候事

右被仰出候五ヶ條之趣自今以後堅可相守候、於相背候輩急度可為曲事者也

申五（八）月八日

二二五　公儀御條目壱通（道心者・行人ほか宗教者取り扱い方につき尾張藩達）

寛文七（一六六七）・三・一八　三二九

寛文七未年被仰出候
廿四ヶ條写

覚

一、道心者　一、諸医師

一、商をやめ候聖　一、念仏中（申）

一、行人　　　一、陰陽師
一、いんない　一、神子
一、堂守　　　一、猿引
一、事触　　　一、こもそう
一、諸商人　但生所慥成商人・職人ハ日数廿日迄ハ不及断、廿日過候ハヽ、相断可指置候事
一、諸職人　　一、演(謡)舞教候者
一、手習物よミ教候者　一、日用取
一、比丘尼　　一、ごぜ
一、座頭　　　一、さゝらすり
一、ゑた　　　一、茶せんつくり
一、鉢ひらき

此外ニも有(右)之類之者共所々百姓と五人組合仕罷在、宗旨□致僉儀候者ハ弥其通ニ而可被指置候、只今迄与合無之者茂所々(之)者共与合可仕と申者をは与合せ、所之者共組合仕間敷と申者之分ハ其村々江自今以後御預り(ケ)置被成候間、常々宗旨之儀穿鑿仕、危敷者有之ハ早速可申出候、切支丹ハ不及申、宗門疑敷様子者を乍存知かくし置不申出、外より現(顕)シ候ハヽ、御詮儀之上其村之庄屋・寺組(組頭)幷所々(之)者共其品により曲事ニ可被仰付候事

一、只今迄有来候右之類之者共も弥遂詮儀、生所不知者・一(生)所不住之者有之ハ、御蔵入地ハ所之御代官、給所ハ地頭江相届、夫より寺社奉行方江被相断可被受差図事

一、右之類之者共或ハ他国或ハ他村より自今以後不図参候共、一夜之宿も一切不仕候様ニ可被申付候、併右之類之内慥成者々(ニカ)て所々(ニカ)指置度子細有之ハ、其趣御蔵入地ハ御代官、給所ハ地頭へ相届、それより寺社奉行方へ被相達受差図置可被申事

未三月十八日

二二六　公儀御條目壱通（諸社禰宜神主法度）

寛文五（一六六五）・七・一一　　三三〇

寛文七未年社家江相渡シ候
公儀御條目写

定

一、諸社之禰宜・神主等専学神祇道、所其崇敬之神躰弥令存知之、在来神事・祭礼可相勤之、向後猶（於カ）令怠慢者可取放神職事

一、社家位階従前々以伝奏遂昇進輩者弥可為其通事

一、無位之社人可着白張、其外之装束者以吉田之許状可着之事

一、神領一切不可売買事

附、不可入于質物事

一、神社小破之時、以其相応常々可加修理事

附、神社無懈怠掃除可申付事

右之條々堅令（可）守之、若シ違犯之輩於在之者、随科之軽重令（可）沙汰者也

寛文五年七月十一日

二二七　山本主膳口上覚弐通

寛保二（一七四二）カ・九／九・一二　三三一

1　覚（美濃・伊勢配札の儀願うにつき）

覚

一、濃州苗木御領分先達而私方より引合置候得共、御領主より御触之儀差支罷有候、江戸屋敷迄御届奉願候

一、濃州加納御領分相願可申候

御願書之通被下候

一、勢州こもの（菰野）御領分相願可申候

御願書并ニ御状奉願候

一、濃州川辺大嶋雲八殿御領分之儀ニテ村屋敷御内達之儀奉願候

一、濃州相済不申候村数凡六百村も可有御座候、手筋を以入用掛り不申様ニ相願、配下を附り、御本社江御修理社納仕候様可仕候

戌九月十二日

山本主膳

右相願申候間、相済候節者触頭迄相届ヶ可申候

2　乍憚口上之覚（信州高遠城下御領分ほか檀那場六ヶ所願いを以て飯田嶋屋彦左衛門方借金返済の儀につき）

乍憚口上之覚

一、信州高遠城下御領分
一、同国飯嶋御支配所
一、立石御領分
一、味摩《（阿島）》御領分
一、伊豆木御領分
一、山吹御領分

右六ヶ所願を以飯田嶋屋彦左衛門方ニ御座候借金返済之積り可仕候、濃州高須御領信州竹脇村牧之儀私方江被仰付被下様ニ奉願上候、以上

戌九月　　山本主膳

吉井采女様

二二八　社家法度壱通（尾張様御條目）　元文五（一七四〇）・二・六　三三二

尾張様より社家江被仰渡候御條目写

社家御法度之條々

一、従公儀往々被仰出御定御制法等弥堅ク守之、聊不可疎略事
一、社家之輩無油断学神道、存《（所カ）》其崇敬之神躰有来神事・祭礼等無怠慢可勤之、不依何事不儀不作法之族無之様常々可令吟味事
一、嗣目之儀役所江相達可定之事
　附、家附之田畑等遺跡相続之者之外江不可分与之事
一、諸浪人一切不可抱置之、不叶子細於有之者、達役所可任指図事
一、他国江相越之儀、其子細役所へ達之可請指図、帰宅之時も可申届之、雖然無別条儀にて往還廿日迄之他行

ハ不及断、且又其社に付而別段之御定有之所者可守其
法事
一、新規之神社私不可建立之、惣而諸社幷堂塔之修復等
不及華美、神事・祭礼、造物・錺物以下兼被仰出之通
弥不可及美麗事
附、社等小破之時加修理、常々掃除等不可有懈怠
事
一、神道に事よせ奇怪之勤等いたすの族一切不可抱置事
右之趣被仰出之間、堅可相守之者也
元文五年二月六日

二二九　公儀御條目壱通（社家職について相続・他出届けなどにつき）

元文五（一七四〇）・二　三三三

寺社奉行より相渡り候御條目写

覚

一、従先年段々相触候通切支丹宗門之義社家幷支配下之
方・召仕之輩・社領之百姓・職人等迄弥可有吟味事
一、廿四ヶ條幷五ヶ條物々品々弥堅吟味可有之事
一、社家従他国他領之廻方、社頭修造等之儀有之哉、或
ハ新規之建立、或ハ急度仕たる宝物等寄進有之ハ、其
品当役所江可相達事
一、社家跡職相続願之義由緒を専とし不相□望跡式相続
致させ候故、不行跡之族茂往々出来候、自今以後養子
ハ勿論雖為実子吟味之上相願可申事
一、常々社家之法儀不吟味ニ致シ指置、向後支配之社家
中より不行跡之輩於出来ハ、不存之旨申分ヶハ難立可
為越度事
一、社家惣而新規之地子家造り度願之儀、格別之子細無
之候而者相願候儀可為無用事
一、江戸幷江戸近国江用事有之而於罷越ハ、立帰之日数
ニ候共必役所江相断可随差図事
一、社内幷扣之宮山之竹木恣ニ不可伐採、不叶子細有之
者当役所江可相達事
一、惣而不似合神職俗方に立交肝煎請合等之儀可為無用

事

右之條数従先年申渡候通弥堅可被相之(ママ)候、違背之族於有之者奉行所より随見聞而可遂僉儀者也

元文五年二月

中西甚五兵衛

加賀嶋七郎左衛門

二三〇　西宮代官職以下諸職覚壱通　年月日未詳　三三四

添状之事

一、摂州西宮代官職之儀由緒在之、本社免状之通被申付候條、子孫永々無相違之候、御修理料之義相定之日限ニ役所迄社納可有之候事

一、公儀御法度之趣幷尾張殿御役所より被仰出候義勿論、一国御成敗之趣大切ニ急度相守、不似社人ニスミケ間敷義曽而以仕間敷事

一、於名古屋蛭児之社等も勧請候得□□本社之持ニ候間、□□時々役人社主之様ニ致候取斗本社ヲ掠候様成儀在之而本社江荷担仕、早々可訴出候事

一、下賤卑職之者神像賦与之者茂在之候ハヽ、急度吟味致、役所迄可仰出候

一、廻(日カ)家相廻候ニ初尾等之義相対ニ可致候事

右之通急度相慎ミ、万端正直中常之道を専はらに可致候事、仍而添状如仍(件カ)候

年号月日

二三一　配下覚（配下人名書上）　年月日未詳　三三五

御配下覚

触頭（今津右教 服部民部）

後藤伊織

高津左進(近カ)

渡辺求馬　御免許御見合可被遊候

若田右膳

近藤佐中　御免許御見合可被遊候

家持　大沢兵部
穂並式部
高橋左内
柴田五郎太夫
中尾多内
池田織部
家持　堀田右内
山本主膳　大崎安衛門殿より願出候不埒者ニ御座候、少々□□申候
此分之外九拾三人九分運上四拾六貫九百五拾文
森川左膳
百姓　三輪左門
同断　渡辺多門
古来より之百姓、渡辺多門ハ学門（ママ）仕候者ニ御座候、大庄屋仕候所願相出候而御許下（可カ）

二三二　山村司・山崎条馬書状（能登守領分北条村宮本大和・宮本伊勢両人、配下にもつかず蛭子守札幷御祓等賦与いたし候由につき）

年未詳・六　三三六

能登守領分北条村宮本大和・宮本伊勢右両人其許配下ニ茂附不申、蛭子守札幷御祓等賦与いたし候由粗被及聞候旨、左候得而者従公儀被仰出候御定法も相背キ、領分住所之神職之分障ニも相成候間、何分差留候共又者右大和儀承引致候而其許支配ニ相成、御定法之修理料年々相納候様ニ申付候様ニ被致度候旨、他之神職人決而蛭子御祓守札等差出候義不相成事ニ候由、元文三年牧野越中守殿（寺社奉行・貞通）於御宅被仰付候、依之他之神職ニ而者相成不申候ニ付、若大和・伊勢承引不致候得者、其節より被得止事可被及公訴ニ茂候得共、左候而者恐多被存候間、先何方も領主より取捌候由、是又先年宇都宮戸田因幡守殿領分ニも数人有之候処、被相届、其許支配ニ被仰付候例も有之候間、相尋候筋も有之候ハヽ、社役之者可被差越、其節西宮社格之儀可被申聞候旨、口上書之趣委細致承知、在所役人

共江申遣候処、右北條村宮本大和義蛭子・天王両社之祠官吉田家より之許状致所持居候間、吉田家江相達候上答可申聞旨申之、彼是手間取候所、此節吉田家より申来候ハ、吉田家配下附属之社職ニ而、尤右之通蛭児社も致奉仕候得共、摂州西宮江拘り候儀古来より毛頭無之旨申来、右大和組合他領等ニも有之、其上社法ニ拘り候故、領主よりハ差綺かたく候、其許より奉行所江被相願候者格別、追々以口上書被申聞候趣及御断候

六月

山村司

山崎条馬

二三三　山本主膳口上覚壱通（濃州恵那郡大井について、私檀那場のところ蓑和田要人賦与像代残らず御引取りにつき）

寛保二（一七四二）カ・八　三三七

乍恐口上

一、私儀ハ去ル申正月九日ニ西宮配下罷成、旦家濃郡(州カ)并信州木曽都合百五ヶ村御渡被成候

一、旦家之内濃州恵那郡大井と申所、先年より毎年正月七日ニはゑひす市と申、近在より神像求ニ罷出申候、此由を伝承、弥家内相続之元と奉存、配下ニ相済(ママ)申候処、去ル酉正月御支配所当時御引請之分ニテ配下之内鈴木右近被相添、私七日市江罷出賦与仕候、其後ニ至り私扣旦家申候者、毎年七日市ニ而神像申請候得ハ、銘々御廻りハ御無用抔と申者斗ニ御座候、然ル所去酉十月信州飯田御領分西宮願ニ被成、杉中治部方江御渡之極メニ而金子三両御取り、依之私江御願被成候ハ、此度私等飯田ゑ罷越相願申筈ニ引合置候得共、当時病気ニ候得ハ快気次第ニ罷立可申候間、何とそ其元治部同郡(道カ)ニて参願差出シくれ申間敷候哉、左候得ハ本社江之大孝と申者ニ候次第ニ付、高遠次(ママ)坂其外共ニ相残候場所願相済呉様ニと段々御願ニ付、私廻旦相改メ飯田江罷越、極月廿七日迄飯田表ニ罷有候、依之大井七日市賦与之扱等凡九千程飯田宿志満屋江相願、此段要人殿へ申通、即志満屋より人足頼、大井迄神像被持参仕

候所、要人殿より何国ニ而茂賦与之所ハ本社持抔と被申、自分より大沢兵部・飯田多宮右両人頼ニ遣、賦与像札代不残自分江御取被成候、去年者名代ニ飯田江被遣候故廻足（旦カ）少茂不仕、当春七日市ハ上り高之内少茂御渡シ不被成、去酉十月より只今迄大難儀仕罷有候、御修理料相勤居申候場所之賦与代御引取被成候儀ハ余無躰と奉存候、幸御下り被遊候御儀ニ御座候得ハ、私相続仕候御勘弁奉願上候、以上

戌八月　　山本主膳

吉井采女様

二三四　飯田多宮口上覚壱通（蓑和田要人、勢州菰野御領分五十三ヶ村檀那場の取り扱い不法につき）

寛保二（一七四二）カ・九　三三八

乍憚口上覚

一、私儀ハ去ル申十一月為入金弐両差出シ配下ニ罷加申候得共、旦家無御座候ニ付、去ル酉三月尾州愛知郡四拾八ヶ村ニ金弐両壱分要人殿江相渡シ、右之旦家請取申候節、勢州こもの（菰野）御領分五拾三ヶ村御座候由ニテ、是急度金子弐両相渡シ置候得共、只今こもの（菰野）御領分御渡不被成候、私□候ハ右之五拾三ヶ村御渡シ不被成候ハヽ、弐両之金子ニても御返被成候哉と相待申候得共、何レ之御沙汰無御座候ニ付、仲まへ吟味仕候得ハ、触頭舎人と申配下世話仕、杉中方江弐両ニ売付申候由、則治部方ニこもの村数書付等相渡り罷有候、然ハ旦家弐度売ニ被成候と奉存候、依之こものへ相尋申候て于今公辺ハ相済不申候、金子両人より御取上相見へ申候、此度事明申候様ニ奉願上候、以上

戌九月　　飯田多宮　印

吉井采女様

二三五　大沢兵部口上之覚壱通（蓑和田要人、金子借用・檀那場取り扱い不法につき）

寛保二（一七四二）・九　　三三九

口上之覚

一、去ル申ノ年より御付被遊候御社役人蓑和田要人殿相頼被申候者、此度勢州津・亀山・四日市・桑名右四ヶ所御領分相済シ申度候得共、当時入用遣金無之候得者、心願之筋難相叶候、何とそ高利之金子ニ而茂有之間敷候哉、致才覚呉候様ニ達而御頼ニ付、私妻座（頭）当官金取領（ママ）遣候処、元利之訳無御座候ニ付、金主方より者度々さいて（そくカ）御座候ニ付、去ル酉去ル八月十七日妻支配所江参候而、元利之訳御立不被成候而ハ金主よりもはや了簡不仕由申候得者、要人殿殊外立服（腹）被致、不届者、金子者何程有之候而茂壱銭茂済シ申事不致候間、勝手次第抔と不埒成被申方、其上妻抔を手込ニ被致候故、金主者勿論取次之妻迄得心不仕候、兎角御本社江参上可申与存候得共、遠方之儀ニ候得ハ当地御役人衆中江茂御窺等不仕候而参上難成候得者、外々聞旁を奉存候而差留置申候、此度御下向ニ付金主取次之者一埒相済候様ニと御座候ニ付、如此申上候御事

一、去ル酉七月十四日朝、直ニ私宅江御出、御頼被成候者、当時金子三両無之候而者支配所難相立候訳有之候間、如何様之物ニ而茂望次第為質物借用致呉候様ニと御頼被成候得共、右之訳ニ御座候得ハ、是迄之金子ハ勿論、外ニ而借用仕方茂無御座候由妻申候得者、要人殿段々御頼ニハ、此金子無之候得者我等出奔致候歟、左なくハ切腹致候より無他事仕合ニ候段被申聞候ニ付、且者西宮御本社之御為、次ニ我等命之代り与存、如何様之質物ニ而茂相渡シ借呉候様ニと御座候故、御本社之御為幷御支配所配下之為と奉存、尾州海東郡七拾ヶ村・同丹羽郡弐拾ヶ村・葉栗郡四拾五ヶ村都合百三拾ヶ村右之内江村帳面幷配下済方之書付壱通・御本社御免状御引替御判壱枚持参被致、是よりハ勝手次第ニ配下付申様にと堅ク引合相済置候処、其後一言之断茂なく、質物ニ入置候旦家去秋・当夏相廻り被申候、

此吟味妻御支配所江可参と申候得共、去酉八月十七日
抔之振合ニ被致候而者、若々あやまち等出来仕候而者
如何と存、先差留罷有候御事
一、去ル酉ノ七月十四日之朝、村付帳面斗ニ而者前々之
被致方得与無御座故、金主納得不仕、依之御本社より
御渡シ置被遊候御支配所御堅メ之御定書二冊右之金子
返済迄之為質物預り、金主方江相渡シ置候御事
右之通少茂相違無御座候、御勘弁奉願候、以上

寛保二年
戌九月
大沢兵部　印

吉井采女様

二三六　尾州八郡村附御修理料附壱冊

年月日未詳　三四〇

「尾州八郡(表紙カ)
村附御修理料附」

山本
一、壱貫八百文　濃州六拾村
一、五百廿四文　尾州 丹那(羽)郡廿五村
一、壱貫文　同 中嶋四拾壱村
一、八百文　同 海東郡三拾五村
一、六百六拾六文　同郡廿七村
一、弐百三拾弐文　勢州 桑名領六拾村
一、弐百三拾文文(衍カ)　同町中
〆五貫弐百五拾四文　山本左膳扣
大鹿帯刀扣
漆原
一、壱貫三拾五文　勢州 桑名御領六拾三村
一、四百五十文　尾州 愛知郡弐拾五村
一、百五文　春日井郡拾八村
〆壱貫五百九拾文　漆原左近

吉田
一、弐貫四百七拾八文　　濃州 信州 百八村
一、九百文　　尾州海東郡 四拾ヶ村
一、九百五拾七文　　春日井郡三拾四ヶ村
〆四貫三拾九文　　古田兵馬
吉田
一、壱貫三(四カ)拾五文　　勢州 桑名御領五拾五村
一、八百六拾文　　尾州 海東郡弐拾七ヶ村
〆壱〆九百五文　　吉田右京
柴田
一、八百四拾五文　　尾州 愛知郡
一、百文　　三州 寺部分(カ)
柴田丈左衛門

鳥居
一、六百文　　尾州 春日井郡弐拾弐村
一、六百五拾文　　同郡三拾村
一、九百五拾文　　丹羽郡五拾村
〆弐貫弐百四文　　鳥居内匠
藤井
一、壱貫五拾文　　尾州 海西郡
〆　　藤井金吾
一、壱貫三百文　　勢州 亀山御領八拾弐村
〆　　遠山左内
大井
一、壱貫百文　　尾州 中嶋郡四拾壱村
一、八百文　　同 春日井郡三拾四村
一、六百文　　同郡弐拾九村
〆弐貫六百文　　大井主税

一、壱貫七百文　　　　　濃州九拾村
伊藤
一、八百文　　　　　同州村々
〆弐貫五百文
内水入壱貫年々引　　　　　内藤勘解由
残壱貫五百文

一、弐貫文　　　　　中嶋郡八十三村
一、五百文　　　　　濃州岐阜町　尾州石山町
一、四百五拾文　　　　　愛知郡弐拾五ヶ村
一、弐百文　　　　　海東郡拾ヶ村
一、四百五十文　　　　　勢州横野郡二十六村
一、弐百五拾文　　　　　勢州四日市在町共
〆三貫八百五拾四文　　　　　坂田蔵人

一、三貫五百文　　　　　知多郡百三拾五文
一、五百七拾五文　　　　　丹羽郡三拾ヶ村
〆四貫七拾五文　　　　　林右近

惣合三拾貫三拾弐文

二三七　蓑和田要人定書壱袋（西宮職分勤方につき）

元文五（一七四〇）・二　　三四一

定

一、西宮本社社用之儀ハ不及申、本社私用之儀申来候ハヽ、不捨置打寄可及相談事
一、尾張様より被仰出候儀、一事不相背様ニ可仕事
一、代官之面々在之旦家相廻《（々カ）》に御威光ヲ以村々ニ而以立高成義、其上庄屋中ニ一宿等仕候者茂有之候ハヽ、吟味之上闕職申付候條、此等之趣能々可被相心得候、幷博奕其外社人ニ不似義ニ於有之ハ、不隠置役所迄可申出事
一、自分之旦家之外、同役之旦家相廻候義堅停止之儀ニ候間、此段茂吟味有之、心得違之義ハ格別、欲心抔ニ而相廻候ハヽ、不隠置可申出事
一、代官之面々万一急死等有之、跡ニ難立ニ付親類より

相続有之度願茂候ハヽ、其人柄ヲ吟味致、可不苦者ニ
候ハヽ、相続之事
附り、他人ヲ親類と申立、金銀等以相続之義ハ堅可（不脱カ）
被成義ニ候間、此旨可相心得候事
一、孝心儀ハ勿論、夫婦兄弟諸親（類脱カ）ニ至迄随分むつましく
相心掛候義第一之事ニ候、此等之趣於相背者神明之明
慮ニ茂不相叶事ニ候
一、新規之社法等相立義堅停止候事
右之通能々被相心得、代官之面々依怙無贔屓可取扱事、
以上

元文五年申二月初午

摂州西宮本社役人
蓑和田要人　茂広印

当役
触頭中

二三八　尾州配下人別覚壱袋

文化六（一八〇九）・一一　三四二

文化六年巳十一月
尾州配下人別覚
本社之扣

日置村　田辺数馬
同　古田兵馬
古渡り村　大橋清兵衛
松竹村　伊藤式部
東杉村　加藤元輔
見越村　岡田右門
出来村　杉山和兵衛

東門前町　河合金吾
前津村　梶浦数馬
日置村　安藤伝兵衛
禅寺村　落合左次馬
出来町　鈴木主膳
瀬木村　武田衛門
萱屋町　服部伊織
〆拾四人
十六人之処当時十四人ニ相成候事伊織被申也
伊織前役　田島目蔵
内藤先役　鳥井内匠
内匠先役　古田兵馬

山本主膳・大沢兵部・飯田多宮
右之三人跡目有之候哉如何致候哉御尋之事、且此節替り候者名前・所書御取置被成候事

別紙附箋アリ

天保三辰年十月晦日ニ来ル二日大森帯刀面談之事
中嶋郡国野村　小河和泉
森金之丞
河井兵部
石井式部

右者尾州触頭落合左次馬年々修理料社納相違之趣ニ付聞合ニ参候、且又和泉御修覆ニ付寄進銀二朱ニ而も奉納可致間、落合同様名前出呉(カ)候様申之候ニ付、帯刀返答ニ、此方より請取書ハ触頭方へ遣有候間、国ニ而得与相糺、其上罷出候(様脱カ)何れ共取斗可致置旨申聞、承知之旨申之引取

候事

二三九　杉中治部訴状壱袋（檀那場飯田領相戻り申す様に仰せ付け下されたく）

寛保二（一七四二）・八　三四三

乍恐奉願候御事

一、去ル酉ノ九月廿二日ニ西宮配下之内高田村ニ住居仕候鬼頭舎人と申者私宅江参、申候者、其許ニも当時思はしき事も無之候、私共仲間に成申間敷哉、年内ニハ余程之神徳茂有之、五六人之相続ニハ罷成候と申候付、委細承り候得ハ、舎人申候ニハ、西宮神主代江引合、其上相知可申由ニ而、社役人蓑和田要人書付持参仕、子細ハ左之通ニ御座候

一、勢州こもの（菰野）領十八ヶ村・尾州海東郡之内ニ而拾五ヶ村〆三拾三ヶ村、此代金弐両、外ニ西宮江初尾金壱分、都合弐両壱分、此金子舎人引請ニ而内江三分舎人江相渡候、則要人方江同道仕、酉ノ十月十二日ニ配下ニ罷成り申候、其上ニ而私申候ハ、右之村数少分ニ候得ハ、外ニ而も増村可有御座候哉と相尋申候得ハ、要人方被申候ニハ、信州飯田我等引請之場所ニ而、此間茂本（元カ）社より飯田之事相済シ申候様ニと被申越候得者、其先同道にて近日飯田江罷越可申候、然共諸入用ニ付金子五両取替申候様ニと御座候ニ付、五両と申金子中々調ひ不申候、上ヶ切ニ仕三両進上可申候、其上にて御出被下間敷哉と申候得ハ、要人方被申候ハ、成程其金子ニ而参可申候間、舎人引請テ金弐両壱分ハいかゞ被致候哉と被申候故、其儀ハ私飯田表廻旦仕舞次第ニ罷帰り、右舎人引請之候（ママ）弐両壱分勘定可仕候間、夫迄御待被下候様にと相頼申候得ハ、則要人納得被致候後、十月廿八日ニ飯田表江罷立候而、十一月二日ニ飯田江着仕候、信州江参候節私申候ハ、万々一飯田江参候而も今迄弘〆申候者とも彼是□（をカ）ハ申間敷哉と相尋候得ハ、要人被申候ハ、尤只今弘〆申候者共数多有之候得共、是ハ非人頭ニ候得ハ、此度たいらけ其許江相渡シ可申候、其元・我等致同道可参候ニ而、三両之入金出し申候処ニ、其節者不快抔と被申、配下之内山本主膳名代ニ被遣、

自分ハ跡より止（追カ）付ヶ可参と被申候故、其心得ニ而参り、飯田ニても相待候所ニ、一円不被参候ニ付、十一月六日ニ主膳方より願書飯田御役所江差出シ申候処、飯田領之内笠村と申所勘之丞と申者先年より恵美酒弘メ来候心ニ而、此者西宮江相願申候得共一向相済不申、夫故日限も相延、漸々極月廿七日ニ西宮江相済、則私当戌正月二日より賦与仕候得共、日数よほと懸り申候、其上初年之儀ニ御座候ニ付入用多ク懸り申候、依之飯田宿彦右衛門と申者ニ金子六両借用仕罷帰り、今日迄も神職ニ打懸り居申候処ニ、当月四日ニ飯田より書状を以申越候ハ、去年御出御願等相済廻旦被成候付、諸入用等金六両余ニ罷成候、尤此儀ハ当秋廻旦ニ御出被成候而、其節勘定可致との御説ニ候得共、其許御存知ニ而可有御座候得共、当町江ハ御上より御触にて勘之丞儀牧下斎宮と改り、恵美酒弘メ申候由（カ）被仰付候、左候得ハ当地江御出之儀ハ有之間敷と被存候、然上ハ御取替置候金子相待申儀難成候間、左之通当月中旬ニ迄御返済可被成候、左も無御座候而ハ御為ニ成り申間敷候

一、金六両余、杉中治部殿

一、同三両余、蓑和田要人殿名代山本主膳殿入用

一、同三両余、要人殿名代山本主膳殿入用

右之通申参候御事

一、去年配下ニ相済候節少々御座候田畑其外諸色売代なく今日迄朝夕之暮仕来候、身上打込懸り居申候

一、飯田町在共勘之丞江西宮社役人より免シ申候ニ付、触頭ヲ以要人方江承候得ハ、不存候抔と申、少シも取合不被申候故、左様ニ候得ハ御上江御願申上候而御吟味を願可申候得ハ、勝手次第と被申候ニ付、無是非奉願候

一、要人方より勘之丞ニ相渡シ候訳ハ、当春勘之丞此地江参候而、配下之内服部民部取次仕、要人方江も金子抔取被申候由慥ニ相知レ申候、委訳ハ服部民部存知居申候、又初より飯田迄□様子之儀ハ、山本主膳委存知居申候、主膳方江御尋被為遊可被下候、右之通少シも相違無御座候、乍恐御吟味被為遊被下、私廻旦場ニ受

取置候飯田領如元不残相戻り申候様ニ被為仰付被下候
ハヽ、難有可奉存候、以上
寛保弐年戌八月
西宮配下橘町裏
杉中治部　印
寺社御役人中様

二四〇　書状留壱冊（諸家贈答の書翰うつし）

年未詳・六・一九／八・三／八・一三／八・一八／八・一九
三四四

1 〔宗田越前書状〕（私老年につき来暮御下向の節万端の処仰せ付け下されたく）

一筆啓上仕候、勘〔甚カ〕暑節各様御安泰被成御神務奉珍重候、然者別紙願書指出候、近頃乍御面倒何分宜御極ニ成被下度奉願上候、尤来暮御下向迄ニ私相勤罷有候得共、段々老年之事明日程何様難斗、相応之者御座候ニ付、先養子相極、来暮御下向之節万端之処ニ被仰付被下置候様仕度、此段奉願上候、□別て御厚志之段奉願上候、猶期後便候、恐惶謹言

六月十九日　宗田越前
東向斎宮様
辻　兵部〔治カ〕様

2 〔正木伊勢守書状〕（宗田越前老衰につき田波紀伊に役儀相続仰せ付け下されたく）

一筆啓上仕候、勘〔甚カ〕暑之節御座候得共、各様益御揃被成御安泰御神勤可被遊奉恐喜候、誠ニ其後之彼是と打続、御疎遠申上候条、御容赦被下候
一、宗田越前事近来勘〔甚カ〕老衰罷成、朝暮神務・御支配下之事共勘〔甚カ〕太儀ニ相見江申候、依之行〔跡カ〕役之儀別書ニ奉願上候、尤本書ニ申上候通り、田波紀伊と申者随分慥成者ニ御座候而、私儀至而心易者ニ御座候、尤御役等被仰付候而茂はつかしもからす、行々御本社之御為ニ茂〔衍カ〕も可相成者相違無御座と奉存候、依之乍恐私方より茂添

状仕候而此段奉願上候、尤来暮は御神主様御下り被遊候、其節者御目通り茂可仰付奉存候、御役儀等者其節被仰付候而も乍恐宜哉ニ奉存候、尤来御下向迄者越前相務居申候、何分此段御神主様幷御社中宜御極成被下度奉願上候、先此段申上度、猶奉期後便候、恐惶謹言

六月十九日　　正木伊勢守

東向斎宮

辻　兵部（治カ）

3　〔宗田越前書状〕（諸国山々寺社本寺より江戸表へ出張旅宿勧化処等厳敷御尋につき）

一筆啓上候、未残暑勘（甚カ）敷御座候得共、各々様御堅勝ニ御神務可被成与珍重奉存候、随而当御支配所無異義相務申候、乍憚平意安思召可（被カ）下候

一、江戸表之義、此度御上より之御吟味ニハ、諸国山々（マヽ）寺社本寺・本社より江戸表江出張旅宿勧化処等厳敷御尋ニ而、神前・仏壇等相錺り申事決而相成不申候段、御町奉行所より被仰付候、左候得者御支配所御神前相錺候一事罷成不申候、猶々難儀ニ奉存候、然ル上者御奉納物・石燈籠・手水石等相片付可申様も無御座候、此儀ハ御本社へ御取登セ可被下候哉、又ハ江戸ニテ売払可申候哉、御窺御指図可被下候、尤相登セ候ニハ余程金子も相掛り可申候、此段御勘弁可被下候、何れ急々御下知被下度奉存候、此節之儀ハ江戸表一統之義ニ御座□申上候

一、寺社御奉行松平紀伊守（丹波亀山藩主・信道）様・板倉左近将監（備中松山藩主・勝政）様右御両所御新役御座候、度々御替被遊候得者聢と申上難御座候得共、先当時御勤被遊候間申上候、委細之義ハ後便ニ可申上候、以上

八月十三日　　宗田越前

東向斎宮

辻　兵治

4 〔書状別紙〕（仙台表御社納金の儀につき拙者当月中に仙台へ罷り下り相糺すべく）

別紙申上候、仙台表之義、先達而度々申上候通ニ御座候、然ル処去月兼(菊)田主膳方より御社納金弐分差登セ申候、左候得者左京・民部両人も右之勘定ニ相立可申旨奉存候、尤五ヶ年此方初め而主膳相登候事ニ御座候得共、一向相分不申候間、何れ共拙者当月中に仙台罷下り、相糺可申与奉存候、併ニ拙者義も打続困窮仕候得者勘(甚カ)難義ニ奉存候、然共芭蕉辻之義も度々申遣候得共、以今何れ共相分不申候、当暮ハ殊に登り、余人江相渡シ可申与奉存候、此義茂前広ニ申上置候、猶又委細之儀者仙台より罷帰り可申上候

一、江戸表神前等相片付不申候内ハ、奥州江も罷り下り候義難相成与奉存候、何れにも御報急々御下シ可被下候、以上

八月(十脱カ)三日

5 〔吉井陸奥守書状〕（諸国諸寺社本寺・本社より出張旅宿勧化所に神前・仏壇等錺置候儀、江戸中一統御差留仰せ付けられ候趣につき）

一筆致啓上候、少ハ秋冷相催候処、弥々御安泰ニ可被成御暮珍重ニ奉存候、当□様□無異ニ罷有候、乍慮外御心易(可脱カ)思召被下候、然者此度諸国諸寺社本寺・本社より出張旅宿勧化所ニ神前・仏壇等錺置候儀、江戸中一統御差留被仰付候趣、越前方より早速申登之候、兼而段々御苦労ニ預、普請成就致候処、旅宿御神前是迄之通ニ而者難差置、石燈籠取払不申候而ハ相済不申趣ニ而、如何取斗可申哉之段申越候、此儀兼て御世話被成被下候儀、於此方も彼是申談候得共、何方(分カ)遠方之儀、難察御座候得者、又々御苦労ニ候得共御相談被成被下、可然趣前方へ被仰聞被下度奉願存候、今以取払候事残念至極ニ奉存候得共、一統被仰渡候義無是非御事与奉存候、何分宜敷奉頼致候、右従(得カ)御意度如此ニ御座候、猶期後便之時ヲ、恐惶謹言

八月十八日

吉井陸奥守

安国善左衛門様
十文字屋源助様
人々御中

6 〔辻兵治・東向斎宮書状〕（宗田越前年老につき田波紀伊守へ跡御役儀の事願書差し出され候につき）

当夏中御飛札致拝見候、此頃少々秋冷相催候処、弥御堅固ニ可被成御勤仕珍重奉存候、拙者共無異相勤罷在候

一、越前事、近来年老之事故御役義も勤かたき様子ニて、田波紀伊守与申仁へ跡御役儀之事願書被差出候、右紀伊守慥成仁ニ而、兼而御懇意之由御見定ニ候得者、相違も有之間敷奉存候、御状之趣早速御神主へも申達候、拙者共より宜可及御礼（カ）との事ニ御座候、右紀伊守江戸へ罷出候様子幷名前等之事、委細越前方へ申遣候得者、追而又々可得御意候、何角御心添之段辱奉存候、先ハ御報迄草々如此御座候、恐惶謹言

八月十八日　　辻　兵治
東向斎宮

正木伊勢様
貴答

7 〔辻兵治・東向斎宮書状〕（諸国寺社本寺・本社より江戸表へ出張旅宿勧化処等御吟味これ有り、御支配所御神前是迄之通にて相済かたき由承知につき）

当月三日御席早々御状同十五日相届致拝見候、先以其御地弥御安全之由珍重存候、当表拙者共無異ニ罷有候

一、此度諸国寺社本寺・本社より江戸表へ出張旅宿勧化処等御吟味有之、神前・仏壇等錺置申事法（屹カ）度不相成趣、町御奉行所より被仰付候、御支配所御神前是迄之通ニ而相済かたき之由、委至（ママ）御紙面之趣致承知候、是迄段々御出情（精）ニ而普請等出来申候処、御神前錺置候事不相成候段、何とも残念至極ニ存候、江戸中一統御停止被仰付候事、時節至（到）来是非もなき御事ニ候、右の趣ニ付石燈籠幷石手水鉢取片付不申候而者不相済之由、此義御本社へ取登、又ハ江戸ニ而売払可申哉之段、御任之趣

早速致披露候処、此義其御地ニ願主有之候事ニ御座候得者、先其願主方へ能々御引合ニ而可然存候、元より御本社目当ニ其御地支配所御神前ニ被献候事々(ニカ)候得者、此度御本社へ被献候とも、又者其御地ニ而売払候とも、願主中御了簡ニ而任され可然由ニ御座候得者、其御心得可被成候、則安国善左衛門殿・十文字屋源助殿方江も御神主より御状参候間、此御両人江も能々御相談之上可然御取斗被成候、是等之義も其御地ニ而新寺社ニも紛敷程ニ普請等致、猥ニ勧化・寄進・諸講中等催し、何角紛敷事共依有之、一統ニ御停止被仰付候事と被存候、彼是無御心配与遥察候

一、寺社御奉行松平紀伊守(丹波亀山藩主・信道)様・板倉左近将監(備中松山藩主・勝政)様御両社御(ママ)新役之由致承知申候、いつれ度々御役替等被遊候由、何角此地ニ而も色々取沙汰致申候

一、当夏為御差登候願書致拝見候、貴様御年老、田波紀伊守と申仁跡御役義之御願之趣致承知候、右紀伊守儀元来御支配下之神職ニ而蛭児御社奉仕之由、いかゝ之訳ニ而年来奉仕之社を捨、江戸へ罷出候哉

一、勅許無之候而紀伊守与申候受領有之候事毛頭無之儀、若吉田家ニ而裁許状を願、受候呼名与受領之心得違ニ而も有間敷事ニ御座候哉、社役人国名唱候事訳も有之候得者、已来者紛敷事無之様得と御勘弁被成候、先年大膳幷中務儀貴様より御願被成候得共、両人共不埒ニ而長御役茂不被勤候、此節之儀能々其人柄御見立候而、何角被入御念候而可然存候、先々御願書今一応御吟味被成置而御差登被成候、此節ハ願書致返却候、右之段可得御意御報如此ニ御座候、以上

八月十八日

辻　兵治

東向斎宮

宗田越前殿

別啓

一、仙台御運上金之義今ニ御社物(納カ)も相立不申由、尤去月菊田主膳方より御社納金弐歩其御地迄差登候処、銭相場(ママ)壱歩ニ付四百(貫カ)八百文之勘定ニ而登遣候由、此義ハ先年より金子ニ而相立御社納致来候所、此節銭相場之勘

定立如何之事ニ御座候哉、左京・民部両人より右之勘
定ニ而相立可申上、貴様御推察之由いか、致候事哉難
心得被存候、何分委敷儀相分かたく被申候ニ付、近々
仙台辺江御吟味として御下被成御所存之由、遠路之事
ニ御座候得ハ千万御大儀ニ存候、乍去是□御役儀之事
ニ御座候得ハ、御神忠専一ニ存候、委細之儀者追々又
ニ(々)可申承候、仙台銭相場之事壱歩(ママ)ニ付四貫八百文与有
之候、弥其通其御支配処迄申登候哉、誠ニ左様之相場
可有之とも不被存候、御本社御支配所かろしめ致嘲哢
候様ニ存候、壁(譬カ)土ニテ作り候とも左様之相場者有之間
敷候、余り成事ニ御座候故、御別紙者拙者共致披見候
迄ニ而其侭ニ差置申候、能々御吟味可被成候、追而承
可申候

右之段得御意度如此ニ御座候、以上

8 〔宗田越前書状〕（私老年につき田波紀伊守へ諸役仰せ付けられたく）

乍恐以書附奉願上候

一、私儀西宮関東御支配所社役数年来相務難有仕合奉存
候、然処私儀段々老年ニ罷成、追而御役儀茂相勤兼申
候ニ付、此上御本社御用ニ茂相立候者与彼是相心掛申
候処、今度心当り者御座候、則戸田大炊頭様御領地栃
木宿田波紀伊守与申者ニ御座候、此者儀元来御支配下
之者ニ而、蛭児之御社ニ(カ)所持仕、毎年日光山江勅使御
通向之節ハ御宿茂仕来候者ニ而御座候、此者之儀兼而
御当社江罷出御奉公茂仕度之者、尤年来茂四拾歳余罷
成、甚誠実成者御座候、何卒此者江諸役被仰付候ハ、、
別而御本社之御為ニ茂可相成乍恐奉存候、随而ハ私共
次々老衰およひ候共見届茂呉可申者ニ御座候、得与相
糺之上御願申上候、願之通り被仰付被下置候ハ、、難有
仕合奉存候、以上

宗田越前

申六月十九日

御本社
御役所

二四一　高津左近追証文壱通（御役人中より御不審の筋御座候につき）

寛保二（一七四二）カ・九　三四五

一札

一、私儀今度御役人中より御不審之筋御座候共、曽テ御覚無御座候得共、取沙汰悪敷気之毒仕候、此以後随分被相慎可申候、若重而不行跡茂御座候ハヽ、其節闕職可被仰付候、其節一言之儀申上間敷候、為其仍而如件

戌九月　　高津左近　印

大沢兵部殿
飯田多宮殿

二四二　配下口上覚壱通（蓑和田要人不埒につき社役人相勤申さざるように仰せ付け下されたく）

寛保二（一七四二）・八　三四六

乍恐口上覚

一、私共去申（元文五年）ノ正月より西宮配下ニ罷成、神職相勤候得共、初年より間茂無御座候得ハ、家内相続程之神徳ハ無御座候得共、末々をたのしみ相勤居申候、然ニ本社名代蓑和田要人配下之取廻シ万端不宜、配下之者少々非をも重く取なし、数多之者とも闕職仕候ニ付、此もの共西宮をうらみ、神職社法評判悪敷取なし候得者、旦家用等抔茂（ママ）薄ク御座候

一、要人方江納り候配下初年より之祝儀金・配下入金、其外正月二日より晦日迄賦与寄金、勢州桑名町中之初尾、惣而配下触頭之御修理料年ニハ余程取申候得共、三ヶ年之内配下其外町在他国迄之借金大分御座候処、無理非道を申、少茂返済之訳無御座候ニ付、御国ハ不及申、他国之取沙汰悪敷御座候

一、配下相済申候節、社法之書付相渡シ、社人慎御法度之訳抔茂堅ク申渡シ候得共、自分ニハことことく相もれ候様ニ御座候

一、高津左近儀当春より病気と申、社用等取扱不申候ニ付、此度之連名除候得共、不埒之筋ハ相見へ不申候

一、堀田右内事、要人と同腹中ニ而神職之筋とくと不仕
儀共御座候ニ付、連名除申候事
一、堀井数馬事、旦家要人方江引取申候ニ付、社用ニハ
不罷出、又仲間つき合不仕ニ付、連名除申候、其外在々
ニ御座候配下御役所御支配ニ而茂無御座候故除申候、
勿論御役所御支配ニ罷成候配下之内をも身持其外神職
相背候様成物（者カ）ハ連名除申候
右之通少茂相違無御座候、要人西宮支配所相勤申候而ハ
本社御修理之介力ニハ罷成不申、又配下為ニ茂罷成不申
候、乍憚御上之御苦労斗と奉存候得者、要人社役人相勤
不申候様ニ被為仰付被下候ハ難有奉存候、以上

寛保二年戌八月

杉中治部
服部民部
石崎織江
小野田津盛
林紋大夫
山本主膳

右配下申上候通少茂相違無御座候、以上

飯田多宮
大沢兵部

吉井采女殿

二四三　配下連署状壱通（嶋田村勘之丞、西宮御役人中へ願いの儀これ有り、嶋田村百姓共拙者共より添状願出候につき）

年未詳・一二・二七　三四七

如仰未得御意候処、御状致拝見候、弥御堅固御勤珍重存
候、然者大和守領内嶋田村勘之丞与申者、西宮御役人中
へ願之儀有之、嶋田村百姓共拙者共より添状願出候ニ付、
先頃御役人中迄指遣申候、右願之趣御吟味被成候処難相
叶筋御座候由、別紙御書付被指越致披見候、御紙面之通
嶋田村百姓共へ可申聞候、被仰聞候趣被入御念儀御座候、
恐惶謹言

十二月廿七日

市瀬小左衛門
信名　花押

黒次権左衛門
教久　花押
米原三右衛門
言亮　花押

蓑和田要人様
御侍（報カ）

二四四　谷田部長門守口上覚壱通（触頭方へ神職継目免許の儀御本社幷吉田表へ伺呉候様相頼候得共、伺呉申さず候につき）

寛政五（一七九三）・一一　三四八

乍恐以書付申上候

一、私儀先年御領主様御役所幷御本社様両御添簡を以為継目願上京仕候砌、吉田表江神主号・紗狩衣・立烏帽子御免許相願候処、於吉田表被仰付候ハ、其元家之儀者神主号御先判も致所持罷在候間、願之儀跡（ママ）より御免許差下可申旨被仰聞候ニ付、御記録金等与相納罷下り候所、其後何之御沙汰も無之、段々延引罷成候間、数度触頭方江も御本社幷吉田表江伺呉候様相頼候得共、伺呉不申候ニ付、当春中須賀川大宮司三嶋木紀伊守殿御子息上京ニ付、右之趣御本所表江御伺被下度之旨相願候所、紀伊守殿父子被申候ハ、至極尤之事ニ付何分相伺可申上旨ニ而上京之上被相伺候所、願相済御帰国被成候而私方江其趣被申聞候ハ、御本所表より其元三通之御免許願之儀願之通御許容可被成下旨被仰付候間、願書相認、其組触頭印形受取、拙者致判印差出候（ママ）可申旨被申渡候付、触頭方江相願候所、其元願書ニ印形難成旨申之、得心不仕候付、其段則三嶋木紀伊守殿江御話申候所、紀伊守殿被申候者、其儀ハ近江正心（ママ）得違ニ茂可有之候、都而他社人之儀ハ支配頭添簡斗ニ而上京致相願候而も、品々御免許御相伝被下候得共、御領主様御役所重キ御添簡を以継目致候社家之儀候得ハ、其元より相願不申候共触頭方ニ而吉田表江相伺、他社人同様ニ御領主様重御添簡之社家相立候様取斗可申筈之処、都而差押候段心得違と存候、仍而近江正方江利解可申聞旨ニ而、紀伊守殿御子息御平（ママ）時々被成御越及対談候得共得心不仕候故、又々紀伊守殿再三被成御越、近江正方へ申含候得共得心無御座候故、甚気之毒被存、紀伊守殿御子息又候被成御越、色々被申聞候得共一円得心無之候付、無拠御本所表江紀伊守殿より被相伺候所、触頭近江正邪之儀を申、承知無之候ハヽ、触頭印形無之候而も不苦候間、差出候様被仰付、紀伊守殿奥印ヲ以相願候所、願之通相済申候、然者当御役所江御届申上度奉存候ニ付、触頭近江正方へ罷越及対談候所、其元神主号之儀ハ筋違を以頂戴仕候ニ付、吉田表江相伺、其上御役所江御届可申上候間、一先差扣候様申之ニ付、私申候ハヽ、御役所江御届延引仕候而ハ奉恐入候、御領主様御役所御添簡を以継目等仕候社家之儀候間、他社人同様御免許頂戴不仕候而ハ御添簡之社家難相立候間、先近日より前文之通三嶋木氏再応近江正方へ入念之上被致上京候得者、曽而筋違と申ニ者無之候、兎角近江正方ニ而差支取搆為及延引置、私江迷惑為致候所存と相見申候、元来此儀ハ須賀川三嶋木氏惣注連頭御役被蒙仰候義を相憎、横合成義を以事大変ニ仕、御領主御役所ハ不及申、御本所様幷御本社様迄無故儀を御苦労奉懸上候段奉恐入候、乍然私迚も難捨置、尤同職一統之難渋相掛、三嶋木氏へ相障り度所存と相見申候、右之趣以書付御届申上候、以上

寛政五丑年十一月

大槻村蛭児社神主
谷田部長門守　印

御本社様
御役人中様

二四五　大沢兵部書状壱通（年始御礼御祓献上願いの儀などにつき）　寛保三（一七四三）・閏四・一〇　三四九

寛保三年亥

年始御礼御祓献上願候一件壬四月十日出大沢兵部書状

一筆啓上仕候、久々御様躰不承候、其御□御平安御揃被成置御安康ニ被成御座候哉、承知仕度奉存候、当表の支配所配下中無異罷在候、乍恐可被貴（マヽ）意安候

一、去冬茂御沙汰申上候殿様江御祓献上之儀、当春も大崎氏より内意御座候得共、先其外差置申候処、先月廿九日竹腰志广(摩)守殿用達簗四郎兵衛殿より被申越候ハ、申談義有之候得ハ勝手次第ニ宅迄参候様ニ被申越候ニ付、当朔日ニ以参致対面候処、西宮之義先役人蓑和田氏於江戸屋敷江被参知人ニ成、其後名古屋へ登り候処、本社願之趣我等方へ被申込、右之趣段志摩守江申達候間、其筋々被申渡候ニ付、願之義相済申事候、然所要人不埒之事とも追々及承候故、此方よりも万端差構不申候得共、其元社役被勤寺社役所等之首尾茂好大慶之事ニ候、就夫殿様江年々御祓献上有之可然候得ハ、願を出シ被申候様ニ存候、勿論寺社方ニ而右取扱役人之義ハ此方より指図可申候、兼而左様相心得御様(候カ)被申聞候、私手ぬけ無之様に挨拶仕罷帰候、当四日ニ手紙ニも被申越候者、頃日申談候一義寺社役人半田小平次方江申談置候付、罷越万端引合於(ママ)被申候様ニ存候、為内意如期(斯カ)ニ候由申来候、則半田氏へ参様子申候処、志摩殿屋敷江罷出候得ハ、簗氏委細被聞候儀ハ、我等取扱申筈候願書相認差出シ被申可然候得共、半四郎抔ニ相談尤ニ候由被申候ニ付、小出半四郎殿ニ内談仕候処、委細承知ニ而、則願書茂下書被致候得共、此文面之通本社より其元へ被申越候得ハ、則此書面を以御用人衆迄茂披露有之候得ハ、段々首尾茂好候ニ付、如期(斯カ)申遣、左京亮殿より其許迄被申越候様ニと存候下書認遣候間、此趣被申越被取置候得ハ、急々御礼等無之候而茂不苦、御祓献上神主為名代其元御目見と申義願置候へハ、たとへ御目見相済不申候而茂神主之御礼延引にて不苦候、御礼被申上候ニ付而ハ諸事物入困窮之段御申立ニ被致候而尤ノ筋ニ候間、右之趣具ニ申遣、如期(斯カ)之書面其元迄被差越御様(候カ)ニ可致旨、半四郎殿へ被申聞、則下書認越候下書遣申候、此通無相違御認被成、急々ニ御差下シ可被申候、勿論要人不埒之跡西宮之義世上他国迄茂悪敷風聞諸人々嘲旁々以万端急度致候様ニと役人中御取持ニ御座候、誠以神慮ニ相叶候御事御神威茂弥増々罷成、乍恐大慶ニ奉存候、当時不埒之跡万端不都合ニ御座候而気之毒仕候得共、末々御繁栄、

御本社御為にも可罷成と丹誠仕候此案文帳面ニ記シ本紙ハ尾州へ戻シ
一、堀田右内義諸士方ヲ頼而内藤又左衛門殿へ相願候処、三月晦日ニ勘気被致□□候、依之前々之通配下ニ帰参仕度旨願込候得共、去秋闕職之砌右持村借金之方江割付候得ハ場所無之、帰参と申事ニ取扱候而ハ右持之場不残可相渡筈ニ御座候ニ付、思案之上と申内、美多川殿にも右内義為差故障無之候ハヽ、又候哉配下ニ差加遣候様ニ頼之筋茂御座候付、当月五日ニ新配下と致、又々差加申候、場所之義知多郡之内杉浦太仲・池田織部両人之上ヶ地旦家九拾村余相渡シ申候、其元御帳面ニ御書加へ可有、中尾左内場有之候へ共、一度触頭と名目茂御座候へハ、其身願之品ニより又々相渡シ可申歟と指扣置申候、右内義七十余之老母有之、左平職分相放シ候節力ヲ落シ、それより気分悪敷、当春迄無本服罷在候処、右内神職ニ立戻り申由与承り殊外大悦仕、三日めに身曲申候、右内義親へ厚も相立候とて殊外悦申候、只今忌中之義ニ候得ハ無其義候得共、采女様へ宜御申上候様にと申候、忌明以書中御礼可申上候、其外相替候儀無御座、近々跡より以書中可申上候、恐惶謹言

壬四月十日　　　　大沢兵部

吉井采女様

二四六　小林弾正口上覚壱通（私親類安達郡本宮村蛭児社の神職瀧田多膳先年出奔仕り、片平村触頭祠官千木崎近江正兼帯仕る儀につき）　寛政六（一七九四）・正　三五〇

乍恐以書付奉願上候

一、私親類安達郡本宮村蛭児社之神職瀧田多膳先年出奔仕候ニ付、当領片平村触頭祠官千木崎近江正兼帯仕、旦家不残引取置候得共、近江正義者持分之旦家数ヶ村有之、右多膳旦家廻旦等相成、絵像札等も禄々不相配候故、旦家之輩一統於内々ニハ帰服不仕、定例之散物等自然与限少仕候様罷成、其上右旦家之内大江村幷本

宮在向数ヶ所廻旦手一（カ）余り候趣ニ而、同領玉井村同職伊東左門方より金子を取、七拾ヶ年季ニ質入ニ仕置申候、此義御本社様より御預ヶ之場所、殊ニ兼帯之旦家永代譲渡し同様之質入ニ仕置候段、甚以難心得奉存候、前文申上候通諸旦家甚疎略ニ仕設置候而者、多膳跡取立候ニ茂差障ニ罷成候ニ付、去秋中須賀川町三嶋木常陸亮殿を以御願申上候所、御聞済被成下、早々跡式をも相立候様被仰付千万難有奉存候

一、千木崎近江正私旦家之内弐ヶ村奪取置相返シ不申候ニ付、去三月中書付を以御願申上候処、近江正方より私方江急度相返し候様御直印之御書三嶋木常陸亮殿江御渡被遊候ニ付、三嶋木氏帰国之上近江正方より私方江急度指戻候様被申付候得共、彼是故障無筋之義を申相返シ不申候故、無拠三嶋木氏幷私領主役所江罷出、数日逗留仕申立候処、近江正病気之由偽を申立罷出不申候ニ付、為見届私幷大槻村谷田部長門守悴両人罷越、病気之様子見届候処、一向病気ニ茂無之候ニ付、常陸亮殿幷私共両人立合之上、御本社様より御渡被遊候御書付之趣を以近江正方吟味被致候所、色々我侭之儀を申、殊ニ無筋之趣意を含、被仰付候義を違背仕相用不申候、其外色々不法之義申之候ニ付、無拠又々領主役所江罷出相願候所、近江正方より品々偽を申立候故、役所ニおゐても御疑心有之、御吟味手延ニ罷成、去十月より当正月迄相懸り、日々役所へ罷出、旦用等仕候義茂相成（脱アルカ）、愈困窮之私共渡世ニ茂相渡シ候仕合難儀至極仕候、三嶋木氏之義も上下三人ニ而旅宿ニ逗留被致、失墜与申大金相懸り、私共同様甚以気之毒千万奉存候、三嶋木氏之義困窮之私共をも取立、殊ニ相談相居候社家取立候思召神忠与申、殊ニ御本社様江為忠義存立神職繁栄仕候様ニ抽丹誠世話被致候得共、近江正義私欲押領之我侭者故、御本社様迄之御瑕瑾ニ罷成候様成義領主役所江申立候故、同職一統之障ニ罷成、不得其意義与奉存候、以来右躰之触頭支配申受兼候間、御社納之義者御本社様より御下知有之候迄上納不仕候間、此段申上候、尤同職共より追々以書付可申上候、右近江正支配御除不被成下候義ニも御座候ハヽ、何方迄も罷

出御願申上、幾重ニも御免相願候間、御憐愍被成下置度、此段奉願候

一、御社法之義ニ候間、於役所も吟味難成筋も在之、早速ニハ相分り申間敷、猶又近江正我意を以同職一統之難義ニ罷成候義を領主役所江申立候間、此末同職共一同ニ願出、近江正相手取候様ニ罷成、甚大変ニ相成申候、右ニ付近江正御立被置候而者同職之混雑相止不申、何様之六ヶ敷義ニ相成可申哉も難斗奉存候間、乍恐此旨御賢察被成下、右願之通被仰付被下置候ハヽ、難有奉存候、以上

寛政六寅年正月

安積郡二本松領福原村蛭児社神職

小林弾正　印

二四七　御神領米割方

嘉永六（一八五三）・一一・晦～万延元（一八六〇）・一一　三五二

（前欠カ）

一、壱石五斗　御古屋敷年貢

主水・右膳・伊織・右京・左門・数馬六人より斗

一、七升五合　土手跡年貢

一、壱斗　御会田年貢

一、壱斗五升　御茶屋所年貢

一、弐斗五升　広田宮田年貢

〆拾弐石五斗壱升壱合

内壱石　西宮御供米

三石七斗五升四合　広田南宮御供米

五斗　御炊料

〆五石弐斗五升四合

引残而

六石弐斗五升七合

右割方
弐石六斗八升弐合　神主但馬守　印
四斗四升七合　社家東向斎宮　印
大森主水　印
橋本右膳　印
田村伊織　印
広瀬右京　印
堀江左門
大森数馬
大森主膳
右者諸国一統大旱魃ニ付衆評之上半減ニ相成候事
〆丑(嘉永六年カ)十一月晦日

嘉永七年寅十一月
御神領米割方覚
一、九石六斗四升壱合　御寄附米
一、弐斗六升　主膳
右御寄附田八斗之所候得共、先年申年水入より土手敷有之候故、古屋敷次(並)ニいたし如此ニ候
一、壱斗八升　伊織
右御寄附田四斗之所ニ候得共、申年より田地あしき相成候段如此候
一、五升　数馬
右中村ニ有之燈明田字ほうやけ作間米也
一、弐石壱斗　御古屋敷年貢
主水・右膳・伊織・右京・左門・数馬六人より斗
一、壱斗五升　土手跡年貢
一、弐斗　御会田年貢
一、三斗　御茶屋所年貢
一、五斗　広田宮田年貢
〆拾三石三斗八升壱合
内壱石　西宮御供米
三石七斗五升四合　広田南宮御供米
五斗　御炊料
〆五石弐斗五升四合
引残而八石壱斗弐升七合

右割方
三石四斗八升三合　吉井銀次
五斗八升五勺　後神肥前守
社家　東向斎宮
同　祝部　大森主水
同　橋本右膳　印
同　田村伊織　印
同　広瀬右京　印
同　堀江左門　印
同　大森数馬　印
同　大森主膳　印
〆寅十一月晦日

安政弐年卯十一月
御神領米割方覚
一、九石六斗四升壱合
御寄附米
一、弐斗六升　主膳斗
右御寄附田八斗之処候得共、先年申年水入より土手敷有之候故、古屋敷次ニ致候、如此候
一、壱斗八升　伊織斗
右御寄附田四斗之処候得共、申年より田地悪敷相成候故故(衍カ)如此候
一、五升　数馬斗
右中村ニ有之燈明田字ほうやけ作間米候
一、弐石壱斗　御古屋敷年貢
主水・右膳・伊織・右京・左門・数馬六人□(より)斗
一、壱斗五升　土手跡年貢
一、弐斗　御会田年貢
一、三斗　御茶屋所年貢
一、五斗　広田宮田年貢
〆拾三石三斗八升壱合
内壱石　西宮御供米
三石七斗五升四合　広田南宮御供米
五斗　御炊料

〆五石弐斗五升四合
引残而
八石壱斗弐升七合
右割方
三石四斗八升三合　神主奥陸守（ママ）　印
五斗八升五勺
社家　忌服不参　東向斎宮
同　大森主水
同　橋本右膳
同　田村伊織
同　広瀬右京
同　堀江左門
同　大森数馬
同　大森主膳
〆卯十一月晦日

安政三辰年
御神領米割方

一、九石六斗四升壱合　御寄附米
一、弐斗六升　主膳斗
右御寄附田八斗之処ニ候得共、先年申年水入より
土手敷有之候故、古屋敷□次致如此候也
一、壱斗八升　伊織斗
右御寄附田四斗之処ニ候得共、申年田地悪敷相成
候故如此候也
一、五升　数馬斗
右屋敷ニ有之燈明田字ほうやけ作間米也
一、弐石壱斗　古屋敷年貢
主膳・右膳・伊織・右京・左門・数馬六人より斗
一、壱斗五升　土手跡年貢
一、弐斗　御会田年貢
一、三斗　御茶屋所年貢
一、五斗　広田宮田年貢
〆拾三石三斗八升壱合
内
壱石　西宮御供米

三石七斗五升四合　広田・南宮御供米
五斗　御炊料
〆五石弐斗五升四合
〆残而
八石壱斗弐升七合
右割方
三石四斗六（八カ）升三合　神主陸奥守
右幼年ニ付立会　後神肥前守
五斗八升五勺　東向斎宮
祝部　橋本右膳
田村伊織
広瀬右京
堀江左門
大森数馬
大森主膳
大森帯刀

〆辰十一月晦日

安政四巳年
御神領米割方
一、九石六斗四升壱合　御寄附米
一、弐斗六升　主膳斗
右御寄附田八斗之処候得共、先年申年水入より土
手敷ニ相成之候故、古屋敷之次ニ致如此也
一、壱斗八升　伊織斗
右御寄附田四斗之処ニ候得共、申年田地悪敷相成
候段如此ニ候也
一、五升　数馬斗
右中（中村）付ニ有之候燈明田字ほうやけ作間米也
一、弐石壱斗　古屋敷年貢
右膳・伊織・右京・左門・数馬・帯刀六人より斗
一、壱斗五升　土手跡年貢
一、弐斗　御会田年貢
一、三斗　御茶屋所年貢

一、五斗　　　　　　広田宮田年貢
〆拾三石三斗四（八カ）升壱合
内
壱石　　　　　西宮御供米
三石七斗五升四合　広田・南宮御供米
五斗　　　　　御炊料
〆五石弐斗五升四合
〆八石壱斗弐升七合
右之割方
三石四斗八升三合
　　　　　　神主陸奥守　印
右幼年ニ付立会
　　　　　　後神肥前守　印
五斗八升五勺
社家
　　　　　　東向斎宮　印
祝部
　　　　　　橋本右膳　印
　　　　　　田村伊織　印

〆巳十一月晦日
　　　　　　広瀬右京　印
　　　　　　堀江左門　印
　　　　　　大森数馬　印
　　　　　　大森主膳　印
　　　　　　大森帯刀　印

安政五年午十一月
御神領米割方
一、九石六斗四升壱合　　御寄附米
一、弐斗六升　　　　　　主膳斗
右御寄附田八斗之処候得共、先年申年水入より土手敷有之候故、古屋敷並ニ致候、如此候事
一、壱斗八升　　　　　　伊織斗
右御寄附田四斗之義ニ候得とも、先年申年田地悪敷相成候ニ付如此ニ候也
一、五升　　　　　　　　数馬斗
右中村有之燈明田字ほうやけ作間米也

一、弐石壱斗　　御古屋敷年貢
　主水・右膳・伊織・右京・左門・数馬六人より斗
一、壱斗五升　　土手跡年貢
一、弐斗　　御会田年貢
一、三斗　　御茶屋所年貢
一、五斗　　広田宮田年貢
〆拾三石三斗八升壱合
　内壱石　　西宮御供米
　三石七斗五升四合　　広田南宮御供米
　五斗　　御炊料
〆五石弐斗五升四合
　引残而
　八石壱斗弐升七合
　右割方
三石四斗八升三合　　神主陸奥守　印
五斗八升五勺　　東向斎宮　印
同　　橋本右膳　印
同　　田村伊織　印

同　　広瀬右京　印
　　　堀江左門
　　　大森数馬
　　　大森主膳
　　　大森主水
〆午十一月

安政六年未十一月
御神領米割方
一、九石六斗四升壱合　　御寄附米
一、弐斗六升　　主膳斗
　右寄附田八斗之処、先年申年水入候土手敷ニ相成
　候故、古屋敷なみニ致し如此候事
一、壱斗八升　　伊織斗
　右寄附四斗之処候得共、先年申年田地あしく相成
　候ニ付如此候事
一、五升　　数馬斗
　右中村有之燈明田字ほうやけ作間米也

一、弐石壱斗　　　　　　　御古屋敷年貢
　主水・右膳・伊織・右京・左門・数馬六人より斗
一、壱斗五升　　　　　　　土手跡年貢
一、弐斗　　　　　　　　　御会田年貢
一、三斗　　　　　　　　　御茶屋所年貢
一、五斗　　　　　　　　　広田宮田年貢
〆拾三石三斗八升壱合
内壱石　　　　　　　　　西宮御供米
　三石七斗五升四合　　　広田南宮御供米
五斗　　　　　　　　　　御炊料
〆五石弐斗五升四合
引残而
　八石壱斗弐升七合
　　右割方
三石四斗八升三合　　　　神主陸奥守　印
五斗八升五勺　　　　　　東向斎宮　印
同　　　　　　　　　　　橋本右膳　印
同　　　　　　　　　　　田村伊織　印

〆未十一月
　　　　　　　　　　　　広瀬右京　印
　　　　　　　　　　　　堀江左門　印
　　　　　　　　　　　　大森数馬　印
　　　　　　　　　　　　大森主膳　印
　　　　　　　　　　　　大森帯刀　印
万延元申十一月
御神領米割方
一、九石六斗四升壱合　　　御寄附米
一、弐斗六升　　　　　　　主膳斗
　右御寄附田八斗之所ニ候得共、先年申年水入より
　土手敷有之候故、古屋敷並ニ致し如此之事
一、壱斗八升　　　　　　　伊織斗
　右御寄附田四斗之処候ニ候得共、先年田地悪敷相
　成候ニ付如此事
一、五升　　　　　　　　　数馬斗
　右中村ニ有之燈明田字ほうやけ作間米也

一、弐石壱斗　　　　御古屋敷御年貢
　主水・右膳・伊織・右京・左門・数馬六人より斗
一、壱斗五升　　　　土手跡年貢
一、弐斗　　　　御会田年貢
一、三斗　　　　御茶屋所年貢
一、五斗　　　　広田宮田年貢
〆拾三石三斗八升壱合
　内
　壱石　　　　西宮御供米
　三石七斗五升四合　　　　広田御供米
　五斗　　　　御炊料
〆五石弐斗五升四合
　引残而
八石壱斗弐升七合
　　右割方
三石四斗八升三合　　　　神主陸奥守
五斗八升五勺　　　　東向斎宮
同　　　　田村伊織
同　　　　広瀬右京
同　　　　堀江左門

二四八　諸国配下口上覚壱冊（陸奥国安積郡片平村触頭千木崎近江正支配下中不取計の筋共これ有り候につき）

寛政六（一七九四）・三　　三五三

乍恐以書付奉願上候

陸奥国安積郡片平村触頭千木崎近江正支配下中
不取計之筋共有之候ニ付御願左ニ申上候事
一、三春領神役村神崎掃部先年出奔仕候ニ付、同人義ハ
福原村小林数馬聟ニ御座候間、跡式相立申度相願居候
所、及老年万端世話仕候義も相成兼候ニ付、片平村千
木崎近江正方へ跡式相立呉候様相頼候処、同人方ニ而
申聞候ハ、相応之者も有之候ハ、随分致世話遣可申候、
併神社并諸旦家等迄不残拙者方へ相渡置不申候而者、
致世話候義茂相成兼候趣申ニ付、神社并諸旦家等迄相
渡し呉々相願置候得共、旦徳斗所務仕、御宮大破仕候

ニも不相構、御宮□(退カ)転仕、社地斗ニ罷成申候様打捨置、旦徳斗所務仕、跡式相立不申、殊ニ有来候神事等一向不相勤、御本社様より之御掟相破り、公儀御條目之御趣意も相立不申候様ニ奉存候、左ニ付近江正方より御召放被下置、何れへ成共跡取立之世話人被仰付被下置度奉願候

一、福原村小林弾正古代より持参候旦家之内、早稲原村・前田沢村両村近江正方ニ而奪取置相返シ不申候ニ付、相戻候様数度及引合候得共、色々紛敷義斗申、其上養父数馬代金子壱両之質物ニ取置候抔と申ニ付、証文有之候ハヽ、披見仕度由之趣右弾正申候得ハ、早速指出見候所謀書ニ相違無御座候間、余之義与違千木崎方へ相断難捨置、去三月中御本社様迄御願申上候処、御聞済被成下、則須賀川町三嶋木紀伊守殿江御直印之御書御渡被為遊、三嶋木氏より近江正方へ御本社様より御下知之趣急度被申渡候得共、法外不埒之義を申相返し不申候ニ付、難捨置奉願候、右近江正私欲押領仕候事共際限も無之、悪事共神職之身分ニ有間敷様奉存候、何卒御威光を以相戻候様急度被仰付被下置度奉願候

一、信夫郡飯野村触頭宇佐見権頭方へ去ル戌年(寛政二年)近江正罷越申聞候ハ、此度江戸寺社御奉行松平紀伊守(丹波亀山藩主・信道)様より西宮神職宮持・無宮・官人・無官之訳御尋ニ付、右近江正申聞候ハ、拙者義江戸表へ罷登り此間帰国致候、然所御配(支脱カ)所より此度被仰付候ハ、御奉行所へ之書上拙者方へ受取為指登候様被仰付候間差出候様申ニ付、権頭相答候、拙者義触下一両人ニ而中々江戸表へ罷登候義相成兼候ニ付、同役之義ニも候間致世話差登呉候様相頼候所、近江正申聞候ハ、此度之義重キ御用之事ニ候へハ為路用金子壱両受取可申旨、支配所より被仰付候間指出候様申ニ付、無拠指出申候、右承り候所状賃三拾弐文ニ而相済し候所へ金子只取仕私欲ニいたし置申候、権頭義も至而困窮之社家ニ而、御定例之御社納金も漸指出し候身分ニ御座候へハ、近江正私欲仕候金子急速指戻候様被仰付被下置度奉願候

一、二本松遠藤式部後家方より神役之諸道具幷旦家不残近江正方江取上置候ニ付、去年中御本社様迄願書指上

候所、早速御聞済被成下、三嶋木紀伊守殿江御下知書御渡被為遊、跡式差立之世話致候様ニ福原村小林弾正幷大槻村谷田部長門守両人江世話向幷神事之義兼帯致、急速聟名跡見立候様被仰付候所、近江正御社用相背一円承知不仕、旧冬中も廻旦仕候所出入中之義近江正我侭之致方与不法者ニ御聞被及、散物封印致近江正方へ預置候様二本松御役所より被仰付、弾正罷越封印仕候所、遠藤式部旦中不残幷本宮瀧田多膳旦中弐軒分之散物ニ諸入用指引残金壱分弐拾六文ならては無御座候故、近江正・弾正相争不申処、相論候而も互ニ募候而（カ）已にて相分り申間敷様弾正相心得、近江正任申分封印致、其旨役所へ申上候得者、役所ニ而も余り濫ニ被思召、調帳面指上候様被申付指出候所、不当ニ思召調帳写被取上候、本帳面ハ正印付ニ御座候ニ付、須賀川三嶋木常陸亮殿へ為相見置申候、万事此度散物調帳ニ而役所表より御沙汰茂可有之義とわ奉存候候（衍）得共、社法之事故役所ニ而も難取斗様奉存候間、御本社様より之御取斗之御下知相伝候様子相見へ申候間、此旨御慮察奉希候

一、本宮村瀧田多膳義先年出奔仕、老母壱人相残候処、女之事故神役苦（ママ）相勤り不申候ニ付、近江正方ニ而旦家不残引取置兼帯罷在候、然所老母方へ一向扶持米も不相達候故、何様ニも行当り及渇命候様罷成、近隣之者不便ニ存、折々扶持米等合力仕、其上近江方ニて兼帯之事故、右之様子相咄し扶持米相送り呉候様申聞候所、近江正返答致候ハ、奉仕之社幷旦家之義ハ兼帯可致様御本社表より被仰付候へ共、老母迄引受世話致候様ニハ被仰付等無之候ニ付、老母方へ指構申茂無御座候抔と余り無慈悲成挨拶仕候故、再応相願呉候所、近江正一向承知不仕、近隣之者も長々之事ニ候得者行届兼候内、終ニ台所戸口ニ而飢死仕居候を近所之者見付、甚驚、彼是打寄対談之上、兎も角茂兼帯近江正方へ通達致候て返答次第取仕廻可申旨評聞仕、則同人方へ以飛脚及通達候所、其節漸近江正罷越候得共、取仕廻致候諸入用ハ町内之者共指出申候、依之町内之者共近江正へ申聞候ハヽ、家材・神役之諸道具如何可致哉与相尋候

得者、近江正申ニハ、家材・神役之諸道具等ハ神祇道ニ相抱り候事故、拙官方へ不残引取持参可致旨申ニ付、何れ共勝手次第取斗候様近江正任申分相渡候由、其後今以跡式も相立不申指置、諸旦家幷神役之道具不残引取、像札等茂賦与致候儀多用ニ付難成旨ニ而、遠江ハ一向不相配、何程御初尾致持参候様ニ与申遣候、猶又右旦家之内上関下村・下関下村両村抔江ハ疫病有之候ニ付廻旦等不仕、其年より離旦仕候、併旦徳多有之候所へハ直々新ニ弐升入之枡を拵致持参、散物ハ何程指出候様抔と直段を極相廻り候故、中ニ極困之者共近江正申通ニハ、差出兼候へ者像札不相配、或ハ切紙之像札等相配候故、旦家之輩一統帰服不仕、信仰薄候(ママ)罷成、其上於影ニハ悪口等申者間々有之候故、同職共旦家之内ニも見まね仕心得違之者折々有之、甚気之毒ニ存、耳を閉居候仕合、其上と申、殊御本社御名目奉穢候程之義、諸旦家之取用薄候相成候而者、同職共まて鑑瑾(ママ)ニ罷成、其上諸人之思付甚悪敷罷成候故、多膳跡取立候義相成兼、私共気之毒奉存候間、何卒御賢察被成下度奉願候

一、近江正方ニ而六軒分程兼帯之諸旦家有之、廻旦等如何様ニも手余り候由ニ而、二本松竹田町喜八与申者至而乞食同様之怪者へ札壱枚ニ付何文宛、又紙高直之節ハ何文五分宛与申可相渡候間、其元気量(器)次第もふけ(儲)申候様可致旨申聞、初尾銭相仕切売物之様ニ仕候ニ付、右喜八守札を受取、二本松幷福嶋家中町在迄相配り、無躰ニ初尾之直段を切取立候ニ付、旦家之輩売物と相心得、何程ニ売候抔と直段をにきり候様罷成、至而怪々敷相聞へ申候、中ニも旦家之輩ノ物語承り候得ハ、竹田町喜八と申者へ近江正方より守札卸ニ致売物候様ニ仕候段、御本社様御名目迄奉穢、次ニハ同職共迄名折ニ罷成候故、私共初気之毒奉存候ニ付、御下知被遊被下置度奉願上候

一、近江正義玉井村伊東左門方へ罷越、其元少旦家之義ニ候間、大江村幷本宮小在郷〆弐拾四ヶ所相渡可申、依之金子壱両壱分貸呉候様達而相願候ニ付、左門挨拶仕候ハ、私少旦家ニ有之候処希不申義ニ御座候へ共、

旦家売買・質入・かき入等之義兼而御法度之義勿論、金子等困窮之私ニ候へは、出来不申私方へハ相成不申候間、何れへ成共被申付可然様及挨拶候段々考候所、大旦家故廻旦等手ニ余り、不順之場所切売同様年数者七拾ヶ年季ノ証文を認持参仕、是悲金子入用之筋有之抔偽を申押ニ付、左間江無心懸り候へハ、同人申聞候ハ、金子入用之段無拠義候、併質入証文ハ私取受かたく候共只貸ニ仕候様申聞、猶又私迚有合之金子ニ無御座候へハ、他借致進申候間、当十月中返済可被成と及挨拶候所、近江正申聞候ハ、至極尤之挨拶、併十月迄証文預り呉置金子返済之時分証文金子引替不申抔及挨拶打過、其時節ニ至り近江正方へ催促致候へ者、甚立腹致、其元へ七拾ヶ年季之証文相渡、質入ニ相済候を催促致候段不届之至抔と役位を以押付候段、初之物を違甚齟齬仕候事共金主方へも利潤と申、如何様ニも申訳無之候故、右証文之場所今以廻旦仕居候へ共、旦徳利潤程ニも不相足（候脱カ）得者、借金年増ニ相募、万端不任心底候、当惑仕候、依テ近江正方より不仕候義不申掛、用立候金子元利急度返済仕候様被仰付被下置度奉願候、前書之通愚昧之左門へ色々偽作を以右旦家質入致候抔申掛候段、第一慶長十四年将軍様（徳川秀忠）御朱印を以御大老酒井雅楽頭（忠世）様より吉田御本所兼見卿様へ被仰上候御法式并其後ヲ寛文年中被仰出候公儀御條目相背候致方、触頭役筋相勤候もの、可致義とハ不心得存候、右躰之者故兎角仕触□（頭カ）ハ不及申ニ、隣郡同職共よりも余り敷私欲仕候ニ付、一統之混雑に相成、御本社様迄御苦労ニ掛上奉恐入候、何卒右金子済方急度被仰付、前文之通公儀御條目相剥不申様、并御本社様御本社（衍カ）社様御社法相破り不申、我侭之義無之様被成下度と存候

一、去秋中遠藤式部後家方より以書付御願申上候通、先式部出奔仕候ニ付、女之事故神役相勤兼候ニ付、近江正兼帯仕居候処、後家方江一向扶持参も不宛行、前書之通近江正数年之間私欲押領仕、其上触下之者共役位（威）を以無体ニ押掠置、彼是方便を廻し触下一統不□立□成義追々取拵、連々困窮為仕自然と相潰し、触下之諸旦家不残押領仕度企之義前文之趣ニ而、偏ニ御賢察被

遊被下度奉存候、尤神妙正路成者江同職一統仕悪事ヲ申掛候義ハ無御座候、全奸佞を以触下共取扱ひ、洩れ筋出来仕候義を相悦、其内ニ少し越度ヲ見付度所存ノ已在之、常々欲心に迷ひ神祇道之本意を取失ひ、朝暮欲に心も目も呉居り万端取斗ひ候故、触下ハ不存中ニ諸親類并養父方へも不孝跡在之、別宅に罷罷(衍カ)成居申候、殊ニ居村之旦家も過半離檀仕、猶又村役人共迄一同近江正不快(脱アルカ)ニ存者ハ無之様も相見へ申候、右之通ニ相成候儀もミな欲心ニ相迷ひ候茂筆紙難尽、譬にても物なき程の者ニ御座候間、ケ様成義も出来仕、自然と同職共迄難義ニ相成申候、去春中須ケ河(須賀川)三嶋木氏大宮司ニ被補候義も甚相憎み、只今ニてハ惣注連頭御役被蒙仰候義も彼是難題を申懸三嶋木氏へ敵対仕候而、猶又承知不相成様成義色々領主役所江偽りを取拵申上候巧み、御本社様ハ不及申ニ、国中同職一統之障間ニ相成候義も相構不申不埒之義募り候段、御本社様并吉田表へ奉対恐をも不顧、神敵同前之いたし方、旁以不得其意奉存候、前文之通兼而不埒之ものニ候間、去年中両度三嶋木氏御本社様へ被罷登候砌、前書之趣御披露ニ願度旨、同職共より頻ニ三嶋木氏へ申立候得共、近江正方内縁も在之候故歟、兎角被相抱願書等取次呉候様数度申達候処、三嶋氏被申聞候ハ、何分ニも近江正江得与理解申聞せ、其末正路ニ而可為相勤旨、願書一向請取不申、御本社様江御内意も不申上と相見へ申候、帰国之後三嶋木氏父子近江正方へ数度理解被申聞候得共、右躰之奸佞者故毎度我意相募り、只今ニテハ三嶋氏是迄抽丹誠近江正方へ世話被致候高恩も不顧敵対仕、親同前之三嶋木迄不和ニ相成候段有間鋪事ニ奉存候、乍然三島木氏存寄ニハ数年之間世話致候家と申、殊ニ親類之義ニ候得ハ只今ニ而も不便ニ被存候、同職共近江正ト出入出来仕候義ハ甚気之毒ニ存、色々理解ヲ被申聞候得共、中々以テ聞入不申、猶更敵対仕候ニ付、無拠此度右之段御本社様江被申上候処、則御下知書三島木常陸亮殿江御渡被遊候ニ付、早速被致帰国近江正方へ御下知之趣吃度被申渡候得共、不相分、其筋之我侭仕相返し不申候間、無拠三島木氏并弾正願立、彼処江罷出、去十月より当二月中迄被申立候処、近江正方より偽りを色々実敷取拵申立、其上江戸御支配所家(宗)田越前近江正与同心仕、如何様之義申立置候哉、領主役処ニおいて甚歎心在之御吟味手延に罷来(成カ)候義、三島木氏并弾正方より数通趣意書以テ申立候故疑心晴れ、近江正私欲押領者とハ領主(役カ)彼処へも相聞え候得共、御社法之事故於役処大切ニ被存、御本社様より御下知相待れ、御下知次第国政被取拵候様子ニ相見申候、仍之御本社様より近江正方江吃度曲事ニ不被仰付候而ハ、三嶋木氏役筋と申誠ニ御本社御威光薄く罷成候間、近江正方江御権威ヲ以我侭之義不仕候様吃度御咎与(被カ)仰付被下置度奉願候

一、二本松竹田町遠藤式部後家方より去年中御本社様迄御願申上候処、三嶋木紀伊守殿江御直印之御書御渡被為遊、近江正方江被申渡候処、一向承知不仕、旧冬中迄旦徳処務被致、後家并娘両人共ニ手仕事わすらひとてハ暮方ニ行当り、渇命ニおよひ候仕合ニ御座候得共、兼帯乍相勤見捨ニいたし、其上折節後家方江罷越無筋之我侭を申掛候得共、相用不申候故、色々方便を廻し遠藤家追払ひ、近江正次男を以テ相続為仕度存心ニ付、両人如何様ニ難義仕候ニも相構す差置申候、何卒御慈悲ヲ以式部娘の江へ聟を取り、遠藤家之相続仕候様近江正方江吃度被仰付□被置度、此段奉願上候

一、去ル戌年(寛政二年)寺社御奉行松平紀伊守様(丹波亀山藩主・信道)より宮持・不宮・官人・無官之社家御改之節、近江正方より三春町山田伊勢守方江無筋之難題を申掛、近江正三春役処へ罷出、色々無筋之義ヲ申立申立(衍カ)、其上宗田越前と同心仕、勢(伊脱)守義を闕職仕候処存ニテ色々難題を申掛、既ニ三春役所迄苦労ニ相成、其上無筋ニ勢守方より金子壱歩受取置、今以不相通私欲に仕置申候、右勢守義を闕職致度義ハ数年之間相心掛いたし候処、不埒之義茂無之候ニ付色々方便ヲ廻シ居候処、去ル戌年御公用之席、兼而心懸置候ニ付難題申掛候事と相見へ申候、委細之始末申上度奉存候得共、去春中三嶋木氏より逐一御披露被申上置候様承□者相成候間、荒増斗申上候、右躰欲心を以無□支公儀を不恐致方、無罪も

の、罪状を探集候□□職之身として魂敷工ミと
奉存候、依之私欲ニ仕置候金子勢ノ守早速相返シ候様
吃度被仰付被下度奉存候
右私共御願申上候文面不文言ニ而乍恐相訳り兼被遊候
ハ、、三嶋木氏上京之砌同人方へ御尋被為遊候ハ、、一
二ニ相訳可申様奉存候、外に申上度義共数多御座候へ
共、御本社様御苦労筋相増可申様に奉存指扣罷有候、
兎角御本社様御掟相立、公儀御條目之御趣意も相剥れ
不申様曲事ニ御下知被成下、私共不便与被思召、数年
願望此時に当て成就仕候様奉希候、私共罷登り候様相
成候而者甚大変ニ罷成候間、御慈悲之御評議を以て願
之通被仰付被下奉候ハ、難有奉存候、以上

寛政六寅年三月

小浜町蛭児社祠官 折橋大和正　花押
玉ノ井村同断 伊東左門　印
福原村同断 小林弾正
大槻村神主 印形持参不仕弾正代印 谷田部長門守

御本社様
　御役人中様

二四九　蓑和田茂広誓詞壱通（蓑和田要人社役免許につき）

寛保二（一七四二）カ・二・二六　三五五

拝上
私儀万端首尾能社役御免、職分相立候様ニ乍恐奉願上候、
取掛候義ハ相勤可申上候、以上

戊二月廿六日　蓑和田茂広

御神前拝上

諸方共ニ首尾能奉願上候、博奕幷遊女之類堅慎可奉候

二五〇　蓑和田要人書状弐通

年未詳・八・一六／寛保三（一七四三）・八　三五六

1 〔蓑和田要人書状〕（職分召放され方々流浪につき御救と思召され平職分に仰せ付けられたく）

一筆啓上仕候、弥御堅固ニ被成御座候、珍重奉存候、去年中ハ御下り被遊候所、病気ニ而早々奉得貴意、然て（者カ）私儀も職分召放方々ニ流浪仕、年茂相罷寄至極難義仕候、御救と被思召平職分ニ被仰付被下候様ニ奉願候、只今ニ至跡江茂先江茂不参候而じめつ（自滅）仕候様ニ奉存候、人間一両人御救と思召願之通御年寄様思召以御本社様江宜仰上被下、願之通ニ仰付被下候様ニ奉願上候、遠方ニ御座候ニ付両封半切紙御免被成可被下候、何分願之通奉願上候、御本社様御機言之程愈先不奉伺候、不苦候ハヽ、宜被仰上可被下候、右申上候通人間一両人御救ニ御下仕候奉願上候、私罷登御願可申上所、道中の（入カ）用旁々不及壱銭ニ申候ニ付如斯ニ御座候、此段ハ御察被成御免可被下候、以上

八月十六日　蓑和田要人

吉　采女様

追啓、忰逸平義何かと御世話候段可申上様も無御座者仕合奉存候、此段も何方様へ宜様ニ乍憚奉存候

2 乍憚書附以奉願候御事（職分召放され方々流浪につき御救と思召し平職分に仰せ付けられたく）

乍憚書附以奉願候御事

一、私儀不調法之儀御座候ニ付職分被召放、御尤ニ奉存候、私儀只今至跡江茂先江茂不参、殊更年被（波カ）寄方々と流浪仕至極難儀仕候、依之御救と思召平職分ニ被仰付被下候様ニ奉願候、尤尾州表ニ罷有候引請候者ハ、海東郡百嶋村之内近親之者共御座候間、御国引請仕候、前々ノ廻旦場被下置候ハヽ、随分出情仕、借用高弐貫三匁宛成候、社納可仕候、是迄御救被下候者此上神道之御情ニ願之通被仰付被下候ハヽ、難有可奉存候、以上

寛保三亥八月　蓑和田要人（印）

吉井采女様

※印影「茂広」

二五一　広瀬右内・田村右衛門連署状壱通（宗旨除印の儀につき）

年月日未詳　三五七

乍恐御訴訟

松平遠江守殿領分
摂州武庫郡広田村
西宮・広田両社祝部
広瀬右門（ママ）
田村右衛門

同領同州同郡同村
相手
豊乗寺

神職之者宗旨
相除度御願

一、私共儀右相手豊乗寺旦那ニ御座候得とも、職道混雑仕、神祇道ニおゐて差支御座候ニ付、宗旨相除キ神道のみニ而事済仕度、尤布施物等之儀者是迄之通可相送旨を以豊乗寺江及引合候処、趣意不相分不承知而已申之候得共、豊乗寺触頭知恩院派同領尼崎寺町如来院・甘露寺儀も旦家之内神職之もの除印いたし遣、其上於本山表も差構無之段、一札領主役所江差出置候趣承知仕候、其外他宗之寺院ニも除印之儀右同様之趣ニ御座候処、豊乗寺ニ限り差支之趣意難得其意、地頭役所江豊乗寺糺之儀願出、則御召出之上外々除印相済候類例等を以段々御利解被為仰聞候得共、何分豊乗寺承知不仕、其上本山知恩院表ニおゐても難相済趣ニ候得とも、前（々カ）ニ申上候通同院触頭之両寺儀、本山差支無之趣之書付領主役所江差出有之候儀ニ御座候処、其下之豊乗寺ニおいて除印之儀ニ付右躰被申立者不都合ニ奉存候、既諸国神職之内宗旨除印神葬祭執行之儀、明和年中寺社御奉行所江御訴訟申上、寺院申立不相立社人願之通御聞済被成下候例格之儀、吉田家ニ御留書有之□右之次第をも申上候処、何れニも相手豊乗寺本寺表之儀申立候上者、領主表ニおいて御糺難相成、当御役所江願出候儀者勝手次第之旨御差図御座候付、乍恐御訴訟奉申上候、何卒豊乗寺被召出、一己之我意不申聞除印之儀承知いたし呉候様被仰付被下候ハヽ、御慈悲難有奉存候、以上

御奉行所

広瀬右内
田村右衛門

前書之通相違無御座候、宗旨除印仕、神道而已ニ而事済候様被為仰付被下候ハヽ、難有可奉存候、依之召連罷出同意奉願候、以上

西宮・広田両社神主
吉井陸奥守

二五二　蓑和田要人社役追放申渡書壱通

寛保二（一七四二）・九　三五八

寛保二戌九月

蓑和田要人社役召放シ候節、名古屋役所ニ而要人被仰渡候書付

西宮社役人
蓑和田要人

其方儀西之宮神主吉井左京亮より申付置候社法令違却、段々不埒之儀共有之ニ付、社役召放し候旨左京亮より相達候、右之趣段甚不届ニ候、依之御城下住居塞申付者也

戌九月

二五三　吉井神主口上書壱通（宗印除の儀につき）

年月日未詳　三五九

乍恐口上

私共儀豊乗寺相手取宗印除之儀願上、日延被申上候付対談仕見候処、取敢不申候へ共、甲州府中八幡宮祝詞職之者除印之儀、寺社御奉行所松平右京亮様御裁許ニ而願通除印ニ相成候趣承知仕罷在、并此度之御願書ニ申上候越後国高安寺儀同国宮内村倉料《（科カ）》土佐右除印之書入寺社御奉行松平伊賀守様御裁許にて別紙一札之通被仰付候間、右同様除印之儀豊乗寺承知仕候様奉願上候

一、村方より元ハ百姓之趣申上候へ共、先達而入御覧候

寺社御奉行御裁許書ニ、如元祝部職ニ返し候趣御文面ニ有之、右者正徳四年之事ニ而、其以前より祝部職ニ無相違、其子孫之□□□候

一、右同年之頃村方人別帳にも祝部職之趣書類有之、元禄五申年御領（カ）主役所本社帳ニも私共祝部之趣書載御座候

一、私共儀村方ニ高廿石余所持仕候処、正徳四年松平遠江守（摂津尼崎藩主・忠喬）様御役所江神職之儀ニ付右高懸之夫役御免之儀村方之もの連印を以願上候、聞届被下候儀ニ而、則右願書之扣奉入御覧候、委細ハ御領主御役所ニ御書留御座候

一、右之通村方之もの連印にて夫役迄御免被成下、神職之身柄相立有之候処、此節に到百姓並通趣申立候段歎敷奉存候

一、右之通神職之身柄相立候段満足之上者、私共夫役不相勤とて夫丈ケ村方江入由□斗ニ相成候段気之毒ニ存、助分として夫役相勤罷在候儀ニ御座候、然ル処此度御願通ニ成候ハ、、御領主被仰渡候通り夫役相勤間敷哉とあやふみ候村方之内心被推察候へ共、私共ニおゐて左様之心柱ニ而ハ決而無御座候、其外村用何ニよらす是迄通之儀者永々無相違可相勤可申儀ニ御座候、其次第聞分彼是不申上様奉願上候

右之通乍恐御願奉申上候、以上

年号月日　――――　印

――――　印

右両人申上候通相違無御座候、以上

吉井――――　印

御奉行所

（裏表紙）

（表紙）

吉井文書　七

（表紙裏）
「三六〇—四四〇」

二五四　配下不埒覚壱通（蓑和田要人配下不埒の行状書上につき）

寛保二（一七四二）・九　三六〇

寛保二年戌九月・同十月朔日ニ相届候蓑和田要人及没落候誤りかざり候状

（書込み）
「誨渋□んと読みかたし□」

覚

一、信州飯田願方ニ付不埒□之仰下御尤奉存候
此義ハ私不調法ニ可被成候、乍然飯田願請候而も
私之物ニ不罷成、御本社之物ニ御座候御事、私存
寄ハ弐百石ヲ勘之丞半分、松平治部半分ニ存寄ニ
御座候所、御本社より之仰付候義ヲ私致方不宜様
ニ願以□も差出、如斯く首尾ニ罷成申候、御□可
及慈悲御事、大望少々ハ行届不申分も可有之□□
奉存候

一、大金ヲ引込不埒成者之様ニ被仰下候
未極月十八日願相叶申候所、急ニ神明ニ而賦与仕
候様ニ安右衛門殿被申付候、神像支度神明先つ能
ハ正月二日より御配下之者三人宛前日三度つゝ賄
仕、神明□覧被取仕廻、日用壱人其外万端□成候
故、殊更不案内ニハ有之物入等□外成者ニ御座候、
其上願相叶諸方□□□多ク御座候、并大垣・岐阜・
石山・高須・桑名・四日市・萩（菰カ）野・長嶋・津九ヶ
所願ニ往来仕候、桑名ハ近所と乍申八度伺出仕候、
右旁々入用ニ兵部方ニ而支配所借用金仕候金壱両
ニ付壱ヶ月百文ツヽ、七月ハおとりと申壱両ニ弐

百文ツヽ、極月右同断之事、此利足追レ（ママ）役所□□
□尾州八郡美濃方角庄や・組頭衆支配所江立寄、或ハ一宿、或ハ昼ちやニ付酒等振廻、いつとなく大借ニ罷成申候、此義も左候様ニ不仕候故、不苦と只今ニ至ハ思召も可有御座候へ共、相廻代官之衆村々ニ而一向ニ合点可仕候故、無慈悲いろ〳〵と仕候、初尾等御座候へハ代官も相続、左候へハ末々御本社之御合と奉存候、且又願相叶是迄御本社より下り候金子ハ拾六両弐分ト覚申候、内五両壱分両度ニ社納仕候、残拾壱両壱分宿払其入用ニ罷成申候相成申候所、皆借用金ニ罷成申候

一、大勢之御配下闕職申付候ニ付、察仕候様ニ思召不届之由御尤奉存候

未年願相叶当年迄ニ私闕職と申ハ両人外無御座候、壱人ハ後藤伊織、是ハ判鑑質物ニ入、其上女子ヲ買取申、又売等之筋江闕職申付候、壱人ハ常川嘉内と申者、桑名領相廻申候所、正月ニ至右嘉内・私幷高津左進桑名宿迄一所ニ参候而、嘉内廻旦之神像其外埒もなき致方一向躰なし之仕方故、無是非闕職仕候、渡辺求馬ハ公義より闕職ニ御座候、相残者共ハ大沢兵部方ニ而右之高利之金子借用、殊ニ三ヶ月切いろ〳〵ふせき申候得共、最早何茂成不申段ニ罷成、兵部方へ旦家取可申由申ニ付、御配下幸ニ存相渡申、職分之義無是悲相放シ申候、其人数今津右教・鈴木右近・大橋清大夫・岩田右膳・加藤三五進・高橋左内、依之右之者旦家ハ兵部方へ流込罷有候、此度も林門之丈（大夫カ）旦家も能キ場所濃（州カ）内弐両ニ兵部方へ相渡申由（ママ）此度日代被仰付候山本主膳内々ニ而私方へ□御座候事

一、平生身持不宜之由被仰候

私義博奕・遊女其外遊興ケ間敷義曽以不仕候、御支配所ニ罷有候内町内家持衆斗付合、下賤成者と付合申候覚無御座候、此義ハ只今申上候而もやくに立不申義ニ御（座脱カ）候へ共、時節も御座候ハヽ、町内之衆御出合、私身持之程聞可被下候、平生奢ヲ不極めんなく朝夕麦割食女子も相止召仕不申候、此外

可致様無御座候、如斯申上、何之やくに立不申候得共、一生死後迄もはつかしき御事故申上候筈も□に被申候□ハなを□に被申候ものに御座候御事

一、山本主膳廻旦場濃州大井村正月七日之市当正月支配所より賦与仕候段不届之由被仰候、山本主膳義飯田江去酉年罷越候所、飯田ヲハ年内出立仕何方江□候哉難斗、最早右市ハ差掛申候ニ付、損徳ニ構不申例年之通遣申度、大沢兵部・飯田多宮両人ヲ頼遣申候、右両人申候茂市ニ而初尾上り申上候、山本主膳義ハ初尾高之内のそき可申哉と申候ニ付、申年定ニハ諸色引三分壱支配所江為初尾上ヶ申約束ニ候由両人之者江あいさつ仕、則市仕廻両人罷帰り、諸色引金壱両壱分初尾御座候、是ハ兵部方江支配所借用高之内江相渡置申候御事、主膳方ニハ段々支配所取かへ御座候間、いつなれ□差引勘定仕候了簡ニ而罷有候、且又申ノ歳も支配所より支度仕、大井市江主膳大持ニ而林門大夫・鈴木右近遣申所ニ、初尾分ヶ取ニ仕、却而紙代壱両不足にて罷帰り候、紙代なと不足佐市（ママ）ニハ無之所、ヶ様成不埒者共ニ御座候、其上主膳義者衣類等質ニ入正月相勤不申候、支配所より取かへかし申候、此儀ハ安衛門は目ヲ掛被申候故右之仰ニ御座候、今以不埒ニ御座候、主膳心底すさましき者ニ御座候、御油断被成□（間敷カ）度候、見掛はた□け候様ニ相見へ、人々一は（カ）いはまり申、将亦右市江兵部・多宮遣申候ニ、主膳義ハ壱紙半銭かまい無之、此方より賦与致候事と私申上候、我まゝ、不届可有御座候得共、主膳賦与同前ニ両人江申談遣候上ハ私越度無御座候、然共□様之節ハ善も悪ニ申なし候事世之中之習、世間知慮無之様奉存候

一、大沢兵部方江金代りニ旦家被取上候輩左之通

今津右教
鈴木右近
大橋清大夫
岩田右膳
加藤三五進

高橋左内

右之者共兵部方借用金きひしくさいそく仕候故、皆々無是悲旦家相渡職分放シ申候、其節私もいろ〳〵相立申度存候へ共、兵部方得心無之故之義ニ御座候

堀井数馬

大沢兵部方ニ而金子弐両借用申所通弁難成、三ヶ年切ニテ寺社拾人衆蜷川四郎衛門ニテ礼日延仕候由、其上不出来依候支配所より兵部方江借用高内江相渡申、金ニ而右数馬右弐両受取申候由申ニ付、無是悲数馬ニ合点為仕、旦家支配所へ取上ヶ申候得共、金子ニも罷成、則此度上り旦家ニ罷成候、若御吟味被成候ハヽ、濃州拾六ヶ村・□州七ヶ村・亀山廿壱村・丹羽郡廿ヶ村

職分放シ申候者幷山本主膳支配所ニ而損金

一、金壱両弐分余　渡辺多門

一、三両弐分八百文　堀井数馬

是ハ旦家請取此度上り申候□□也

一、金壱両余　今津右教

一、同三分余　鈴木右近

一、同壱分　加藤三五進

一、金壱両弐分余　山本主膳

神像三千九百枚代

一、金壱両　山本主膳

大井村市紙代不足

一、金三分七拾弐文　山本主膳

申ノ正月衣類質物請候由ニ而かし申候

一、酉年御修理料ハ帳面之通不請取申候

〆金拾両三分壱貫弐百七拾弐文

支配所借用金高之内也

右ハ兵部方借用金ニ而□□（潰レカ）人山本主膳此度目代ニ被成候様成義ニ而、安衛門殿目掛用八かれ是申候故、無拠右之通致事、主膳と申者只々人ヲた□し申工面斗之者ニ御座候

一、私義ケ様ニ罷成候事、十□九分九リン九毛□御座候段承知之□ニ御座候間、最早御役介ニ罷成候所存無御

座、職分も被召放候上ハ無首尾毛頭奉願候所存無御座候、然共今日ヲ掛ヶ御女□ニ不奉存候段（名脱カ）、古屋表茂御答斗ニはまり申候故ケ様之仕合御座候、然共私義武士気心申候ハ、□□ケ様ニ申上候義、又願御役介ニも罷成候所存もやと御邪心ヲ御止御一覧可（被脱カ）成下候

一、兵部義鼻先思案にて人ヲ潰シ、当座之利よく斗ニ而末々之事ハ不存者ニ御座候、多宮義ハ元怪キ者成上りニ而、無筆短気我まゝ者ニ御座候故、組頭ニ仕候ハヽ世間をはし（恥）、心底も直り可申哉奉存、組頭ニ申付候御事

一、兵部妻ハ当然付合申候所ハ又となき利非わかり申候様成者にて御座候、工事ニ掛リ候而ハ下々召仕之者ヲ引込、鳥目等為取、有事なき事見ぬ事も見た様ニ申、悪口はき甚不宜者ニ御座候、末々御覧可被成候

一、去ル申年と覚申候、大崎安衛門内室□之弟不覚悟者ニ而、二三年非人ニ罷成、諸親類見放シ申ヲ、兵部妻取上ヶ手前ニ差置申候所、又候金子五六両取逃、又々非人ニ罷成申候、夫より安衛門方江出入音信よ□物等違、もはや其節より西宮壱仁ニ成度望相見へ申候、別而当春より安衛門子息用八ヲ取込、当七月用八私江申候ハ、申候様兼而之役願もはや可差出之旨申候、又々八月初兵部支配所ニ相立可然之由用八申聞候ニ付、其段ハ本社難斗御座候段申置候、私儀も支配所相仕廻申候様ニ度々被仰付候故、何□へ首尾能相仕廻申度かれ是仕候内ニ此度之（カ）仕合ニ御座候

一、来正月賦与之義も定而神明ニ而賦与可成と奉察候、私義申年神明ニ而賦与仕候所、何とやら神明神主西宮ヲ支配之様ニ存、手ニ付ヶ申度心底相見へ申ニ付、其節用八ヲ頼、やうやう支配所江引取、支配所ニ而酉正月より賦与仕候、其節も用八江袷羽織壱ツ売物仕候、神明神主大かねい仁ニ而御座候、付合申候所ハ上だるミ見事ニ見へ申候得共、取込甚不宜者ニ御座候、我か気ニ入不申候配下のハ闕職いたし、誰ヲハ旦家取上ヶ候様ニ抔と申邪間ニ罷成申候、末々ハ御配下神明之神主次第ニ成行可申候、夫故私共も上ベハ何事なく見へ申候、只私か潰シ申度存寄、此度本望成人々多ク御座

候事と存候、此義斗ハ末々世ニ至相違無之事ニ御座候

祖父江村　渡辺多門

一、多門義前藤（ママ）笠松領に手筋有之候ニ付願可申由申ニ付為願申候所、一応相すミ礼等相除申、金子壱両弐分余人申候所、又々崩申候而旦家廻り罷成不申候様ニ罷成申節不届ニ存、闕職も申付度程ニ奉存候得共、祖父江村大村孫大夫、多門義元庄屋も仕候者、闕職茂申付候ハ、西宮江かくミヲふくミ、近辺近在諸親類多ク村々ニテあし様ニ申なし候ハヽ、相廻代官之ために不罷成代官之ために（衍カ）不罷成候候（衍）得者、末々本社之御（為カ）咎に不罷成候故、其節闕職差扣申候、此度之闕職何のとが（咎）御座候而闕職被仰付候哉、気之毒奉存候、多門折節□而も遠方ニて兵部・多宮へも寄不申候、罷帰申候皆い□い□闕職申立候ニ答申候

堀田右内

一、岩田茂左衛門と者申（申者カ）右内妹輩ニ御座候、元殿様御足軽相勤罷有候所、御暇取□人ニ而罷有候去諸士方親分ニ而、右茂左衛門養子仕候所ニ、右親分不埒ニ而金子八両・米三石茂左衛門ヲかたり申候、其節右内兵部方ニ而金子かり、右諸士ニ用立申候義ニ御座候、然共兵部方も金子相すミ申候由前度御支配所江江右内届御座候、茂左衛門義ハ右内がんぜんの妹輩ニ御座候得共、諸事相談合、其外金銀取組も致宜敷ものニも無御座候、双方相望ミ候事取立テ、闕職程之事ニも有御座間敷義奉存候、多宮・兵部と同役中右内と去頃より少々不和ニ相見へ申候、皆い□いらへ之義ニ而、采女殿江申立、闕職ニ奉存候御事

高津左進

末々御相談御相手ニハ能キ者ニ御座候間、左様ニ御心得可被成候、左進ヲよき者と私申上候而も私ゆ（やカ）くに立不申候義に御座候、御答被申上候

右之通御邪心ヲ御止被成候而御一覧被成可被下候、采女殿ニハ初而御下り万端之義兵部・多宮・用八神明神主申口御聞被成候而ハ成程御尤成義奉存候、如期（斯）一応ハ申上候、是必不届ニ思召も御座候ハヽ、御免被成可被

下候、御為ニ奉存申上候□ハ忠心ニ御座候間、左様御心得可被成候、私義博奕等仕候様ニ何□可申義奉存候、曽テ以左様ニ御心得被成可被下候、神明神主方ニ而九月・正月十五日□目得御座候、其夜ハ大博奕御座候由及承候ニ付ついに遊びにも参不申、先様よりも夫より呼にも不参候、此儀ハ是迄ニ御座候、私義も此度ハちりヲつまみ大海江捨候様成目にあい、尾州たゝずミも不罷成、殊更大病ニ而他国江其方も無御座、そこニ一夜かしこニ一夜情を頼、病気凌罷有候、此上尤覚□も可有御座と奉存候、以上

九月　蓑和田要人

御本社様

采女様

二五五　美南川芳雄書状壱通（兵部儀今般社役人に御申付候段につき）

年未詳・三・一五　三六一

貴札致拝見候、弥御別条も無御座候旨珍重奉存候、当方無為罷在候、御安意被下候、且又兵部儀今般社役人ニ御申付候段取扱候処、首尾能相済、重調（畳カ）之儀ニ御思ひ候、之依（マヽ）御紙面之趣奉行中江も申達候処、被入御念候儀ニ被成候、恐惶謹言

三月十五日　美南川四郎右衛　芳雄　花押

吉井左京亮様

尚々御端書之趣被入御念候御儀御座候、仲間共にも御加筆之趣申達候処、尤申遣様ニと申聞候、以上

二五六　中尾多内申渡書壱通（御修理料不納不埒などにつき）

年未詳・三・二三　　三六二

中尾多内

右之者へ申渡候覚

　惣而西宮本社之義公儀江御願申上、諸国共ニ神像賦与、御修理料取集候事ハ兼而相心得可申候処、去ル戌年御社納少茂無之事甚以不埒千万ニ候

一、尾州御領分其外近国為支配所従神□役人名古屋ニ被立置候、是迄差置直段を以西宮江書通、殊ニ旦家浦祈禱請合候抔と無官之身として装束等本社へ申遣候事不届千万ニ候

一、太仲・職部両人共ニ去年分御修理料不納之筋不埒を指（捨カ）置、支配所江一応之届差図等茂無之、殊ニ他借を申立、両人神職取放候段重々之不埒ニ候、依之尾州御領分知多郡両人持分ハ不及申、其方旦家共ニ取放申者也

　亥三月廿三日

中尾左内召呼候而右之趣申渡候、尤要人より相渡置候書面等切手添状共ニ取上申候

二五七　林主水口上覚壱通（兄金左衛門神職相望候につき）

年未詳（一八一四）・九　　三六三

口上之覚

一、私儀西宮相勤候処、兄金左衛門神職相望候ニ付、私□目詰申度奉存候

何とぞ右之通被仰付被下候者難有奉存候、以上

戌九月

福嶋村
林主水　印

飯田多宮殿
大沢兵部殿

二五八　御開帳諸払之記壱冊　寛政三（一七九一）・六・一八　三六四

（表紙カ）「寛政三年庚戌十月吉辰
御開帳諸払之記　」

十月十七日
一、三拾六匁五分　御開帳願神主大坂へ罷越候節入用小遣品也
同
一、金壱歩弐朱　内々承合之御方へ音物・肴料也
同
一、七百八拾四文　日雇賃
廿二日
一、三百弐拾五文　兵治大坂行小遣
同
一、拾壱匁九分　同宿賄料・同役人へ音物・白雪糠代とも
同
一、四匁　御役料
同
一、弐百六拾文　供之もの日用賃
廿八日
一、三拾九匁八分　味噌・大豆六斗之代也
卅日
一、弐拾匁　大紋素袴壱具
同
一、九匁　同ひもかさり糸代也
晦日
一、九匁九分弐厘　十月中白米壱斗六升之代札押入用
同
一、三拾五匁　刃印杉原弐束之代
一、百拾八匁　御伝奏へ御届献上御菓子・雑掌衆御肴料等也
一、弐拾八匁六分　糀六斗、平六へ払
一、三拾匁壱分弐リン　香物・蘿蔔千百六十五本之代也

十二月六日
一、百八拾壱文　地割入用
一、壱貫六百八拾匁　関屋取替申候
　　神主・社家・祝部・社役人十
　　　人江衣服支度料
　　伊織・右内・右膳子共三人六十匁ツ、
一、弐拾六文　味噌樽直シ賃
一、拾六匁八分　香物・塩三俵之代也
一、四百五拾四文　関屋別座敷上棟祝義ニ出ス酒
　　肴代也
一、五百四拾文　糟四斗代
一、拾弐貫八百七拾七文　薪拵幷□敷普請入用御用代
一、五百拾文　生瀬・池田へ札建幷御田へ書
　　付頼ニ遣候日用賃也
一、五匁九分五リン　地割内見之節入用員青物代
　　弥右衛門取替分渡
一、壱貫五百五拾壱文　右同断也
一、九匁　丸飯櫃弐ツ

一、四百三拾匁　大工百拾人半
　　作料飯代とも
　　建札幷関屋屋敷分
一、四拾三匁五分　木挽賃、つるや庄兵衛へ渡
一、五拾四匁　棚七尺板四枚ふしなし大小払
一、拾匁七分五リン　ケツリ墨三百匁、明太へ払
一、弐匁　光明丹代
一、三匁二分　板行さらへ賃
一、六匁六分　板刷毛弐枚
一、壱匁六分　同弐十五歩壱枚
一、四匁七分　刷毛弐枚
　　同うらかわ二枚
一、九匁壱分　松壱丈中貫　五歩板弐間
一、四拾匁　櫃板四枚之代
一、弐拾五匁五分　新形宇多地唐紙　百廿枚
　　白地きりかた七十枚
　　裏形百枚之代也
一、弐百八拾七匁六分　杉原拾六束・半紙弐束代、瓶

子へ払
御影之入用也
一、三拾弐匁弐分三厘　釘かへし代　木津太へ払
一、五百文　地割役料
一、三拾九匁壱分　主膳淡州行路用
一、五百六拾九文　右同断
一、四拾四匁七分　主水播丹両州行路用
一、八百六拾八文　右同断
二月十二日より廿四日
一、四拾匁七分五リン　斎宮大坂東堀十二浜へ頼ニ罷
越候節、世話人同道致候宿賃
一、九百三拾八文　右同断小遣
一、拾九匁六分　在廻り入用、扇百三拾本之代
也
一、拾三匁五分　右同断百本代
廿一日・廿二日
一、金壱歩　兵治大坂行路用
同
一、弐百九拾文　右同断小遣

同
一、弐朱　右同断天満内間肴料也
五月四日払
一、三百弐匁七分　献上物願主他所之分へ遣ス樽
四拾三、酒壱石弐斗弐升之代
也、喜三右衛門へ払
一、七百五拾九匁　御膳御肴代いろ〳〵之代也
肴屋喜兵衛へ払
一、弐貫八百八拾文　二月廿四日木津屋ニ而町方役
人中振舞之節音物色々代、亀
屋源三郎へ払
一、四匁　右同断
一、弐百七拾五匁弐分　杉丸太杉大こまへ
松板なよ竹之代也
田中惣五郎へ払
一、百五拾四匁四分九　油四斗七升之代也、油屋大兵
衛払
一、五拾五匁弐分八厘　釘金物色々代・蕨縄之代也

木津屋大兵衛へ払
一、弐拾壱匁九分　米拾石九斗七升
ふみちん車吉次郎払
一、三拾五匁三分　くわし代
かしや只四郎へ払
一、壱匁　棒六本直シ、中村惣次郎へ
一、三拾五匁　木綿四反差貫之入用
一、三拾匁四分　棚四歩板拾九枚之代也、□小
兵衛へ
一、七匁七分　箱・弓張・丸挑燈張金物打色
々之代也
一、弐百七拾五文　右同断　かも仁左衛門へ払
一、拾九匁三分　土佐半紙壱〆之代、岩惣払
一、壱匁八分　絹糸代
一、八拾文　麻糸之代
一、弐百六拾弐匁弐分　大工作料六拾九人分
一、七拾六匁四分　屋ね屋太左衛門へ渡ス
番所御影庇等こけらふき葺

賃・板釘等之代也
二月廿二日
一、七拾四匁五分　町方役人中木つや勘介方ニ而
振舞候節入用之肴代ニ魚屋喜
兵衛へ払
一、四百拾六文　鶏卵弐十五、右同断
一、拾三貫弐百九拾三文　関屋ニ而入用日雇賃
一、拾匁六分　茶瓶弐ツ
一、四匁五分　ちろり壱ツ
一、拾壱匁　茶碗四十
一、三匁九分一　はち三枚
一、弐拾弐匁六分　弁当割具
一、弐匁三分　水引代
一、壱匁八分　硯箱壱ツ
一、拾五匁　行燈弐張
一、七匁五分　硯箱壱ツ
一、拾六匁五分　弁当八ツ
一、七匁五分　たはこほん（煙草盆）

一、弐百九拾弐匁五分　麻幕四張
一、四拾六匁　上中半紙弐〆
一、五拾弐匁五分　丹杉原三束
一、弐百七拾三匁　畳三拾畳半之代也
一、四匁八分　懸緒三すし
一、金壱両弐歩　相沢志麻へ役料
一、同三歩　井沢中務へ役料
一、金弐歩弐朱　谷村喜内へ
一、弐拾八匁　厚海文左衛門
一、金壱両弐歩　久世内膳へ役料
一、七拾弐匁　浅黄加賀絹三端
一、弐拾九匁五分　さらし弐反浄衣
一、壱匁五分三厘　練麻糸掛目弐匁三分
一、九拾三匁五分　杉原三束片折壱束八帖
諸口九状之代也
瓶子清大夫へ払
一、百四拾文　赤金水引、同人払
一、九拾五匁九分八厘　別製蝋燭次らうそく杉原等之
代也
別ニ通有藤田熊太郎
一、壱貫弐百拾七文　同人払、水引之代也
一、弐拾弐匁八分　中小奉書一帖ツ、美濃五状之
代也
同人へ払
一、八百六拾三匁壱分八厘　姫路米拾俵・淀米四俵・肥
前十俵・豊前拾六俵、又弐
表惣舛拾七石壱斗四合代、
中村屋友治郎へ渡
一、三拾弐匁九分七厘　釘いろ〳〵代、同人払
一、三百六拾壱文　しやうれん八丁はりかね代
一、百四拾三匁　楽人装束弐具
同人払
一、拾五匁三分　米ふミちん、し、か口ノ車へ
渡
三月二日払
一、百四拾六匁壱分八厘　畳屋治右衛門へ払

同
一、三拾七匁四分
三月二日払
一、百弐拾九匁
同
一、五拾八匁九分四厘
同
一、九拾八匁五分
同
一、四匁弐分
一、五貫九百九拾壱文

畳表替縁代也、関屋より払
臼井清七へ木割持打込等之作
料也
同断
木挽賃つるや庄兵衛へ関屋よ
り渡ス
釘色々代・弐尺風呂釜代
岩出屋惣七へ払、同断
本御膳・半御膳・小御膳之三
方色々代
檜物屋伝兵衛へ渡ス
同断
真宜喜三右衛門へ払
同断払
岩出屋喜兵衛へ

同
一、三拾四匁
同
一、弐匁七分五厘
同
一、弐拾八匁四分
同
一、弐百文
同
一、五百六拾八匁壱分
同
一、六匁五分
同
一、五匁八分
五月四日関屋ニ而
一、拾四匁七厘

よしす代色々、同断
散銭集ノ籠壱荷、籠屋弥助
同断
明石屋太郎兵衛
役人振舞之節木津屋ニ而小買
物・酒代等也、同断
かミ結賃、同断
大工百四拾九人半作料也
同断払
になひ壱荷、同断
紫縮緬弐尺
剣珠用ふくさ
釘いろ／＼代、岩惣払

同
一、四分六厘　釘金代、大平屋勘蔵

同
一、弐拾七匁　御神像懸物十五幅表具代、厂《ガン》
市へ払

同
一、三拾匁　苫《トマ》六拾枚之代、丹嘉へ払

同
一、百六拾四文　そは代

同
一、三拾七匁壱分　松丈大三寸四十五本之代、六
小払

同
一、八匁　木割四日分、臼屋清七渡シ

同
一、三百文　寄進所小遣、日雇賃

同
一、八拾四文　ほうき四本ノ

同
一、百七拾文　ほうき代、泉善渡シ

同
一、弐百九拾三文　なわ・すりはち之代也

同
一、三貫九百五拾弐文　ふとんかり賃、関屋弥右衛門
渡

同
一、四拾三匁八分　杉丸太廿壱本・松大三寸・椴《モミ》
五歩板等之代、小増江渡ス

同
一、拾三匁九分　古錠金網打釘厥手之代、かし
清へ渡

同
一、百文　飛脚賃

同
一、参百三拾弐文　なわ弐束代

同
一、壱匁六分　はうき拾本、関弥渡シ

同
一、六拾文　ふとんかりちん、瓶子治へ払

同
一、百六拾文　醤油代、へに平渡シ

同
一、弐匁壱分壱リン　ひさかミ代

同
一、壱貫百弐拾四文　古俵九十之代也
同
一、三拾弐文　飛脚ちん
同
一、八拾六文　釣瓶縄弐懸代
同
一、百文　姫路より飛脚賃
同
一、七匁四分弐リン　縄拾九貫之代　千五払
同
一、壱貫三百七拾五文　白米八升古俵之代也
同
一、弐百文　砂糖古桶二つ
同
一、弐百六拾四文　御はし三百膳
同
一、弐匁七分　筆代寄進所入用也
同
一、五分　割昆布代
同
一、六分　くわん坪三ツ
同
一、七匁　桐ノ箱弐ツ
同
一、拾四匁七分五厘　からかさ五本代、樋口藤江
同
一、四拾八文　釣瓶縄壱懸
同
一、九拾八匁八分　左官吉次郎払
同
一、六百八拾文　右同人払
一、拾貫文　浜小頭江渡
五十日之間壱人ツ、相詰メ賃せん也
一、弐拾三貫九百五文　浜出茶屋三軒へ払
一、三拾弐匁弐分　右同断
右二口兵庫津より米持参之
節、右之茶屋ニ而入用、世話
人掛合間違ニ而無拠此方より
払候事
一、拾匁壱分四厘　傘四本・苧糸廿一匁之代也
いかたや（筏屋）久五郎渡

一、百四拾六匁　備後表四拾枚之代、瓶子屋治兵衛渡
一、六匁六分　割和布弐貫匁・荷縄九十匁代大平屋勘蔵渡
一、四百六文　張縄廿五匁・下駄草履代、同人払
一、弐貫弐百八拾六文　醤油代、京伊払
一、三百五拾四文　ふとんかりちん
一、四匁壱分　御膳所挑灯弐張、真宜安兵衛へ
一、五拾八匁四分　たゝきやね拾坪、屋根屋六右衛門払
一、弐拾匁三分　檜物屋伝兵衛
一、四百四拾三文　傘之代、弥右衛門へ渡
一、百拾弐文　さらへ三丁、佐右衛門渡
一、弐百弐拾壱文　なわ代、善六へ渡
一、四貫五百拾九文　御開帳渡跡仕舞日用賃
一、九匁六分　右同断

一、壱貫六百六拾四文　右同断
一、六百文　兵庫津より米献上之節駄賃
一、壱貫弐百文　御影より米献上之節駄賃
一、六百弐拾壱匁六分　御開帳日雇棒突惣日数
　一日分八分ツ、、七百七拾七人賃
一、弐百弐匁　夜番
　一夜分壱匁ツ、、弐百弐人
一、四拾四匁弐分　女雇賃
　一日分凡八分ツ、也
一、九貫九百拾八文　御用頭平兵衛組より
　一日分百五十文ツ、
一、弐匁　日雇之内へ壱人祝儀ニ遣候
一、八貫八百七拾弐文　髪結賃
　四百弐拾六人分、弐十文ツ、也
一、拾六匁　茶拾六斤　関屋入用
一、拾壱匁　むしろ弐十枚
一、六拾五匁　日雇棒突・日雇頭等之祝儀と

して遣候

一、拾貫四百拾六文　苫弐百枚之代、渡海吉兵衛渡
ス

一、三貫文　雇人煙草代祝儀

一、拾弐貫五百五拾五文　関屋取替帳御開帳中小買物

一、三拾八匁弐分　右同断

一、四拾三匁　三ツ道具代久世内膳へ渡

一、拾五匁四分　紅紙金銀紙代飛脚賃とも
同人へ渡

一、壱貫五百四拾文　大坂橋へ三ヶ所札建人足・其
外祝儀等入用、同人へ渡ス

一、金五両弐朱　地付同心衆へ音物、川上・鈴
木へ壱両壱歩ツヽ、安江へ壱
両弐歩、同内へ三歩、樋口江
壱歩弐朱

一、拾七匁弐分　小使弐人江壱匁ツヽ、

一、金弐歩　木挽庄兵衛
御開帳中大門番処へ日々相詰候祝儀として
遣ス

一、金弐歩　町方役人中振舞之節、諸失墜
手宛座敷料として木津屋へ遣
ス

一、四拾三匁　物書代、貫治郎へ遣ス

一、金弐両弐歩　御勤番与力衆・同心衆へ肴料
ニ遣ス、三月・四月両月分

一、金拾五両　天満寺社方与力衆六軒・同心
衆拾軒へ肴料ニ遣ス

一、同弐歩　同町目付同心衆両人へ遣ス
橋之建札致し候故也

一、同三歩　願万端聞合候与力衆へ肴料

一、同壱歩　御検分之節小遣之者両人へ遣
ス

一、弐拾匁　襖張替・案内記拵等之賃也

一、金弐歩　関屋兵八手伝ニ安兵衛相勤候
御祝儀として遣ス

金〆三拾壱両三歩

五十八匁替、代壱貫八百拾五匁四分
銀〆拾貫六百八拾匁弐分四厘
銭〆百七拾三貫弐百九拾壱文
九匁八分替、代壱貫六百九拾八匁弐分五厘
物銀合拾四貫百九拾三匁八分九厘
内
壱両弐歩　天神様役人賃、神主より出ル
五拾八匁替、代八拾七匁
四拾匁　百太夫社役人賃、神主より出ル
九拾匁　南宮天神遙拝所三人領（ママ）料
右神主・社家・祝部中より御社納
〆弐百拾七匁
引残而
拾三貫九百七拾六匁八分九厘
右之通立会勘定致シ、入方之処へ出シ相済候者也
亥六月十八日　神主 陸奥守
社家 東向斎宮
祝部惣代 田村伊織
社役人 辻兵治

二五九　御開帳勘定仮書壱綴　年月日未詳　三六五

御開帳勘定仮書
寄附〆高
一、金四百廿両三歩壱朱
代　弐拾六貫九拾目三分七厘
一、銀壱貫百六拾五匁壱厘
一、銭千百三拾七貫四拾壱文
代　拾貫弐百卅三匁三分七分（厘カ）
賽銭〆高
一、銭千三百五拾弐貫五拾三文
代　拾弐貫百六拾八匁四分八厘

米三百四拾八俵
売代銀
一、銀六貫六百四拾五匁
寄附品物〆高
一、銀三貫八百卅九匁五分
寄附散銭合
〆六拾貫百四拾壱匁七分三厘
内
金百拾五両壱歩三朱
代　七貫百五拾七匁壱分弐厘
銀八貫九百五十七匁三分九厘
銭七百廿七貫四百八拾九文
代　六貫五百四拾七匁四分
〆廿弐貫六百六拾壱匁九分一厘
又金三拾両　神主・社中衣服料
此内　銀壱貫百五拾目売払物〆高
銀四百四拾九匁家具・道具類同
二口合
壱貫五百九拾九匁　引事
右差引
〆銀廿三貫三百五十六匁九分一厘
右者雑費入用〆高也
右□勘定也

二六〇　両社修覆銀預ヶ帳壱冊

安永九（一七八〇）・九　三六六

（表紙カ）「安永九年子九月
両社修覆銀預ヶ帳
吉井陸奥守様　淡路屋権右衛門」

子十月十八日
一、銭四貫弐百廿文　預り
相場九匁七分弐　時
十一月三日
一、弐貫八百七十文　預り
相場九匁七分弐リ時

十二月十三日
一、三貫弐百四文　預り
相場九匁六分五リン時
十二月廿七日
一、弐貫七百五十六文　預り
右同断
合拾三貫五十四文
代百廿五匁三分弐リ
両なかへ九
内
十二月廿八日
一、銭拾貫文　相渡
東向斎宮様へ
取九拾五匁
丑二月六日
一、四貫弐百十弐文　預り
相場九匁
両替九匁五分時
代口拾匁壱り

三月十三日
一、弐貫六百十七文　預り
四月四日
一、弐貫八百九拾弐文　預り
丑五月三日
一、銭拾貫文　相渡候
五月十日
一、弐貫九百十三文　預り
五月九日
一、弐貫七百廿六文　預り
六月分
一、弐貫九百文　預り
七月十七日
一、弐貫八百六十七文　預り
八月五日
一、弐貫八百八拾弐文　預り
九月廿一日
一、弐貫八百八拾三文　預り
十月十日
一、弐貫六百七拾七文　預り
十一月十七日
一、五貫百五十八文　預り

十二月十八日
一、弐貫弐百四拾七文　預り
寅二月七日
一、弐貫五拾八文　預り
三月朔日
一、三貫百五十七文　預り
三月十日
一、弐貫百五十文　預り
四月十一日
一、弐貫弐百拾九文　預り
五月廿一日
一、弐貫四百四文　預り
六月十五日
一、弐貫六百十五文　預り
七月廿六日
一、弐貫五百七文　預り
八月廿六日
一、弐〆三拾五文　預り
八月分
一、壱〆九百七拾三文　受取
十月廿七日
一、壱〆四百七拾三文　受取

十一月廿日
一、壱〆六百四拾九文　請取
十二月卅日
一、壱〆四百廿壱文　受取
卯正月五日
一、壱〆四百九十壱文　請取
三月十四日
一、壱〆六百四十三文　請取
又弐百廿三文　受取
三月十五日
一、弐〆六百八十四文　受取

銭預り高八拾壱貫七百八十九文
口々代
合銀七百七拾五文(匁)八分五リン
内ニテ
一、銭弐拾貫両分渡候
此代銀百九十壱匁五分
物拾〆五百八拾四匁三分五リン預り
三月十七日改預り
内

弐百目　乙馬与比殿渡候
銀弐百目　石瓦善六へ渡候
〆
右差引残弐百八拾四匁三分五厘　預り
右之残銀戊四月廿一日相渡し相済申候
砂官吉十郎殿
真宜平次殿　両人へ
世話人中

二六一　筒井氏結納諸入用覚壱冊

文化一三（一八一六）～文政四（一八二一）　三六八

（表紙カ）「文化十三子年吉日
入払勘定覚　」

入方

子十二月
一、百弐拾八匁三分八リン　上介夙村ト勘定差引残
預り
同
一、三百拾九匁七分壱リン　千右衛門分勘定手衆残
り預り
同
一、九拾匁　藤左衛門分勘定手衆利
足残預り
丑十二月
一、九拾匁　夙村へかし付壱〆匁の
利丑年分
丑十二月
一、百弐拾匁　夙村庄屋弥吉郎壱貫匁
ノ利丑年分

五口
〆七百四十八匁九厘
内ニテ七百三十四匁壱分五リン　丑年中取替払方引
差引残而拾三匁九分四リン　預り
右預り分虎（寅カ）処へ付出ス

寅年
一、拾三匁九分四厘　　丑年残銀預り分
寅十二月
一、九拾匁　　夙村より寅年利足
同
一、百弐拾目　　夙村弥吉郎より寅利足
一、銭四百七拾匁　　田舎屋頼母子取分
内
弐拾五匁　　七月掛銀□□
又
四十九匁　　丈助頼母子かけ銀引可
渡候
同残テ
三百九十六匁
内
三百八十八匁三分弐厘五毛
又
銀札七匁
残
八十三文
〆右之通寅十二月廿五日筒井藤左衛門殿より来請取

惣銀〆六百拾九匁九分四厘
右之処へ六百三十八匁
寅年中取替払方之分引
差引　拾八匁六厘　不足　かし
右不足銀卯払方之処へ付戻候とす

文政三
卯年入方
卯十二月
一、九拾匁　　夙村より卯年利足
同
一、百弐拾匁　　同村弥吉郎より卯年利
足
卯十二月十四日
一、百八拾匁　　藤左衛門殿より寅ノ利
銀請取
三口
〆三百九拾匁
又取銀
壱貫目　　弥吉郎より戻リ入

惣銀合壱貫三百九拾匁
右之内
七百壱匁壱分　卯年中取替払方之分引
差引残而六百八十八匁九分
内
六百五十匁　辰正月夙村江かし、本帳へ付
出候
残而　三十八匁九分　預り
辰年之処へ付出候

辰年
一、三拾八匁九分　卯年残銀預り
一、壱〆匁　夙より返済
一、六百五十匁　同断
〆壱貫六百八十八匁九分
又
百匁五分八リン　藤左衛門殿より利足内
入
辰十二月廿日うけ取

惣銀合壱貫七百八十九匁四分八リン
右之内
九百卅六匁八分五リン　辰年中取替払方引
差引残而八百五十弐匁六分三厘

払方覚
文化十三子年三月廿日出立、四月十二日下向
一、金七両弐歩弐朱与
同
一、銭百拾壱文
右伊勢参宮宿払、馬籠道中之入用也
右四ツ割　吉井嶋
同　きね
おいと
供　三平
壱人前
金壱両三歩弐朱ツ、
弐百四拾八文ツ、

子正月晦日
一、六匁五分　かんさししかへ
同
一、弐匁八分　ぬれもの上々はけ
二月廿六日
一、弐朱　正都へ入門祝儀
三月
一、金壱歩　右同人江三月之礼
四月廿九日
一、銀拾四匁　琴之糸代、正都へ相渡ス
晦日
一、壱匁　つめ袋代
五月廿四日
一、三匁　紫帯房壱組
六月十八日
一、金三歩　正路座頭へ三つ物之礼
七月
一、金弐歩　同人へ盆之礼
七月三日
一、七匁八分　紅縮面（緬）三割六尺七寸
同
一、弐匁四分　紺□ふり袖仕立代

七月六日
一、銀札壱匁　奥村へ持参
八月中旬頃
一、金弐歩　正都へ三ツ物之礼
八月十七日
一、弐匁　かんさし洗ふさたし
同
一、壱匁五分　両さしふさたしあらい直し代
七月十四日
一、銀札八十六匁　筏屋吉五郎へ払
十月六日
一、九匁五分　三味線皮はりかへ
十月十日
一、金三歩　母より其御方へ取替有之由ニ付、
母方へ相渡候
子十月卅日
一、金弐両壱歩弐朱　座古屋弥太郎へ
へつかふ　かんさし代
金〆七両弐朱
右之金本帳預り金之処へ付出シ差引致候事
銀〆百三十七匁五分

銭〆四百五十六文
九匁かへ
　代四匁壱分弐リン
惣銀　合百四十一匁六分弐厘
　右之高本帳上介（カ）勘定之処へ付出シ差引申候事
　　子ノ十月迄之分也
子十月十三日
一、四匁五分　紅両袖ときもの
　　葛忠ニ而取付落し出ス
子十一月廿二日
一、金壱歩　政都へ礼
　六十五匁二分五リンかへ
　代十六匁四分壱リン
十二月十八日
一、銀札弐百三匁　伯母様へ相渡おいとかへられ候
　　節
同
一、銀札拾三匁　藤左衛門殿へ利足相戻ス
　　右同人へ渡候

丑四月廿三日
一、弐匁三分八リン　筆墨代
五月十三日
一、四匁五分　ばち直し・天地直し
一、金六両　かうかい（笄）代
　　座古屋へ払
　三十五匁三分五リンかへ
　代三百九十弐
八月十日
一、金壱歩　伯母様へ直々相渡候
　五匁弐分かへ
　代十六匁三分
十二月三日
金壱両　右同断
　代六十五匁六分五リン
一、金壱歩　正都へ三ツ物礼ニ付落、此所へ
　　出ス
　五匁弐分五リンかへ
　代十六匁三分壱リン
〆七百三十四匁壱分五厘
　右入方之処ニ付出シ差引申相済候事

寅年

寅七月十二日
一、金壱両　かうかい之追
　代六十一匁九分五リン　座古屋弥太郎へ払

七月十三日
一、銀札百五十匁　辻吉五郎へ払渡ス
　代金弐両壱歩弐朱
　六十一匁九分五リンかへ
　代百四十七匁壱分三リン
　又三十九文

八月廿七日
一、銀札四拾匁　伯母様へ直々相渡ス
　右ハ御幸方へ御返済之分也

十二月十五日
一、銀札弐拾五匁　右御同人へ渡ス

十二月廿七日
一、金壱両壱歩　右御同人へ渡分、母へ相渡ス
　六十三匁四歩かへ
　代七十九匁弐分五リン

同
一、金四両弐歩　辻吉五郎へ渡ス
　右同断かへ
　代弐百八十五匁三分

惣銀〆六百三十六匁五分
　又寅五月
　壱匁五分　付落分　かうかい代
　　直し代
　　座古屋弥太郎

合六百三十八匁

右寅入方に付出シ差引勘定済

卯年

卯正月廿七日
一、銭（ママ）百匁　伯母様へ直々相渡ス
　此金壱両
　　代六十弐匁七分
　又銀札三十七匁
　又銭　八十八文
〆

卯三月
一、四拾五匁　浜ちりめん　江戸松元ニ
　ふり袖染賃　京近彦へ払

卯五月
一、四匁五分　三ツ櫛上之代
弥太郎へ払
七月十一日
一、弐朱　小西厚五郎へ礼
六十一匁五分かへ
代七匁六分九リン
同
一、銀札壱匁　同断
同
一、七十五文　同断
九月五日
一、弐拾五匁八分五リン　本紅段織代
京近彦へ払
十二月十日
一、銀札五拾匁　伯母様へ直々相渡ス
卯十二月廿日
一、百匁　伯母様へ相渡ス
一、銀札弐百目　辻市郎兵衛へ払相渡ス
一、拾八匁六厘　寅差引不足銀也
惣〆七百壱匁壱分

右卯年入方ニ付出シ者也
文政三辰年正月四日
一、金壱歩　小西厚五郎へ年玉取替
拾四匁壱分六厘
七月八日
一、金壱両　お佐知ニ御借被成候分、お佐知江相渡ス
代五十九匁九分五リン　取替
七月十四日
一、金壱歩弐朱　御社中より小西へ御祝儀取替
六十匁かへ
代廿二匁五分
十月廿四日
一、八拾九匁　京井筒屋へ払取替
黒羽たえ染ちん八掛地たし代
七月十四日
一、八拾匁　辻市郎兵衛へ払取替
一、五拾匁　きゝう品のかたひら《（帷子）》之代ニおちえに相渡ス
十月卅日
一、三匁七分七リン　こうかい《（笄）》入箱壱ツ

同
一、弐十七匁　　　菊車十六ふさかんさし（簪）
同
一、金三両弐朱　　上小町七寸鼈甲かんさし（簪）
　　六十文（匁）壱分五リンかへ
　　代百八十七匁九分壱リン
同
一、弐匁五分　　　鼈甲小町仕立みかき二品代
十二月卅日
一、四百目　　　　辻吉五郎へ相渡ス
〆九百三十六匁八分五リン
　　入方之処へ付出ス者也
　　　　文政四巳年
巳十月朔日
一、弐拾九匁五分　懐剣こしらへ代、川上氏へ渡
　　　　　　　　　取替分
十月晦日
一、壱匁五分　　　海黄嶋夜着ふとんゆのし代
午六月廿一日
一、弐朱　　　　　一粒金丹
十月廿八日
一、金弐歩　　　　右弐朱は母様へ請取不申候
　　　　　　　　　野間伯母そのへかし、お幸持
　　　　　　　　　参

二六二　吉井書状案壱綴

天保一五（一八四四）・一〇・二五ほか　三七〇

1　〔吉井但馬守書状〕（魚塩引献上の御礼につき）

年始為御祝詞貴翰幷御別紙被下致拝見候、何方も御同前目出度申納候、次之節御座候処、先以其御地御家内被為揃、弥御勇健可被成御座候、珍重候儀奉賀上候、然者例年之通魚塩引壱尺献遣被下候、去ル十月廿五日ニ着、廿六日神前へ相備、弥御家運長久安全・御家来繁昌之御祈禱抽丹誠候、外々八軒様御同様御祈禱相勤申候、別紙之通御守札差送り申候間御受納被下、外様へも宜敷御達し被下度奉存候、右御受取之報迄可得御意如此ニ御座候、猶万福期重便之時候、恐惶謹言

西宮御社神主
吉井但馬守 ○

福嶋屋七良治様
同　徳治郎様

2 〔但馬守書状〕（御祈禱札差送り候儀などにつき）

御祈禱御守札左之通

一、御影大札大御供壱包　奥州仙台登米町 福嶋屋七郎治様
一、右同断　菅野屋喜十郎様
一、御守札御供壱包　福嶋屋由蔵様
一、同　二階堂権三郎様
一、同　福嶋屋七右衛門様
一、同　小堀栄太郎様
一、同　池田屋善蔵様
一、同　千葉屋　様
一、同　菅野屋喜兵衛様
〆

御札書付壱通ニ致候
右之通差送り候条御受納可被下候
一、御状ニ正月五日書御箱入魚（鮭）塩引致、江戸小網町六丁目丹波屋孫兵衛殿より差札ニ而相州浦賀藤波助右衛門殿方へ向差、助左（ママ）衛門殿方より当地辰何左衛門方へ住吉丸平五郎船ニ而致着岸、則何左衛門当方へ持参、殊之外延着ニ御座候様奉存候、早速箱開候処御初穂料幷□書神主御当所ニ御座候故、当社神主職者拙者壱人ニ而、外々も十弐三軒候得共、皆下社家共々ニ御座候間、・・（ママ）・開封致拝見候、例年御献上被成下候御文面ニ而者、此年之儀者下社家方へ船頭持参、御返書御礼差送り可申候与奉察候、貴下より神前へ魚御上被下候聞味も承り不申、何れニも神主与御名当ニ御座候ニ付、拙官御祈禱相勤、御守札差送り候、此段宜敷御承知可被下候、延着ニ付塩引ニ者候得、味之程如何与存、半日斗水ニ清（漬）、能々洗致献上候処、御別製之魚ニ御座候哉、御下りを致拝味候処、殊之外も風味宜敷（カ）恐悦之至ニ奉存候、右何左衛門与申仁者貴国御城下へ例年銭を送り

候様申居候
一、明年も塩引候献上被下候ハヽ、江戸表新川ニ酒□屋
之内之内（衍カ）米屋房太郎・小西又三郎此両家貴地之人而、
別而拙者懇意ニ御座候間、両家之方へ御願被下候ハヽ、
御廻船へ移入差登し呉候間、江戸より弐三十日位ニ者
西宮へ着いたし候、此段鳥渡得御意置候、以上

但馬守

七郎治様

3　覚（鮭塩引・初穂など請取につき）

覚

一、美事成鮭塩引壱尺
一、御初穂三百銅
一、同　六十四銅
一、同　三十弐銅
一、同　三十弐銅
一、同　三十弐銅
一、同　三十弐銅
一、同　三十弐銅
〆
右者当社　御神前へ被献、書面之通目出度致神納候、
請取之状仍而如件

西宮御社神主
吉井但馬守　印

天保十五辰年十月廿五日

奥州仙台登米町
福嶋屋七郎治殿

登米町　大坂ニ而聞合候処、仙台より弐三十里外ニ登米
村ト云所有之、其村之長の者福七ト云者、先古
手商売を致候者之由、随分身元相応之由也

4　〔吉井但馬守書状〕（泉州佐野への再答につき）

泉州佐野へ之再答

十月廿一日出、御返翰同廿五日ニ相届致拝見候、御講中
被為揃益御安康被成御座候旨奉賀上候、就者年々御参詣

可被下候処、少々御講中御取込之義御出来ニ付御延引ニ
相成候段委細被仰聞、御尤ニ致承知候、且又御初穂料と
して白銀三両寅・卯・辰三ヶ年分御封入被献御叮嚀之御
取叶（斗カ）目出度致神納候、則神前へ相備、各御家内安全御祈
禱抽丹誠候、御別紙ニ御講中御名前書御認被下、忝致記
帳可申御座候、何卒来春者乍御苦労御参詣被成下度奉待
候、右再答迄如此ニ御座候、万福期重便之時候、以上

十一月三日

吉井但馬守
吉井上総介

田中忠左衛門殿

尚々早速御受答可申上筈、御社用ニ付他行いたし飛ニ
延引之段あしからす御聞取可被下候、別紙受取書認入
御覧候、家父上総介義及老年致隠居候ニ付、請取書之
儀者拙者斗致印形候間、此段御断り申上置候、以上

5 覚（初穂白銀三両請取などにつき）

覚

一、白銀三両也
右者寅・卯・辰三ヶ年分御初穂料として今般被献、
書面之通目出度致神納候、請取之状仍而如件

辰十一月三日

吉井――

田中忠右衛門殿
岩谷茂兵衛殿
熊取屋善左衛門殿
小間物屋善三郎殿
熊取屋重左衛門殿
田中甚兵衛殿

二六三　吉井良顕送り状壱通　弘化三（一八四六）・閏五ほか　三七一

弘化三午年返書、上杉原二ツ折ニ認候事、別紙書者半切
ニ認、受取書ハ片折也

年始為御祝詞貴札被下幷御別紙致拝見候、何方茂御同前目出度申納候、残暑之節御座候処御家内被為揃、弥御勇健被成候□珍重御儀奉賀候、然者例年之通鮭塩引壱尺幷御初穂料被献、御別紙之通箱入、閏五月廿五日ニ着、不相替被献御信心之御儀大悦至極ニ奉存候、則六月朔日右鮭・御初穂神前へ相備、弥御家運長久安全・御家業繁昌之御祈禱抽丹誠候、外十五軒様御同様御祈禱相勤申候、依之御守札別紙之通差送り候条御受納被下、外十五軒様へも宜敷御達し被下（度カ）尤奉願上候、右御受答迄如此ニ御座候、猶期万喜重便之時候、恐惶謹言

六月十八日　　吉井但馬守
　　　　　　　　書印

福嶋屋七郎治様
福嶋屋七郎兵衛様
　　御報

覚

一、鮭塩引壱尺　　福嶋や七郎治
一、御初穂料百銅　　菅野屋喜十郎
一、同　五十銅　　福嶋や久吉
　　四十八銅　　同　保太郎
　　三十三銅　　二階堂権三郎
　　三十三銅　　福嶋屋善吉
　　三十三銅　　小堀英太郎
　　三十三銅　　福嶋屋七右衛門
　　三十三銅　　同　由蔵
一、同　三十三　　武蔵屋貞蔵
一、同　三十三　　高橋屋四郎平
一、同　三十三　　千葉屋清蔵
一、同　三十三　　同　留八
一、同　三十三　　同　善兵衛
一、同　三十弐　　菅野屋喜兵衛
一、同　三十弐　　海老名屋直助
〆

右当社　御神前へ被献、書面之通目出度致神納候、請

取之状仍而如件
弘化三年午閏五月
西宮御社神主
吉井但馬守　印
奥州仙台登米町
福嶋屋七郎治殿

右御札守皆々箱ニ入、大坂西小西船へ頼積入、江戸米房
店へ書状付頼遣し候事
半切ニ認遣シ候
御守札之覚
一、御影大札大御供一包　福嶋屋七郎治様へ
一、同　菅野や喜十郎殿へ
一、御守札御供　福嶋屋久吉殿へ
一、同　二階堂権三郎殿へ
一、同　小堀英太郎殿へ
福嶋や七右衛門殿へ
一、同　千葉屋善兵衛殿へ
一、同　福嶋屋保太郎殿
一、同　同　由蔵殿へ
一、同　菅野や喜兵衛殿へ
一、同　千葉屋清蔵殿へ
一、同　同　留八殿へ
一、同　高橋屋四郎平殿
一、同　海老名屋直助殿へ
一、同　武蔵屋貞蔵殿へ
一、同　福嶋養吉殿へ
〆
右之通差送り候条、御受納被下宜敷奉願上候、以上
六月十八日
吉井但馬守
福嶋屋七郎治様
同　七郎兵衛様
一、御別紙ニ鮭塩引之儀委細御叮嚀ニ御申越被下忝致承

知候、仰之通昨年之魚与者少し不風味之様ニ奉存候得共、数尾御調之内ニ而宜敷所御撰被献候ニ付、随分御神前江備候ニ付、当朔日御膳献上之節相備申候、御下りを千度致頂戴大悦ニ奉存候、此節ニ而者当地辺ニ者甚珍敷、呉々も忝奉存候、此段御安心被下候、扨鮭日をもたし候儀江戸表之仁ニ承り候ニ付、鳥渡可申上候、夏を越し候ニ者洗い不申、どろ魚成ニ而かくい置候後者随分致一年風味格別ニ不相替旨ニ御座候様申之候、御地ニ者無之候哉、若江戸表御同様之御事ニ候ハヽ、御洗無之御献上被下候ハヽ、当方ニ而能洗ひ清め可申御座候、任(ママ)候心安ニ失礼成義申上候段あしからず御聞取可被下候、以上

但馬守

七郎治様

弘化四年未とし返書

年始為御祝詞貴札被下幷御別紙致拝見候、何方茂御同前目出度申納候、残(暑カ)見之節御座候処、御家内被為揃弥御勇健被成御座奉珍重候、然者例年之魚塩水壱尺幷御初穂料被献、御別紙之通箱入六月廿三日ニ着、不相替被献御信心之御儀大悦至極ニ奉存候、則七月朔日右魚・御初穂神前江相備、弥御家運長久安全・御家業繁昌之御祈禱抽丹誠候、外十軒様御同様御祈禱相勤申候、依之御守札別紙之通差送り候条、目出度御受納被下宜敷御通達被下度奉願上候、右御請答迄ニ得貴意如此ニ御座候、猶期万喜重便之時候、恐惶謹言

七月三日　　吉井但馬守　書印

福嶋屋七郎治様

福嶋屋七郎兵衛様

御別紙ニ昨(カ)午年御献納物相滞候哉、御守札幷請書等御地江差(着カ)不致段、委細御端書之趣致承知候、御献納物者午年(弘化三年カ)之閏五月廿五日ニ差(着カ)、則六月朔日魚・御初穂神前江相備、弥御家運長久安全・御家業繁昌之御祈禱抽丹誠、例年之

通御守札夫々様江并御請書等取揃箱ニ入、六月十八日差出申候通相違無御座候処、未着不致候段何共御気之毒千万ニ奉存候、定有之道中ニ而相滞候与奉察候、其内当着可致候、遠路御献納ニ付聞勤(カ)之取斗方不致候得共、何分遠路之処ニ付不安之至ニ御座候、乍憚御献物御願主衆中江右之段宜敷被仰達度奉願候、扨当年御献上之魚七月朔日御神前江相備候ニ付、御下りを千度致頂戴大悦ニ奉存候、此節ニ而者当地辺者甚珍敷、呉々も忝奉存候、此段御安心可被下候、昨年も鳥渡申上候魚日をもし(脱アルカ)候儀江戸表之仁ニ承り候ニ付、乍失敬可申上候、夏を越さし候ニ者洗ひ不申、どろ魚成ニ而かこい置候得者、随分一年もいたし候而も風味格別ニ不相替旨ニ御座候様中之候者、土ろ魚之義御地ニ而者無之候哉、若江戸表御同様之御事ニ候ハヽ、御洗無御献上被下候ハヽ、当方ニ而能洗ひ清メ可申御座候、任御心安ニ失礼成義申上候段あしからず御聞取可被下候、以上

十月三日　　但馬守

太郎治様

受取書之扣

覚

一、鮭塩引壱尺　　　福嶋屋七郎次
一、御初穂料青銅百文　　菅野屋喜十郎
一、同　　百文　　二階堂権三郎
一、同　　百文　　菅野屋喜兵衛
一、同　　四拾八文　　福嶋屋保太郎
一、同　　三拾三文　　福嶋屋七右衛門
一、同　　三拾三文　　千葉屋善兵衛
一、同　　三拾□文　　福嶋屋要吉
一、同　　三拾三文　　小堀栄太郎
一、同　　三拾三文　　千葉屋清蔵
一、同　　三拾三文　　福嶋屋由蔵

〆

右当社　御神前へ罷越、書面之通目出度致神納候、請取之状仍而如件

弘化四年未六月

西宮神主
吉井但馬守

奥州仙台登米町
福嶋屋七郎治殿

御守札之覚

一、御影大札大御供一包　福嶋屋七郎治様へ
一、同　萓野屋喜十郎殿（様カ）
一、同　二階堂権三郎様
一、同　萓野屋喜兵衛様
一、御守札御供　福嶋屋保太郎様
一、同　福嶋屋七右衛門様
一、同　千葉屋善兵衛様
一、同　福嶋屋要吉様
一、同　小堀栄太郎様
一、同　千葉屋清蔵
一、同　福嶋屋由蔵

〆

右之通差送り候条、目出度御受納被下候、以上

七月三日　吉井但馬守

福嶋屋七郎治様
七郎兵衛様

一、鮭塩引壱尺　箱入呉座包ニ而

摂州西宮御神主
吉井但馬守様行

右差札之通　西宮江献納物ニ御座候間、何卒無運賃ヲ以右同所迄御送り被成下度、此段如斯奉願上候、以上

弘化弐年三月

仙台登米町
福嶋屋七郎治

仙台領
福嶋屋ノ印
登米駅

石巻本町
加賀屋三右衛門様

江戸新川酒問屋
米屋房太郎様

同
小西又三郎様

摂州西宮
辰何右衛門様

二六四　見世物小屋届書壱通（西宮社境内において小見世物小屋補理貸候につき）

文化一一（一八一四）・一二・一五　三七二

文化十一戌年十二月
西宮社境内ニおゐて小見世物小屋補理貸候節御届之儀
ニ付被仰渡候節、差上申一札之写
掛り
桑原権九郎殿

差上申一札

当社境内ニおゐて小見世物小屋補理貸渡候節御届之儀ニ付、委細書付を以奉願候処、今般左之通被仰渡候
一、御上知以前より仕来之儀者、御上知後右仕来之趣御質之上、古来より之通与被仰渡候事ニ茂無之、天王寺・住吉者元来公儀御普請所ニ而格別之訳有之、其余摂河御朱印寺社之振合も有之儀ニ候間、其神事一日切ニ取払候小屋懸者格別、日数ヲ重候小屋懸之外者摂河御朱印所幷右ニ准候向ニ而茂其寺院神主等より相届候事ニ候条、右ニ准可相心得候、若常ニ小屋掛ヶいたし置、年中小見世物等之類ニ貸渡候儀者、当表寺社ニ□年末々翌年中之小屋懸之ケ所、間数等を以御届申上置、其度毎御届等ニ者不及候、右之通向後可相心得旨被仰渡奉畏候、仍而如件

文化十一年
戌十二月十五日

西宮神主
吉井上総介

御奉行所

二六五　吉角左京書状壱通（免許状改めの御沙汰の儀につき）

年未詳・四・二　三七三

御手紙啓上仕候、弥々暖和ニ罷成候処、

御神主様

益々御機嫌能被為遊御座候御儀目出度奉存候、次ニ御両所様弥々御堅勝ニ御勤仕之段珍重之御儀奉存候、降而私儀も無異罷在、乍憚御安意被下度奉存候、就者御神主様当地御発駕被為在、御道中無滞最早御社御着被為在御儀与奉存候へ共、私よりも窺不申上、其後者御沙汰茂無御座候ニ付御儀嫌窺度、且御在府中万々窺申上候儀御座候へども未行届ズ、御配下茂夫々取調可申心躰ニハ御座候へ共、正月十四日御発駕、翌十五日火災旁以平岡潜彼方社中之候事　　公儀江願等可差出御趣意、然ル処御改革後者格別作事等茂寺社奉行取調巨細ニ而、先規之振合手元ニて難分、同人当惑之次第も有之、書記調等且他方問合旁被相頼、私用も差支候ニ付、迷惑与ハ乍存只今迄も同居之私難渋之打柄勝手自由も難致、依之御配下可取調等且他出等不仕、尤御免許状御改之御沙汰者夫々相達候儀ニ御座候、平岡方公儀御見分相済次第遠足可仕奉存候

一、当正月中道中筋所々宿場ニ出火有之候由承り、御神主様木曽路御通り筋々ハ如何御座候哉、近頃ニ至り承り候処、三宿程野辺ヲ越飛火いたし悉焼失し場所も有之候由ニ付、御道中之御様子承り不申候ニ付、御機嫌窺旁如此、猶御序之節宜御執成被仰上度奉存候、猶々御面倒ながら御返書被下候様此段奉頼候、以上

四月二日　　　　吉角左京

辻大炊様
大森主水様
　　　御披露

尚以私類焼之節御月番青山大膳亮殿も御届申上候書付扣差上候間、御披露宜相願候、已上

二六六　吉井良顕書状壱通（寒中御伺いのため上京仕るべきところ所労にて使者を以て御機嫌伺い奉るにつき）

年未詳・一二・一〇　　三七四

一筆啓上仕候、甚寒之節御座候処、　御殿被遊御揃益々御機嫌克可被遊御座、恐悦至極ニ奉存上候、次ニ各様弥

御勇健御勤仕可被為成珍重奉賀候、随而私義寒中為御伺上京可仕候処、所労ニ付乍恐使者ヲ以御機嫌奉伺候、此海魚一台献上仕候、宜敷御取斗奉願上候、恐惶謹言

十二月十日　　　吉井但馬守
　　　　　　　　　良顕（花押）

蔭山将曹様
立野大和介様

二白此生魚私方ニ而ハあかうと申名ニ御座候、甚油軽き魚ニ御座候間、宜御披露奉希上候、御掛り役四軒様へ寒中御見舞之印迄ニ御菓子料四包差上候、是又宜御取斗被成下度奉願上候、以上

二六七　神札免許状壱通　弘化三（一八四六）・六　三七六

奉願

一、御神像御札賦与
　　御免許状　　弐拾通

右者御配下之内関東筋国々散在仕候支配下之内、江戸近国安房・上総・相模右ニ住居罷在候社人とも、継目御許容状頂戴仕度申立候間、夫々及吟味候処、自他故障之筋無御座、依之此度頂戴仕度奉存候間、此段御聞済被成下宜敷御沙汰奉願候、然ル上者頂戴之銘々職業大切為相勤、非儀非道無之御社法堅為相守可申、勿論当人共印紙願面之儀者御許状相達候節、差添人相立、連印一札請取之引替度、猶追々御本社江可差上候、前條御聞済被成下候様奉願候、以上

弘化丙午（三）年六月
　　　　　　　御本社江戸支配所
　　　　　　　　吉角左京　印

御本社様
　御重役衆中

二六八　吉角左京書状壱通（諸国配下免許状交付の儀などにつき）　年未詳・六・五　三七七

別啓奉申上候、去ル五月八日出之御尊書当六月朔日当

地本舟町真宜九郎右衛門殿より相届キ拝見仕候、御神主様当正月中木曽路御発駕之処、右道中筋出火之向承り心配仕罷在候処、先以御差障之儀茂不被為在、無滞二月六日御帰社被為遊候御儀、恐悦至極奉存候、右ハ三月十五日御差立ヲ以本舟町真宜九郎右衛門殿江御差向御封紙委細被仰越候趣ニ御座候共、未当着無御座候

一、御神主様当正月御在府中真宜九郎右衛門殿差添奉願上候儀、諸国御配下中取調度廉々御座候、依而ハ御代被為替未タ御免許状御改無御座候ニ付、右御改継目御許容被成下、御許状相渡シ候様仕度段奉願、追々取調可奉申上間、此段御聞済被成下置候様仕度申立、御聞済被成下候ニ付、近国配下江御免許状御改之御沙汰御座候趣申達置候処、向々より申立之次第御差図次第可仕旨申出候茂有之、又触下中江相談候処、難渋之者共故御免許状頂戴者難有奉存候共、御神像等ハ御修理料ニ而も年々滞候程之事ニ付、上納難出来申立候分茂御座候へ共、是等ハ急度取調御趣意申諭、御社法為相守可申候

一、相模国散在御配下取締触頭東海道藤沢宿引地村ニ住居竹内三太夫より申立左ニ、御配下中困窮いたし、御修理料御社納年々滞候者多く、中ニハ宿場江罷出馬駕抔取扱、今日ヲ暮（カ）シ候者茂有之、神職之業躰ニ無之、何分外聞不宜候ニ付種々申論候へ共不聞入、此度御神像判木幷前頂戴罷在候御免許状差戻シ、破門致度旨申出シ、不法ニ悪言有之、右等之者御配下江加へ置候而ハ猶々風儀不宜成行候間、同人儀者先以退職為致度、尤神職者右躰之者故決而不相勤是迄罷在候様子、依之同人是迄持来り候配札場所村々ハ外々江申渡配札為致度段、且御免許状早々御下ヶ被成下候ハヾ、早速取調、御本社御配下他笑ヲ不請様取斗ひ、此上出情仕度、御神像之儀者銘々申渡候砌引替上納仕度、此段早々願立呉候様申立候、猶又外々ニも種々之振合御座候、全者俗家之人気不宜故神職も追々おとろへ候様成行、当御配下退転之向多く、配札場所ハ他家之配下神職とも内々所持賦与いたし候向も有之候由、いづれも取調、御修理料上納いたし候様申付、御免許容を請、御社法

不相背、神職ヲ相守候ハヾ配下ニ引立候とも差障茂有
之間敷哉、諸所取調追々可申上候、先以今般別紙願書
之通り御免許状御下ヶ被成下候様可然御執成之程偏ニ
奉願候、御神像之儀者配下中江達引替之向多く御座候
間、追々上納可仕候間、此段宜御聞済被成下度奉存候、
以上

午六月五日　　吉角左京

辻大炊様
大森主水様

二六九　吉角左京書状壱通（暑中見舞いにつき）

年未詳・六・五　三七八

一筆奉啓上候、甚暑之砌ニ御座候得共、益々御機嫌能被
為遊御座、恐悦至極御儀奉存候、先者暑中御窺申上度捧
愚札候、恐惶謹言

六月五日　　吉角左京
重徳（花押）

御神主様
御披露

（行頭書込み）
「（添翰）」
当春被仰聞候鍋嶋家福地氏相尋候得共難分、猶再手筋を
調、分り次第早速可奉申上候、以上

二七〇　辻大炊・大森主水書状壱通（関東筋支配下御免許状書替の儀につき）

年未詳・八・五　三七九

弘化三年八月五日江戸支配所吉角左京へ返書左之通
六月五日認之芳札川々洪水ニ付差支多由ニ而、漸七月
下旬ニ相届候、致披覧候、弥御堅剛御勤之旨珍重ニ存
候、当方御本社御神主無別條、次ニ拙者共無異、此段
御安意被下候、然者入土用候、就者御伺之芳札被差登、
早速及御披露候所、猶又宜敷申達之由候
一、関東筋支配下　御免許状書替之儀未行届不申国々も

有之候得共、先安房・上総・相模三ヶ国粗行届候ニ付、今般御免許状弐拾通認、差下シ可申段願書壱通幷委細御紙面之趣逐一致承知候、然ル所御免許状ニ付而者夫々何之たれ殿領分何国何郡何村之配下何之たれ与申事相分り不申、就（カ）者認候事難出来候間、其段御取調可被申登候、依而報答旁如此御座候、草々以上

八月五日　　辻大炊

大森主水

吉角左京殿

包紙ハ吉角左京より大森主水様・辻大炊様宛ナリ

二七一　吉井良行告丹羽先生霊前詞壱通

宝暦八（一七五八）・正　　三八〇

上

丹羽可渓先生之霊前

君子有所思行　五言

君子有所思、所思向誰陳、嗚呼已矣哉、只有天与神、天神不可違、俯仰正心身、出入敬言語、謙徳日々新、入孝出乃弟、踏義而抱仁、滔々者天下、渾是俗与塵、俗塵非所辟、堅白何減真、琴書爰左右、礼楽与逡巡、飢採西山蕨、達為吐握人、寧言賤与貴、何論富与貧、終日独倦々、終夜思待晨、嗚呼其君子、縦横一彬々

明鏡篇

吾有一宝鏡、潜在方寸中、由来自天降、非敢用抜工、明々□赫々、天無所不通、地無所不徹、広大而且公、毫厘焉有私、皎々乎更空、出入始無時、奈何知所終、吁奇哉明鏡、或云主人翁、主翁何不常、塵埃従欲蒙、泥土遂知埋、操存在用切、失墜依不欽、哀哉世上風、是斯公共物、万人天下同、天下一宝鏡、宝何（鏡脱カ）蒙朧、玉巵若無当、雖宝用不充、願千秋万古、宝鏡長玲瓏、霊台常奉仕、以尽孝与忠

左京亮従五位下神奴連良行頓首

宝暦八戊寅年春正月

二七二　松原宮御湯立料寄進帳并官位着服願下書二冊　　年月日未詳　三八一

1　松原天神宮御湯立料寄進帳

松原天神宮
　御湯立料寄進帳

奉収青銅　壱〆五百文
　　　津門　足立門葉中

一、ひねり　　好古堂
　数四拾
　右屋代弐百文

2　乍恐口上（社家・祝部の官位執奏につき）

　乍恐口上

一、摂州西宮・広田両社之社家・祝部共一統奉申上候
私共儀先年より当　御殿江御館入被仰付難有仕合ニ奉存候、此度官位等之儀吉田家江相願可申筋ニも可有之哉ニ候得共、前々より吉田家江罷出、差図を受候先例無之、勿論奉仕之西宮・広田両社頭并神主家之儀者両御伝奏之執奏ニ寄致受領候仕来ニ御座候、然ル処同社頭江神勤仕候社家・祝部共ニ而吉田家江罷出、差図を受候而者、同社中ニ而両執奏ニ相成候而者、社頭之旧例取乱及違変候儀、吉田家執奏之社ニ侭有之候趣具ニ承知仕候、右社例取乱違変等之儀者見越之様ニ御座候得共、前段他社之類例等御座候ニ付、往々自然右様之儀致出来候而者私共奉仕之両社頭神前江不及申上、神主家并私共先祖江も申訳無御座候様奉存候間、乍恐当御殿御館入仕居候ニ付、当御殿御安体長日御祈禱申上候之砌者無官ニも難致候ニ付、布衣ニ而も又者布狩衣無之（脱アルカ）狩衣仰付候ニ付、此節ニ此服差（着カ）用いたし相勤候様被仰付、乍恐当御殿より官服御寄附被成下、当御殿御祈禱之砌ニ而者無官ニ而者不相成候ニ付、御寄附被成下候着服一同御借被下着用ニ而相勤可申、其余日者急度仕舞置候

3　就官位願趣意書（社家・祝部の官位執奏につき）

就官位願趣意書

大坂町奉行所支配所
西宮住居
西宮・広田両社社家　東向斎宮

青山伊賀守知行所
摂州武庫郡中村住居
西宮・広田両社祝部　大森主水

右同知行所
同村
同社同職　堀江左門

右同知行所
同村
同社同職　橋本右膳

青山銕之助知行所
摂州武庫郡中村住居
西宮・広田両社祝部　大森主膳

松平遠江守領分
同州同郡広田村住居
西宮・広田両社祝部　田村伊織

右同領
同州同郡同村住居
同社同職　広瀬右京

青山銕之助知行所
摂州武庫郡中村住居
西宮・広田両社祝部　大森馬之助

一、西宮・広田両社頭幷神主家之儀者、両御伝奏執奏ニ寄致受領候仕来ニ御座候、社家東向斎宮・祝部七人之者共着服之儀ニ付、去ル文政之度吉田家与及出入ニ候、天明年中御触通白張着用致居候ハ、、格別、若官位等相望候ハ、、吉田家江相願之旨可有之哉ニ候得共、右社家・祝部共前々より吉田家江罷出、差図を受候例曽而無之、甚難混（渋カ）仕候、勿論奉仕之両社頭幷神主家之儀者御両卿之執奏ニ寄、吉田家江差図を受候而者、執奏両家ニ相成、乍見越一社中一致不仕、後年必争論之基、且又吉田家之儀ハ神祇道宗伝幷官服等之儀、諸国配下之社家共江被与之候家柄ニ付、何角差図ニ被及、若後年ニ至り其儀ニ相泥候族共出来候ハ、、往古より仕来

候社頭之旧例取乱及違変候儀ハ必定之儀ニ御座（脱アルカ）愚昧之
既吉田家執奏之社ニ侭及混雑類例有之候段具ニ承知仕候ニ付而者旁不締依
田者ニ付自然被先例仕来を取くつし存念相起り、何も
両社神前江者不及申上、神主家幷私共先祖江も申訳無
御座候、自然見越も甚歎ケ敷奉存候ニ付、何卒神祇道
伝受等之儀ニ不拘、乍恐当御殿より布衣・布狩衣或ハ
無文狩衣ニ而も御寄附被成下、長日御殿御安体御祈禱、
左候ハ、何日ハ御借被下候様一統奉願上候、乍恐一社
已来迚も永々社例違変之筋毛頭有間敷一同和順ニ清浄至誠
一同永久御館入仕候儀ニ付、当社頭取締宜敷、私共何
を□□
王公国土安穏之旨神務可仕与別而
成共官服様之物着用仕候様奉願上候、官位等之儀困窮
之私共厚御憐愍之御取斗を以右願之通御聞済被成下候
ハ、、追々受領官位等之儀も御願申上度、右願之通御
聞済被成下候ハ、、広大之御慈悲難有仕合ニ可奉存候、
以上

八二

二七三　文久三年五月一日覚　幕末史関係壱括

寛政三（一七九一）・正・一三〜文久三（一八六三）・六・朔　三

1　乍恐以書付奉申上候（恵美酒神像開帳につき神宝書上）

乍恐以書付奉申上候

一、当三月三日四月廿二日迄、当社恵美酒神像開帳仕候
ニ付、社頭伝来之神宝等左ニ書付奉指上候

一、剣珠幷錦御袋

一、龍明珠

一、八代集

一、剣　二振

一、香灯香筥

一、広田社江頼朝公より御寄附状　弐枚

一、皇太神宮神号掛物　壱幅

一、桜ニ短尺掛物　壱軸

一、歌書切　壱枚

一、明堂詩　壱枚

一、和琴　　　　　　　　　　　　　　壱面
一、琵琶　　　　　　　　　　　　　　壱面
右之通ニ御座候、已上
　寛政三年亥正月十三日
　　　　　　　　　　西宮神主　吉井陸奥守
御奉行所

2 〔覚〕（大森数馬宗旨人別帳面別帳願いの儀につき）

　　　　　　　　　　　　　　　　大森数馬
一、私義代々祝部職相勤、中村ニ住居仕候ニ付、何年已前何年御願申上、私共宗旨人別帳面別帳面之義御願申上候処、願之通被仰付被下、神職之訳も相立難有奉存罷在候、然ル処右別帳面之義ハ御差支御座候ニ付、此度別帳面不相成候段被仰付候段承知仕候、尤村並人別帳面ニも従先規広田・西宮両社祝部与肩書仕、苗字等書付差上候義ニ御座候へハ、是迄之通ニ仰付被下候様奉願上候、且青山恒次郎様御知行所同村同職之者共儀者、十三ヶ年已前寛政二年庚戌三月宗旨人別帳面御願申上、別帳面被仰付候義ニ御座候得共、肩書・苗字等之儀者勿論之儀ニ御座候、同村同職之儀私共御地頭所ニおいて神職之御取扱無御座候而者、神主方へ右之趣相聞申候、同職一躰之儀ニ御座候得共、私共斗社頭ニおゐても格式相□り候とも致方も無御座候、代々同様相勤、同職分も私共限り相少ク候而者、対先祖申訳ヶも無御座、猶外々神職人へ相聞候而茂不外聞旁甚以歎敷奉存候、何卒御憐愍先規仕来之通被仰付、祝部職分之訳相立候様被仰付被下候ハヽ、難有可奉存候
右願上候通御取次成被下、願之通被仰付被下候様偏奉頼存候、已上
　享和三年亥四月

猶又松平遠江守殿御領分広田村ニ於、私共同職両人之者之儀者、先達御領主へ相願、大坂御奉行所へ願出、宗旨除印等も相済、神職之訳屹度相立罷在候、私共同職ニハ御座候とも御地頭等ニ云々

3 〔覚〕（下関にて異国船打払いの儀につき）

一、文久三年亥五月十日夜九ツ時、月入テ雨降出シ暗夜之折、豊前領田之浦沖へ下りヲロシヤ船壱艘着船、尤も七十四人乗の由、長州より早々出帆之儀掛合ニ及候処、明早天出帆仕候、夫迄猶予致呉様申返し、其夜中俄ニ出船之様子不審ニ付、萩侯軍艦より大炮うち出候処、大ニ驚、碇を引揚ヶ、間モ無シ碇鎖を切逃去行衛不知事、尤も今夜四ツ時分土州侯より為知早打来候故、早速下関市中町役江命シ、男女足弱之者急速三リ五里山手江引退キ可申由、但シ兼而心得居異船着岸ニ候ハ、、打払之風聞も在之候得共、其夜過急之仰附ニ而、老若男女上ヲ下ヘト大恐□ニ而、俄ニ鼎の沸か如ク、町中狭き下関の市中を甲冑・抜身剣附鉄砲等ニ而通行在之候故、大混乱筆紙尽シ難シ、尤も家毎ニ軒釣提灯ヲともし手桶水を出し、主人たる者急度在宅申附、諸道具・金銀等ハしまつして夫々遠方親類方江差送り、只鍋釜・畳・建具ト三つのみなり、借屋之向者不残明家と相成候事故、夫々御侍衆下宿等相成候、尤も長府領ニ候得共、御本家萩或ハ□（清末カ）米・岩国等之軍勢厳重ニ扣へたり、十ヶ所之御台場〳〵等ニ而異船と見候ハ、、不抱善悪打放さんと手くすを引て待かけたり、依之商船も例より通行無少候事

一、五月廿三日朝卯早刻、イキリス登り船壱艘入来ニ付、観音崎台場より打出シ候、其外九ヶ所とも打出ス内、異船之表へ打当ル、異船よりも三発打出シならへ、元之海上へ引去、尤も異国ハツタリ大炮ニ而打取、其侭ニ捨置逃去候

一、五月廿六日辰之刻、ヲロシヤ登り船壱艘入来ニ付、引嶋台場より相図之狼煙を揚を打上ルト否や、所々の台場より不残打掛ヶ候処、異船よりも相図の狼煙を揚、舟之者壱人罷出、旗をふりて断ル体ニ候得共、味方ハ是をも不構追々打出候事故、異船よりも無是非打合シ、敵よりハ台場〳〵ヲ目掛ヶ打かけ候而、檀（壇）之浦東之台場是ニ而少シ損シ、又町家商江船少シ損シ候得共、人死ハなく、尤も玉十三諸所ニ落ル、毛利侯より打出候大砲異船ニ数多当り、異船加し（ママ）損破より汐入候得共、

異人難混(渋カ)之体もなく自分船ヲ前後ニ直シ、不損方を向テ打合居之内、損所の穴を直ス事甚早し、良壱時ツ(壱ツ時カ)斗双方取合、四ツ時異国船元之海上江逃退キ、尤も戦ひ中右石炭之煙ニ而双方体見江す候

一、六月朔日巳半刻比、イキリス登り船入着、引嶋より相図狼煙打上ル上、此度者長州侯船庚申丸江兵士打乗、異船間へ近漕寄、其間弐丁程隔テ打出ス、異船よりも打合しなからそろ〱と元之海上江引退様子故、諸ニ備へたるキカイ丸と言軍艦之はやりに待候而、只今退リ異船ニ追附打出ス可態度故、異船又々少々引退キ漂ひ居候ヲ、キカイ丸真先ニ進ミ、敵舟ヲ追越引帰して異船と庚申丸との中へ包まんとするニ、異船態ト和船弐艘の真中江満入けるゆへ、味方ハ幸ひと引挟打出、又々右漂ひ候内斗らひにん玉強クナル大炮ヲ打、挟きなから双方江打出ス可態度、此筒先防難く、別而庚申丸目当打たる大炮ニ数ヶ所の穴明き、船なかは迄汐入、兵士甚難混(渋カ)せり、又キカイ丸より打出ス大炮ニ而異船人一ト備へ打殺ス、此下備へハ凡五十人ヲや、異船間へ火移り少々燃上り候共異人少しもヒルマス、大炮ヲ打出シなから海上を走り去甚早し、味方の船弐艘共乍残念追可不能見逢ス、味方手負七人、退(ママ)死壱人、薄手五人之(也カ)、其節固メ場より小船ニ而五六人宛甲冑の者漕附、其船数千艘之共海上ニ馴たる異人船遙ニ登り越、行衛見不申候、此節陸ニ茂数千之軍勢旗幟りをかさし磯辺を往返す、陣鐘の音ランテウ(乱調)ニ打立レ、今日ハ四度目之内三ヶ度ハ元之沖へ追崩シ、四艘目ニ成とふと通り抜サシ、大ニ残念之次第候、尤も下関沖を通り、豊後沖より関東へ発船との見込ミのよし

二七四　神明宮遷宮寄附壱冊　年未詳・六・一三　三八三

(表紙カ)「巳六月十三日より十七日迄
神明宮御遷宮寄附
中之町」

世話人 丹波屋重次郎

同 綛屋利兵衛

一、十弐銅 筏屋善十郎

一、四十八銅 へいしや弥介

一、十二銅 たるや六兵衛

一、四十八銅 葛屋さい

一、四十八銅 中西仁左衛門

一、十二銅 しのや与八

一、四十八銅 木津屋勘介

一、十弐銅 松屋半衛門（九兵衛）

一、十二銅 筏屋平衛門

一、四十八銅 山崎屋利兵衛

一、十二銅 へいしや九郎衛門

一、四十八銅 へいしや清大夫

一、五分 紅屋平兵衛

一、拾弐銅 へいしや源次郎

一、十弐銅 惣兵衛

一、廿銅 紺屋仁兵衛

一、十二銅 善茂砂嘉兵衛

一、同 くに

一、同 惣八

一、同 藤介

一、八銅 市兵衛

一、十二銅 与勘平

一、同 勘十郎

一、同 藤兵衛

一、同 次兵衛

一、四十八銅 前田

一、廿四銅 綛屋利兵衛

一、四十八銅 丹波屋重次郎

一、四十八銅 はりまや平七

一、壱百目 紅屋甚左衛門

一、同 小浜屋駄(カ)蔵

一、百文 四井喜兵衛

〆弐匁五分
ぜに〆八百卌八文
　　六月十三日

二七五　年貢通壱冊（社家町）

天保五（一八三四）・一二　三八四

（表紙カ）「天保五年　地下
午御年貢通　社家町
初　」

一、壱石八　吉五郎　東向
一、壱石四斗　平五郎　惣五郎
一、四升　与二衛門　与二衛門
〆弐石四斗四升
一、三升　宇左衛門　東向
一、四斗九升三合四勺自分　惣衛門
一、壱斗三升　久五郎　惣五郎
一、弐斗三升五合九勺自分　長次郎
〆八斗八升九合三勺
一、七斗七升　自分　伊左衛門
一、壱石壱斗　平八　惣五郎
一、壱石五斗　同人　神主
一、壱升弐合六勺　自分　与二衛門
一、三升　自分　伊之助
一、壱石弐斗六升三合甚左衛門　安兵衛
〆四石六斗七升六合六勺
一、三斗九升三合六勺自分　清兵衛
一、三斗七升　惣五郎
一《ふし（カ）》、壱斗一升　勘衛門
一、壱石八　惣五郎
一、八斗五升七合一勺　西安寺
一、五斗壱升四合
〆三石弐斗四升四合七勺
合拾壱石弐斗五升六勺

内
拾五石四斗六升八合　上納
七斗三升五合　ふり米
〆拾六石弐斗三合
差引四石九斗五升弐合四勺
代四百拾壱目五厘　不足
一、ふり七石弐斗九勺　吉井社家様入申候
差引弐石弐斗四升八合五勺
代百七拾九目八分八厘過
午十二月　庄屋　印
組頭
物五郎殿

二七六　隠居普請入用帳壱冊　延享元（一七四四）・一二　三八六

（表紙カ）
「延享元年
隠居普請入用帳
子臘月令辰」

十二月二日
一、八拾文　材木上ヶ賃
丑二月八日
一、九百八拾三文　土代
三月十三日
一、三目　棟上ヶ祝儀
十七日
一、百六拾四文　日用ちん
十八日
一、九百五十六文　右同断
廿二日
一、三百七十二文　右同断

一、百六拾四文　右同断
　庄八
一、百四十文　土代
四月朔日
一、百廿六文　つぼ代
　庄兵衛へ渡ス
四月九日
一、五百八十文　日用ちん
同
一、百六十四文　右同断
十日
一、八拾四目八分六厘　瓦代　小浜武兵衛へ渡ス
四月十日
一、三十七目五分　瓦駄ちん
　日用太兵衛へ渡ス
十一日
一、百廿四文　日用賃
廿二日
一、八十文　庄八分　右同断
廿五日
一、八十文　利兵衛分　右同断
廿七日
一、四拾文　戸障子　中仕ちん

五月二日
一、六目八厘　木挽ちん
　目五リン
同
一、九十五目　大工卅八人作料
三日
一、弐百十八文　日用ちん
同
一、拾目　敷板壱間半
同
一、六十三目五分　戸しやうじ　いろいろ
四日
一、九十文　日用ちん
七日
一、九十文　右同断
同
一、百五十文　日用賃
十九日（ママ）
一、百文　同断
十六日
一、百文　同断
七月十一日
一、弐目三分　大工壱人分

一、同 弐拾壱目七分　畳屋治衛門払
一、十二日 三目　戸障子運ちん
一、同 五拾目壱分　左官へ払
一、同 卅弐目八分五リン　釘いろ〳〵払
寄〆四貫八百四十五文
十三目五分　厘
銀〆此銀五十壱目九分三厘
四百十目六分壱厘
又
九十壱目壱分　材木いろ〳〵
卅目　貫抜三寸引ちん
四十弐目五分　三月前大工賃
惣〆六百廿六目壱分四リン
延享二乙丑年七月十三日皆済
千秋万歳々々楽

二七七　明治初年布告壱通　明治三（一八七〇）　三八七

実子無之候ハヽ、年齢ニ不抱養子願之義可為勝手事
当月下旬
氷川社行幸被仰出ノ事
但日限者追而被仰出候事
後十月廿日布令
民部・大蔵・宮内三省御用物坂下御門出行ノ節ハ、其省木印鑑ノ裏へ掛ヶ紙ヲ以左ノ図ノ如ク員数相記シ、附添ノ者ヨリ番兵ニ相見セ可申事

表
○省名

裏
○何
包
肩

一、右之省自分用具ハ左ノ添書ヲ以出行可致事
記
何包

右御門出御断申候也

月日

称号　官名　印

坂下御門守衛御中

（明治三年）
庚午後十月廿二日布令

工部省

掌褒勧鉱山製鉄燈明壱鉄道伝信機等

右之通被建置候事

民部省中

寺院寮　襷逓司　地理司　土木司　庶務司

右之通寮司更ニ被定候事

同廿三日布告

氷川社　行幸来廿九日

御出輦十一月朔　御参拝日二日

還幸右之通御治定候条、相達候事

氷川社　行幸御出輦幷還幸之節、弁官以上、諸官省長官・次官可奉送迎事

後十月廿七日令告

宮華族之堂上幷諸官員之内、家来分或ハ食客厄介ニ致置候者ニ而、多年国事奔走中不得已情実有之、復籍不都合之輩有之候ハヽ、其旧籍行状等委細取調、早々可申出事

中冬初四布令

先般御記録編緝御用ニ付、癸丑以来有志之徒事蹟幷関係之書類等取調可差出旨御布告有之候所、今以不差出向モ有之、編緝御用ニ差支候條、現今存在之者者勿論、其親戚朋友等ニテ速ニ取調、来ル十二月中ニ可差出候事

四月初六布告

斗南藩中貨幣偽造之者不少、今般御取締相成候得共、偽造之徒多人数脱走及候ニ付テハ、此後何来之地潜□再ヒ偽造相企ニモ難斗、国之大禁ヲ犯シ不届ニ付、向後贋金・贋札等ヲ企ル者見聞ニ及、事実無相違ニ於テハ、速ニ召捕、兼テ御布令之偽造宝貨律ヲ照準シ所置可致、万一手向候者ハ打取候テモ不苦候條、各地方官より於此旨心得厳密取締可致事

縁組規則

一、華族ハ大（太）政官江願出、士族以下者其□（管カ）轄府藩県江可
願出事
一、華族・士族取結候節ハ、華族ハ大政官へ願出、士族
ハ其管轄庁ヨリ大政官江窺済之上可差許事
一、府藩県管轄ニ而取結候節ハ、士族・卒・平民トモ双方
之官庁ニテ聞済、互ニ送リ状取替ハシ可申事
各（右カ）之通被定候事

十一月

一、築地海軍繰（操）練所ヲ海軍兵学寮、大坂兵学寮ヲ陸軍兵
学寮与御改称相成候間、相達候事

元日光宮　伏見宮四男公現
改名能久願之通被聞食候事
依思食自今宮ト可称旨御沙汰之事

大政官

右相達候事

中冬初九日布告

宮内省

今般其省中　次侍従　相当正六位
内舎人局
御厩局
右被遣候條、此旨相達候事

十三日布告

弾正台探索及諸官省之役名ヲ仮リ、無根之説ヲ唱ヘ致
徘徊候者有之哉之趣不埒之事候條、府藩県ヲ於テ取締
致シ、今後右躰之者有之候ハ、、不差置召捕可届出候
事

大政官中舎人局　長相当従六位
助〃〃正七位
掌知舎人名簿分番宿直仮使
大舎人　相当正九位
権大舎人相当従九位
掌宮中分番宿衛
直丁
掌宮中雑使
小舎人
掌同上

雅楽局　長相当同上
助〃〃〃
掌知雅曲正儛領伶人試其伎工各教其生而請古楽
大伶人相当正九位小伶人相当従九位
伶生
掌奏雅楽
宮内省中　次侍従相当正六位
廃内番置此官
掌交番宿直若有車駕行幸分衛左右
内舎人局　長相当従六位
助〃〃正七位
掌知舎人名簿分番宿直仮使
内舎人　相当正九位
権内舎人〃　従九位
掌帯刀宿衛雑使若有車駕行幸則分衛前後
仕人
掌雑使宿直及有女官出行扈従之
直人
掌雑使宿直
御厩局　長相当同上
助〃　同上
掌知閑馬之調習乗具養飼配給穀草悉皆領焉
大駄(駁カ)中相当正九位
掌試御龍馬執御綱
中駄(駁カ)者　相当正九位
少駁者　〃　従九位
掌試御雑馬
馬部
右之通被置候事
自今内番被廃候事
庚午十一月十八日布令
帯刀之者横浜・神戸・大坂幷東京築地等外国人居留地
関門通行ニ者、是迄焉府外務省東京府ヨリ印鑑相渡来
候処、自今諸官員より府藩県士卒ニ至迄其管轄所与(ママ)印
鑑ニ而通行相成候ニ付、諸官省・府藩県トモ照準シ為
メ、右関門江兼而印鑑差出置可申候事

百姓・町人共福高袴□□織ヲ着シ、長脇差ヲ帯シ、士列ニ紛敷風躰ニテ通致候儀不相成候事

十一月　　大政官

今般旧官人等総テ位階被廃候ニ付、諸社神職有位之輩諸官省出仕中旧位階被停候事

来ル廿四日新嘗祭ニ付休暇之事

准流法

一等徒役五年、二等徒役七年、三等徒役十年

北海道流所御規則追而被相定候迄暫流刑ヲ停メ、役限ヲ五徒之上ニ加へ、准法被相設候条、法罪ヲ犯シ候者ハ右照準シ処置可致候事

一、今般准流法被相設候ニ付、今後流罪ヲ犯シ候者有之節ハ、従前府藩県ニ於テ設置候徒場ニ入、尋常徒人ト区別致、厳重駆役可致候、小藩ニ於テ各自一徒場ヲ設ヶ候儀不便之向ハ、府県大中藩ニ合併或ハ四五藩中一場ヲ設ヶ、費用ハ現石高ニ割付、便宜合併可被差許候間、各藩申談候上可伺出候事

但徒場規則之儀ハ追而御達シ可有之事

先般相達候駅法改正規則之内、駕籠人足掛自今長棒駕籠人足五人払、但駕籠目方付道具共合テ弐拾貫越ス可ラス

乗駕籠同シ人五分払

但同断九貫五百目ヲ越可ラス

人足遣定限之内一等ヨリ六等迄ハ一人ヲ減シ、十一等ヨリ十四等迄ハ半人ヲ増、右之通今般更ニ御改正相成候條、此段相達候事

馬車・騎馬等ニテ夜中無燈通行之儀堅ク被相禁候事

来ル廿三日鎮魂祭

来ル廿四日新嘗祭被為行候ニ付、来ル廿一日晩ヨリ到廿五日朝

御神事候条、重軽服者参朝可得事

炎之別而相慎可申、並梵鐘一切停止之事

但シ出火之節ハ格別之事

来ル二十四日於神祇官新嘗祭被為行候ニ付、諸官省勅任官以上酉之刻無遅ニ同官□参集可致候事

但衣冠着用可致、所持無之向ハ直垂独尤可為勝手事

自今旧官人・元諸大夫・侍並ニ元中大夫等位階総テ被廃候事、国名並ニ旧官名ヲ以テ通称ニ相用候茂被停候事

華族・元武家之輩自分車点住居被仰付候、尤知事トシテ地方官赴任之向願之上、妻子召連候儀者不苦候事

　但無拠事故有之、即今移住難相成向者可願出候事

官員免職之節、是迄名代十二字ヨリ出而御達相成候処、自今十字退出ニ而□人江御達相成候事

　但有罪免職之輩者名代二字退出御達之事

来ル廿四日新嘗祭ニ付、奏任官以下巳之刻より申之刻迄其官省ニ於テ拝賀申上、名刺取集□□ヨリ言上可致候事

来ル十二月三日内侍所御神楽ニ付、同朔日晩ヨリ四日朝迄御神事候事

　但重軽服者並ニ僧尼等参内可憚、政府出仕之輩者当日参朝可憚候、尤火之元厳重取締可致候事

二七八　文化五年三月祝詞壱通

文化五（一八〇八）・三・二八　三八八

祝文

謹美謹美惶礼惶礼美毛申須、古倍此国荒芷《アラビタル》乃世磐根木立草乃片葉毛咸能強暴《アジカル》乃時、天下於経営修治給倍波国作大己貴神登申志、武久強幾勢比在世波蘆原醜男登申志、天乃広矛於振弖邪鬼於撥（ママ）比平語問志草木乃類於摧伏給陪波八千戈神登申□□□不和順神等於和順倍国於持給倍波大国主神止申須、此神乃住世給陪留宮波、千尋乃栲縄於以結弖百八十紐比柱波高太久版波広厚久、高橋浮橋打橋鳥船百八十縫乃白楯有、又祭祀乃主諸乃職々備礼波大物主神登申志、神光海於照志幸魂奇魂於三諸乃山仁鎮女給倍波大国主神登申志、治世給布顕露乃事於皇孫尊尓依奉利神事於治世給比、御躬尓瑞乃八阪瓊於被弖寂然仁長隠給陪波顕国玉神登申寿、顕見蒼□□畜産乃為尓其病於療留方於定女、鳥獣昆虫乃災異於攘武為尓其禁厭留法於定女給布、是以百姓今尓至万弖咸思頼於蒙礼利登称辞竟奉利、広前尓宇豆乃御膳宇豆乃御酒

宇豆乃御幣於朝日乃豊栄登利仁捧奉利平介久聞食止申寿
宝祚天壌止窮利無久百姓安穏仁甲子日講中乃銘々別而世
話人等家乃内諸乃災難□万福辺幸倍給比夜守日護仁患奈留
波猶毛恵美幸比給辺止謹美々々惶礼惶礼美毛申事乃漏落武事
於神直日大直日尓見直志聞直志平計久安計久天乃班馬於牽
立弖聞食世止申寿
文化五年歳在戊辰春三月廿八日

二七九　安政四年十二月朔旦祝詞壱通

安政四（一八五七）・一二・朔　三八九

再拝々々掛毛畏幾
西宮太神宮
広田太神宮
南宮八幡宮乃宇豆乃広前仁日七日夜七夜斎波利敬美大御
食大御神酒奉仕弖天津祝詞乃大諄辞於以忌部乃大麻
取々祓比申志清女申志神祝々奉祈之状者
久堅乃天長久荒金乃地久久天下泰平四海静謐
玉体安全聖寿万々歳
征夷大将軍武運長久安寧子々孫々八十連属国家安全万
民豊饒五穀成就常盤堅盤仁夜乃守利日乃護利諸仁守
給比幸比賜江止祈禱申事於平良介久安良介久聞食止恐美
惶美敬弖申春
安政四年歳次丁巳十二月朔日
神主神奴連良郷　敬白

二八〇　嘉永六年十二月祝詞壱通

嘉永六（一八五三）・一二　三九〇

祝詞
掛毛畏幾《カケマクモカシコキ》御心乃《ミコヽロノ》広田野里仁《ヒロタノサトニ》鎮座寿《シズマリマシマス》大御神乃《オヽカミノ》広前仁《ヒロマエニ》恐《オソレ》
美惶美母申寿《ミカシコミモモウス》、太御神波《オヽミカミハ》奇幾妙幾《クスシキアヤシキ》甚毛尊幾《イトモトフトキ》勲功乃《イクサミサホノ》御神仁《ミカミニ》
御座□故仁《ミマスガユエニ》、大日本国乃《オヽヤマトミクニノ》数多乃《アマタノ》御神等乃《ミカミタチノ》中仁毛《ウチニモ》臨時事弖《コトニノゾミテ》御《ミ》
祈禱所《イノリドコロ》二十二社之《フタトセアマリフタツヤシロノ》御神仁座満寿賀故仁《ミカミニマシマスガユエニ》、今度《コタビ》往古与《ムカシヨ》
利《リ》御代継々々《ミヨツギツギ》天皇等乃《スメラキタチノ》嘉例仁《ヨキタメシニ》随比《シタガヒ》　今上皇帝乃《イマノスメラギノ》詔旨《ミコトノリニ》
申佐久《モウサク》、近年来《チカゴロ》異国船《コトクニノフネ》頻来《シキリニキタリ》乞求通商武止《アキナヒカヨハサシムト》事謀《コトハカ》連里《レリ》、

頗有件《スコブルミギノ》　災《ハザハイ》　弖天皇孫於《アリテスメラキラヲ》　始奉利《ハジメタテマツリ》　百官東大将軍乃《モヽツカサアズマオヽイクサギミノ》
愁歎賜事《ウレイナゲキタモウコト》　大方《オホカタ》　奈良寿《ナラズ》、　然止毛《シカレトモ》　我日本朝波《ハカミクニハ》　所謂《イハユル》
神明乃国也止《ミアカシカミノクニナリト》　神明乃《ミアカシカミノ》　助《タスケ》　護利賜波《マモリタマハバ》　何乃可近来岐《ナニノチカズクベキ》、
況掛毛畏岐《イハンヤカケマクモカシコキ》　皇太神波《スメオヽミカミハ》　我朝乃《ワガミカドノ》　太《オヽ》　祖《ミヲヤ》　荒御魂仁御座天《アラミタマニミマシテ》
食国乃天下乎《ミクニノアメノシタヲ》　照賜比護賜利《テラシタマヒマモリタマエリ》、　如是異《カクコト》　国《クニノ》　船《フネ》　至　来《イタリキタリ》
此御国於躁驚《コノミクニヲサハガシ》　天皇乃御心於動奉波《スメラギノミコヽロヲウゴカシタテマツルハ》　全禍津《マタクマガツ》　日之神《ヒノカミ》　乃《ノ》
御所作奈良武《ミシハザナラン》、　若賊謀己就弖《モシアシキハカリゴトナリテ》　押天為乞求通商来《オシテアキナイカヨハサンコトヲナシキ》　信又《タルベク》
在者《アラバ》、　太御国内乃《オヽミクニウチノ》　諸神等乎《モロカミタチヲ》　唱導岐給比天《イザナイミチビキタマヒテ》　明神乃御威稜《ミアカシカミノミイズ》
於光輝《ヲヒカリカヽヤカシ》　不汚神州《カミクニヲケガサズ》　不損人民《タミヲソコナワズ》　国家乃大禍《クニイエノオヽイナルハザハイ》　万姓乃深《ヨロズウシノフカク》
憂止毛可在良牟乎波《ウレイトモアルベカラムヲバ》、　皆悉未然《ミナコトゴトクシカラス》　外払却鎮滅賜弖《ソトニハラヒシリゾケシホロボシタマヒテ》
国体安全天下泰平宝祚悠久《クニツカミヤスオダヤカアメノシタヤスクタイラカニミイノチナガクヒサシク》武運長延《ナカ》於護利《ヲマモリ》
救助《スクイタスケ》　賜波武事於《タマハムコトヲ》　常盤仁《トキハニ》　堅盤仁《カキハニ》　与天地日月共仁《アメツチヒツキトトモニ》　夜護《ヨノマモリ》
昼乃守《ヒルノマモリ》　尓《ニ》　護幸倍《マモリサキハヘ》　矜奉給倍止《アハレミタマヘト》　恐美恐美毛《オソレミオソレミモ》　申賜久止申寿《モウシタマハクトモウス》
辞別仁申佐久参集《コトハケニモウサクマイリツトエル》留社家祝部等《ラ》慮乃外仁咎阿屋万知有止《オモイノホカニトカアヤマチアリト》
毛《モ》　天《アマ》　津祓《ツハラヒ》　国津祓乃《クニツハラヒノ》　太祓乃言於以《オヽハラヒノコトハヲモテ》　祓清申上者《ハライキヨメモウスウエハ》　神直日《カンナホミ》
大直日見直聞直給倍止《オヽナホヒミナヲシキヽナヲシタマヘト》惶美惶毛斎利弖申須《カシコミカシコミモエマハリテモウス》

嘉永六年止云年乃十二月

祭主　敬白

二八一　橘家大元祭式壱通　年月日未詳

橘家大元祭式

大元祭波大元尊神天御中主尊又号虚空蔵一座於奉祭也、天気晴明乃夜於撰底庭上於払比清女高案一脚立、其上仁手抉仁水於盛、水波新仁汲用由、又昼祭良波寅乃一刻仁新仁水於汲北辰星乃影於宿志、此水於用由、供物波洗米醴也、祓波三科祓三種大祓也、祈禱常仁同

次第

先壇仁進、北方仁向底座仁着如常、次笏於正底再拝、次三科祓数十返・三種大祓数百返唱布、次立笏於正後乃方辺三足退左右左上天於仰望向乃方辺三足進左右左、天仁向上天氏息於左右辺吹払布臍下与利息於吹出払布二息、次天乃清気於吸二口上天乃清気於口於開吸也、次跪座志底笏於正志北仁向底息於左右辺吹払布臍下与利息於吹出払布二息、次此方乃清気於吸二口北方北辰仁向底口於開大元水乃清気於吸也、次平伏底息於左右辺吹払布臍下与利息於吹出払布二息、次地乃清気於吸二口口於開土金乃清気於吸也、次立底笏於正志大元尊神於再拝志、次大元水於献拍手再拝、次供物於拍手再拝次座着神妙

紀於唱布

神妙紀

妙哉是吾国常立尊、亦曰天御中主尊、是則為空虚神霊無名之名無相、之相故亦曰大元尊神、是則先天之元気御神也、是則先地之一霊御神也、是則先人之性心御神也

大元尊神在天運元気配五星精神而行之現天五星元神者国狭槌尊・豊斟渟尊・泥土煮尊・大戸道大苫辺尊・面足惶根尊是也、包此五神化為乾者伊弉諾尊也

大元尊神在地運一霊配五行精神而行之蔵地五行霊神者木祖句々廼馳命・火祖軻遇突智命・土祖埴安命・金祖金山彦命・水祖罔象女命是也、包此五神化為坤者伊弉冉尊也

大元尊神在人運性心配五蔵精神而護之詫人五蔵心神者天八降魂命・天三降魂命天・天合魂命・天八百日魂命・天八十万日魂命是也、包此五神化為男形者伊弉諾尊也、包此五神化為女形者伊弉冉尊也

吾日神者国常立尊変作也、弟月神者天御中主尊変作也、汝大彦龍王者伊弉諾尊変作也、汝大妃龍王者伊弉冉尊変作也、日者天之魂也、月者天魄也、陽龍者地之魂也、陰龍者地之魄也、照昼夜者日月也、持昼夜者龍王也、照一切普生心者吾也、持一切普生像者汝也

次祈禱動陞降左右前後振一合一動五手

次立底笏於正志三足退幾左右左、上天於仰望三足美左右左、息於左右辺吹払臍下与利息於吹出、志払□左陽息陰息、次上天乃清気於吸口於開幾呑込、清気於吸也、息於閉祈念天津、祝詞、其息於上天辺吹返志祈留事於言葉仁吐出寸太、諄辞、次跪座志底息於左右辺次（吹カ）払布如初、次北辰仁向氏大元水乃清気於吸布如初、其息於元所辺吹返志祝詞如初、次平伏底息於左右辺吹払布如初、次地乃清気於吸布如初、其息於地辺吹返志祝詞如初、次拍手二津、次立底笏於正再拝、次大元水及供物於撤、次退

口伝云、息於吹払波一切乃念慮於臍下与利残利無久吹払也、幾息奈利止毛胸中仁清幾於覚麻底吹払也、陽息止波保於止吹於云、陰息止波不宇止吹於云、清気於吸波天地大元乃清浄乃霊気於吸底呑込心源仁蔵底祈念志、其念於息止共仁其気乃本元辺吹帰志底言葉於発祝詞於申寸、是天津祝詞大諄辞也、可秘可慎矣、右大元祭波

霊験第一乃秘法也、一千日修行波真仁神妙於得也

橘家大元祭　終

二八二　天保十年五月朔日祝詞壱通　天保一〇（一八三九）・五・朔　三九二

西宮
　再拝々々掛毛畏幾
南宮
広田大神等乃宇豆乃広前仁神主良顕斎波敬美大御食大御酒
奉仕天斎部乃太玉籤乎朝日乃豊坂登仁持捧介大中臣乃天津
祝詞乃太諄辞乎宣天払ヒ申清女申神祝祝奉祈状者
親王御方稜威磐村乃如久常磐堅磐仁御安久穏仁夜乃守日乃
護諸仁守利幸比賜倍止称辞意奉利天之八平乎拍手祈之申須
事於平良介久安良介久聞食止恐美惶美敬弖曰春
天保十年歳次己亥五月朔日　神主神奴連良良（ママ）顕　白敬

二八三　宇都宮直（真）名介祭文壱通　年月日未詳　三九三

□恭口占之　色籠寒雲変　□悉為遺霊
御宮
不用　十七宝籠当年漏大平風霊濠未没霊台在霊譬何
曽飾此宮
数百橋梁一罩籠西南寓目古皇風文章既檀中　美渇仰仁
明道徳宮
日影磷々万瓦籠蜉蝣動古子来風三年課役公然免富貴長占
鎮座宮
虵行短折北湅籠淀水茫々社後風覇術興亡何必向千秋血食
見王宮
多民之慕此花籠市屋于今想国風自足河東河内粟神明万古
不移宮
名歌靄雨感冬籠大雅余音日本風簇々炊烟追世盛千秋奉慰
聖人宮
神光現出瑞籠籬満樹楳花面々風馥郁難波春夜月鈴声浄処
是高宮　籠籬倒置

右本府貫属士族宇都宮真名介　拝首

記余白曰

翻蕾千代之昔今此籠霞可知春開兮斯花《ハナヒラクチヨノムカシヲイマコヽニコメシカスミハイマヲハルベトサクヤコノハナ》

其二

無仰気御世者難波之増鏡千世倒曇晴行春雨霖《オフケナキミヨハナニハノマスカヽミチヨノタメシニクモリハレユクハルサメノムツ》

其三

鶯高津宮居之春□皆誌宿斯花兮鳴斯花兮千世鑑《ニホヒトリタカツミヤイノハルソカシコノハナニウシコノハナニナケチヨノシルシニ》

其四

懸幕文神意遥々開楳枝今日知了奉部哉《カケマクモカミノコヽロハルハルトヒラクムメカエケフヲハルヘトシロシメスカナ》

其五

統御在昔之第十七世皇帝玉瑞籬楳随意《ソノカミノソノトナヽヨヲシロシメスワカオフキミノタマノミスカキムメノマニマニ》

倣王仁氏句格

我素勤王事諸人未勤王世珥勤王事《ワレハモトスメキイソシムモロヒトノイソシマヌヨニスメキイソシム》

源雄《アヤオ》　上

二八四　酒折宮寿詞壱通　寛政三（一七九一）・正　三九四

酒折宮寿詞

那麻余美乃此甲斐国之御酒折宮者母与纏向之日代宮御宇天皇命大御代尓倭男具那倭建男天下之益荒建男神建男登皇子之随所選賜弖千引之石乃重伎難伎大命乎重浪之頻蒙斯弖西国能无礼熊曽乎言向弖東国之荒振蝦夷乎和賜弖神登母神登宇都曽美乃世迩無比建伎由々斯伎大御稜威之天下尓万代尓天津日登照照耀加須宇豆能大御子倭(男脱カ)具那倭建神之命之事訖弖大事竟弖蛉島尓還坐時衣手能常陸乎遇(過)弖足柄御坂乎越弖篶刈科野国之御坂神乎多比良宜牟登遇(過)坐流其道之其行宮登神随逼坐弖後世迩片歌之読歌之事之始登仰那流新治筑波乃御歌乎読斯賜幣流其宮所蹟処登百継十嗣御世者移礼杼千年五百歳者経奴礼杼余呂志那倍宮者宇勢世受跡者絶不為今行前母比佐迦多能天津日登天津日嗣登倭男具那倭建神命之無比伎建伎御稜威之大御名登共共々迩諸共迩長良閇弖伝理弖万代尓常登波尓弥高尓弥広尓照将行栄往年宮蹟処

寛政之三年云歳之正月　伊勢国飯高郡之御民

平阿曽美宣長畏々　白寿

二八五　神代文字梅園信徳記壱通

文化七（一八一〇）・五　　三九五

予先年受蛭子点□□太神按日本文字□□□太神之御作也

文化庚午梅月　　梅園信徳謹識

実気むかふ阿波の国大宮の神さね藤原の充長の阿曽は其国造のあとをかねたり、しかあるに人ならぬ神の大御代ゆ今につたへて名くはしき家なりと聞ゆ、そか家に伝へもたるこゝたくの文あるか中にいやふるひにふるひて文字のつらもみえわかざるありけり、阿曽こをなけきて新にかくかへ写してうつせミの人みなに伝へむとねもころにせりとなも、おのれよしえあしかる浪速の国にあそひて吾友高蔵かりにてゆくりなく手にふれつゝ、ひとわたり見給にうへしもふるき大御代のものにかもあるまし、故人伝にいひつらく此四十まり七言の文字ハ玉ちはふ神の御代なりし天津児屋根の神の神はかりにはかり思兼の神のおもひに思ひてつくらせし神言のましるしなり、こをもて後に五十連の音兄弟中臣のふとのりことをよも書しならむとぞ、またとにかくいちしるし神の御代にも文字のありしをことさへくからくにの文字わたりてゆ吾大御国の文字はすたれにたるにかくしも文字ののこりたるはや大宜都比売のさちにかもあるか、阿曽か家のさちにかもあるかとうれしミたふとみてかいしるすといふ

淡海日子根の人林連義兄

（書込み）「神代文字以下略ス」

二八六　慶応三年十二月祝詞壱通

慶応三（一八六七）・一二　　三九六

言巻文忌々敷掛巻文恐幾

西宮大御神乎奉請宇豆之御広前仁大御食奉供莚閇高知莚腹満雙弖称辞竟奉留大御神之鎮利大座麻須大御郷之産子共諸及仁親久憐愛久所思食天願事祈奉人等仁奇異那留大御

稜威宇幸比賜波世留形勢真仁髪逆立及仁斎々志ミ畏ミ忝那
ミ尊ミ奉留故仁今日和計弖大御神乎乞禱奉留此大共尓四方
四角与利疎備荒比来武阿麻能麻我都比登母云神乃悪事無久
親族寿命長久子々孫々百八十連尓続而商売之酒醸業令弥
栄大御神仁奉仕乎其愛哀愍坐而堅石仁常石仁夜之守昼之
護守幸福冥加麻世止庶自物膝折伏鵜自物頸根突祓天一向
仁一心乎持而乞禱申言乎平良介久安良介久聞食止恐ミ惶ミ
中春

慶応三丁卯歳十二月吉日

二八七　明治二年八月九日祝詞壱通

明治二（一八六九）・八・九　三九七

此乃新御殿尓遷奉仕留掛巻文畏幾広田乃皇大神大国主西
宮乃大神又屋船皇大神豊受比売命乃大御前仁開手慘亮《ヤラヽ》尓
打止弖称辞竟奉良久止白寸
皇大神等乃長世遠代尓来鎮座須大御在所母荒玉乃年賀来
経礼婆石上布留備尓布留備荒尓荒多里故是以弖奥山乃大峡
小峡立留大木小木乎忌部乃忌斧以打伐本末乎婆山神尓奉弖
中間乎持出来天此所乎払比清米弖下津石根尓宮柱太敷立高
天原尓千木高知弖端乃御舎仕奉千歳母不易万世母不絶止
神籠結固米御樋代戴奉弖天乃御蔭日乃御蔭止今日乎生日乃
足日止択比定弖神官等諸乎率弖御尾前尓仕奉安良介久平良
介久新宮遷志仕奉里天地日月止共尓弥遠長久鎮座世止称辞
竟奉良久止白寸如仕奉良波明御神止大八嶋国所知看須我大
皇乃命乃大御代乎堅石尓常石尓斎奉里茂志御代乃足志御代
尓幸倍給比　当県知事《コノアガタシラス》　官人等乎初米氏子乃男女至留万弖平
良介久安良介久夜乃守日乃守仁幸倍恵給敝止恐古美恐古ミ母
白寸
言別天白佐久今度勤ミ仕奉留人等又己等迄毛千年八千歳
長久御祭美久仕奉志米終敝漏落事波神直日大直日仁見直志
聞直志守利坐弖諸乃災難無久常尓祈願事共乎見志明良米聞
志看給弖秋花乃好ミ仁相扶給倍相阿奈々比給倍止畏ミ畏美
母白

明治二年秋八月九日生日足日

従五位神奴連良郷

二八八　清水浜臣懐紙壱通　年月日未詳　三九八

初春詠若菜知時
和歌
清水浜臣
ふりはえてたれにつめとか野へにおふる
す丶なも春の色になるらむ

二八九　谷田吉右衛門荷物目録壱通　年未詳・一一・朔　三九九

箪笥　二棹
間箪笥　一棹
長持　二棹
外ニ
琴　一面
衣桁　一
櫛箪笥　一棹
木地長持　一棹
右之通目出度幾久致祝納候、以上
十一月朔日
沢田上野介内
谷田吉右衛門
吉井上総介様御内
芝田吉兵衛様

二九〇　銀子関係書類壱括　宝暦六（一七五六）・一一〜文久三（一八六三）・九　四二一

証文　借リ主　貸シ主
宝暦六年十一月　銀二百目　中村右衛門　吉井左京
明和九年二月　金十両　吉井陸奥守　魚屋茂十郎
文化二年十二月　銀六百目　野田屋利右衛門　吉井
文化九年十一月　銀四百目　吉井上総介　時尾屋平治郎
文化十三年子十月　銀壱貫弐拾五目壱分二リン　真宜屋小三郎　吉井上総介

幸平次
文政十年七月　銀五貫目
臼屋惣五郎　佐良屋小四郎
文政十一年九月　金六両　橋本弥太郎　吉井上総介
嘉永三年十二月　金弐拾両　吉井但馬守　四井屋又兵衛
大森主水
広瀬右京
安政二年十二月　銀壱貫五百目
吉井陸奥守　樽味屋忠右衛門
安政四年十二月　金三十五両
吉井陸奥守　豊嶋屋惣右衛門
安政五年十月　銀百目　中村屋勘兵衛　吉井陸奥守
文久元年六月　金弐両　東向斎宮　吉井陸奥守
文久元年六月　金壱両弐分　東向斎宮　吉井陸奥守
文久元年七月　金五両　吉井陸奥守　鳴尾屋治兵衛
文久元年十一月　金拾二両　同　鳴尾屋治兵衛
文久三年十二月　金弐拾両　同　木津屋太兵衛
申十一月　銀壱貫目　同　豊嶋屋惣左衛門

慶応元年十二月　金弐拾両　同　木津屋太兵衛
文久三年九月　金三十六両　銀三貫五百目メ　吉井陸奥守　吉井銀治郎　木津屋太兵衛　鳴尾屋治兵衛　善塔屋半治郎　餝屋弥助　辰巳屋藤兵衛
十月廿九日　銀五百目　神主代　左馬若　辰巳屋藤兵衛
不詳　金壱貫四百五十四目八分五厘七毛　吉井宮内　ふなや市兵衛
文政九年十二月　銀六十目　兵庫屋徳兵衛　吉井
文政十三年三月　銀百弐十目　大森帯刀　紅野勘左衛門
天保二年十二月　銀八十六目　越木岩新田　孫左衛門　吉井
天保十一年七月　金弐拾五両　広田村　伊織　中村　民部武右衛門　善塔屋庄十郎
天保十二年正月　金壱両　吉屋宗兵衛　打出屋金兵衛
文久二年六月　銀十貫目　池田屋勘右衛門　外十四人　信濃屋久兵衛

午四月　金弐両　越木岩仁右衛門　吉井

亥十二月　銀五百目　佐京　伊蔵

八月　金壱両　錦織中務大輔御内
本郷大学　東向伊津儀

二九一　石燈籠願主人数書付壱通　年月日未詳　四二二

丹州氷上郡和田彦次郎石燈籠主人数書付

一、摂州大坂

近江丁　光吉三郎右衛門

いたち掘　灰屋五兵衛

天満市ノ川　錦屋弥兵衛

天満市ノ川　同平(ママ)半兵衛

会所町　播广(磨)屋戎兵衛

一、播州多可郡　田高村蔵本

石原村吉衛門

炭屋治郎衛門

一、同国高砂　岡本村弥左衛門

同　五郎兵衛

一、丹州氷上郡　成松町与右衛門

同　嘉右衛門

前川村《石塚》新左衛門

和田町　氷上郡　丸屋新重郎

前川　同　平左衛門

堅田隠伯

鯛屋久兵衛

錦屋五兵衛

世話人　鉄屋彦次郎

鯛屋久次郎

覚

一、当社太神宮御神前
　常夜燈石燈籠一対　世話人　鉄屋彦次郎
　　　　　　　　　　　　　　鯛屋久次郎
右料物金弐拾両
右之内金子壱両慥ニ請取申候、尚又於御神前永々家内
安全之御祈禱可令修行者也
　年号月日　摂州西宮
　　　　　　戎社神司
　　　　　　　宮内
誰殿

二九二　田地売券壱通（上田七畝六歩につき）

貞享三（一六八六）・一二・二五　四二三

永代売渡シ申田地之事
字名ハ□屋け
上田七畝六歩　斗代壱石八合
右件之田地ハ寅ノ御年貢米ニ相詰り申故、丁銀弐百五拾目ニ大坂戎屋治兵衛殿宮田ニ買被上候ニ付、売渡シ申所実正也、若此田地ニ付如何様之妨申もの於有之者、急度判形之者共罷出埒明可申候、為後日連判之証文仍如件
　貞享三年寅十二月二十五日
　　　　　　中村地主　九郎右衛門
　　　　　　同村年寄　与次兵衛
　　　　　　同村庄屋　四郎兵衛
大坂戎屋
　治兵衛殿

二九三　畑地譲状壱通（下々畑壱反弐拾弐歩につき）

寛政一一（一七九九）・一一　四二四

譲り申畑地之事
一、下々畑壱反弐拾弐歩　斗代三斗弐升弐合
右之畑地我等所持ニ候へ共、此度要用之子細依有之貴殿へ譲り、則為礼銀与銀子百目慥請取申所実正也、此畑地

ニ付何之構も無御座候、若脇より違乱妨申もの有之候
ハヽ、此判形之者罷出急度埒明可申候、為後日之譲り証
文仍而如件
寛政十一未年十一月
畑地譲り主
市庭町
西口屋
小兵衛
同町
千足屋
茂兵衛
吉井陸奥守殿
右当町支配相違無之ニ付致奥印候、以上
鞍懸町月行司
松兵衛

二九四　田地売券壱通（雛形）
嘉永四（一八五一）・一二　四二五

田地売渡取組之事
一、中田何反何畝歩　高何石何斗
御取米　何石何斗
諸懸り　何拾何目
右田地作畝何反何畝歩
年代定免何石何斗
差引残米
何石何斗作徳米
右之通一切相違無御座候、右見詰を以売渡取組仕候如件
嘉永四亥年十二月
田地売主誰
請人　誰
何屋何兵衛殿

二九五　常夜燈明料寄進請書壱通（燈明油料として金子拾弐両受納につき）
宝永元（一七〇四）・一一・二〇　四二六

覚
一、今度当夷之社前江永代常夜燈籠御寄進、則為燈明油

料金子拾弐両被差上致受納候、永々常夜燈明一夜ニ而も怠慢有之間布候、倍御家栄長久・如意安全之旨毎度抽懇祈丹誠可令勤仕候条、為後証如件

宝永元年申十一月廿日

西宮神主
吉井宮内
社家
中村治部
同
浜庄大夫
同
田中右衛門
同
東向刑部
同
鷹羽源太夫

洛陽
京都
亀井和泉殿

二九六　社地開発手形二通　延享元（一七四四）・八　四二七

1　一札証文之事（御会殿社地蛭子講田に御宛下され候につき）

一札証文之事

一、御会殿社地　東与南与ニ而東西南北九間半
北ニ而東西拾間壱尺

右之処深サ五尺斗之池ニ而御座候所、此度私共蛭子講田ニ御宛被下候ニ付、持埋候田地ニ仕、当子年より御年貢弐斗宛御社納可致筈ニ相究候所相違無御座候、右之通相究候上者年々無滞常免（定）ニ弐斗宛急度社納可申候、御社地入用之節者不及申、若壱ヶ年ニ而茂御年貢相滞候ハヽ、右之田地御取上ヶ可被成候、尤内証ニ而宛替申儀堅致間敷候、為後日一札連印如件

延享元年甲子八月

市庭町
与二兵衛印
仁兵衛　印
与兵衛　印

小兵衛　印
新兵衛　印
源七　印
伊兵衛　印
同田地肝煎
藤兵衛　印

神主
吉井左京亮殿

2　一札証文之事（御茶屋所社地開発にあたり無年貢・半毛期間につき）

一札証文之事

一、御茶屋所社地　宛米壱石弐斗
作人　南半分　中之町忠兵衛
　　　北半分　社家町宗左衛門

右之所五年以前庚申年（元文五年）水損ニ而砂入ニ罷成有之候処、去ル戌年（寛保二年）より私共両人ニ開発ニ（被カ）仰付候趣、戌年より当子年迄三ヶ年之間無年貢、来丑年より巳年迄五ヶ年之間半毛
右之通相究候所相違（無脱カ）御座候、然上者年賦相過午年よりハ御定之通御年貢壱石弐斗宛年々無滞御社納可仕候、若御年貢相滞候歟、我侭之儀仕候ハヽ、何時ニ而も田地御取上ヶ可被成候、為後日連判一札如件

延享元年甲子八月
作人社家町
宗左衛門
同　中之町
中兵衛

神主
吉井左京亮殿

二九七　請人関係書類壱括　年月日未詳　四二八

人別送り状

文政七年二月　野間村庄屋
吉井上総介

藤左衛門妹　利兵衛
いと
（後筆）「（養女）」

文政九年正月　吉井上総介女ちく　小曽根茂兵衛
鳴尾村鉄屋嘉兵衛方へ遣ス

天保六年九月　吉井上総介悴松太郎（後筆）「（12才）」　浜東ノ町御役人
吉井仁九郎

天保十二年十月　吉井但馬守弟熙之助（後筆）「（15才）」　後神出雲守

人別請取状

天保十四年十二月　西宮御社役人　丹波加佐郡二俣村
庄屋　清三郎
同村勝五郎娘いわヲ
西宮関屋藤左衛門妻ニ
（後筆）「（24）」

宗旨手形

寛保三年三月　西宮御神主
但馬一所村伝十郎娘さつ　但馬早田村大同寺

天明六年九月　社家町御役人
丹波屋清八家内四人　西安寺外四ヶ寺

弘化四年九月　吉井但馬守
木津屋文四郎家内四人　海清寺
順心寺

嘉永元年九月　西宮役人中
関屋藤左衛門家内六人　如意庵外三寺

嘉永三年九月　西宮役人中
関屋倉蔵家内六人　如意庵外三寺

嘉永五年九月　吉井但馬守
木津屋文四郎家内五人　海清寺
順心寺

外ニ

年季奉公人請書九通アリ　雑ニ

二九八　常夜燈明料寄進請書壱通（田畑売券・御手形請取につき）　享保二〇（一七三五）・一二・二四　四二九

永代常夜燈明油料田畑請取証文之事

字山の神
一、下々畑弐畝七歩　土代六升七合
同所
一、下畑拾六歩　土代二升七合
字かたぼこ
一、下田壱畝五歩　土代五升九合

右之田畑但畝広之所三ヶ所当社御神前永代常夜燈明油料被指上、則田地売券幷御手形被相添慥ニ請取申候、然上ハ永代常夜燈明無怠慢屹度可申付候、且諸願成就繁栄之旨毎々可抽丹誠候、為後証連印仍如件

享保廿年卯十二月廿四日

神主
吉井左京亮　印

社家
東向佐膳
祝部
広瀬丈右衛門
同
田村伊左衛門
同
大森次郎兵衛
同
堀江権大輔
同
橋本治太輔
同
大森善大輔
同
大森主膳

嵯峨屋
理右衛門殿

二九九　金燈籠寄進請書壱通

享保一八（一七三三）・正・一六　四三〇

享保十八年丑正月防州山口より金燈籠壱対当社へ上ヶ候
願主よりノ書付也

覚

一、金燈籠一対　大坂門屋安形屋祢衛門土佐掘二丁目
但月々朔日永代燈明料トシテ銀壱枚差上申候

丑正月十六日

防州山口
三原屋新兵衛
同
宮竹三郎左衛門
同国宮市
磯部忠右衛門

吉井宮内様

三〇〇　常夜燈明料寄進状三通

享保一二（一七二七）・一二・二一〜二二　四三一

享保十二年未十二月廿一日
小網中善右衛門常夜燈油料田畑売券証文　三通

1　一札之事（夷御神前永代常夜燈明油料として中村田畠弐ヶ所差上候につき）

一札之事

夷御神前江永代常夜燈明差上候ニ付、永代之為油料中村において田畠弐ヶ所買求差上申候、則売券証文御社中江相渡シ置申候通相違無之候、一札如件

享保十二未年十二月廿二日

願主
小網中善右衛門

吉井宮内殿

2　売渡申田地之事（田畑二ヶ所につき）

売渡申田地之事

字松田
一、中田壱反壱畝弐拾弐歩　高壱石四斗九合

内かいち
一、上畑三畝弐歩　高三斗七合

右件之田畑雖為先祖相伝来御年貢米ニ相詰り、代銀壱貫四拾目ニ売渡申所実正明白也、此田地ニ付何之構茂無之候、若脇合より違乱妨申者於有之ハ、此判形者共急度埒明可申候、為後日仍如件

享保十二年十二月

中村売主　弥十郎
同村請人　市兵衛
同庄屋　七左衛門
同年寄　孫左衛門

小網中善右衛門殿

一、免分(合カ)之儀者七歩増ニ御年貢米(カ)上納可被成候、其外諸役懸ヶ申間敷候、以上

3　相渡シ申証文之事（油料として差上げられ候中村田畑売券証文受取につき）

相渡シ申証文之事

夷　神前江永代常夜燈明為油料

字松田
中田壱反壱畝廿弐歩　高壱石四斗九合

内かいち
上畑三畝弐歩　高三斗七合

右弐ヶ所之田畑中村ニ而被買求永代油料ニ被差上候、尤売券証文被相渡慥ニ受取申候、永代毎夜燈明懈怠有間敷候、為後証連印証文如件

享保十二年未十二月廿一日

神主　吉井宮内
社家　東向左膳

祝部
広瀬丈衛門
田村伊左衛門
大森次良兵衛
堀江権太夫
橋本治大夫
大森善大夫

小網中
善衛門殿

三〇一　田地関係書類壱括

宝永六（一七〇九）・四・二五〜慶応二（一八六六）・一二

四三二

質物ニ差入預り申銀子之事

松原新田
一、下畑弐畝拾三歩　　津門村

北芝
一、下畑四畝三歩　　右同断

同所
一、下畑弐畝歩　　右同断

同所
一、下畑弐畝拾五歩　　右同断

同所
一、下々畑四畝弐歩　　右同断

〆壱反五畝壱歩　　斗代壱石六斗弐升壱合

右之畑地質物ニ差入、銀壱貫目慥ニ受取預り申処実正也、
然ル上者来ル巳年より申年迄四ヶ年之間毎年銀百三拾目
宛無滞急度相立可申候、万一少々ニ而も相滞義有之候
ハ、、右之質物御引取被成、如何様に御支配可被成候、
其時一言之子細申間鋪候、為後日依而如件

安永元年辰十二月
東之町畳屋
預り主伊兵衛
石才町淡路屋
請人　源太郎

吉井陸奥守様

右之畑地相違無之加判致候、以上

津門村庄屋　伊左衛門

譲り渡証文之事

字前かいち
一、屋敷

同
一、上畑

右之通弐ヶ所私所持ニ御座候処、此度要用ニ付其元殿江譲り渡し、代銀三百四拾目慥ニ受取申候処実正明白也、然上者右屋敷・上畑ニ付御年貢・御公役其外諸懸り一切無御座候、為後日屋敷・上畑譲り渡し証文如件

文久弐年戌二月

譲り主　橋本屋長兵衛　印

請人　大嶋屋徳蔵　印

吉井陸奥守殿

譲り渡申田畑之事

字名やすい
一、中田三町廿九歩　斗代四斗七升六合

一、下田四町五歩　斗代四斗壱升七合

右之田畑我等雖為所持此度要用有之候ニ付、銀弐百五拾目慥ニ請取、譲り渡申所実正也、此田畑ニ附御年貢・御公役銀少茂無滞御座候、其外脇より何之構少茂無之候、別異義申者有之候ハ、印形之者引請急度埒明、其元へ少茂御難義懸ヶ申間鋪候、為後日田畑譲り渡証文仍而如件

享和二年戌八月

譲り主　吉田屋　吉重郎

請人　吉田屋　源次郎　印

吉井陸奥守様

右之田畑当町支配相違無之候ニ付奥判致候、已上

今在家町組頭松屋　喜佐兵衛　印

宛作手形之事

字うつよし
一、中田壱反三畝拾歩

字東ノ口
一、下田壱反拾五歩

反合弐反三畝弐拾五歩

右弐ヶ所之田地宛り米四石弐斗九升ニ私宛作仕候、御年貢上納仕、作相米弐石三升八合宛当年より急度持参相納可申候、尤同様水損有之候とも少も不足仕間敷候、御心ニ入不申候節ハ何時成共御取上ヶ、何方ニ成共御宛替可被成候、為念宛り手形如件

寛政拾弐年申十月

宛り主中村
善蔵

請人同村庄屋
亀蔵

吉井陸奥守殿

譲渡申田地之事

字うつよし（カ）
一、中田壱反三畝拾歩　高壱石六斗

一、下田壱反拾五歩　高壱石五升

反畝歩合弐反三畝弐拾五歩

高合弐石六斗五升

右弐ヶ所之田地私所持之田地ニ候得共、御年貢米相滞候而銀壱貫四百目慥ニ請取、本物返シ候、譲り渡申所実正也、此田地ニ而外より何之構茂無御座候、若脇より違乱之妨申者出来仕候ハヽ、印形之者共罷出急度埒明可申候、為後証譲り渡証文仍而如件

寛政拾弐年申十月

田地譲り主中村
善蔵

吉井陸奥守殿

但免相之儀者村免ニ七歩増ニ御上納可被成候、其外諸掛り一切懸申間敷候、以上

中村庄屋
亀蔵

譲り渡申畑地之事

字にてこ池ノ上
一、下々畑五畝廿七歩　斗代壱斗七升七合

一、同
下々畑四畝歩　　斗代壱斗弐升
一、同
下々畑九畝拾弐歩　　斗代弐斗八升弐合
〆
右之畑地我等雖為所持、此度貴殿へ銀百五目ニ譲り渡申処実正也、然ル上者右畑地ニ付脇より何之差構等一切無御座候、万一違乱申もの有之候ハヽ、早速訳立、貴殿へ少しも御難儀相懸ヶ申間鋪候、為後日譲り渡証文仍而如件

寛政十一年未正月

鞍掛町
譲り主　麻屋市右衛門

右当町支配ニ相違無御座候ニ付奥印仕候、已上

鞍掛町月行司
仁右衛門

吉井陸奥守殿

質物ニ書入申田地之事

一、字寺前
中田壱反四畝拾五歩　　高壱石七斗四升
一、字ころとし
上田壱反九畝拾壱歩　　高弐石七斗壱升弐合
右之田地銘々所持候得共、要用ニ差詰り申ニ付、銀壱貫目慥ニ請取、質物ニ書入申所実正也、万一返済相滞候ハヽ、右之質地御引取御支配可被成候、其時一言之子細申間敷候、為後日質物書入証文仍而如件

安永二巳年十二月

田地質物主中村
数馬
同断同村庄屋
又兵衛

吉井陸奥守殿

当作手形之事

一、下畑九畝拾歩
右之畑壱石四斗ニ相わたり作仕来り、午秋より上納可仕候、御年貢之外作相米壱石壱斗七升九合相納可申候、脇作田作共ニ不作之儀候ハヽ、少茂不服仕間敷候、為

後日当り作手形如件

享保十巳年十二月廿一日

広田村預り主
市衛門

同村請人
七右衛門

吉井宮内殿

田地質物書入借用申銀子事

字名にてこ
一、下田七畝拾三歩　斗代七斗四升四合

右之田地質物書入、銀札百目慥ニ受取申処実正也、何時成共御入用次第元利共急度返済可仕候、万(一脱カ)其節不埒仕候ハヽ、右書入田地其元処(ママ)御支配可被成候、為後日質入証文仍而如件

宝暦二年申十二月廿九日

預り越水村
源左衛門

吉井左京亮殿

同村請人
十左衛門

譲り渡申畑地之事

字ふじの木
一、下畑八畝弐拾八歩　斗代四斗四升六合

右之畑地我等為雖(雖為カ)所持、此度貴殿へ譲り、為礼銀三百目慥ニ受取申所実正也、此畑地ニ付何之構茂無之候、若脇より違乱妨申もの有之候ハヽ、此判形之もの罷出急度埒明、少し茂御難儀掛申間敷候、為後日畑地譲り証文仍而如件

文化十年酉十二月

畑地譲り主
浦之町
中村屋久兵衛　印

請人
市庭町
中村屋勘右衛門　印

吉井上総介様

右畑地当町支配ニ相違無之、仍而奥印如件

浦之町組頭
半十郎　印

差入申質物証文之事

字名古新田浜東之町高
一、中畑五畝三歩　高四斗八合
右同断　同町
一、同　五畝廿八歩　同四斗七升四合七勺
右同断　同所
一、上畑八畝廿二歩　同八斗七升三合三勺
右同断
一、下田六畝歩　同六斗
反別〆弐反五畝廿三歩
此高弐石三斗五升五合九勺

右之田畑我等所持ニ罷在候処、此度無拠要用ニ付其許殿より質物ニ差入、銀三貫目慥ニ請取預り申候処実正也、然ル上者壱ヶ月壱歩之利足ヲ相加へ、来ル卯九月限リ元利共無相違急度返済可仕候、万一限り月ニ至り相滞候ハヽ、右質物帳切いたし無異儀相渡可申候、尤質物差入在之内者御年貢・御公役銀此方より相勤可申候、為後日質物証文仍而如件

慶応弐年寅十二月

質物主
吉井陸奥守
請人
吉井銀治郎

米屋万助殿

差入申質物証文之事

字古新田浜東之町高
一、中畑五畝三歩　高四斗八合
右同断同所
一、同　五畝二十八歩　四斗七升四合六勺
右同断同所
一、上畑八畝二十二歩　高八斗七升三合三勺
右同断同所
一、下田六畝歩　高六斗
反別
〆弐反五畝廿三歩

此高弐石弐斗八升五合九勺

右之田畑我等所持罷在候処、此度無拠要用ニ付其許殿へ質物ニ差入、銀壱貫五百目慥ニ請取預り申候儀実正也、然ル上者壱ヶ月ニ八朱之利足ヲ相加江、来ル酉十一月限リ元利共無相違急度返済可仕候、万一限り月ニ至相滞候ハヽ、右質物帳切いたし無異儀相渡し可申候、尤質物差入有之中者御年貢・宜□(冥加カ)銀此方より相勤可申候、為後日質物証文仍而如件

万延元年申十一月

質物主 吉井陸奥守
請人 吉井銀次郎

豊崎屋
惣右衛門殿

本物返シに売渡申田地之事

下田壱反廿歩 高二斗也 字大しやうくん
懸り物諸事とも

右之田地雖為先祖伝来、内証兎角大儀ニ付、銀子壱貫六百目ニ其方へ売渡申処実正明白也、此田地外江質物ニ入置不申候、脇よりかまひ申者曽以無之候、右高二斗ニ而年中諸役或懸物迄も相済申候、年々此方ニ作いたし弐斗之御年貢の外ニ作相米壱石五斗づゝ毎年此方より上納可仕候、作相米如此相究候上ハ、日損・水損之年たりとも見分之望仕間敷候、壱粒も不足有間敷候、何時ニ而も御勝手ニより作人之儀者御替へ可被成共、此方作主之内者右之通少も相違仕間敷候、万一右之田地ニ付六ヶ敷儀出来候ハヽ、此張(帳カ)面判形之者共罷出急度埒明ヶ可申候、為後証手形判形如件

宝永六年丑四月廿五日

田地売主 吉井宮内
証人 田地張(帳カ)面 浜庄大夫
同断 田中右衛門
同断 東向刑部

さなぎ(真宜)
九郎右衛門殿

此証文反故ニ可致ものニ候へ共、ケ様之困究(窮)之時節ヲ凌

きく〱して先祖ニ難行苦行ヲ経テ致相続候神主家之盛衰ヲ子孫ニしらしめ、倹約ヲ守り、奢りヲ省クへき為に態のこし置所也
左京亮良行宝暦四甲戌年十二月廿二日ニ本銀三百六十目買主へ相渡シ、此証文取戻シ申候、此後いケ斗之繁昌ニ成候共、ケ様之困究之時節有之事茂世ノ中ノ曽盛衰ノのかれさる事ヲ能存候而、繁昌之内ニ能々相慎不申ハ、忽チ此時節之困究ニ成候事下り坂ニ而走ルよりも速ニ候、宮内と申茂ケ様之見苦敷証文ヲ被致候様成生質ニ而者、此節能々田地ヲも賞翫不致、銀子其之節ニ而ケ様不致ハ買主其之不及気《カ》性仕合と致落涙事ニ候、後世子孫之人々能々慎ミ可申者也

三〇二　ついほ書状弐通　　年未詳・五・八　四三三

1　覚（木曽徳参らの御祈禱懈怠なく御勤めなさるべき旨）

覚

たの
五月八日
一、きそとくさん《木曽徳参》との《殿》せいらへとの《殿》
御きとう《祈禱》けたい《懈怠》なく御つとめ可なさる候
吉井左京亮との　ついほ

2　〔書置〕（我引接のため僧へ小判壱両ほか布施になさるべき旨）

たの
五月八日
一、かきおき《書置》なり、こばん《小判》壱りやう《両》にしろりんす《白綸子》のこそで《小袖》おそへ《添》いんとう《引導》ふせ《布施》ニ可なさる候、壱ふ五拾あまり御座候、ふけんのそうたち《僧達》ニ一両ニ壱ふつ丶ふせ《布施》に可なさる候て□ハ二百五拾目ばかりのあつかい候、われいんしやう《引接》の事とおもい、すこしもおしみ《惜》たもうへからす、こばん《小判》壱ふ□おんなたんす《女箪笥》に入おくなり
よしゐくない《吉井宮内》との　ついほ

三〇三　畑地売券壱通　元文二（一七三七）・一二　四三四

本物返シ売渡シ申畑地之事

大才
下畑弐畝弐拾四歩　　分米壱斗壱升弐合
右之畑地ハ我等雖為先祖相伝、当巳御年貢米ニ指詰申ニ付、文字銀弐百五拾目売渡シ申処実正明白ニ御座候、御年貢米之儀ハ御免定之通、外ニ諸役懸物として壱様五歩増上納可被成候、其外諸役一切懸ヶ申間敷候、右之畑地ニ付外ニかまひ無御座候、若脇より違乱妨ヶ申者御座之(候ハヽカ)、右加印之者罷出急度埒明可申候、為後日仍而如件

元文弐巳年十二月

広田村売主
茂左衛門　印
同村年寄
吉兵衛
同村庄屋
七右衛門

吉井左京殿

三〇四　田地譲渡状壱通　寛政一一（一七九九）・六　四三五

譲り渡申新畑之事

石在町高字鐘鋳場
一、下々畑弐畝拾三歩　　斗代七升三合
今在家町高穴田川原
一、下々畑壱反壱畝歩　　斗代三斗三升
同町高字同所
一、同　　五畝三歩　　斗代壱斗五升三合
同町高六左衛門新田
一、同　　壱畝拾弐歩　　斗代四升弐合
外ニ限米壱斗三升宛毎年納
中町高にてこ西ノ方六左衛門新田
一、下々畑五畝廿六歩　　斗代五斗弐合
同町高同所東ノ方
一、下々畑壱反廿六歩

〆

右之新畑雖為我等所持、此度其許江譲り渡申処実正也、為礼銀三拾目慥ニ受取申候、然ル上者右新田ニ付違乱妨申もの有之候ハヽ、印形之者罷出其許江少も御難義掛申

間敷候、為後証譲り証文仍而如件

寛政十一未年六月

石在町
かくや只四郎　印

証人　小浜屋弥兵衛　印

吉井陸奥守殿

右下々畑弐畝拾三歩当町支配相違無之候、仍而役判如件

石在町月行司
善兵衛　印

右同断相違無之候ニ付奥判致候、以上

今在家町組頭
喜佐兵衛印

右之内下々畑壱反六畝廿弐歩中町高ニ相違無之、仍而奥印如件

中町組頭
平兵衛　印

三〇五　田地売券壱通　明和元（一七六四）・閏一二　四三六

本物返シニ売渡申田地之事

字ふたまち町
一、下田八畝廿四歩　斗代々帳面次第

右之田地我等雖為相伝、当申御年貢米ニ指詰り、銀弐百目ニ売渡シ申所実正也、此田地ニ付外より何之指構無之候、若違乱申者有之候ハヽ、此判形之者共罷出急度埒明可申候、為後日売券証文仍而如件

明和元申年閏十二月

売り主夙村
九左衛門　印

請人同村
助三郎　印

庄屋
庄兵衛　印

吉井和泉守殿

右之田地諸役懸り物一切掛ヶ不申、此方ニ作致候、作間米年々四斗宛持参可申候、尤銀子相調次第田地申請候約

東ニ御座候、以上

同町　組頭油屋
理左衛門

小増屋
庄左衛門殿

三〇六　畑地譲状壱通

享保一〇（一七二五）・二・二　四三七

譲り申畑地之事

本歩弐反弐畝廿八歩之内字名川原

一、字なか原
下畑壱反壱畝拾四歩　斗代五十七斗四合（ママ）
但シ西方

右之畑地譲り申処明白実正也、為礼銀と譲銀壱貫弐拾三目八分五厘六毛慥ニ請取申処紛無御座候、右之畑地ニ付何之構茂無之候、万一脇より違乱之妨申もの於有之者、此判形之者共罷出急度埒明可申候、其時一言之子細申間敷候、為後日譲り証文仍而如件

享保十巳年二月二日

久保町地主樋口屋
吉兵衛後家

同町　樋口屋
証人　惣兵衛

三〇七　田地売券壱通

延宝四（一六七六）・一二・二五　四三八

永代売渡し申田地之事

一、上田　九畝拾三歩小町共　字名大田　斗代壱石三斗弐升
但シ二割七歩ハ懸り不申候、此田地後なし
但シ石別ハ懸り申候

右之田地者吉井雖為先祖相伝、辰ノ御年貢米ニ相詰り申故、丁銀三百五拾目限永代浄円太郎兵衛殿へ売渡し申処実正明白也、若此田地ニ付而違乱之妨申者於有之候（者カ）、此判形之者罷出急度埒明可申候、為後々売券証文仍如件

延宝四年辰ノ極月廿五日

売主 吉井民部
請人 東向半四郎
同 田中宇衛門
口入 木津屋勘十郎

鞍懸浜 浄円太郎兵衛殿

三〇八　田地返戻証文壱通　享保一八（一七三三）・正・二五　四三九

田地相返シ申手形之事

字名大田
一、上田九畝拾三歩　斗代壱石三斗二升
右之田地先年手前へ買請候所ニ、此度銀子返済被成、
慥ニ請取田地相返シ申候所実正也、為念手形如件
享保十八年丑正月廿五日

地主 浄円太郎兵衛

吉井宮内殿

三〇九　田地売券壱通　明和四（一七六七）・一二　四四〇

本物返シ売渡申田地之事

字掛田
一、下田壱反弐畝歩　高壱石弐斗
右之田地雖為所持、要用於有之銀子三百五拾匁ニ本物返
シ売渡申処実正也、此田地付若脇より違乱妨申者有之候
者、連印之者共罷出急度埒明可申候、為後日之本物証文
仍而如件
明和四亥年十二月
本物主 右門 印

吉井和泉守様

一、来子十月限りニ元利共急度返済可仕候、以上

（裏表紙）

（表紙）

吉井文書　八

（表紙裏）
「四四一―四八〇
五一九
五四四―五七九」

三一〇　郡山役人願状壱通（御撫物御通行、当宿止宿仰せ付けさせられ候ところ、当日長州様御泊りゆえ宿中壱軒も明宿御座なく候につき）

安政六（一八五九）・三・一九　　四四一

乍恐以書附奉願上候

今般（台頭）御撫（カ）物御通行被為遊候ニ付、今十九日当宿御止宿被為仰附忝仕合奉存候、然ル処当宿之義ハ長州様御泊りニ付、少宿故宿中壱軒も明宿無御座候間、恐多奉存候得共、御憐愍ヲ以芥川宿猶瀬川宿ニ而御止宿被為遊候様奉願上候、何卒此段御聞済被為成下候ハヽ、難有仕合奉存候、以上

安政六未年三月十九日

郡山駅　役人　印

御撫（カ）物
御役人中様

三一一　久世新吾請書二通　安政六（一八五九）・四　　四四二

1　差上申一札之事（御本社様より役銭増益致すべき旨仰せ付けられ候につき）

差上申一札之事

一、御本社様近年御物入強ク相成御修覆行届兼、依之役銭増益可致与被付（ママ）仰候ニ付、来ル申年より戌年迄三ヶ

年間先規役銭之外々年々金五両ツ、十月限り御社納可
仕候、右三ヶ年之間無滞相済候者、其後追々出情（精カ）可仕
候間、此段為証差入申一札仍而如件
安政六未年四月
久世新吾
御本社
御役人中

2 奉差上候口上覚（御返答御日延下されたく）

奉差上候口上覚
一、先達而御召ニ付被仰聞之趣早速ニ候共御返答可申上
処、不任其意今日迄御日延奉申上候処、又候返答ニ差
困り候ニ付、何卒十五日迄御日延被成下候、其節否哉
急度御返答可仕候間、此段御願奉申上候、以上
未四月十一日
久世新吾
御本社様

三一二 神納口述壱通（神納品書上）

年未詳・五・四　四四三

口述
一、御神酒　壱挺
一、銀百六拾八匁　御膳料
一、金三百疋　日燈料
一、金六百疋　吉井様
一、同三百疋　東向様
一、同弐拾五疋七朱　御当番衆江
一、同弐拾五疋　関屋江
一、肴料金百疋　拝殿御詰合衆江
右之通御神納可被成下候、以上
五月四日
三砂善之助
吉井様

三一三　田地売券壱通　宝暦九（一七五九）・一二　四四四

本物返シ売渡シ申田地之事

上田七畝弐拾八歩　高壱石壱斗壱升弐合

右之田地我等先祖雖為相伝、当卯御年貢米ニ相詰り、銀弐百五拾匁ニ売渡シ、則銀子慥ニ受取申候、此田地ニ付何之構も無御座候、若外より違乱坊（妨カ）申もの於有之者、右之判形之者共罷出急度致埒明申（ママ）可候、為後日之一札依而如件

宝暦九卯年十二月

田地売主中村　右門

同村庄屋　市兵衛

吉井和泉守殿

免相候（之カ）儀者村免ニ七分渡ニ御上納可被成候、其外諸役一切懸ヶ申間敷候

三一四　請状関係書類壱括（吉井家年季奉公人・人別送り状ほか）　貞享五（一六八八）・八・一三～慶応三（一八六七）・六　四四五

年季奉公人請状

寛保三年正月　大坂天満空心町　林六兵衛　吉井左京亮

文政十三年九月　越木岩新田　孫左衛門娘かく　神主宛

請取状

人別送り状

一、野間村藤左衛門妹いと　吉井上総介

請人野間村庄屋利兵衛

養女いと土佐と改名　郡家沢田氏へ遣し候者也

文久（政カ）七年二月

一、西宮神主　吉井上総介女　土佐　郡家村弓弦羽社神主　沢田上野介

文政七年二月

人別送り状

一、吉井上総介悴 祐一郎　大坂嶋町二丁目年寄 大黒屋源兵衛　天保十年六月

一、尼崎中在家 江田伊予守娘 すみ　吉井但馬守 中在家町惣代 橋本金助　天保十二年十二月

一、浜東ノ町 吉井銀次郎　吉井陸奥守 浜東町会所　文久二年九月

一、浜久保町 笠屋しゅ 代判 又七悴定吉　吉井陸奥守　文久四年二月

一、関屋倉蔵弟 藤吉 吉井陸奥守　西宮馬場町 御役人中　文久三年九月

一、西宮社中 文之助 吉井陸奥守　辰吉右衛門　慶応三年六月

人別請取状

一、小曽根浜 田中岩之進　吉井陸奥守　文久四年二月

鉄屋嘉兵衛相続

鳴尾西方寺

一、美濃屋庄助 家内六人　西安寺　午五月八日

吉井陸奥守

養子請書

一、上原甚左衛門 幼児　西宮横道七郎兵衛　貞享五年八月十三日

附金弐歩請取書

一、吉井宮内弟分 吉松　鞍掛町長次郎　元禄九年八月十三日

附養子遣シ手形扣

詫状

一、社家 東向斎宮　御神主宛　文久二年八月

押出□件

一、辻大炊　　吉井陸奥守宛　　文久元年十一月
　　関東筋支配下混乱ノ件
一、広田村源兵衛　　広田社御神主宛　　文久元年三月
　広田社東山神木無断伐採ノ件
一、武庫川役人喜右衛門　　西宮社御神主宛　　文久三年三月
　武庫川川役人下人ノ者　高水ニ際シ不都合ノ件
一、田中岩二郎　　御神主宛　　文久三年十月
　広瀬右京泥酔社中狼藉ノ件
一、市庭町　　御本社御役人中宛　　慶応元年五月
　松屋伊右衛門外二名　境内狼藉ノ件
　宗旨替請書
一、如意庵在山　　吉井宮内宛　　元禄十年正月
　乙馬長次郎
一、海清寺順心寺　　吉井陸奥守宛　　文政五年九月
　木津屋文四郎
　　外六人
一、野田村大宝寺　　西宮御神主宛　　文政七年二月
　筒井藤左衛門妹
　土佐女

三一五　銀子関係書類壱括

延享元（一七四四）・一二～元治元（一八六四）　　四四六

預り証文		預り主	
一、銀百目	享保十七、十二	市庭まんちうや権兵衛	吉井宮内
一、金五両	延享二、三	大沢兵部	吉井采女
一、銀五百目	同　元、十二	広田村七右衛門	吉井左京亮
一、銀三百二十一目	寛延二、三	広田村勘四郎	吉井左京
一、銀五貫目	明和元、七	東向斎宮	吉井和泉守
一、銀二百五十目	明和四、十二	中村右門	同
一、銀三百目	明和九、十一	辻左内	吉井陸奥守
一、銀二百三十目	安永五、六	丹波屋伊兵衛	同

一、銀二百目　天明元、十二　小網屋太兵衛　同
一、銀五百目　天明三、十二　大森主水　同
一、金拾両　天明七、十　藤田屋次郎兵衛　同
一、銀二百目　寛政二、十二　酒屋彦兵衛　同
一、銀壱貫五百弐拾弐目三分四厘　寛政八、正　加茂屋権八　同
一、銀二百八拾四目　寛政八、五　柴屋清右衛門　同
一、銀八百目　寛政九、六　中村新七　同
一、銀三百目　明和六、六　米屋太兵衛　吉井常太郎
一、銀三百目　子三、二　木津屋太郎左衛門同
一、銀五百目　弘化二、三　越木岩新田仁右衛門　吉井但馬
一、金二両　十二月七　辻兵治　吉井上総介
一、銀百三拾目　寛政十二、十二　小寺利助　辻兵治
一、金二両　天保十、三　辻大炊　神主
一、銀二百四拾目　天保十一、十二　同　同
一、金二両　天保十三、十二　同　同
一、金二両　嘉永四、六　同　同

一、金二両二歩　安政五、正　同　同
一、金二歩　安政六、九　辻八重　吉井陸奥守
一、金一両二歩　文久三、十二　辻大炊　神主
一、金壱両二歩　元治元　同　同
一、金壱両　文久三、五　同　吉井陸奥守
一、金三歩　酉一月廿八　同　吉井御家社中
一、銀三百目　亥十一月十一日　辻左内　神主
一、金六両　未四月廿九日　同　同
一、百廿九目七分八リン　未十二月廿四日　辻司作　同
一、金弐両　未九月八日　同　同
一、金三両　享和元、十二　東向斎宮　吉井陸奥
一、金三両　享和二、正　大森修理　吉井上総介
一、金五両　享和二、三　大森主水　同　数馬　吉井陸奥守
一、銀壱貫五百六十二目五分　天保十一年子六月　東向斎宮　堀江右膳　吉井上総介
一、銀百五十目　天保十五、十二　橋本右膳　神主

一、金三歩　嘉永七、十二　同　同
一、金八両壱歩　安政六、三　田村伊織　東向斎宮　同
一、金三両二歩　文久元、六　橋本右膳　吉井陸奥守
一、金八両　同、正　堀江左門　同
一、金拾両　同、六　大森主膳　同
一、銀壱貫五百六十二目五分　天保十一、六　斎宮・右膳　大国播广（磨）ヤ　安左衛門　善五郎　木津屋太兵衛
一、銀壱貫目　天保十一、六　辻大炊　播广（磨）ヤ　糀屋新兵衛　久五郎　打出屋清兵衛
一、銀二百目　安永四、十二（未）　長須屋半兵衛　頼母子御連中
一、銀五拾目　安永六、四　丹波梶村清治郎左衛門　浦本屋治郎兵衛
一、銀八拾目　安永九、十二　八馬屋善八　浦本屋治郎兵衛
一、銀五貫目　文政十、七　西宮　臼屋惣五郎　上原　米屋新兵衛　野間村藤左衛門　中村　大森修理　神主　吉井宮内　佐良屋小四郎
一、銀壱貫二百目　天保八、七　神主　吉井上総介　祝部　大森数馬　同　田村伊織　鷲林寺新田　久右衛門
一、銀壱貫二百目　天保八、七　西宮　臼屋惣五郎　中村　大森主膳　神主　吉井上総介　佐良屋小四郎

三一六　銀子関係書類壱括

天明七（一七八七）・一〇～慶応元（一八六五）・一二　四四七

銀拾三貫目　亥八月廿九日　平内太郎右衛門　中川長治郎　吉井陸奥守
銀弐百目　天明七年十月　庄屋儀左衛門　同
銀五百目　天明八年十二月　藤田次郎吉　同
金拾両　同　同　同
銀五貫目　寛政七年十一月　小西□甚兵衛　中村又兵衛　同
銀壱貫弐百目　同　八年十二月　同　善蔵　同
銀弐貫目　同　八年十二月　庄屋儀右衛門　同
金弐拾両　同　十年九月　真宜喜三右衛門　同
銀三百目　同　十年十二月　丹波屋弥吉　同
銭拾貫文　同　十一年二月　丹波屋弥吉　吉井陸奥守
銀百六十目　同　十二年五月　丹波屋伊兵衛　同
銀二百目　寛政十二年十二月かつらや源太郎　同

銀七百目　享和元年十二月　米屋伊八　同
（ママ）銀壱両弐歩　同　二年六月　佐五郎　同
銀百目　同　二年十二月　幸保屋庄七　同
銀百目　同　二年十二月　みかけや（衍カ）屋十兵衛　同
銀二百目　同　三年正月　播广（磨）屋兵右衛門　吉井上総介
銀百六拾目　同　三年七月　丹波屋勘助　吉井陸奥守
銀二百目　同　三年十月　真多屋善兵衛　同
銀二百目　同　三年十二月　千足屋茂兵衛　吉井陸奥守
銀百目　同　三年十二月　播广（磨）屋兵右衛門　吉井上総介
銀百目　同　丹波屋勘助　同
銀百六十目　文化三年十二月　鮒屋ます　吉井陸奥守
銀百五十目　同　五年三月　あはや清次郎　同
銀四十五目　同　十年十一月　播广（磨）屋清次郎　同
金三両　同　元年七月　広嶋屋藤七　吉井上総介
銀壱貫目　同　三年十二月　播广（磨）屋嘉兵衛　同
銀百目　同　八年五月　播广（磨）屋清次郎　同
銀百四拾五目　同　九年五月　同　同
銀四百目　文化十一年十一月　時尾屋長治郎　同　吉次郎　吉井上総介

金壱両　同　十三年十二月　木屋兵左衛門　松屋喜七　同
銀三百目　文政五年十二月　播广（磨）や清次郎　但馬屋重右衛門　産所村市兵衛　同
銀五十目　同　十二年七月　灘屋代判　又野屋喜八　同
金弐両弐歩　文久元年八月　関屋おとみ　吉井陸奥守
銀三百目　寛政十年十一月　門戸村久次郎　吉井宮内
銭四貫文　弘化三年十二月　打出屋藤吉　吉井但馬守
銀六百四十目　同　四年十二月　水堂屋直吉　同
銀百目　（子）十一月　越木岩　久左衛門　神主宛
金拾五両　慶応元年十二月　吉井陸奥守　巻崎屋惣右衛門

質物証文
土蔵壱ヶ所　梁行二間　桁行二間半　質物差入銀預り主　夙村治右衛門　御神主宛
銀三百八十目　文政六年十二月

三一七　社家祝部職関係書類壱括

享保五（一七二〇）・四～元文四（一七三九）・八・晦　四四八

1　仕上ル証文之事（中村祝部橋本治太夫由緒・宗門につき）

仕上ル証文之事

一、私儀本国生国ともに青山内記（旗本・幸亮）様御領内摂州武庫郡中村、祝部橋本久左衛門忰、親代より浄土宗同村勘音寺（観カ）旦那ニて御座候、父久左衛門儀弐拾四年以前九月ニ相果、母拾七年以前六月ニ相果申候、右両親とも勘音寺（観カ）ニテ取置申候事

一、私兄弟五人、姉小女郎義三年以前ニ相果、同村観音寺ニ而取置申候、弟長兵衛・弥市郎・妹なつ・女郎右四人儀同家ニ罷有候事

一、父久左衛門義代々広田・西宮両社之祝部職相勤申候、私儀去月より親跡目之社職相勤候事

一、私妻いまだ無御座候事

一、私義ハ申上ルニおよバす、兄弟ともに切死丹之末類ニても無御座候、附り、召使之者まで宗門念を入手形請状取、召抱可申事

右之通少茂相違無御座候、為其仍而如件

享保十年巳十二月廿二日

中村祝部　橋本治太夫

庄田弥右衛門様

右治太夫指上候書付之通少茂相違無御座候、仍而判形如件

西宮・広田神主　吉井宮内

庄田弥右衛門殿

2　仕上ル証文之事（中村祝部大森次良兵衛由緒・宗門につき）

仕上ル証文之事

一、私本国生国共青山信濃守（旗本・幸豊）様御領内摂津武庫郡中村、祝部大森善右衛門忰、私従親代浄土宗同村観音寺旦那、

父去年相果右之寺ニ而取置申候、母者存生ニ而罷有候、兄弟弐人、兄治右衛門・妹しゅん同村ニ罷有候、私儀十九年以前善右衛門養子ニ罷越候、則同村次郎兵衛実子、実父母共ニ同村同寺ノ旦那ニ而御座候

一、養父善右衛門代々広田・西宮両社之祝部職相勤申候、私儀三年以前より父家督相続仕、亡父家伝之通今マテ無怠慢祝部職相勤申候事

一、私妻養父善右衛門娘、宗門之儀同村同寺旦那ニ而御座候事

一、悴二人、亀吉・同しゅん私手前ニ罷有候、私儀不及申候、妻迄切支転（ママ）志子孫ニ而茂無御座候、附り、召使之者宗門念入召抱可申候事

一、社中境内牢人一切抱置申間敷候、他人者勿論親類之好有之候共、国法背輩抱置間敷候、其外旅人之儀不及申上、不依何者一夜宿借シ申間敷候

右之趣相違無御座候、兼而被仰出候御定法之儀者不及申上、前書之通急度相守、全邪法之勤仕間敷候、為後日如件

享保五年子四月

中村祝部
大森次良兵衛

庄田弥右衛門様

3　差上申一札之事（中村祝部大森次郎兵衛、先祖より神職に紛れなき旨）

差上申一札之事

中村祝部大森次郎兵衛事、先祖より神職ニ紛無御座候、此段次郎兵衛由緒書之趣幷ニ宗門之儀書付差上候通少茂相違無御座候、為後日如件

享保五年子四月

西宮神主
吉井宮内

庄田弥右衛門殿

4　仕上ル証文之事（中村祝部大森某由緒・宗門につき）

仕上ル証文之事

一、私本国生国共青山藤蔵様御領内摂州武庫郡中村、祝部大森市衛門悴、親代より浄土宗同村観音寺旦那、父廿五年以前ニ相果右之寺ニ而取置申候、母ハ廿九年以前ニ相果、右之寺ニ而□置申候、兄弟弐人、兄惣衛門・姉□こん両人共ニ同村ニ罷有候、同宗同寺之旦那ニ而御座候事

一、父大森市衛門代々広田・西宮両社之祝部職相勤申候、私儀八年以前父家督相続仕、亡父家伝之通今以無怠慢祝部職相勤申候事

一、私妻去年七月相果、右之寺ニ而取置申候

一、悴三人、善太郎・む□□尼崎安衛門妻ニ七年以前ニ遣シ申候、宗旨浄土宗甘露寺旦那ニ而、夫同宗ニ御座候事

（書込み）
一、私儀召使の者まて切支丹ころひのもの之子孫ニ而ハ無御座候、宗門念入宗門手形請取□（迄カ）召抱可申事

「（尾欠）」

5　仕上ル証文之事（中村祝部大森善大夫由緒・宗門につき）

仕上ル証文之事

一、私儀本国生国共青山藤蔵様（旗本・幸遐）御知行所摂州武庫郡中村、祝部大森太郎左衛門悴、従親代浄土宗同村観音寺旦那ニ而御座候、父太郎左衛門儀、去年未七月相果申候、母儀十ヶ年以前亥七月ニ相果、両親共右之寺ニ而取置申候事

一、私兄弟三人、姉よし尼崎北之口たばこや安兵衛妻ニ遣し、夫同宗門同所甘露寺旦那ニ而御座候、同姉すぎ私手前に罷有候事

一、父太郎左衛門儀、代々広田・西宮両社之祝部職相勤申候、私儀当正月より親跡目之社職相勤申候、私儀勿論切支丹末類ニ而も無御座（候脱カ）、附り、召使之者迄宗門入念ニ手形受状取置召抱可申候事

右之通少も相違無御座候、為其仍而如件

享保十三年申二月

中村祝部 大森善大夫

庄田弥右衛門様

右善大夫差上候書付之通少も相違無御座候、仍而印形如件

西宮・広田神主 吉井宮内

庄田弥右衛門様

6 〔覚〕（広田村祝部田村某由緒・宗門につき）

一、私儀本国生国共御領分摂州武庫郡広田村、祝部田村惣左衛門悴、自親代浄土宗同村豊乗寺旦那、父七年以前ニ相果、右寺ニ而取置申候、母存生罷在候、兄弟五人、称（ママ）同村よし妻ニ遣申候、夫同宗豊乗寺旦那ニ而御座候、□□□大坂寺嶋埼（塩カ）飽次郎兵衛妻ニ遣申候、夫宗門一向宗何寺旦那ニ而、夫同宗ニ罷成候、妹三人私手前ニ罷有候事

一、父惣左衛門代々広田・西宮両社之祝部職相勤申候、私儀廿六年以前父家督相続仕、亡父家伝之通を（カ）以無怠慢祝部職相勤申候事

一、私儀召夫之ものまて切支丹ころひの子孫ニ而も御（無脱カ）座候、宗門念入宗門手形請状迄取召抱可申候事

（書込み）「（尾欠）」

7 仕上ル証文之事（広田村祝部広瀬某由緒・宗門につき）

仕上ル証文之事

一、私儀本国生国共御領分摂州武庫郡広田村、祝部広瀬次（郎脱カ）兵衛悴、自親代浄土宗同村豊乗寺旦那、父八十二年以前、母者十三年以前ニ相果、両親共右之寺ニ而取置申候、よし儀大坂新地中町弐丁目新屋八兵衛妻ニ遣し、八年以前ニ相果申候、妹つま大坂中ノ嶋宗是町石川屋権兵衛妻ニ五年以前相果申候

一、親広瀬次郎兵衛儀、代々広田・西宮両社之祝部職相勤来申候、私儀七年以前ニ父家督相続仕候、亡父家伝

之通と（をカ）以祝部職無怠慢相勤候事

一、私妻本国生国共青山藤蔵様御領分中村源衛門娘、代々浄土宗同村観音寺旦那、両親共存生罷在候、私妻十七年以前手前引取以後私同宗同寺旦那ニ罷成候事

一、忰二人、男子兵之助・同伝吉弐人共私手前ニ罷有候、宗門私同宗同寺之旦那ニ而御座候事

一、公儀并ニ御領分御仕置之趣相守、少も違背仕間敷候事

一、私儀不及申上、妻まて切支丹転之子孫ニ而も無御座候、附り、召夫之者宗門念入吟味遂宗門手形取召抱可申候

（書込み）「（尾欠）」

8　以口上書御願申候（祝部大森主水、親跡目相続相勤め申したく）

以口上書御願申候

一、私儀親跡目相続相勤申度□（候カ）尤御社法之儀万端被仰聞之趣相守可申候、御聞届ケ被成被下候者忝奉存候

元文四己未八月晦日

祝部　大森主水　印

吉井左京亮殿

三一八　神楽講中連名書壱通　年未詳・三　四四九

大々御神楽講連中名前左之通

本船町　米屋太郎兵衛
西宮九郎右衛門
同　文蔵
同　伊助
米屋半五郎
伊豆屋善兵衛
万屋清助
杉田屋八郎兵衛
万屋源七

千足屋治兵衛
(竹)西宮忠兵衛
万屋五郎八
伏見屋千助
千足屋善兵衛
佃屋五郎吉
石津屋伊兵衛
十文字屋太兵衛
遠州屋久兵衛
大和田屋平次
西宮助十郎
同　忠兵衛
紀伊国屋長右衛門
堺屋源七
尾張屋長七
伊豆屋源六
伏見屋文右衛門

佃屋藤兵衛
伊丹屋次郎兵衛
米屋卯兵衛
野嶋屋五郎兵衛
同　新六
野田屋平三郎
鳥屋九兵衛
鷲屋藤吉
いつみや喜八
佃屋三右衛門
米屋善次郎
伊勢屋三丸郎
亀崎屋九兵衛
米屋八郎右衛門
柳屋長十郎
浅野屋四郎兵衛

小田原町
伊勢屋平右衛門
海野屋与八
佃屋伊兵衛
三河屋利右衛門
東国屋伊兵衛
大和田屋平兵衛
同　平次郎
山崎屋八兵衛
三河屋平四郎
村田屋令次
伊丹屋源七
佃屋勝次郎
同　千吉
万屋甚蔵
佃屋留次郎
いたみや五郎兵衛
同　半七

伊勢屋善太郎
米屋伊兵衛
西宮平次郎
大坂屋忠兵衛
［木＋勇］（湧カ）屋久八
鷲屋善兵衛
西宮久兵衛

人形町
住吉屋庄兵衛

元浜町
平松嘉兵衛

堀江町
西宮甚左衛門

安針町
鷲屋善四郎
佃屋八郎右衛門
三木屋太郎兵衛
大坂屋与惣兵衛
堺屋平吉

伊賀屋勘四郎
鷲屋三四郎
三木屋清太郎
水戸屋源右衛門
三木屋吉五郎
伊勢屋又次郎
長浜町
佃屋権四郎
同　久蔵
高嶋屋平左衛門
大黒屋平右衛門
大黒屋武兵衛
大黒屋嘉兵衛
日本橋　釘店
伊勢屋八三郎
樋口屋市兵衛
大坂屋喜右衛門
小船町弐丁目
伊勢屋治助

同　壱丁目
西宮又吉
同　三丁目
佐野屋権八
日本橋品川町
西宮清兵衛
岩附町新道
境屋藤七
日本橋北さや町
内田清九郎
本石町壱丁目
伊勢屋嘉右衛門
同　弐丁目
太田屋権右衛門
日本橋通今川橋
西宮平右衛門
同
京屋又八
同
堀川長兵衛
三河町壱丁目
内神屋宗吉

同　三丁目
柊屋治右衛門
下谷広小路
浜田屋利兵衛
日本橋西河岸
伊勢屋弥七
西宮八右衛門
茶屋小四郎
西宮三五郎
同　幸次郎
米屋十兵衛
伊勢屋惣五郎
同　利助
日本橋呉服町
米屋清五郎
同　千助
伊勢屋惣兵衛
若林忠次
千村勝蔵

今津屋利兵衛
西宮喜助
同　五郎兵衛
伏見屋弥兵衛
大坂屋助三郎
宮内伝右衛門
万屋善兵衛
西宮長兵衛
日本橋平松町
西宮長吉
きの国屋文次郎
西宮定次郎
遠州屋弥七
大和田屋弥助
日本橋通壱丁目
佃屋平助
佐野屋清次郎
大和田屋忠兵衛

西宮伝治郎
同　清兵衛
伊勢屋四郎兵衛
三河屋次郎右衛門
日本橋通弐丁目左り横（カ）町
伊勢屋清七
同佐内町
西宮藤七
同新右衛（門脱カ）町
西宮平右衛門
同万町
和泉屋伊八
同
伊勢屋新兵衛
同青もの町
塩屋喜七
同
西宮半七
同
西宮太七
同
泉屋弥助

同音羽町
古井屋平八
尾張屋今十郎
新場
伊勢屋金平
三河屋清助
いせ屋伊兵衛
同　久次郎
駿河屋清吉
日本橋大工町中通
三河屋善五郎
同
大和田屋治郎兵衛
同　四日市町
西宮市兵衛
同　青本河岩（ママ）
伊勢屋平次郎
霊岸嶋長崎町
上総屋次郎吉
講元
西宮源左衛門

〆百五拾八人
右之通御座候間、銘々御当日之御札早速御下シ被成可
被下候、以上
子三月　　西宮源左衛門
吉井上総之助様（ママ）
御社中様

三一九　神楽講中連名書壱通　　年未詳・三　四五〇

覚
辰年御講中名前改
本船町
西宮九郎右衛門様
同　伊助様
西宮忠兵衛様
同　助重郎様
尾張屋長七様
伊豆屋源六様
十文字屋大兵衛様
遠州屋久兵衛様
堺屋孫七様
杉田屋八郎兵衛様
葛屋清助様
伊豆屋善兵衛様
万屋源七様
米屋太郎兵衛様
富士屋善治様
柳原屋金六様
千足屋治兵衛様
西宮源兵衛様御内
西宮忠兵衛様
石津屋伊兵衛様
米屋卯兵衛様
米屋庄左衛門様
万屋五郎八様

米屋半五郎様
伊藤屋三九郎様
海野屋四郎兵衛様
米屋八郎右衛門様
鯉屋万吉様
米屋善治郎様
亀崎屋九兵衛様
柳屋長重郎様
佃屋三右衛門様
大和田屋与平治様
伊丹屋治郎兵衛様
野嶋屋五郎兵衛様
和泉屋喜八様
きの屋権八様
きの国屋長右衛門様
米屋伊兵衛様
川内屋半三郎様
富士屋千助様

千足屋甚兵衛様
野田屋平二郎様
鷲屋藤吉様
佃屋五郎吉様
西宮平治郎様
佃屋平助様
安針町
鷲屋善四郎様
神崎屋新右衛様（門脱カ）
富士屋勘四郎様
三木屋太郎兵衛様
大坂屋与惣兵衛様
堺屋平六様
伊賀屋勘四郎様
高崎屋平左衛門様
水戸屋源右衛門様
伊藤屋又治郎様

長浜町
佃屋久蔵様
大黒屋武兵衛様
同　平右衛門様
同　嘉兵衛様
佃屋留治郎様
小田原町
伊藤屋善太郎様
大和田屋平治郎様
三河屋利右衛門様
虎屋伊兵衛様
伊丹屋源七様
東国屋伊兵衛様
伊丹屋五郎兵衛様
山崎屋八兵衛様
村田屋金治郎様
湧屋久八様
佃屋専吉様

同　伊兵衛様
同　源兵衛様
大和田屋平兵衛様
川井忠兵衛様
伊藤屋治郎吉様
品川町
西宮清兵衛様
本町裏川岸
白川茂左衛門様
北鮹町
内田清左衛門様
牛込末寺町
内田忠右衛門様
槇川岸
伊藤屋平治郎様
和泉屋忠七様
釘店
伊藤屋八三郎様
樋口市兵衛様
大坂屋喜左衛門様

上総屋平助様
見附町
堺屋藤七様
本石町壱丁目
伊藤屋嘉右衛門様
同　弐丁目
大田屋権右衛門（様脱カ）
今川橋
西宮平右衛門様
同所
京屋又八様
同所
堀川長兵衛様
三河町壱丁目
内神屋惣吉様
同　三丁目
柊（カ）屋治右衛門様
下谷ひろ小路
浜田屋利兵衛様
小船町
西宮又吉様

同　新道
富士屋平七様
人形町
住吉屋庄兵衛様
元浜町
平松嘉兵衛様
本所壱丁目松井町
万屋卯右衛門様
日本橋通壱丁目
きの屋清治郎様
西宮伝治郎様
同　久兵衛様
同　弐丁目
伊藤屋清七様
呉服町
米屋専助様
伊藤屋惣兵衛様
大坂屋助三郎様
宮内伝右衛門様
西川きし
西宮喜助様

こふ一丁
西宮五郎兵衛様
西川岸
伊勢屋弥七様
西宮八右衛門様
伊勢屋利助様
大和田屋弥助様
四日市場
尼屋清右衛門様
大工町
伊勢屋新兵衛様
青物町
糀屋喜七様
布町
古井屋平八様
平松町
遠州屋弥七様
西宮長吉様
きの国文治郎様
本才木《(材カ)》町新肴場
伊勢屋金七様

三河屋清助様
駿河屋清吉様
日本橋大工町中通り
三河屋善五郎様
新右衛門町
西宮平右衛門様
本船町
富士屋善治様
同断
すいたや金五様
同断
鯉屋万吉様
安針町
神崎屋新右衛門様
同断
富岡屋勘四郎様

辰年集会御出席
〆百弐拾七人
辰年より新御加入被成候御方左之通り、尤前々御名前ハ
書印有之候

むろ町
とらや伊兵衛様
小田原町
いそや治郎吉様
牛込末寺町
内田忠右衛門様
日本橋真木川岸
いつミや忠七様
本丁うら川岸
白川茂左衛門様

右之仁へ御挨拶之御状被下候様御頼被下候

辰三月

米屋平五郎
西宮源左衛門

吉井上総介様

三二〇　吉井宮内口上書壱通（神主継目の節社頭之様子古格共御尋ねにつき）

宝暦八（一七五八）・七　四五一

宝暦八年寅七月、神主宮内継目之節社頭之様子古格共御尋ニ付指出候口上書之扣

口上之覚書

一、左京神主職御願申上候者、弐拾五年以前享保十九年甲寅九月之事ニ而御座候

一、先年白河（川）家御伝奏之節者、叙位・任官之儀耳ニ而も無御座候故、神事祭礼其外社頭之規式等相伺候而、御指図を受申候事毎度ニ而御座候故、白河殿御支配之社頭之様ニ相成罷在候与相見エ申候所、四十六年以前出入有之、以後伯（武カ）家御伝奏ニ相成申候、爾来ハ神事祭礼等之品相伺候儀も無御座候得者、御差図も無御座候、尤年頭御礼・御替り目等ニハ御祝儀ニ罷上候事

一、吉田家之儀、関東・奥州筋ニ罷在候西宮支配下ニ五（宮カ）持之社人受領と申事ニ罷登候節、其所之御領主より西宮神主へ御状被相添、西宮より吉田家へ書状相添候而右受領之事相調申様、元文年中支配下出入有之候節公儀之御裁許御座候、何（依カ）之吉田家へハ右元文年中以来懸り合之御社頭ニ罷成申候事

一、江戸御年礼之格式左京記シ置候日記之写左之通ニ而御座候

一、正月六日朝五ツ前より各入城始り候、表御広間御能舞台之正面成独礼座ニ致着座罷在候、伊勢祢宜中・山崎・三島・氷川・鎌倉八幡宮之神主等同席ニ而、同席ニ四ツ過ニ御両所御上段之間ニ出御有之、御披露相済候、各独礼座之外ハ前庭之栗石之上を廻り、御玄関之右成へいし（平地）御門へ罷出候、巻数ハ御玄関ニ而道坊（同朋）衆請取可申候、出御前独礼座之分ハ道坊衆帳面を指出、各姓名を引合被申、惣礼之分ハ左様之事も無之候事

一、廿六年以前左京神主職ニ罷成候節之儀ハ、父宮内記置候日記之面写懸御目申所左之通ニ而御座候

一、九月五日、宮内儀尼崎へ罷越候、寺社御役人田中清助殿得御意申上候ハ、私儀年老、其上病身ニ罷成社職難勤候故、忰左京へ神主職譲り為相勤候、依之御届申上候由以書付申達候、清介殿此儀尤ニ候、願ニ而ハ無之候哉と御尋被成候、此儀者従先規御届ニ而済申候、私親式部相譲り申節、御領主へ御届ニ而相済候、京都御伝奏江も御届仕候、其節ハ白川殿御伝奏ニ而、其後位階仕候、直参内ニ而綸旨頂戴仕候、御年礼ニ江戸へ罷下候節、寺社御奉行所へも親より譲り神主職私相勤候旨御届申上候而、御年礼相勤申候由、先例之様子委細ニ申上候、大坂へハ如何ニ御座候、式部節も大坂へハ御届不仕候由申上候得ハ、御伝奏ニ而相済儀ニ候得者、外へ願届ハ無之儀尤ニ候由、此段可申上候由御申被成候而罷帰候事

一、九月八日、田中清助殿へ罷越、此旨申上候、左京へ神主職為勤候趣相伺候所、其儀御家老中へ申達候所、届之儀ニ而ハ御寄附も有之候所上ヲ重シ候所無之様ニ相聞え候由御申被成候、其段ハ成程願ニ仕所存ニ候へ共、先規ニ宮内父相譲り候節も御届ニ而候故、先格之通申上候由ニ而、先御伺申上候旨申達候、御伝奏へも御地頭へ申上候而後上京も可仕存寄ニ候旨申上候、且又願書等ニ加印之儀者無御座候、開帳之節大坂御奉行所へも宮内壱判ニ而相済申候、旧冬勧（勧進）をすまひ（相撲）願之砌も其通ニ而御地頭へハ尚以加印と申事無御座候、此段

ハ社頭之威光有之所ニ而候由、御家老中江申上候、尤之儀与御申被成候、此度之書付願書ニ相認、明朝此方へ可差出旨清介殿江申被成、相心得申候旨申罷帰、願書相認申候、左之通

乍恐以書付奉願候

私儀年罷寄、其上病身ニ罷成候故社職難相勤候ニ付、忰左京江神主職相譲り為相勤申度奉存候、願之通被仰付被下候ハヽ、京都御伝奏江も罷出申度奉存候、願之通被為仰付被下候ハヽ、難有可奉存候、以上

享保十九年寅九月五日　吉井宮内　印

田中清助殿

右之通九月九日早朝ニ清介殿へ差上候、追而御左右可被成由御届候事

一、九月十三日、田中清介殿へ宮内願之儀如何伺ニ以文札申達候所、先達而十日ニ相済候故、其旨以書中御代官勝部重之丞殿へ遣置候所、不相届候由御返書被遣候、十日ニ御出シ被成候御状も被遣候、弥左京相勤候趣ニ願之通被仰付候由御申越被成候而、承知仕候事

一、同十四日、左京儀尼崎へ罷越、先清介殿へ御礼ニ参上申候、清介殿ニ得御意、御指図を受、御家老中・御用人中・大目付中・御郡代中御礼ニ相廻り候而帰り候事

右之趣共御尋ニ付、書付懸御目申候、御寄附御証文之写別紙写指上候、勿論此度之御願書是又別紙指上候、宜御沙汰被成下度奉願存候、以上

寅七月　吉井采女

寺社御月番
大嶋七右衛門様

三二一　神前祭主請書壱通（神主差合の節祝部中より祭主相勤候様申付候につき）文政一三（一八三〇）・六　四五二

文政十三寅年、神主差合之節祝部中より祭主相勤候様申付候請書壱通

御請書

一、御家ニ御差合御座候節者御神前祭主銘（名カ）代之儀者私共之内より可相勤様被仰付奉畏候、後々年ニ至り若不勤不埒之義仕候ハヽ、時之神主より一社中何れ江被仰付替候共、其節違背之儀者決而申間鋪候、為念御請依而如件

文政十三辛寅六月

祝部
大森主税　印
橋本兵太郎　印
大森数馬　印
堀江左京　印
大森帯刀　印
広瀬右京　印
田村織衛　印

右御請書之通相違無御座候、已上

世話人物代
吉屋惣兵衛　印

御神主

三二二　神主吉井良明申達書壱通（祝部中の内より祭主定むる儀につき）

文政一三（一八三〇）・六　四五三

文政十三寅年、祝部中へ下渡候東向斎宮御下ヶ祝部中之内より祭主定書也

祝部中

申達覚

一、神主家ニ差合有之候節者御神前祭主銘（名）代之儀祝部之内より可被勤之申達処也、後年ニ至り不勤不埒之儀有之候ハヽ、時之神主差図を以一社中何れ江可申付候とも、其節一言之違背有間敷候、仍而如件

文政十三年寅六月

神主　良明　神奴連良明　印

右扣也、十二月廿九日世話人吉□（屋カ）惣兵衛方へ相渡候事

三二三　吉井良郷願状壱通（恵美酒神像開帳仕りたく）

寛政二（一七九〇）・一〇　　四五四

寛政弐年十月開帳願写

乍恐以書付奉願候

西宮恵美須御社神主
吉井陸奥守

西宮・広田両社之儀、　　公儀御造営之御社ニ御座候得共、御修理料者勿論神領等無御座候ニ付、年々所々破損多御座候、殊ニ社中建物数ヶ所ニ而繕之修覆可仕様も無御座、困窮之社中迷惑至極仕候、依之為修覆助成来ル亥三月三日より四月廿三日迄五十日之間西宮本（宝暦十三未年願上開帳行候処年数相□被下又々来亥年三月三日より）社におゐて恵美酒神像幷伝来之神宝等開帳仕、諸人参詣も御座候ハヽ、其散銭之助力を以繕之修覆等仕度奉願候、尤神宝等社頭伝来之外他所より借用仕候義無御座候、御憐愍を以右願之通被為仰付被下候ハヽ、千万難有奉存候、已上

寛政二年戌十月

神主
吉井陸奥守

御奉行所

三二四　社内住居請書壱通（三ヶ年間御社中へ住居仰せ付けられ候につき）

文化九（一八一二）・六　　四五五

文化九年申六月、丹伊・臼惣一札也

一札之事

一、今度私儀当申六月より亥年六月迄三ヶ年之間御社中へ住居被仰付難有奉存候、尤浜之町人別ニ而、宗旨ハ代々浄土宗西安寺檀那ニ紛無御座候、則町人別送り手形差上申候

一、御公儀様御法度之儀者勿論、御社法之通相守、博奕諸勝負之儀ハ不及申、喧嘩口論都而非義法外之儀決而不仕候、然上者御社中林等常々見廻り、且又月々十四

日・晦日両度御境内掃除等入念可仕候、其外御社用之儀何時ニ而も無違背急度相勤可申候、御社役之御方へ不礼不届之仕方少も仕間舗候、右年中たり共、御差図及違背不埒我侭之勤方御座候ハ丶、如何様ニも可被仰立候、尚又右伊兵衛義不埒之儀御座候、是又万一異変之儀御座候ハ丶、何時ニ而も請人方へ引請、御社中へ少シ茂御難掛申間舗候、為後日之依而証文如件

文化九年
申六月

請人
丹波屋
伊兵衛　印
臼屋
惣五郎　印

御役人中様

三二五　吉井良貫口上書壱通（西宮本社屋根檜皮葺替にあたり檜皮等入置候仮屋相建て申したく）

文政一三（一八三〇）・一一・一八　四五六

奉差上口上覚

此度西宮本社屋根檜皮葺ニ而有来候処、及大破候ニ付、如元檜皮ニ而葺替仕度御願奉申上候所、御聞済被成下難有奉存候、依之檜皮等入置候仮屋三間ニ八間弐ヶ所、三間ニ六間弐ヶ所、縄からみ掘込柱仮屋相建申度、此段御願奉申上候、御聞済被成下候ハ丶、難有奉存候、以上

文政十三年寅十一月十八日

西宮・広田両社神主
吉井上総介　印

御奉行所

三二六　社家・祝部風折烏帽子裁許請書壱通

文政一一（一八二八）・四・二八　四五七

吉田殿より御奉行所へ被仰越御請書写
文政十一年四月廿八日

御請書

文政十一年子四月廿八日

乍恐以書付奉申上候

一、摂州西宮・広田両社社家・祝部共奉申上候、私共儀不当之装束等致着用、吉田家之御差図相拒候旨、御同家より当御奉行所へ被仰立ニ相成、再応御利解御座候処、私共前々之仕来ヲ以東向斎宮者四位之衣冠着シ、其外之者共も風折烏帽子・紗狩衣豊後内府公より被下置候儘致着用候段品々申上候得共、右者何れ茂申候迄之義、其外自己之書留而已ニ而難取用筋ニ而、既ニ元文五未《ママ》年之御裁許ニも本社之社人両伝奏之執奏ニ寄受領致候例無之由認有之、又者吉田家江申立受領可致旨之御文言も相見江候、殊ニ吉田家より被仰立候元文度御裁許之節之御書留ニも本社之社人幷配下之社人受領之儀者吉田家江可相願趣記し有之、然ル上者天明之度御触之通相心得、若此上官位等相願候ハヽ、吉田家江申立、御同所之御差図可受筋之旨相弁、勿論私共儀申伝迄之儀ヲ以不束之装束致候心得違之段者奉恐入候間、以来右装束之儀者仕舞置着用仕間敷、尤右之趣神主吉井上総介江も申聞候処、存寄無御座候間、御吟味是迄ニ而御下被成下候様偏ニ奉願上候、以上

三二七　吉井良秀口上覚壱通（社家高へ用金掛り候につき）

天明六（一七八六）・八・八　四五八

社家高江用金相掛り候節奉申上候書留

奉指上口上覚

一、社家高弐拾壱石七斗四升弐合
右之内

高壱石壱斗三升　神主 吉井陸奥守 居屋敷
高壱斗壱升五合　東向斎宮 居屋敷
右者私共支配所持高ニ御座候、尤御年貢等町方庄屋方
江相納、一門（カ）ニ上納仕候義ニ御座候、此度百石ニ付銀
二拾五貫（匁カ）宛差出候様被仰渡候段承知奉畏候ニ付、此段
奉申上候、已上
天明六年午八月八日
西宮神主 吉井陸奥守　印
御奉行所

三二八　記録請書壱通（公儀御裁許御書物ほか在府社家・祝部へ相渡し申すべき旨）

文政一一（一八二八）・二・八　四五九

覚
一、公儀御裁許御書物入　一箱
但シ御印附在中
一、御記録　一包
右之通御大切之御書物慥ニ受取、道中大切ニ持参仕、
在府社家東向斎宮殿・祝部衆中へ急度相渡シ可申候、
尤相渡節社家・祝部中より之印形付請取一札取之持帰
御渡シ可申候、仍而如件
文政十一年
子二月八日
田中惣五郎　印
関屋繁太郎　印
御神主

三二九　茶屋新座敷建願壱通

文政一〇（一八二七）・一〇・三　四六〇

書付ヲ以奉願上候
一、御社内ニ有来候御茶屋座敷先塀之内へ此度梁行三

間・桁行三間半之座敷建添申度御願申上候、御差支有之候節者何時ニ而も無違背取払、何角如元普請いたし御渡可申上候、私義勝手ニ付茶屋罷出候節者、右建添之座敷三十日之内ニ取払可仕候、万一延引仕候ハヽ、御遂被成損所出来候とも一言之申分無御座候、右願之通御聞届被成下候ハヽ、忝奉存上候、以上

文政十年亥十月三日

金屋茂兵衛

請人　当舎屋庄兵衛

御宮神主殿

三三〇　田村織部(衛)口上覚壱通（老年につき忰要人へ社職見習として相勤めさせたく）

文政一二（一八二九）・一〇　四六一

文政十二丑十二月、祝部田村父子社頭勤仕吉田許状等之儀ニ付差入候一札壱通

乍恐口上覚

一、私義最早及老年御社用向相勤兼候ニ付、忰要人へ社職見習として為相勤度段御地頭表へ願出候処、向後より社職之義ハ忰相譲り申度底(カ)ニ願出不申候而者御聞済無之趣ニ付、其段訳ヶて御社頭表へ奉御願上候処、先規より之仕来ニも相振レ、以来之例格ニ相成候与も相済不申段御利解之趣被仰聞、御尤至極ニ奉存候、是迄ニ夫々式等も相勤可申筈ニ候得共、火急ニ斯の此(如カ)仕合ニ相成、無其義して最早御願可申上様御座候得共、何分困窮の私ニ候得者、親子共許状請候義ハ甚難渋ニ奉得候ニ付、社中一同許状被請候節ニハ忰斗為請申度存心ニ付、無拠奉御願上候、右吉田家此度之義相分り、社中年明キ相成候得者、御願申上式等も夫々急度相勤可申積ニハ候得共、今暫之間預御用捨ニ度、忰本人之底(カ)御含ミ被下度段奉申上候儀ハ御地頭表へ御添簡頂戴願立之節手都合宜敷与奉存、押而御聞届之程奉願上候、仮令御願之通御聞済被成下候而も、社用向何様之義仰付被下候而も決而違背申上候義者毛頭無御座候ニ付、

何卒此段御聞済之程奉願上候、以上

文政十二年丑十月

田村織衛　印

御神主

三三一　久世主水口上書壱通（大坂にて神像札賦与仕るにつきその旨御触成し下されたく）

宝暦一〇（一七六〇）・九・二七　四六二

宝暦拾年辰歳、西宮社役人より御奉行所へ像札賦与之願書壱通

乍恐以口上書奉願候

摂州武庫郡西宮社役人
久世主水

御当地茨木町吉野屋庄左衛門方座敷旅宿仕罷在候

一、西宮恵美須本社之儀者公儀御造営之御社ニ御座候得共、御修理料曽而無御座候ニ附、諸国において恵美酒神像之札致賦与候輩を致支配冥（加カ）上取集、且本社よりも右神像之札相弘メ、其像料等之助成を以社頭之御修理無怠慢相勤候様ニ被仰附、往古より右之社法相守（カ）も貞享元年子ノ十二月廿二日御老中様・寺社御奉行様御連印之御書附ニも恵美酒像賦之儀先規之如くたるへき由被為仰附候御儀ニ御座候、依之諸国共西宮支配下之者差置、右像札為致賦与候、御当地三郷町中之儀者家敷広大之儀御座候故、只今迄延引仕、毎年正月十日日本橋・心斎橋等ニ而神像札売弘メ申迄ニ御座候、京都之義者先年御願奉申上候而、享保拾三年申十二月廿六日御触被成下、只今ニおいて年々町中之宿老中へ相納メ廻り申候、然ル所御当地においても信心之輩右神像之札相望候者も多く有之候様相聞え申候ニ附、今般私罷越町々江右神像之札相納申度奉存候、尤像料・初穂物等之儀者信心相対之儀ニ御座候得共、今般始之儀、別而是迄胡乱成者共西宮を名乗たり緋細（徘徊）仕候得者、町々ニおいて紛敷存候輩も可有御座候哉と奉存候、何卒右之段被為聞召上、西宮より直参神像札相弘メ申候段御

触被成下度奉願存候、此段乍恐被聞召上願之通被為仰
被下候者難有可奉存候、已上
宝暦拾年
辰九月廿七日
西宮社役人
久世主水　印
同　神主
吉井和泉守　印
大坂
御奉行所

三三二　関屋役人請書二通

元禄一三（一七〇〇）・二・晦／享保八（一七二三）・六・二三
四六三

関屋役人与一衛門・勘十郎手形也

1　差上ヶ申手形之事（広田御宮御炊役人に召し抱えられ候につき）

差上ヶ申手形之事

私儀広田村ニ住居之者ニ而御座候、此度広田御宮御炊役人ニ被召抱御奉公相勤申候、扶持給之儀ハ前々之格ニ被下置候、御社用大切ニ相勤可申候、御公儀様御法度之趣堅相守可申候、惣而行衛不相知者一夜之宿をかし申間敷候、何事も受御差図ヲ可申候、被仰渡候役目疎略ヲかまへ申間敷候、若我儘仕之(候ハ、カ)御(何カ)時ニ而も御暇可被遣候、早速罷出可申候、為後日一札如件
享保八年卯六月廿三日
広田村
又左衛門
子
勘四郎
同村請人
茂左衛門
吉井宮内様

2　差上申一札之事（西宮御社中関屋役人に召し遣わされ候につき）

差上申一札之事

一、私親子広田村住居之者ニ而御座候、此度西宮御社中関屋役人ニ被召遣、扶持給如前々之被下御奉公申上候、尤代々宗旨ハ浄土宗中村観音寺旦那ニ而御座候、勿論御公儀様御法度之趣相守候儀ハ不及申上候ニ、御社内掃除等念ヲ入可申候、竹木落葉ニかきらす御社用より外ハ少も私欲仕間布候、猶又御神役之御方へ無礼不届たくまへ（をかまへカ）申間敷候、何事にても御社用之儀御差図り（ヲカ）相守相勤可申候、其外関屋有来諸道□□別紙ニ御目録之通受取申候

右之通急度相守御座候（ママ）可申上候、若自堕落不届之族有之候ハ、何様にも可被仰付候、為後日証文如件

元禄十三年辰二月晦日

関屋役人
与市衛門
同断
勘十郎

吉井宮内様
御社中

三三三　宇佐見左中出入済書壱通（遠藤石見守左仲儀を不束者と申立候義御吟味につき）

年未詳・一一・二六　四六四

宇佐見左中出入済書

宇佐見左仲へ出入去ル廿二日松平和泉守様ニて相済候趣左之通

一、遠藤石見守左仲儀を不束者と申立候義、御吟味之上慥成申開無之誤入候

一、先年摂津守親ト内々ニ而申合、西宮神職之者之奥印致来候事、親共之儀ハ先例之事中頃石見儀右之訳孫七方江相届可仕処、無沙汰ニ而是迄相勤候義、役儀不相応之致方不届之段被仰聞候、尤孫七申出候通西宮者奥

印吉田家ニ而致候事筋違有之候、自今左仲方ニ而相勤候様申付候
右之趣之外左忠方江此後申合無之哉と被仰候、石見守申上候者、此後左仲儀触頭役相勤奥印仕候共、私方ニ而少も申分無御座候と申上候、仍而右之通誤証文同前印形仕石見方より差上候
一、遠藤摂津儀、親内談ニ而支配之者共奥印之儀吉田家社人江相頼候事、我儘致方、其後其方役儀相成候節、孫七方へ相届ヶ可申筈無沙汰之由、役儀不相応不調法之段御伺御座候、依之摂津守申上候者、先年柴田主殿節之儀を少々申訳相立ず、誤証文同前ニ而印形差上候
一、宇佐見左仲義、触頭役孫七方より申付候得者、西宮役人有之候間、此後万事心ヲ付大切相励可申段被仰付候、仍而右之通奉畏候旨御請仕、則印形差上申候
一、拙者江被仰聞候者、右両人之者共双方此後申分無之付、印形ヲ取被申渡候間、自今支配下共間違無之様可申渡之旨被仰付候、尤願之通相済難有旨印形仕差上申候
一、廿二日朝四ツ時罷出、御前江三度被召出候間、晩七ツ時相済申候、依之不残御仕出之下置候、同廿三日両人召連御礼罷出候、猶又両人之者共勝手次第帰国可仕旨被仰付候
右之通相済申候間、為念之申上候、以上
十一月廿六日　　石川孫七

三三四　書状留書壱綴

享保一九（一七三四）・九～嘉永七（一八五四）・四　四六五

1　乍憚御願申上候（親左門老年かつ多病につき跡目の祝部職相勤めたく）

乍憚御願申上候
一、私親左門儀及老年且多病ニ付、跡目之祝部職相続、相勤申度奉願候、御社法之儀諸事御差図之通相勤可申候、此段御願申度以書附如（斯カ）期御座候、以上
嘉永元年申四月八日

堀江重太郎　印

神主
吉井但馬守殿

2　乍憚御願申上候（親主膳跡目祝部職相勤めたく）
嘉永四年亥十一月朔日
祝部大森主膳跡目相続願書

乍憚御願申上候

一、私儀親主膳跡目祝部職相勤申度奉願候、御社法之儀諸事御指図を受相勤可申候、此段以書附奉申上候、以上

嘉永四年亥十一月

祝部
大森主膳

神主
吉井但馬守殿

3　以書附御願申上候（親民部病死仕早速継目御願申し上ぐべきところ幼年につき延引、今般祝部職相続仕りたく）
嘉永四年亥四月十日祝部大森民部悴数馬跡目相続
願書

以書附御願申上候

一、私親民部儀、去弘化三年午四月病死仕、早速継目御願可申上之処、幼年ニ付延引仕候、今般祝部職相続仕度奉願上候、尤御社法之儀諸事御差図之通少しも違背仕間敷候、右願之通御聞届被成下候ハ、、難有奉存候、以上

嘉永四年亥四月十日

祝部　大森民部悴
大森馬之助

神主
吉井但馬守殿

4 以口上書御願上申候（大石家跡目相続につき神子職出勤仕りたく）

天保十二年丑七月大石長太夫悴

大石万治郎

跡目相続願書

以口上書御願上申候

一、私儀大石家跡目相続仕候ニ付、先祖より之通神子職ニ出勤仕度奉願候、尤御社法有来ル通無相違相守、何事も御差図ニ随可申候、此段御聞届被下度奉願存候、以上

天保十二年丑七月

神子
大石万治郎

神主
吉井但馬守殿

5 〔書付を以奉願上候〕（親清太夫老衰かつ多病につき私神子職出勤仕りたく）

嘉永七年寅四月廿六日、瓶子清太夫及老衰候ニ付、悴清三郎江家督相譲り致隠居度段願出候ニ付、社家・祝部中江及沙汰一統承知候付、願書請取致振舞候、尤前廿五日ニ同職大石長太夫悴清二郎同道、明日入来被下候旨神主家始社家・祝部中・社役人十軒へ相廻り、上下関屋・名次山へ者使を遣候、当日一同下関屋へ相揃候処へ、悴清三郎親類同道時刻案内ニ参シ、九ツ時前ニ参ル、門口へ親并類親（ママ）迎ニ出ル、座相定ハ五月（ママ）七種吸物三御膳一汁□五、暮ニ関屋引取後、廿七日悴清三郎へ長太夫同道神主家始一統へ相廻り候、一同より例之通酒二升持参候事

書付を以奉願上候

一、私親清太夫儀、及老衰且多病ニ付、神子職私出勤仕度奉願上候、尤御社法有来之通無相違相守、何事も御差図ニ随可申候、右願之通御聞届被成下候ハヽ、有難可奉存候、已上

嘉永七年寅四月

幣司清三郎

神主
吉井但馬守様

6 〔口上書之覚〕（不束の儀仕り御社頭差扣仰せ付けられ候ところ、何卒差扣の儀御免下されたく）

差免候節一札書三通入

社役人辻大炊不束之儀有之、七日之間差扣被申付、
嘉永四年亥二月三日、祝部広瀬右京・田村伊織、

口上書之覚

一、私此度不束之儀仕候ニ付、御社頭差扣被仰付奉恐入候、自今以後何様之儀も急度相嗜可申候、何卒差扣之義ニ御免被下度、此段奉願上候、已上

嘉永四亥三月七日

社役人
辻大炊　印

神主
吉　但馬守殿

7 口上書之覚（心得違の儀仕り御社頭差扣仰せ付けられ候ところ、何卒差扣の義御免下されたく）

口上書之覚

一、此度私心得違之儀仕候ニ付、御社頭差扣被仰付奉畏候、自今已後御差図之通急度相守可申候、何卒差扣之義御免被下度、此段奉願上候、已上

嘉永四亥三月七日

祝部
広瀬右京

神主
吉井但馬守殿

8 口上書之覚（不束の儀仕り御社頭差扣仰せ付けられ候ところ、何卒差扣の義御免下されたく）

口上書之覚

一、此度私不束之儀仕候ニ付、御社頭差扣被仰付奉恐入候、自今已後惣而何様之儀も御差図ニ随ひ可申候、何卒差扣之儀是迄ニ而御免被下度、此段奉願上候、已上

嘉永四年亥四月四日

神主
吉井但馬守様

祝部
田村伊織

9　口上書之覚（心得違これ有り御社頭差扣仰せ付けられ候ところ、何卒差扣の義御免下されたく）

口上書之覚

一、私此度心得違有之候ニ付、社頭差扣被仰付奉恐入候、此以来何様之義相改急度相嗜可申候、何卒差扣之義御免被下度、此段奉願上候、已上

天保十二年丑閏正月

橋本右膳

吉井但馬守殿

10　〔広田八幡宮禁制写〕

中ニテ高サ壱尺五寸
端ニテ高サ壱尺四寸五分
横ニテ弐尺壱寸

広田八幡宮

一、当境内へ放入馬牛事
一、東西山林ニおゐて伐採松木事
一、当社中ニテ喧嘩狼藉いたす事
一、らくかきいたす事
一、社中ハ勿論山林ニテ致殺生事
右従先規堅御制禁処也、仍如件

享保十九年九月

神主
吉井左京

11　〔夷御社禁制写〕

中ニテ高壱尺四寸五分
端ニテ高壱尺四寸
横ニテ弐尺壱寸

夷御社

一、当境内ニおゐてみだリニ伐採竹木事
一、牛馬をはなち入幷殺生事
一、落書いたす事
右従先規堅御制禁処也、仍如件

享保十九年九月

神主
吉井左京

12　乍憚一札之事（自今已後一己の了簡を以て走足《ママ》の儀仕るまじき旨）

乍憚一札之事

一、当七月下旬遂□談貴殿へ配札一件□□其両国御越、夫より□□国江一己之了簡ニ而罷下り日数相掛、御両社御神事ニ差障り、何共心得違之段奉恐入候、自今已後一己之了簡ヲ以走足《ママ》之儀仕間敷候、為後日差入申一札仍而如件

嘉永五年子十一月

田村伊織　印

橋本右膳　印

御神主

継目願〆五通

一札　〆五通

三三五　吉井式部願書壱通（御領分広田村広瀬右内、平生神役の勤方不埒につき急度仰せ付け下されたく）

明和元（一七六四）・一〇・二六　四六六

明和元申年十一月、祝部広瀬右内不調法取締ニ付、尼ヶ崎へ出頭書壱通□《并カ》ニ証一札有之事

乍恐以書付奉願候

私支配之祝部之内、御領分広田村ニ罷在候広瀬右内与申者、平生神役之勤方不埒ニ而、神事之節も毎度遅参・不参ニ而間ニ合不申事多御座候、然共全躰我儘之者ニ而御座候故、中々為申聞候而茂却而浄論《諍カ》ニ相成可申様子ニ御座候へハ、□外聞之上私一分も在《立カ》不申様ニ相成可申与存候而致了簡罷在候処、近頃ニ至り甚不参仕、外々之者之手前も余り相済不申候ニ付、其旨少々為申聞候得者、却而立腹仕、大切成拝殿之勤番を指置私宅へ夜中ニ罷越、以之外気儘仕、法外成ねだり事而と《ママ》申無礼非法之至可申上様も無之仕合ニ而甚難儀仕候、平生社中之会所ニ指置

候者へ茂何角難題共申、至極迷惑之様子ニ相聞江申候、仲間之内右躰之者其分ニ致置候而ハ外々貞実ニ相勤候者之妨ニも相成可申道理ニ而、千万気之毒ニ奉存候得共、内々ニ而ハ如何様共致方も無御座候、何卒右ノ段被為聞召上、右内被召出相応之科料《右之段急度》ニ而茂被為仰付被下度奉願候、支配内之者之儀斯様ニ申上候段面目次第も無之儀ニ御座候得共、右之仕合故無是非御願奉申上候、其儘ニ差置候而ハ私支配之分も相立不申、始終彼者之為ニも相成不申儀と奉存候、乍恐此段被為聞召上被下候ハヽ、難有可奉存候、以上

明和元年申十月廿六日

西宮神主
吉井式部

寺社御奉行所

三三六　広瀬右内詫証文（私儀不埒の勤方につき）

明和元（一七六四）・一一　四六七

明和元年申十一月

広瀬右内不調法之事有之候節之一札也

一札之事

私儀平生御神事之節も不参・遅参多候所、御察儀も無之御用捨有之候所、近頃別而不参多ク有之候ニ付、其旨被仰聞候節碎（酔カ）狂之上、神主殿へ対シ甚無礼不法ニ（之カ）致方有之候ニ付、尼崎江も被仰立、急度重科ニ而も可蒙所、各御取扱ニ而御侘被成被下、此度之儀御赦免被成被下候而千万忝御座候、其外各より被仰聞候平生不勤之段委細致承知、以来急度相謹之候事ニ候得者、以来不埒之勤方御座候ハヽ、如何様ニも被仰立可被下候、其節一言之御恨申間敷候、為後日之一札仍而如件

明和元年申十一月

広田祝部
広瀬右内

東向斎宮殿
祝部仲間中

神主和泉守殿

三三七　田村伊織由緒書壱通

天保五（一八三四）・五　四六八

天保五午年五月　田村伊織由緒書

仕上由緒証文之事

一、私義本国・生国共ニ尼ヶ崎御領分摂州武庫郡広田村、祝部田村織衛悴ニ而、親代之広田・西宮両社之祝部職相勤候処、父織衛義病死仕罷在候、私跡目相続仕候事

一、私妻儀者存生ニ而同家ニ罷有候事

一、祝部職之義ハ神祇道而已ニ而、切支丹之末類ニ而者無御座候、召使之者迄宗門入念寺手形請状取之召抱可申候事

右之通少茂相違無御座候、仍而如件

天保五午年五月

広田村祝部
田村伊織　印

寺社
御奉行所

右之通相違無御座候ニ付、加判仕候、以上

広田・西宮両社神主
吉井上総介　印

右之通印致、神主付添罷出候筈、病気ニ付同職広瀬兵馬神主代ニ同道罷出候、尤口上ニ而相済可申内意之事、五月廿一日ニ奉行目見へ罷越候事、袴羽織也

三三八　大石長五郎跡目口上書壱通（神子職出勤仕りたく）

寛政五（一七九三）・一一　四六九

以口上書御願申上候

一、私儀大石家跡目相続仕候ニ付、先祖より之通神子職ニ出勤仕度奉願候、尤御社法有来ル通り無相違相守可申候、此段御聞届ヶ被下度奉願存候、以上

寛政五年丑十一月

神子　大石長五郎　印

神主
吉井陸奥守様

三三九　田村織衛社職譲願壱通（老年にて社職相勤兼、悴要人へ相勤めさせたく）

天保五（一八三四）・一〇カ　四七〇

天保五午年五月、田村伊織相続願写（ママ）
神主家さし出候書附也

乍恐奉御願上候

一、先祖より代々広田・西宮寺社之祝部職相勤来候処、（両カ）私儀最早及老年社職相勤兼候ニ付、向後悴要人へ社職為相勤度候ニ付、乍恐此段奉御願上候、何卒御憐愍ヲ以御願之通御聞済被為成下候ハヽ、難有可奉存候、以上

丑十月

広田村祝部
田村織衛

寺社
御奉行所

三四〇　筒井四郎右衛門覚書壱通（勘定書上）

年未詳・四　四七一

覚

一、金五拾両　筒井四郎右衛門　預り

内

一、金拾両　御馬代
一、同拾三両　御馬具料幷御厩入皆式
一、同八両　御家中御礼式
一、同六両壱歩　御館入御礼式
一、同四両弐歩弐朱　御馬下向之節諸入用
一、同三両弐朱　伊丹諸入用

〆金四拾五両

差引残而
金五両

右勘定残金此度御戻シ申候間、御入手可被成候、以上
四月
筒井四郎右衛門
店
西宮
吉井上総介様
御世話方中

三四一 東山堀（掘）取箇所渡状壱通（広田御宮東ノ山ノ内に粘土これ有るにつき） 宝暦四（一七五四）・七・三 四七二

証文之事
此般広田御宮東ノ山ノ内ニねん（粘）土有之由、依之各為渡世堀（掘）取申度旨願之通御届候、別紙ニ被指出候証文之通一切法外之義無之様ニ右之土分ハ堀（掘）取可被申候、尤五年・十年ニも不限、右之土有之次第外より願之者有之とも各ニ致約束迄ハ無相違為堀（掘）可申候、尤礼金其外約束証文之通無致相違候ハヽ、早速指留可申候、其節違義有間敷候、後日無相違様ニと願ニ付、印形相渡シ候処、仍而如件
宝暦四年戌七月三日
神主 吉井左京亮
社役人惣代 大森主水
広田村 平兵衛殿
西宮 理兵衛殿
寺本 次右衛門殿

三四二 神札授与覚書壱通（猥に神像札差出候儀御停止の旨由緒書上） 年未詳・一二 四七三

覚
一、西宮本社之外猥ニ神像札差出候儀者御停止被仰付候、
大坂今宮幷堀川社・堺之夷嶋等より先年神像札差出候

処、元禄年中御奉行所へ御願申上候而早速御停止被仰付候、只今ニ至り一向差出申儀相成不申候事

一、大坂三郷町中江神像札賦与仕候処、紛敷像札有之候ニ付御願申上候処、則宝暦十一年又々明和四年御触被成下、紛敷像札無之、西宮正像札賦与仕候事

一、元文年中他社家と争論有之候節、江戸寺社御奉行所ニおゐて御紀之上被仰渡候ニ者、神像札賦与之義、下賤之もの丶可相勤筋ニ無之候、国々におゐても番人とも・あるき等之輩致賦与候者有之儀者、別而可致吟味之段被仰渡候事

辰十二月

三四三　日記書抜覚壱冊　年未詳・七・二六　四七四

日記書抜覚

七月廿六日

一、久世（寺社奉行・広明）出雲守様為窺数馬罷出候処、伊助殿へ参会、今日ハ呼出しの義只今可申遣候処、罷出争之事候

先達而差上置候宮済席（カ）願御下ヶ被成候間、請取之事

一、鹿嶋宮中之内先達而御停止被仰付候書付少々相分兼候儀有之候ニ付、定（聢カ）と紀差出候様被仰渡候、勿論大坂御番所御吟味被仰遣候間、来ル八月十日頃御吟味も可有之のよし、伊助殿ニ申聞候事

同廿七日

一、数馬・勝之進両人出雲守様へ罷出候処、先達而差上置候鹿嶋宮中御尋之儀、右一件之次第ハ申披相済候事

一、像札売弘メ候儀者、寛文未七年井上河内守様（寺社奉行・正利）・加賀爪（寺社奉行・直澄）伊賀守様・小笠原山城守様（寺社奉行・長矩）より被仰渡候御條目頭戴（頂）仕候、右御條目ハ中西太郎兵衛へ被下置所持仕候処、正徳年中太郎兵衛不調法之儀有之追放被仰付、其節如何相成候哉難相知候得共、社中日記等ニ右之趣有之候事

右社中ニ弥慥ニ日記有之候ハ丶、御覧被成度よし被仰渡候ニ付奉畏候、本社へ申遣、吟味之上御請可申上候

右之趣帰宅早飛脚ヲ以本社へ申遣候

廿九日
一、今日久世出雲守様へ数馬罷出、私方日記留ニハ、御尋之趣廿日御座候趣ハ、本社へ御尋之儀飛脚ヲ以申遣候、此段御届申上候旨申達退出仕事

八月四日
一、久世様より御差紙致来、退(即カ)刻罷出候処、今日者公儀御留役根岸九郎左衛門様御吟味ニ而、御尋之趣左之通り、勿論伊勢も罷出ル

一、先達而差上置候願書、尚又口上書等之趣、伊助殿ニも御立会ニ而御吟味之次第、其方儀此度石津開帳ニ付像札出入之儀、先達而大坂表両御番所へ相願、尚又其後神主江戸表へ願ニ罷出候処、江戸表ニ而病気付候処不得本服死去仕、しかし其後年来も相立、社中ニハ社家神主代之者可有之候処、大切成御定法と存候ハヽ、是迄打捨置候筋ハ無之事ニ候、左様ニ候へハ御定法と申も其之事ニ候、甚不良知成事よし、誠御列座よりもきひしく御しかりニ成候

外ニ御尋被成候者、夷像札ハ悉西宮より外ニハ出ス間敷との公儀より慥成御触ニ而も有之候哉の御尋ニ付、其儀ハ寛文年中御定被下候三像絵形三枚、其外夷之像賦与仕候輩を支配仕候様ニ被仰付候ニ付、悉く御御(衍カ)触之義ハ私者不存申候へ共、右三像御定之儀ハ御触よりも難有□支配仕段申上候処、夫ハ御定法と申ニ而ハ無之よし、何事も如何成事ニ候哉、今日之儀ハ一向私存寄ニ不相叶、近頃御むり成御しかりニ而御取得(座候カ)共、其申分仕候へ者其差別もなき御しかり、申分も難相成仕合御座候得共、在(右カ)之あらまし申披候事

一、伊勢へ御尋之趣、其方像札之儀賦与不仕候哉之旨いし□処ニ、伊勢申候者、西宮とハ違、当社ニ而者像札売候抔と申義ハ一向ニ無御座候、□信ニ而於神前所望仕候仁へハ差出候段申上候故、其私申候ハ、左様ニ而ハ無御座、正月十日ニ大阪表長町筋へ罷出、尤在々迄も売弘メ候間、やむ事を不得相願候旨申候処、伊勢申候処、此儀ハ不信之方当

社迄者道の程も遠ク御取問《ママ》講中ノ者世話ヲ以賦与
仕候段申上、尚又冥加銭と申候も五百壱〆反《ママ》信へ
仕合ニ御座候段申上候処、九郎衛門親被仰候者、
伊勢へ只今迄ハ一向売弘メ抔ハ不仕候段ヲ申、如
何仕事ニテ売候哉、五百壱〆も千貫も同《カ》事ニ而も、
勿論右通候ハ、西宮より外々之儀も尤の事候、以
来共売弘之儀ハ一向不相成事、彼是不つゝか成事
共申上不届成事ノよし御しかり被成候処、伊勢儀
一言の申宜《ママ》無御座候躰ニ相見へ申候、其々今日者
罷立候様ニとの義□相ニ退座仕事
　尤九衛門親ハ申ニ者、石津神前へ心信之者参
　候請申候ハヽ、其通停止賦与候事ハ急度不成
　事、しかし□神前無拠請申度よし相願候ハヽ、
　此儀むり共不申差出候而も不苦為度《ママ》哉の様ニ
　　御申被成候
一、大阪表御吟味之義も被仰出よし、追而相知可申旨御
　意御座候

三四四　神札賦与願壱綴　元文五（一七四〇）・五　四七五

1　乍憚書付以奉願上候（摂州西宮大神宮神像・鎮火安全御祓、紀州御城下・御領分へ賦与仕りたく）

乍憚書付以奉願上候
一、摂州西宮大神宮之神像并鎮火安全之御祓、尚御城下町・御領分共ニ偏五穀成就賦与仕度奉願候、尤永々賦与仕候義ニ御座候、初尾等之義者相対之義ニ御座候御事
一、右賦与仕度御願可申上、五月中江戸御屋敷ニテ御城使井口源次衛門様江御願御《衍カ》願申上候処、紀州御城下并当御役所江も御返達被遊候□□□由其迄ニ而伺上仕、御役人様御願可申上候旨被仰候、其以後勝手次第ニ伺上可仕候旨井口源次衛門殿御家来吉田忠兵衛と申仁ヲ以被仰下候御事
一、尾張様・水戸様共ニ願之通被仰付被下候、尾張様ニ而ハ私義御国者ニ被仰付、則尾州名古屋ニ私儀ハ居住仕候御事

右之通被為御聞届、願之通被仰付被下候
天下太平幷殿様御武運御長久・御子孫御繁栄御祈禱可奉
抽丹誠候、以上

元文五年申五月

2 〔覚〕（郡山御領知にて賦与仕る旨願うにつき）

上村左五太夫殿・高瀧小藤左衛門殿江御願申、則御国
元郡山江被仰遣被下候由ニ而、郡山表江者同役之者罷
越候所、願之通被仰付候由本社より申上候、当御門幷
御領知之義賦与仕度奉願候御事
右之通御聞届、願之通被仰付被下候

御役所

3 〔覚〕（下賤卑職の者賦与御停止下されたく、此度賦与仕
りたき旨願うにつき）

至置治部蔵（カ）殿此御取次下賤卑職之者賦与候も仕上候停止
被下度旨御願申上候旨、□此度賦与仕度奉願上候御事

月日

板倉周防守殿
加藤伊賀守殿
石川早□殿

三四五　東向斎宮竃祓被差留請書壱通

文政七（一八二四）・閏八　四七六

社家東向斎宮竃（祓脱）被差留幷大阪小売酒屋講中之儀、星祭等
之差留一件請一札之事

文政七甲申年壬八月十九日

請一札之事

一、私所（脱アルカ）中江先年より竃祓ニ相廻り来候、然ル所四五ヶ
年以前より祝部中・神子中与論談申居候所、祝部中・
神子方より被申出、御紙之上今度御本社御差支ニ相成、
御差留被申聞、承知仕候
一、大坂小売酒屋講中之儀御尋、此儀者出来不仕其儘ニ
相成候事

一、星祭之儀ニ付致張紙候儀不相済由致承知候
右之條々相慥、已来不法之筋決而仕間敷候、尤御差図之
趣違背仕間敷候、且又貴殿者不及申、祝部・神子中江遺恨
之筋毛頭無御座和順ニ相勤、御社法大切ニ相守り可申候
間、以後宜敷奉頼上候、為後日御請一札依而如件

文政七年甲壬八月

社家
東向斎宮

証人
今西□之丞

神主
吉井上総介殿

三四六　役所返納金通覚壱綴（西永執事都筑勾当房より指越候了簡事・御役所返納金通写）

年未詳・一一・一五　四七七

都筑勾当より指越候了簡事幷御役所返納金通ひ写

覚

一、元金拾九両弐分
右者去ル戌九月借元也、当子十二月迄廿八ヶ月分利
足
合五拾四貫六百文
此金拾三両也
但シ両ニ付壱ヶ月百文宛
元利
〆三拾弐両弐分
右之通来極月十五日限ニ御指出シ可成候、以上
先達而御引合申候通、来丑正月元旦為官金子入用御座
候故、諸方借方引上ヶ申候、依之貴公御取次金子之儀
年々御改、利足迄も指滞候得共、貴公様之儀ニ而西永
御坊様御縁家之筋御座候間、無拠年々任御断差延置候
得共、当年之儀金主官仕候者有之ニ付、右之金子為出
世借付置候得者、此筋断難相立御座候故及催促候、兼々
御存知之通官金ニ了簡用捨無御座筋曽而以其例不及候
得共、右御油縁格別之訳ニ御座候ニ付、上々了簡を茂

差加申候事御座候
一、元利三拾二両弐分
内拾五両当暮御出金可被成候
残而
拾七両弐歩ハ来丑年より卯年迄三ヶ年賦、壱ヶ年ニ五
両三分、五両宛御返済可被成候
当年御皆済御座候へ者、弐拾弐両弐分御指出シ居候得ハ、
拾両ハ致用捨帳面消シ為相済可申候、右之趣何れ共宜御
取扱可被下候、以上
十一月十五日
西永執事
都筑勾当房
西宮御役人
大沢兵部様

三四七　吉井良郷口上覚壱通（佐州・若州・阿州・淡州信心の輩へ神像札賦与仕りたく）

安政七（一八六〇）　四七八

奉差上口上覚
西宮恵美酒社
神主
吉井陸奥守
幼年ニ付代
西宮恵美酒社神像札賦与之儀御願
一、西宮恵美酒本社之儀者、寛文三卯年厳有院（徳川家綱）様御造営
被為成下、其後御修理料にと諸国江恵美酒神像札致賦
与、以其助成社頭無怠慢修覆等相加江候様被為仰渡候
処、近来時節柄ニ付当社及破損、修理相加候儀難出来
候ニ付、欲（歎カ）ケ敷奉存候間、此度佐州・若州・阿州・淡
州右四ヶ所信者之輩江神像札賦与仕、其料を以修覆等
行届候様仕度奉存候間、乍恐何卒御領主江以御慈悲御
願之通恵美酒神像札賦与之儀被為仰渡下置候ハヽ、一
社一同難有仕合奉存候、以上
安政七年申
右神主
吉井陸奥守
幼年ニ付代

御奉行所

三四八　上納地面譲状壱通（深川越中嶋町平助持来候新田開発之地面凡千弐百坪貴殿方へ相譲り申すにつき）

明和四（一七六七）・二　四七九

相譲り申御上納地面之事

一、深川越中嶋町平助持来候新田開発之地面凡千弐百坪余之所、此度貴殿方江相譲り申所実正也、右地面之儀前々より壱ヶ年ニ金拾三両宛唯今迄御定之通無滞御上納相納来候、右地面荒地ニ相成居候を此度貴殿江相譲り申候、然ル上者御上納金・町内諸役銭共無相違御出可被成、尤御役所名前書替茂可仕候、於此地面何方より茂出入構無御座候、万一違乱申者御座候ハヽ、拙者共何方迄茂罷出急度埒明ヶ、貴殿江少茂御苦労掛申間鋪候、為後日加判証文、仍如件

明和四丁亥年二月

深川越中嶋町
譲り主　平助　印
組合証人　半三郎　印
同所大嶋町
立合　長右衛門　印

平左衛門殿

三四九　田地質入証文留書二冊

天保九（一八三八）・一〇　四八〇

此証文酒造家へ差入候扣

質物差入預り申銀子之事

宗浦之口（字カ）
一、中田九畝弐拾五歩　斗代壱石壱斗三升
右有畝五反　此□石

右之田地拙者所持ニ候得共、此度要用ニ付質物ニ差入、銀六貫目慥ニ請取預り申処実正也、然ル上ハ返済之儀来亥十月晦日限り年壱割何朱《壱歩》之利足ヲ加へ、元利共無滞急度返済可然候、右質物ニ付何之掛合無之候、万一

銀子相滞候ハヽ、右質物致帳切無違儀相渡シ可申候、脇
より違乱申者有之候ハヽ、請人罷出急度埒明可申候、
為後日銀子預り質物証文仍而如件

年号月日

銀預り質主　吉井上総介

請負人　鷲屋清兵衛

右之通田地当町支配ニ相違無之候ニ付致実印《加判》候、以上

○当名年行司四軒

社家町　油屋惣五郎

○酒造家年行司

守屋新兵衛殿

網中五郎兵衛殿

木村清兵衛殿

山田屋清兵衛殿

小作証文之事

宗（字カ）浦口

一、中田九畝弐拾五歩　　斗代壱石壱斗三升

但シ有畝五反

右之田地本紙証文ヲ以質物ニ差入候得共、我等《拙者》勝手ニ
付直様小作致候所実正也、然ル上者此小作として本紙
証文利致（銀カ）毎年十月晦日限り無遅滞相渡可申候、万一
壱ヶ年ニ而も相滞候ハヽ、右田地御引揚可被成候共、
其時一言之子細申間敷候、為後日小作証文依而如件

年号月日

小作人　吉井――

受人　鷲屋――

酒造家年行司

守屋新兵衛殿

網中五郎兵衛殿

木村清兵衛殿

山田屋清兵衛殿

此証文町・浜家中へ入候扣

質物差入預り申銀子之事

字大田
一、上田九畝拾三歩　　斗代壱石三斗弐升

字大将軍
一、上田五畝六歩　　斗代七斗弐升八合

同所
一、上田壱畝歩　　斗代壱斗四升

字十八田
一、下田壱反弐拾歩　　斗代壱石六升七合

同所
一、下田三畝拾五歩　　斗代壱斗七升五合

字大将軍
一、下田九畝弐拾五歩　　斗代九斗八升四合

右反畝歩合三反九畝拾九歩　此宛六石九斗
高合四石四斗壱升四合
右六ヶ所之田地拙者所持ニ候得共、此度要用ニ付質物ニ差入致、弐貫六百四拾目慥ニ請取預り申候(処カ)実正也、然ル上者返済之儀来亥十月晦日限り、年割何朱之利足ニ加へ元利共無滞急度返済可致候、右質物ニ付何之掛合無之候、万一銀子相滞候ハヽ、右質物致帳切無違義相渡シ可申候、脇より違乱申者有之候者、請人罷出急度埒明可申候、為後日致(銀カ)子預り質物証文仍而如件

天保九年戌十月

銀預り質主　吉井上総介

請負人　鷲屋清兵衛

右之田地当町支配ニ相違無之候ニ付致加判候、以上

社家町　臼屋惣五郎

小作証文之事

字大田
一、上田九畝十三歩　　斗代壱石三斗二升

字大将軍
一、上田五畝六歩　　斗代七斗弐升八合

同所
一、上田壱畝歩　　斗代壱斗四升

字十八田
一、下田壱反弐拾歩　　斗代壱石六升七合

同所
一、下田三畝拾五歩　　斗代壱斗七升五合

字大将軍
一、下田九畝弐拾五歩　　斗代九斗八升三合
右反畝歩合三反九畝拾九歩
右高合四石四斗壱升四合
但シ右田地有畝四反九畝
右之田地本紙証文ヲ以質物差入候得共、拙者勝手ニ付
直様小作致候所実正也、然ル上者此小作として本紙証
文利足銀毎年十月晦日限り無遅滞相渡可申候、万一
壱ヶ年ニ而も相滞候ハ、、右田地御引揚可被成候、其
時一言之子細申間敷候、為後日小作証文仍而如件
天保九年戌十月
小作人　吉井――
受人　鷲屋――
酒造家幷紅屋へ差合此証文幷小作証文之通十月十二日
網（カ）屋惣五郎遣シ奥印相願候事

三五〇　広田祠官建白書壱冊（広田神社由緒考証につき）

明治六（一八七三）・四　五一九

建言

微臣共

広田神社江赴任来御社頭向取調候処、広田村に御鎮座ノ御神東一殿住吉神・二殿天照太神・中央応神天皇・西殿建御名方神・二殿高皇産霊神と五座、然ルヲ諸人八幡宮ト唱来候ニ付、旧神官ノ者共江相質候得共紛々錯雑トシテ確乎タル対之レ無ク、猶郷里ノ古老ニ問フニ何ノ謂ハレヲ知ル者ナシ、只古ヨリ広田八幡宮ト唱来ル由ヲ対フルノミニシテ、更ニ其真ヲ得ル能ハス、偶西宮ノ人某レカシ来リ、曰四十四年已前泉州矢野桜太夫ナル者神道講訳（釈カ）ノ為ニ此地ニ来ル、此ノ時ニ当リ広田社ニ八幡宮ノ額面有ルヲ見テ、沈吟シテ曰、広田神社ハ天照大神也、然ルヲ八幡宮ノ額何ノ故ニ掲クルヤト咎ケル、此言ヲ聞キ、其時ノ神官等驚且恥テ夜中密ニ其額ヲ取除キタル事、私

始老人ハ巨細ニ存シ申候、尤此額ハ古物ニシテ且名筆ノ由、其後元神主吉井良郷曰、臣ヨリ四代已前ニ吉井良足ノ時、淡路ノ僧某ト云者来リ、広田神社ニ鎮座ス神名ヲ問ヒシニ、良足曰、第二殿ハ神功皇后、中央ハ応神天皇ト対ケル、右ノ僧大ニ笑テ曰、神ニ奉仕スル者其神ノ故ヲ不知ハ実ニ不敬也、抑広田神社ハ天照大神ニ座ス事世ニ明カ也、何ソ神功皇后・応神天皇ヲ祭ルヤ、且広田ニ座ス御神ハ神功皇后依勅葉山媛ヲシテ天照大神ノ荒御魂ヲ祭ラレ玉フ事ハ誰レ有テ不知哉、其確証ハ日本書紀ヲ見テ可知也ト云云、然ルト雖モ良足不昧ニシテ不悟、唯閉口黙止スト申、父祖代々言ヒ伝候、御一新後神祇省ヨリ御調ノ時、天照大神ヲ以テ神功皇后ト自侭ニ入替奉ル趣キ、私共江良郷ヨリ自言仕候、是レニ由テ之ヲ観レハ、世俗所謂八幡宮ハ直ニ允（カ）当仕候、抑摂津国武庫郡古ハ挙テ広田ノ国ト申セシヲ、後世西宮・中村・広田・越水抔ト村々分離、而後天照大神ハ今ノ西宮ニ在シ、八幡宮ハ今ノ広田村ニ在セシテ、神主始メ広田ノ名アルヲ以テ古江ノ広田ノ神社ト誤リ認メ候儀ト奉察候、謹テ按スルニ西宮ニ在ス御神ハ本殿中央天照大神・西殿素戔烏命・東殿西宮大神宮トアリテ、木像鯛ヲ抱江タル神体ニシテ、俗ニ云蛭子ノ神也、古ヘ西宮ハ固ヨリ広田ノ国ナレハ、神功皇后ノ祭リ玉ヒシ広田神社ハ今ノ西宮ニ座ス天照大神ニ相違無之、拾芥抄ニ曰広田也、世俗西宮ト称ス、然則古ノ称号分別無之、中世南北西ト折スト云云、是レニ由テ之レヲ観レハ、北ハ広田八幡宮ヲ称シ、南宮ハ大山咋命等諸神ヲ安シ、西宮大神宮ハ現ニ荒御魂ヲ祭ル神宮タル事明確ト奉存候、神学随筆曰、摂津国武庫郡広田ノ社ハ国俗動スレハ輙チ恵美須ト称ル者固ヨリ誤、其神社啓蒙二十二社註式ニ曰、広田ハ天照大神ノ荒御魂也、神宮御一体ト云ヘシ、或文ニ因レ則一座而現在者云云ト、延喜式神名帳又曰、広田神社ハ一座ト有之、古ハ神宮一座ヲ祭リ奉ル事明□然則東ニ伊勢ノ神宮アリ、西ニ広田ノ神宮アルヲ以テ西宮ノ称因テ起ル所確乎タルヘシ、後世福神ノ名高ク帰依多キヲ以テ貨利ノ為ニ恵美須ノ神ヲ西宮大神宮ト付会シ、中央更ニ天照大神ヲ安シ重複仕候儀ニ可有之、事代主命ハ自カラ蛭子ノ神ヲ以テ東殿ニ在シ、天照大神ハ西宮大神宮ニシテ中央ニマシマス可キ公理ト愚考仕候、尚諸抄ニ大国主西ノ神社ト載セタル大国主ノ社ハ現然別社ニ鎮座有之候、且神功皇后三韓ヨリ御帰朝ノ後御奉納ノ神宝珠玉・甲冑・弓箭・戎服今委ク存セスト雖モ、珠玉ノ類ハ厳然トシテ西宮社内ノ神庫ニ有之、武庫郡ノ名アル所以ト申伝候、今ノ広田神社ト称スル八幡宮ニハ往古ヨリ神庫無之由、元来神功皇后ノ御奉納神宝ニ候得ハ、太御神ノ在ス西宮ノ社内ニ可有之儀ト愚按仕候、夫如此ハ微臣等深ク恐レ懼ル所ナリ、黙々シテ不言ハ上ニ聖明ヲ欺キ、下モ万民ヲ誣ユルニ当レリ、且明神ヲ如何センヤ、況方今御興隆之御政体ニシテ公明正大ノ御主意ニ違ヒ、三条ノ教憲ニ悖戻スト云フ可シ、其罪不軽奉存候ニ付万死ヲ冒シ広田神社考証ト名クル一書ヲ添江、敢テ建言仕候間、御英断被為在度奉至願候、
恐惶頓首

明治六年四月　（書込み）「（別筆ニ而）」

岡山県士族
寺尾　貢先生
蒲生　弘

教部省
　御中

蒲生弘昨年来同志尽力、同人奉職中
取調之儀ニ付連署建白仕候

三五一　吉井良信御召状（御召状ほか）

享保一九（一七三四）・一一・二五　五四四

享保十九年甲寅十一月廿五日
御月番葉室太納言様江指上候

1 〔差紙ヵ〕（冷泉家へ御入来あるべく）

御用之儀候間、唯今冷泉家江可有御入来候、為其如此候、
以上

十二月三日

冷泉家　雑掌

吉井左京殿

2 〔差紙ヵ〕（葉室亭へ御成りならるべく）
御用之儀有之候間、葉室亭江追付御成可被成候、以上
十一月廿八日
葉室家　雑掌
吉井左京殿

3 覚（小高壱帖ほか代銀請取につき）
覚
一、拾六匁弐分　三本
壱本ニ付五匁四分也
一、四拾四匁五分五厘　引合小高　九拾帖
拾帖ニ付九分五厘也
弐口合六拾目七分五厘
又六目　手まへ御せん
合六十六目七分五厘
一、六分五厘　小高壱帖
惣〆六拾七目四分
右請取候
寅極月五日
紙屋嘉兵衛
吉井左京様

4 覚（巻数箱ほか代銀書上）
覚
一、七分　巻数箱　壱ツ
一、拾五目　十帖台　弐枚
一、四目五分　二枚すへ台　壱枚
一、四目　壱枚すへ台　壱枚
一、弐目二分　銀すへ台　弐枚
一、三目五分　十帖台　壱枚
一、二目五分　金子台　三枚
一、十一目七分　小高もの台　九枚
一、壱目五分　打へぎ　十枚
一、壱目六分　さかなだい　壱枚

〆四拾七目壱分

十二月九日　　木具屋次兵衛

御用

三五二 〔服忌令〕（元禄年中白川二位雅光卿より下し置かれ候御自筆本紙写） 元禄五（一六九二）・六・九 五四五

元禄年中ニ白川二位雅光卿より被下置候服忌令

御自筆本紙正徳三巳十一月ニ於江戸ニ寺社奉行森川出羽守〔下総生実藩主・俊胤〕様御預り御一覧ニ入候、右出入之節午ノ五月ニ御裁許後ニ御返シ被成候

服暇條

一、一年服事

父母　服一年也、以十三月為限不計閏月五十日之間同座・同火堅忌之、五十日已後者非神事之人参会不憚之、重服人神具物に不触手、雖軽服中同之

又云父母之喪或経五六月或歴二三年始雖聞之、自聞日始可有十三月之服也

夫子ナキ時ハ無服　服一年同上　但夫者暇卅日也暇トハアラ忌ヲ云

一、五月服卅日暇事是ヲ百五十日之服ト云

祖父母《父方ノヲウジウバ》　養父母

以下之服皆計日、暇之間同座・同火憚之

一、三月服廿日暇事是ヲ廿日九十日之服ト云

曽祖父母《父方ノヒヲウジウハ》　外祖父母《母方ノヲウヂウバ》

伯父《ヲヂ》　叔父父之弟也

姑《父方ノヲバ》　妻無子妻ハ無服

兄弟姉妹　別服（腹カ）兄弟姉妹

夫之父母シフトシフトメ也　嫡子

一、一月服十日暇事是ヲ十日三十日之服ト云

高祖父母《父方》　舅《母方ノヲヂ》

姨《母方ノヲバ》　嫡母嫡子ノ母也

継母庶子ノ母也　継父他所に令居住之時無服

異父兄弟
庶子女子《□□カハリノ》者始ニ生レタリトモ庶子ニ同　嫡孫嫡子之嫡孫也
養子為一家相続ノ所養之子也
一、七日服三日暇事是ヲ三日七日之服ト云
庶孫庶子之嫡子幷嫡子之庶子也但女子ノ子ハ無服
従父兄弟父ノ兄弟之子也姉妹ノ子ハ無服
甥兄弟之子也姉妹之子ハ無服　姪同上
一、僧尼服暇事
僧尼遭二親之喪ニ者任俗ノ法ニ可着服也、一年之間者
神事之人参会憚之、又親族死去之時者無服、但暇之日
数参会令斟酌事同右
一、七歳以下人無服暇事
七歳以下之人雖会死去、至父母親類等ニ而無服、又父
母親類死去之時七才以前ハ不着服也
一、改葬暇事日穢之事見実
改葬者改移旧屍也、一年服ニハ暇廿日、五月服ニハ十
日、三月之服ニ七日、一月之服ニ三日、七日服ニ一日
也、仮令改葬父母之屍ヲ者、其子可有廿日ノ服、自余
之親族准之可知也
一、祖父之服如本親忌事
旧記ニ云、嫡孫之祖父譲受時者、如父一年着服ニ五十
日如父
一、重服幷軽服重時之事
父ノ服不終中母死去セハ其日ヨリ一年着服古法也、又
重服之中ニ不可着軽服及重服限之外者、更可着軽服也、
或軽服相重ル時者又同之
一、父母正忌日憚之事
父母正忌者其当日神事参社忌之、毎月之忌日者不忌之、
正忌月計也

雑穢条
一、卅日穢事
人死　卅日自葬埋日始計之　流産三ヶ月迄ハ月水ニ准ジテ忌七日、四ヶ月ヨリハ卅日之穢也
但人之カタチナクハ忌七日
仮令五六日葬送延引之時、雖未立卅ヶ日之日数、猶
穢重新儀式云有ニ死骸間入其処人為甲穢骸収後入人

為乙穢、入其乙ノ所ニ人ヲ為丙穢、是三転穢云、或抄日穢者俗人僧尼無差別、殊葬礼之供中陰法事勤仕、或諷（経）謹之僧等尚為卅日之穢間、神職之人卅ヶ日間不可為参会

一、改葬穢事
古墓於移改之時有穢内暇見服忌条与其寺不通達者不汚

一、七日穢事
人産七日之間三転忌之、七ヶ日已後ハ同座之人二夜三日隔テ参社

平産之穢雖為卅日、誕生以後七ヶ日之間立甲乙丙勤神事ヲ之人ハ、卅日之間不可同家、又云産婦七十五日過テ可為社参也

一、月水七日之後八日同行水漬（カ）火用心、其身社参者十一日也

一、五躰不具事七日之穢也
死人頭手足切、是ヲ謂五躰不具、或雖為五躰不具胸已下腹以上相連□者忌卅日

一、火事忌事
触火事ノ所者当神事之時忌七日

一、五日穢事
六畜ノ死
馬・牛・羊・猪・犬・鶏是謂六畜但雖（カ）無死穢

一、三日穢事
六畜産忌三日但雖（カ）無産穢
六畜五躰不具同ノ忌三日
右生死穢二転忌之、不及三転

一、喫六畜穢事
六畜幷鹿・猿・狐等
食人之汚七十日、合火五十日、又合火卅日也、又云狼・兎・狸等忌五日之由雖有一統、神社之輩堅四足之物可禁忌云云

一、灸治忌事
灸治之人至四ヶ所者三日、三ヶ所者当日之忌也
但於神事之時者雖一ヶ所忌之

一、懐妊事
懐妊女　五ヶ月已後神事参社憚之、神事之人五ヶ月已後忌同宿

一、懐妊夫之事
九ヶ月迄ハ神事参社不憚之、至條目（臨月カ）者臨月トハ誕生之当月也
忌之
一、雖触穢不忌物事
不封文不人（入カ）箱鎰不忌之、但当神事之時者忌之、続紙亦
忌之
一、穢物者付聞付事
不知有穢物若経数月者、以□（看カ）付日為穢ノ初、或ハ又依
聞得得晃香之日計其穢限
一、五辛幷鳥禁忌事
五辛者　大蒜《ヲホビル》　葱《ヒトモシ》　角葱《アサツキ》　蘭葱《メヒル》　興渠《クレノヲモ》也
鳥者　山鳥　水鳥　無差別
五辛或同晃類幷鳥等食人隔二夜三日可為神事参社也
元禄五壬申年六月九日　花押

三五三　白川家書上　元禄五（一六九二）・五・二三　五四六

元禄五申年御伝奏白川様並地頭御役人江差上候連印書付
写弐通
今度白川（雅光王）三位様ニ而吉井宮内申付、治部・鷹羽源
之丞三人江御直ニ被為仰渡候社法幷神主社家法式
之覚
一、申ノ五月十日、祝詞旧記座円座三ヶ條之儀、御訴訟
申上候処、被為聞召届、御覚書被遣拝見奉恐候事
一、三位様右三人江被為仰渡候者、従先年社頭衰微故法
式も猥敷有之、其上不威（カ）政左様ニ度々異論申聞、自今
已後左之通相守可申事
一、従此度掌神主申渡□方申付、治部致承知、自夫浜庄
大夫・田中右衛門・東向伊織方より鷹羽源之丞方へ可
申渡事
一、神主祝部江用事有之候節者、源之丞方より末々祝部
共へ致下知、惣頭者神主ニ而有之候得共、先次第之規

式と申ものニ而有之候間、上官等差図目下何かと差図
ヲ致し申儀作法曽而無之与被為得心候事
一、御神用之義ニ而も社家中会合之儀者神主方江寄合可
申候、神主差合有之時分ハ右段々次第ヲ以差合可仕事
一、諸事神主差図ニテ相談可仕候、神主ニテも社家ニテ
も右之趣相背、我儘於有之候領(者カ)主へ申渡シ、急度罪ニ
可被為仰付間、双方及異儀申間敷候事
一、今度鷹羽源之丞養子神職召出候義も、養子ニ而有之
候而由緒書神主方へ相渡、神主方より御伝奏へ差上ヶ、
其訳相立候而神職出任(仕カ)為致、早々神主同道ニ而御伝奏
御伺見(目見江カ)取申上させ、尤不限源之丞いつも(れカ)の社家ニ而も
養子ニ而有之候而(ハ、カ)左之通可相心得、実子之義神主方へ
断、神職可為勤候事
　右七ヶ條之趣三位様御直々被為仰渡、自今已後急度
相守、後日違背仕間敷候旨、右之通り被為仰付候通
覚書差上、少も偽り不申上候、為其連判仍而如件
　元禄五年申五月廿三日

西宮神主　吉井宮内　印
上官社家　中村治部　印
中官社家　鷹羽源之丞　印

右之旨趣吉井宮内・中村治部・鷹羽源之丞被申渡一々
奉恐、向後急度相守可申候、為後証連判如件、以上

上官社家　浜庄大夫　印
同　田中右衛門　印
同　東向伊織　印

二俣作之丞様

仕上ル一札之事

一、今度神主吉井宮内上京仕、西宮御社法社家致我儘混
乱仕候間、御吟味之上急度被為仰付被下候様ニと奉願
候処、中村治部・鷹羽源之丞被召寄、段々御吟味之上

御書付御出シ、猶又御直々被為仰付候趣者

御書付之趣

覚

一、社頭之旧記幷書物等神主支配勿論之儀ニ候、殊前神主式部存生之内支配来候上者、今以吉井宮内弥々可為支配事

一、於神前祝詞之義神主職勤法候、其上白川家先代西宮参籠社参之記ニモ、度々神主相勤子細慥ニ相見候、上官・中官等勤候儀曽以先例無之間、自今已後神主家可令勤仕事

一、於神前御祈禱之時分、座或円座等敷勤作法ニ候、神主・社家共ニ自今已後円座ニ而も敷候而御祈禱勤可申事

元禄五年五月十六日

被仰渡候趣

一、従先年社頭衰微、法式も猥敷有之ニ付、不威(カ)成故ケ様ニ度々異論有之候、鷹羽源之丞申分不成慥、別而不届至極候得共、誤候由申ニ付、此度ハ先令用捨候、向後掌神主申渡義ハ申付、治部致承知、自夫浜庄大夫・田中右衛門・東向伊織方より鷹羽源之丞方へ可申渡、或ハ祝部中下知致候惣頭者神主ニ而有之候得共、先次第之規式与申ものニ而有之候間、上官等差置下より何角与差図いたし候作法ニ而無之候、神用之儀ニても社家中差合候儀ハ神主方江寄合可申候、神主差合有之時分ハ右段々次第ニ可仕候、自今已後此旨相守、諸事神主差図を以相談等可仕候、不限神主社家ニ而も於我儘有之ハ御領主へ申届ケ(てカ)、急度罪ニ可申付候間、双方異儀ニ不及向後相勤可申候、曽又鷹羽源之丞養子神職ニ罷出候義も、養子ニをゐてハ由緒書神主方江相渡、自神主方御伝奏へ差上、其訳相立申(ママ)旨神職出仕仕、早々神主同道ニ而御伝奏江御目見へ可仕候、尤不限源之丞何れ之社家とも於養子成(ママ)ハ右之通由緒書ヲ以神主方江届ヶ可申候、実子之儀ハ神主へ断、神職可為勤旨被為仰渡候

右御書付幷御直々被為仰渡候趣、委細承知仕畏奉存候、

然ル上ハ向後神主・社家諸事申合、異論無之御社法御定之通急度相守可申候、為其判形仕差上ヶ申候、仍而如件

元禄五年申五月廿八日

西宮神主 吉井宮内 印

上官社家 中村治部 印

中官社家 鷹羽源之丞 印

前書之通上京仕候神主・社家申渡シ、御書付幷被仰渡候趣承知仕奉畏候、自今已後神主・社家諸事申合、異論無之御定之通御社法急度相守可申候、為其奥書判形仕差上ヶ申候、仍而如件

上官社家 浜庄大夫 印

田中右衛門 印

東向伊織 印

広瀬治郎兵衛 印

橋本久左衛門 印

田村与三左衛門 印

堀江忠兵衛 印

田村惣左衛門 印

白川三位様御家
荒木土佐殿

右本紙入御覧、写奉差上候、以上

広田・西宮両社神主
吉井陸奥守

御奉行所

三五四 堀江左門由緒書 宝暦九（一七五九）・正 五四七

仕上ル由緒証文之事

一、私儀本国生国共青山美濃守殿（旗本・幸亮）領内摂州武庫郡中村、祝部堀江権大夫忰、親代々浄土宗同村観音寺旦那ニ而御座候事

一、父権大夫儀三年以前病死仕、右観音寺取置候事

一、母儀存生ニ而同家ニ罷在候事
一、妻儀者東富松村太郎右衛門姉ニ而、私方江罷越、私同
宗門ニ而、同寺旦那ニ而御座候事
一、娘さと義弐才ニ罷成、同家ニ罷在候事
一、私儀者不及申上ル、妻子等ニ至迄切支丹之末類ニ而
も無御座、尤召使之者迄茂宗門入念手形受状取之召抱
申候事
右之通少茂相違無御座候、依而如件
宝暦九己卯年正月
中村祝部
堀江左門
尼ヶ崎寺社御奉行所
右之通相違無御座候ニ付加判仕候、以上
西宮・広田両社神主
吉井宮内

三五五　橋本右門由緒書

宝暦五（一七五五）・一二・二　五四八

仕上ル由緒証文之事
一、私義本国生国共青山美濃守（旗本・幸亮）殿領内摂州武庫郡中村、
祝部橋本治大夫世悴、親代々浄土宗同村観音寺旦那ニ
而御座候
一、父治大夫去酉（宝暦三年）十一月五日ニ病死仕、観音寺取置申候
事
一、母義延享二乙丑年十月五日ニ病死仕、右同寺ニ而取
置候事
一、妻義ハ同村嘉兵衛娘ニ而、同村同寺旦那ニ而御座候
事
一、嫡子次郎吉十二ニ罷成候、妹きよ七歳、同家ニ罷在
候事
一、私義ハ不及申上、妻子等ニいたる迄切支丹之末類ニ
而も無御座、尤召使之者迄茂宗門入念手形請状取之召
抱可申事
右之通少茂相違無御座候、仍而如件
宝暦五乙亥年十二月二日

中村治（祝）部　橋本右衛門　印

堀弥次右衛門様

右之通相違無御座候ニ付加判仕候、以上

西宮・広田両社神主　吉井左京　印

三五六　広瀬右内由緒書　延享元（一七四四）・七・二三　五四九

仕上ル由緒証文之事

一、私義本国生国共尼崎御領内摂州武庫郡広田村、祝部広瀬丈右衛門悴、親代々浄土宗同村豊乗寺旦那ニ而御座候事

一、父丈右衛門存生ニ而同家ニ罷在候、母八年以前巳ノ（元文二年）年十十（衍）一月相果、右豊乗寺ニ而取置申候事

一、私弟壱人同家ニ罷在候事

一、父丈右衛門代々広田・西宮両社之祝部職相勤候処、年老ニ罷成候故先月より相譲り、私跡目相続仕候事

一、私妻いまた無御座候事

一、私儀ハ不及申上、兄弟共ニ切支丹之末類ニ而も無御座候、尤召使之者迄茂宗門入念手形請状取之召抱可申事

右之通少茂相違無御座候、仍而如件

延享元甲子年七月廿三日

広田祝部　広瀬右内　印

田中清助様

右之通相違無御座候ニ付加判仕候、以上

広田・西宮両社神主　吉井左京　印

三五七　田村伊織由緒書　明和四（一七六七）・一二　五五〇

仕上ル由緒証文之事

一、私儀本国生国共ニ尼崎御領内摂州武庫郡広田村、祝部田村伊左衛門悴ニ而、親代々浄土宗同村豊乗寺旦那

ニ御座候事

一、父伊左衛門儀、親代々広田・西宮両社之祝部職相勤候処、年老ニ罷成、当月より相譲り跡目相続仕候事

一、父伊左衛門義存生ニ而同家ニ罷在、母八年以前辰十(宝暦十年)一月ニ相果、右豊乗寺ニ取置候事

一、私妻儀同国川面村宗左衛門娘ニ而、私方罷越、私同宗ニ而同寺旦那ニ而御座候事

一、娘壱人同家ニ罷在候事

一、私義不及申上ニ、妻子等ニ至迄切支丹之末類ニ而茂無御座候、召使者迄茂宗門入念手形請状取之召抱可申候事

右之通少茂相違無御座候、仍而如件

明和四亥年十二月

広田村祝部
田村伊織　印

尼崎寺社御奉行所

右之通少茂相違無御座候間加判仕候、以上

広田・西宮両社之神主
吉井式部　印

三五八　大森善太郎祝部職願書

享保一二（一七二七）・一二・一一　五五一

以書付御願申上候

私儀親跡目之祝部職相勤申度奉願候、御社役之儀受御差図ヲ罷出相勤申度奉存候間、願之通出勤被仰付被下候者忝可奉存候、以上

享保十二年未十二月十一日

大森善太郎

吉井宮内殿

三五九　大森主膳祝部職願書

享保二〇（一七三五）・二・二六　五五二

乍憚御願申上候

私義親忠右衛門跡目之祝部職相勤申度奉願候、御社法之
義諸事御指図を相受相勤可申候、願之通社役相勤候様被
仰付被下候ハヽ、可奉忝存候、以上
　享保弐拾年卯二月廿六日
　　　　祝部　大森主膳
吉井左京亮様

三六〇　堀江忠兵衛社役譲願　享保六（一七二一）・一一・二三　五五三

口上書
私儀及老年候ニ付、悴権大夫跡目之社役相勤させ申度候、
此旨願奉存候、御差図次第出勤為致申度候、依之以書付
如此ニ御座候、以上
　享保六年丑十一月廿三日
　　　　堀江忠兵衛
吉井宮内様

三六一　大森数馬由緒書　明和四（一七六七）・一二　五五四

仕上ル由緒証文之事
一、私儀本国生国共青山長三郎殿（旗本・幸延）知行所摂州武庫郡中村、
治（祝）部大森善大夫悴ニテ、親代々浄土宗同村観音寺旦那
ニ紛無御座候事
一、父善大夫儀、親代々広田・西宮両社之祝部職相勤候
処、年老ニ罷成、当月より相譲り跡目相続仕候事
一、父善大夫儀存生ニ而同家ニ罷有候事
一、母儀存生ニ而同家ニ罷在候事
一、私妻儀同国小林村藤兵衛娘ニ而、私方江罷越、私同宗
門ニ而同寺旦那ニ而御座候事
一、私儀者不及申上ル、妻等ニ至迄切支丹之末類ニ而茂
無御座候、尤召使之者迄茂宗門入念手形請状取之召抱
申候事
右之通少茂相違無御座候、依而如件
　明和四亥年十二月

吉井和泉守様

中村祝部　大森数馬

三六二　大森善右衛門祝部職願書

元禄一〇（一六九七）・七・二五　五五五

口上書

一、私儀中村太兵衛と申者嫡子ニ而御座候、親儀祝部職相勤申候、私儀早速御願申、祝部役相勤申度奉存候得共、不勝手万端不得折ヲ、時節ヲ窺罷有延引仕候ニ付、此度親跡目之祝部之社役相勤申度奉存候、此段御披露被遊、願之通り被仰付被下候ハヽ、忝可奉存候、以上

元禄十丑年七月廿五日

祝部　大森善右衛門

鷹羽源大夫殿

右之通り承届ヶ致吟味候処、滞候儀無御座候ニ付加判仕候、以上

鷹羽源太夫　印

吉井宮内殿

三六三　大森惣右衛門祝部職願書

元禄一〇（一六九七）・八・二八　五五六

口上書

一、私儀中村市左衛門と申者嫡子ニ而御座候、親儀祝部職相勤申候、私儀も早速御願申、祝部役相勤申度奉存候得共、不勝手万端不得折（カ）を、時節を窺罷在延引仕候ニ付、此度親跡目之祝部之社役相勤申度奉存候、此段御披露被遊、願之通り被仰付被下候ハヽ、忝可奉存候、以上

元禄十丑年八月廿八日

祝部　大森惣右衛門　印

鷹羽源太夫殿

右之通り承届ヶ致吟味候処、滞候儀無御座候ニ付加判仕候、以上

吉井宮内殿

鷹羽源大夫　印

三六四　大森太郎左衛門祝部職願書

正徳二（一七一二）・一一・四　五五七

口上書を以奉願候

私義親市左衛門跡目之祝部之社職相勤申度奉存候、願立（文通カ）被仰付被下候者忝可奉存候、以上

正徳弐年辰十一月四日

中村
大森大（太）郎左衛門

神主
吉井宮内殿

三六五　大森次（ママ）郎左衛門祝部職願書

正徳四（一七一四）・一二・一一　五五八

口上書

私義親次郎兵衛跡目、此度願申、其祝部□可仕候、願之通被仰付□□忝候、以上

正徳四午年十二月十一日

広瀬次郎左衛門　印

吉井宮内殿

三六六　大森善右衛門祝部職譲状

享保二（一七一七）・一一・一五　五五九

乍憚以書付奉願候

私儀近年眼病気ニ罷成、御社役出勤我等も甚致迷惑奉存候、依之忰次郎兵衛儀祝部役相勤させ申度奉願候、御差図次第ニ出仕之規式仕度候、願立（之通カ）私（ママ）祝内之社役被仰付被下候者忝可奉存候、以上

享保弐年酉十一月十五日
祝部　大森善右衛門
神主吉井宮内殿

三六七　田村伊左衛門祝部職願

正徳五（一七一五）・一〇・一七　五六〇

口上書

私儀親惣左衛門跡目之祝部社役相勤申度奉存候、社参出仕之日柄御差図被成可被下候、右願之通被仰付被下候忝奉存候、以上

正徳五戌（未）年十月十七日
田村伊左衛門
神主　吉井宮内様

三六八　大森忠右衛門由緒書

享保七（一七二二）・一一　五六一

仕上ル証文之事

一、私儀本国生国共ニ青山藤蔵（旗本・幸還）様御領内摂州武庫郡中村、祝部大森惣右衛門忰、従親代浄土宗同村観音寺旦那ニ而御座候、父惣右衛門儀在命ニ罷有候、母去丑ノ二月ニ相果、右之寺ニ而取置申候事

一、私兄弟六人、姉きく西宮東之町かもや賀左衛門妻ニ遣シ、夫同宗門同所新行（信）寺旦那ニ而御座候、弟六兵衛右嘉左衛門養子ニ遣シ、養父同宗門同所同寺旦那ニ而御座候、弟大（太）郎兵衛西宮横道町市郎左衛門へ養子ニ遣シ申候、養父同宗門同所正念寺旦那ニ而御座候、妹かめ青山内記（旗本・幸亮）様御領内同村小右衛門妻ニ遣シ、夫同宗門同村観音寺旦那ニ而御座候、妹小女郎義者青山備前（旗本・幸秘）様百姓同村庄左衛門妻ニ遣シ申候、夫宗門同村同寺旦那ニ而御座候事

一、父惣右衛門儀、代々広田・西宮両社之祝部職相勤申

候、私当秋より親跡目社職相勤候事
一、私妻本国生国共ニ摂州武庫郡神呪村太兵衛妹、宗門
手前同宗門同村同寺旦那ニ罷成候事
一、私儀不及申上ニ、妻まて切支丹末類ニ而も無御座候、
附り、召使之者まて宗門念ヲ入手形請状取召抱可申候
事
右之通少も相違無御座候、為其仍而如件
享保七年寅十一月
中村祝部
大森忠右衛門
庄田弥右衛門様
右忠右衛門差上候書付之通少茂相違無御座候、仍而判
形如件
西宮・広田神主
吉井宮内
庄田弥右衛門殿

三六九　大森主膳由緒書

享保二〇（一七三五）・一〇・朔　五六二

仕上ル由緒証文之事
一、私儀本国生国共ニ青山丹□（下）（旗本・幸房）様御領内摂州武庫郡中村、
祝部大森忠右衛門忰、代々浄土宗同村観音寺旦那ニ而
御座候、父忠右衛門義去ル享保十年巳七月七日ニ相果、
右之寺ニ而葬申候
一、母儀存命ニ而同家ニ罷在候事
一、兄弟三人、弟源六・妹きん・弟由松、右之者共同家
ニ罷在候事
一、父忠衛門義、先祖より代々広田・西宮両社之祝部職
相勤申候、私儀当秋より親跡目社職相続仕相勤候事
一、私儀ハ不及申上、一家之中切支丹末類ニ而も無御座
候、并ニ召使之者迄宗門等念ヲ入手形請状取立、猥ニ
召抱申間敷候事
右之通少茂相違無御座候、為其仍而如件
享保廿年十月朔日

田中清助様

中村祝部
大森主膳　印

右主膳指立書付之通少茂相違無御座候、仍而判形如件

西宮・広田両社神主
吉井左京　印

三七〇　吉井良信官位勅許御礼目録　年月日未詳　五六三

白川二位様御執奏之時官礼目録

禁中様江

一、巻数　箱入　台壱足

一、杉原　十帖　同二重くり

一、大熨斗　三把　同二重くり

長橋殿

一、小鷹　十帖　そへのし　台一重くり

関白殿

一、巻数　箱入　台二重くり

一、中熨斗　二把　同二重くり

上卿

一、小鷹　十帖　そへのし　同一重くり

職事

一、小鷹　十帖　台一重くり

一、金子　百疋　そへのし　同一重くり

同雑掌

一、鳥目　二十疋　のしへき

伝奏

一、金子　二百疋

一、小鷹　十帖

一、御肴（カ）　一種何ニ而も

何茂台一重くり

同雑掌

一、鳥目　五十疋　そへのしへきニのせ

三七一　橋本治太夫祝部職願　享保一〇（一七二五）・一一・一一　五六四

上　神職ニ罷出候願書

乍憚御願申上候

私儀親久左衛門跡目之神職相勤申度奉願候、御社法之儀受御指図ヲ相勤可申候、願之通社役被仰付被下候ハヽ、忝可奉存候、以上

享保十年巳十一月十一日

祝部　橋本治大夫

吉井宮内殿

三七二　大森主水由緒書　寛保元（一七四一）・一一・五　五六五

仕上ル由緒証文之事

一、私義本国生国共ニ青山備後守様（旗本・幸亮）御領内摂州武庫郡中村、祝部大森治郎兵衛悴、親代々浄土宗同村観音寺旦那ニ而御座候、父治郎兵衛儀六年以前十二月ニ相果、右観音寺ニ而取置申候事

一、私兄弟三人、母存生ニ罷在候、妹しゆん西宮浜東之町加茂屋治右衛門へ縁付、残り二人母共同家ニ罷在候事

一、父治郎兵衛義、代々広田・西宮両社之祝部職相勤申候、私義先月より親跡目ニ社職相勤申候事

一、私妻いまた無御座候事

一、私義ハ不及申上、兄弟共ニ切支丹之末類ニ而茂無御座、附り、召使之者迄茂宗門入念手形請状取之召抱可申事

右之通少茂相違無御座候、仍而如件

寛保元年辛酉十一月五日

中村祝部　大森主水　印

田中清介様

右之通相違無御座候ニ付加判仕候、以上

西宮・広田神主
吉井左京　印

三七三　堀江左門祝部職願　宝暦九（一七五九）・正　五六六

宝暦九年己卯正月、尼崎江指出候中村祝部堀江左門由緒書証文壱通並神主へ之願書入

乍憚御願申上候

一、私儀親権太夫跡目之神職相続相勤申度奉願候、御社法之儀受諸事御指図相勤可申候、此段御願申度以書付を如斯御座候、以上

宝暦九年卯正月

祝部
堀江左門

神主
吉井宮内殿

三七四　田村万吉（平カ）祝部職願　明和元（一七六四）・一一　五六七

以書付御願申上候

私親伊左衛門儀老衰仕候ニ付、跡目之祝部職相続仕度奉願候、尤前々之通御社法勤方之儀違背申間敷、御願之通御聞届被下候ハヽ、忝可奉存候

明和元年申十一月

祝部伊左衛門悴
田村万平　印

神主
吉井和泉守殿

三七五　大森数馬祝部職願　明和元（一七六四）・一一　五六八

以書付御願申上候事

私親善大夫儀老衰ニ付、跡目之祝部職相続仕度奉願候、尤前々之通御社法勤方之儀御指図之通少茂違背仕間敷候、願之通御聞届被下候ハヽ、忝可奉存候、以上

明和元年申十一月吉日

祝部善大夫忰
大森数馬

神主
吉井和泉守様

三七六　広瀬右京由緒書　享和三（一八〇三）・一一　五六九

仕上由緒証文事

一、私義本国生国共ニ尼崎御領内摂州武庫郡広田村、祝部広瀬右内忰ニ而、親代々神職相勤候ニ付、去ル寛政十一未七月宗旨除印御願申上、職分相勤罷在候事

一、父右内儀、親代々広田・西宮両社之祝部職相勤候処、去ル戌三月相果候ニ付、則神道葬祭相勤、私義跡目相続仕候事

一、祖母並母儀者存生ニ而同家ニ罷在候事

一、私妻未タ無御座候

一、祝部職之儀ハ神祇道乃已ニ而、切支丹之末類ニ而ハ無御座候、召使之者迄も宗門入念寺手形請状取之召抱可申候事

右之通少茂相違無御座候、仍而如件

享和三亥年十一月

広田村祝部
広瀬右京　印

寺社御奉行所

右之通相違無御座候ニ付加判仕候、以上

広田・西宮両社神主
吉井陸奥守　印

三七七　広瀬兵馬由緒書　天保五（一八三四）・二・一九　五七〇

仕上由緒証文之事

一、私義本国生国共尼崎御領分摂州武庫郡広田村、祝部広瀬右京忰ニ而、親代々広田・西宮両社之祝部職相勤候処、父右京儀老年ニ罷成候故先月相譲り、私跡目相続仕候事

一、祖母・母幷私妻儀存生ニ而同家ニ罷在候事

一、祝部職之儀者神祇道乃已ニ而、切支丹之末類ニ而ハ無御座候、召使之者迄宗門入念寺手形請状取之召抱可申候事
右之通少シ茂相違無御座候、仍而如件
天保五年午二月十九日
広田村祝部
広瀬兵馬
寺社御奉行所
右之通相違無御座候ニ付加判仕候、以上
広田・西宮両社神主
吉井上総介

三七八　吉井良信口上覚（伐竹木の節届間敷の断りにつき）

享保二（一七一七）・□・二四　五七一

祢津為右衛門殿江差上候書付写シ
伐竹木之節　届間敷之断
口上覚
西宮・広田山林境内竹木伐候儀、神主支配ニ而、枯木等に至迄伐之候時分者、神主見分差図ニ而願人又者社役人江申付為伐之、社中雑蔵ニ入置、御社用ニ相達シ可申上候、其外御社法之品々先年於江戸ニ被仰付御定之式目ニ御座候、則両社境内ニ神主より何角禁制之高札相建候様被仰付、竹木等之儀も制札ニ書入建置申候、依之不叶御社用候節竹木伐之候砌も、従先前何方へも御届不申上候、勿論御指図を受候儀終ニ無御座候、此度□□当番より相廻り候御書付ニ、山林境内之伐木を候時々御断申上、従御差図ニ候様印形可仕旨御書面拝見仕候得共、右之趣ニ御座候得者、此度新規ニ改り候而ハ御定法相立不申候故、御書付ニ印形難仕候ニ付、為御断以書付如此ニ御座候、以上
享保二年酉□□廿四日
西宮神主
吉井宮内　印
祢津為右衛門殿

三七九　辻兵治社役願

天明五（一七八五）・一二・七　五七二

以書付御願申上候

一、私儀辻家跡目相続仕候ニ付、先祖より之通社役人出勤仕度奉願存候、尤御社法有来之通無相違相守、万事御指図ニしたかひ可申候、右之段御聞届被下度奉願存候、以上

天明五巳年十二月七日　辻　兵治

神主
吉井陸奥守殿

三八〇　辻大炊社役願

天保七（一八三六）・一一・二〇　五七三

以書付御願申上候

一、私儀辻家跡目相続候ニ付、先祖より之通社役人出勤仕度奉願存候、尤御社法有来之通無相違相守、万事御指図ニしたかい可申候、右之段御聞届被下度奉願存候、以上

天保七申年十一月廿日　辻　大炊

神主
吉井上総之介殿

三八一　口上書（村役並の夫役助勤仕候義、其訳御尋につき）

年月日未詳　五七四

乍恐口上

一、私共村並之夫役助勤仕義、其訳御尋ニ付左ニ申上候

此儀正徳四年夫役御免之儀、私共之先祖并村方役人中・惣百姓中連印ニ而御願申上候処、願之通御赦免被為成下、神職之身柄も訖（カ）度相立難有奉存候（ママ）罷有候、依之其後七拾年斗相勤不申候、然ル処明和三年四年頃より私共方へ夫役之儀村並同様相勤候様村方より段々申聞候得共、正徳年中御憐愍ヲ以御赦免被成下義私として相勤候義、奉対御上恐存候ニ付、其段断申候処、明

和五子年御同領高木村庄屋藤兵衛・同津門村庄屋伊左衛門右両人仲人ニ而、私共方江段々被申聞候者、村方茂近年甚困窮難義之時節ニ候得者、夫役之儀村並之三歩者御免、七歩者相勤候様被申聞候得共、何分先年御免被成下候年(事カ)故難相勤段断申候処、右仲人より被申聞候者、村方も段々困窮ニ而御地頭様より御拝借米等毎々頂戴仕程之時節ニ御座候得者、多少ニよらす勤呉候様段々被申聞候ニ付、私共夫役不相勤候而者村方之高懸りも余計ニも相成候事ニ御座候得者、困窮之時節柄気之毒ニ存、私共勝手ニ多少ニ不限助候義者御免被成下候訳も相立候様奉存、仲人ヲ以村方ニも相対之上夫役助勤仕罷有候、此義僅三十年斗已前之義ニ御座候趣慥ニ承罷有候、然ル処此度村方より夫役御免之義者一向不及段被申上候得者、前々申上候通村方役人中・惣百姓中連印ニ而願書差上、其後七十年斗相勤不申候、三拾年已前より右之通相対之上助候義村方ニも慥ニ被存居候義と奉存候、右之通之義ニ御座候処、此度村方より百姓之由被申立段、私共神職之身柄相立(脱アルカ)候、夫役御赦(免)面被成下候御憐愍之被仰渡茂空敷相成、恐入奉存候、殊ニ大坂御番所迄右御免之義乍存百姓之由被申渡候段、何とも偽ケ間敷、甚以難得其意奉存候、右御尋ニ付乍恐此段奉申上候

三八二　関屋役人請証文　享保二（一七一七）　五七五

差上ケ申一札之事

私儀此度中友右衛門取次を以御社中関屋ニ被召抱相勤申候、万事御差図之通急度御奉公相勤可申候、私宗門之儀ハ代々禅宗ニ而、河面村法泉庵旦那ニ而御座候、寺請証文別紙ニ指上ケ申候、関屋ニ有来り之諸道具御目録之通り受取申候、不届仕候而御伺に応シ不申ニ(候カ)者、何時ニ而も御暇可下候、諸事被仰渡之趣相守相勤可申候、為後日一札判形如件

享保弐酉年　摂州河面村

弥右衛門

世忰　喜太郎
弥右衛門弟請状　七郎兵衛
同村肝煎　中友右衛門

西宮
御社役中

三八三　神子職関係書類壱括

寛保二（一七四二）・一一〜文政九（一八二六）・一一　五七六

1　御拝借仕候金子之事（宗田勝之進御本社へ両度罷登候路用金六両につき）

御拝借仕候金子之事

一、金六両也

右之金子御拝借仕、慥請（預カ）取願申所実正也、右宗田勝之進
御本社江両度罷登候路用ニ而御座候、為後証仍如件

明和四亥七月　福野数馬

御本社
御社役人中

2　以書付御願申上候（同職瓶子源兵衛法外不埒の事共多く御座候につき）

以書付御願申上候

私共同職之内瓶子源兵衛儀、是迄段々法外不埒之事共多
ク御座候得共、御存被下候通り病身之事、別而古来之儀
ニ御座候故、惣番之節ハ勤方をも相助ケ、内分御礼（札カ）・御
供米等相調、其外手宛之儀者両人ニ而支度仕、御神物頂
戴之儀ハ改（ママ）別仕、平生万端致了簡相勤来り候所、去ル十
二月大晦日之夜、御神楽執行之節、願主之人へ不埒之儀
被掛申候、致口論候、願主了簡相成不申様ニ被申候得共、
段々私共佗言仕、其上願主同道之衆中挨拶ニ而被致得心
下向有之候後、私共両人源兵衛へ申談候者、大切之御神
楽所氏子中初他所遠国之諸参詣有之候、職分不相応之事、
殊ニ大晦日之夜物悦ノ節ケ様之不埒有之候而者、御社頭
之不外分、以来被相敬候様ニ申候得者、以之外被致立腹

承知無之候、又々正月廿日御神事ニ者例年よりも参詣多く御座候所、私共へ殊之外之我儘、其上長大夫へ狼藉振舞、万人之中ニ而両人之烏帽子・装束を引たくり可申与取掛り被申候而、群詣・諸商人之手前私共両人不相立様ニ存候得共、大切之御神楽所与奉存候故不任存念隠（穏）便ニ致シ指置候、其外上役之衆中へ不埒之過言等被申候儀も御座候、是迄度々之我儘日々之雑言、平和ニ申談相済候儀も喧嘩ケ間敷相聞へ候故、内々之儀も世上に相聞へ、銘々諸人ニ被嘲哢候段難儀至極ニ奉存候、別而御神楽所壱人ニ而御番被相勤候節、火之用心等之儀、且対参詣いケ様之儀可有之哉と無心元奉存候、内分之儀者了簡も仕候得共、御神前勤仕之節御神楽所ニ相詰候砌、法外之儀有之候而者、西宮御神楽所者乱心同前之不埒者ニ而も相勤り候様諸人被存候而者、御社頭之不外分、且又軽き私共ニ候得者、弥諸人ニ被軽候様相成可申与千万歎敷奉存候、ケ様之儀御願申上御苦労ニ罷成候段憚多ク、同職相互之儀ニ御座候故段々了簡仕指扣罷有候得共、所詮同職ニ而者難相勤奉存候ニ付御願申上候、右書付之趣乍憚御聞届ヶ被下、御賢慮之上可然御裁配被成下、私共無事ニ神子職相勤候様被成下候ハ、忝可奉存候、以上

明和三年戌正月

大石長大夫　印

紅野治郎大夫　印

吉井和泉守殿

3　口上覚（母服中に淡州岩屋浦講中よりの依頼にて猟事祈禱・浜祭など相勤候儀不調法につき）

口上覚

一、私儀此度母之服中ニ御座候ニ付、御社役相勤不申罷有候処、先々月中旬淡州岩屋浦講中より無余儀相頼候ニ付、岩屋浦江罷越候而猟事祈禱為浜祭り等相勤候儀相違無御座候、右淡路表ニ不限諸方講中共ニ相頼候共、私ニ罷越候儀者堅不相成儀兼々承知仕なから、此度淡路表江罷越候段私不調法ニ御座候、別而母之服中ニ不恐神慮（ヲカ）ニも御社頭之御不外聞ニ罷成候儀仕候段預御吟味、一言之申訳無御座候、右之段々私不調法ニ相違無

御座候、然ル上ハ如何様ニ被仰立候共、私ニおゐて一
言之申訳無御座候、右之段々私不調法ニ相違無御座候、（傍線箇所、衍カ）
然ル上者如何様ニ被仰立候共、私ニおゐて一言之申訳
無之誤り入申候、各御了簡ヲ以乍此上宜御執成被下候
頼上候、以上
天明四辰十月朔日
神子　大石長大夫
前文之通長大夫不調法仕恐入候段、書面之通相違無御
座候、同職之内右体之儀仕候儀、拙者共ニおゐても御
神慮之程も恐入候儀ニ御座候、仍致加印候、以上
瓶子清三　印
紅野治郎大夫　印
社家
東向斎宮殿
祝部中

4　以口上書御願申上候（紅野家跡目相続につき神子職に出勤仕りたく）

以口上書御願申上候
一、私儀紅野家跡目相続仕候ニ付、先祖より之通神子職
ニ出勤仕度奉願候、尤御社法有来り候通無相違相守可
申候、此段御聞届ヶ被下度奉願存候、以上
宝暦十三年未十一月
神子　紅野宗十郎　印
神主
吉井和泉守殿

5　以口上書ヲ奉願候（親源兵衛病気につき神子職に私出勤仕りたく）

以口上書ヲ奉願候
一、今度私親源兵衛儀病気ニ罷成候ニ付、神子職ニ私出
勤仕度奉存候、尤私義ハ源兵衛養子ニ而、実父者大坂
南久宝寺町堺筋和泉屋喜兵衛与申慥成者之躮（ママ）ニ而御座
候、神子職之御社法有来候通無相違相守、万事御指図

之通急度相勤可申候、願之通御聞届ヶ成被下候ハ、忝
可奉存候、以上
明和五子年四月
瓶子清三郎
一家請人 鳴尾屋
清兵衛
神主
吉井和泉守殿

6 添送り一札之事（但馬国朝来郡栗麻（粟鹿カ）村嘉七郎・忰久兵衛御社中御帳面へ御書加え成るべく）

添送り一札之事

布施孫三郎様御代官所但馬朝来郡栗麻（粟鹿カ）村嘉七郎・忰久兵衛弐人、此度右村方より送り来り申候故、其□（許カ）様へ差送り申候間、御社中御帳面へ御書加へ可罷成候、為後日一札依而如件

享和四子年二月
摂州武庫郡中村
庄屋 平右衛門
同州同郡
御社中
御役人中

7 差上申一札之事（御社用向休役のところ帰役願い御許容成し下され候につき）

差上申一札之事

一、私儀家内懇和仕兼、且病身旁離縁之姿ニ相成、御社用向休役仕奉畏入候、此度同職中幷入魂（昵懇）之衆中以挨拶懇縁仕候ニ付、帰役之儀御願申上候処、御許容被成下忝奉存候、委敷御意趣承知仕候、自今已後家内和順ニ日々丹誠仕、殊ニ母子夫婦之間相互ニ相敬、別而御社用向大切ニ相勤可申候、別而此後心得違之儀とも仕、御社用等不勤候ハ者、先祖代々相勤来候所神楽方職分被召上、如何様ニ被仰立候とも、其節私義ハ勿論連印之者一言之違背仕間敷候、為後日連印一札仍而如件

文化十年
紅野治郎太夫 印
同母 かん 印

酉閏十一月　　　　紅屋平左衛門　印
絹屋源助　印

右之通相違無御座候、且此上平日とも御社用向万端大
切ニ為相勤可申候、仍而加印仕候

大石喜重郎
瓶子清太夫

神主殿

8　差上申手形之事（広田御宮御炊役人に召し抱えられ候につき）

差上申手形之事

私儀広田村ニ住居之者ニて御座候、此度広田御宮御炊役
人ニ被召抱、御奉公相勤申候、扶持給之儀ハ前々之様ニ
被下置候、御社用大切ニ相勤可申候、御公儀様御法度之
趣堅ク相守可申候、惣而行衛不知者一宿之宿借シ申間敷
候、何事も請御差図可申候、被仰渡候役目疎略ヲかまへ
申間敷候、若我儘仕候ハヽ、何時ニて茂御暇可被出候、早
速被（罷カ）出可申候、為後日一札仍如件

寛延二年巳二月十六日
広田村　儀右衛門　印
子　次郎吉
同村請人　喜左衛門

吉井左京佐（亮）様

9　差上申手形之事（広田御宮御炊役人に召し抱えられ候につき）

差上申手形之事

私儀広田村ニ住居之者ニ而御座候、此度広田御宮御炊役
人ニ被召抱、御奉公相勤申候、扶持給之儀者前々之格ニ
被下添候、御社用大切ニ相勤可申候、御公儀様御法度之
趣堅相守可申候、惣而行儀（衛カ）不相（知カ）者一宿之宿措（借カ）之間敷候、
何事も御差図ヲ請可申候、被仰渡候役目疎略ヲ構申間敷
候、若我儘仕候ハヽ、何時ニ而茂御暇可被遂候、早速罷出
可申候、為後日一札如件

宝暦十辰年正月廿六日

広田村
甚兵衛
子
甚六
同村請人
市右衛門

吉井和泉守様

10 以口上書願申上候（紅野家跡目相続につき神子職に出勤仕りたく）

以口上書願申上候

一、私儀紅野家跡目相続仕候ニ付、先祖より之通神子職ニ出勤仕度奉願候、尤御社法有来ル通無相違相守可申候、此段御聞届ヶ被下度奉願存候、以上

寛政十三年酉正月

神子
紅野平八良

神主
吉井陸奥守殿

11 以口上書奉願候（跡目相続につき神子職に出勤仕りたく）

以口上書奉願候

私儀源兵衛跡目相続仕候ニ付、先祖より之通神子職ニ茂出勤仕度奉願候、尤御社法有来候通無相違相守可申候、願之通御聞届被下度奉存候、以上

宝暦六歳子二月

幣司源兵衛

吉井左京亮殿

12 一札之事（向後淡州浦へ罷越し候儀堅く仕るまじき旨）

一札之事

一、私義当春播州辺師旦之方へ年礼ニ罷越候ニ付、其節御社内之御作法茂不案内ニ付、淡州浦所縁方へ参申候ニ付、御吟味ニ預り、依之向後淡州浦へ罷越候儀堅仕間敷候、為後日仍如件

寛延元辰九月

大黒屋長大夫

吉井左京亮殿

13 以口上書御願申上候（大石家跡目相続につき神子職に出勤仕りたく）

以口上書御願申上候

私儀大石家跡目相続仕候ニ付、先祖より之通り神子職ニ出勤仕度奉願候、尤御社法有来之通無相違相守可申候、此段御聞届ヶ被下度奉願存候、以上

宝暦十三年未十一月

神子　大石長大夫

神主
吉井和泉守殿

14 以口上書御願申上候（紅野家跡目相続につき神子職に出勤仕りたく）

以口上書御願申上候

私儀紅野家跡目相続仕候ニ付、先祖より之通神子職ニ出勤仕度奉願候、尤御社法有来候通無相違相守可申候、此段御聞届ヶ被下度奉願存候、以上

天明六年午六月

神子　紅野宗十郎　印

神主
吉井陸奥守殿

15 以口上書御願申上候（大石家跡目相続につき神子職に出勤仕りたく）

以口上書御願申上候

一、私儀大石家跡目相続仕候ニ付、先祖より之通神子職ニ出勤仕度奉願候、尤御社法有来ル通無相違相守可申候、此段御聞届ヶ被下度奉願存候、以上

天明五歳巳十一月

神子
大石長大夫

神主
吉井陸奥守殿

16　差上申一札之事（御家来分に御召し加え下され候につき）

差上申一札之事

一、私義此度御家来分ニ御召加被下難有奉存候、然ル上者当戌年十一月より来ル子十一月迄中三ヶ年之間西山御境内御差置被下候段被仰付難有仕合ニ奉存候、一(ママ)博奕之義者不及申、御公儀御定法幷ニ御社法急度相守可申候而、少し茂紛敷義仕間敷候、御境内西山相見廻り麁末無之様大切ニ相守可申候、且又為御冥加毎月十四日・晦日御社地掃除可仕候、若不埒之義御座候ハヽ、御暇可被下候、早々立退可申候、其上如仰躰(何カ)之義被仰付候者(共カ)、一言之違背申間敷候、為後日差上申一札依而如件

文政九戌年十一月

播磨屋　半兵衛　印

請負人　魚屋　吉右衛門

御神主様

17　以口上書御願申上候（神子職中絶のところ、先祖の筋目につき相続仕りたく）

以口上書御願申上候

私義当社神主(子カ)筋目ニ而、親治左衛門迄神子職相勤候へ共、其後中絶仕罷在候、此度先祖之筋目ニ御座候へハ、神子職相続仕度奉願候、御社法万端御指図を請、法外之勤方仕間敷候、尤筋目義相違無之、外ニ紛敷事曽而無之候右之通相違之事御座候ハヽ、いケ様共可被仰立候、願之通御聞済被下候ハヽ、忝可奉存候、以上

寛保弐戌年十一月日

紅屋治左衛門

吉井左京佐(亮)殿

18　仕上ル由緒証文之事（西宮神子紅野治左衛門につき）

仕上ル由緒証文之事

一、私義本国生国共尼崎御領内摂州武庫郡西宮釘貫町ニ而、広田・西宮両社之神子職紅野治佐衛門忰、親代々浄土宗西安寺旦那ニ而御座候、父治佐衛門義四拾三年

以前十一月ニ相果、右西安寺ニ而取置申候事
一、私母義卅三年已前八月相果、右同寺ニ而取置申候事
一、私兄弟二人、姉壱人中之町紅屋平大夫へ縁付申候、次之姉同町紅屋平左衛門へ縁付申候事
一、私妻同郡高木村弥一兵衛妹ニ而、卅四年以前縁付来リ、右同宗門ニ御座候事
一、私子共三人、姉女せん・次男惣十郎・妹まん、同家ニ罷在候事
一、私義先月より親跡目之神子職相続仕相勤申候事
右之通少茂相違無御座候、仍而如件
寛保三年亥四月
西宮神子
紅野治左衛門
田中清介様
右之通相違無御座候ニ付加判仕候、以上
西宮・広田神主
吉井左京

19 覚（吉井宮内改易已後仰せ付けられ候新社役人書上）

（包紙）
「従白川殿社家・願人・神子等ニ新規ニ被申付候、書付尼崎より京都二条へ□ニ写シ」

覚
右近事上官
田中民部
御旅所支配人
戸田見竹
平次良事願人
中西主税
五兵衛事沖夷支配人
釘蔵丹波
丹波儀ハ親代ニハ沖夷社之鎰預り被有（罷カ）候へ共、丹波中絶鎰預り不申候、宮内神主被召放候已後白川中将（雅冬王）様沖夷支配人ニ被仰付、鎰預ヶ被成候
右四人名指ニテ御召之者共ニテ御座候
浜庄大夫事
浜式部
式部儀宮内御改易已前ハ上官ニ而候処、宮内神主職被召

放候已後西宮神主ニ白川様被仰付候

中村治部

治部儀式部同前上官ニ而候処、宮内御改易以後広田之神主ニ白川様被仰付候

鷹羽源大夫事
鷹羽兵部

兵部儀前方中官ニ而候処、宮内御改易已後上官被仰付候

小左衛門事願人
辻　左衛門

平次良事中西主税同役ニ而、主税・左衛門両人共ニ宮内御改易已後装束御免、名改申候

九左衛門事神子
幣司周防

七右衛門事神子
鳥養肥後

長右衛門事
神子　大石安芸

源兵衛事
神子　幣司石見

源大夫事
神子　五十田飛驒

右九人宮内神主相勤候内之社役人、老衆社役相勤候者共ニ御座候

摂津守様（京都西町奉行・中根正包）より御渡シ被成候御書付ニ、其外社役人御召之趣ニ相見江候ニ付、罷出候様ニ申付候、右九人之内鷹羽兵部長病候間被成間敷候

西宮庄屋年寄
六左衛門

同所浜庄屋
惣左衛門

年寄

右者御書付表ヲ以十九日西宮発足、廿日中様迄参御差図受候様申付候

覚

中官十三歳
鷹羽大蔵

中官列三歳
同　主膳

幼少ニ候間遣シ不申候

此両人鷹羽源大夫忰ニテ候、宮内御改易已後白川様中官ニ被仰付候、主膳ハ中官ノ列

清大夫事神主（子カ）
　　成尾豊前
平大夫事神子
　　紅野越後
喜衛門事神子
　　岡嶋土佐
次郎左衛門事神子
　　幣司因幡
与惣左衛門事神子
　　紅野伊予

此五人十九年已前迄神子相勤候処、子細有之中絶、此度
神子ニ白川様被仰付候
右之者共宮内御改易已後被仰付候新社役人ニテ御座候
故、此度御召之列ニテ御座候（ママ）有間敷候へ共、若御用之儀
も可有候而中（ママ）様迄遣し申候、先町宿へ被差置、摂津守様
へ御出シ不被成、公事御役人江御伺之上、御用も無之候
て（ハ、カ）此方へ戻り候様ニ可被仰付候、此段御差図ニ付申遣候、
以上

三八四　三嶋木紀伊守口上之覚壱綴（白川家中片岡右馬丞との借用金出入につき）　年未詳・正・五　五七七

口上之覚

一、白川家中片岡右馬丞と申物頭役相勤候ものへ私入魂
ニ而罷有候、然ル処私儀入用有之、江戸表ニ而金四百
三拾両入魂之ものへ申遣し、為替ニ差下シ用立呉候様
為申登候処、先方承知ニ而用立呉可申旨返答ニ付、左
候ハ、江戸白川屋敷へ相届呉候様相願遣候、右ニ付金
主より白川屋敷へ相届可申所存ニ而罷有候由之処、右
白川家中片岡右馬丞義私方へ入魂ニ付、私方之儀者委
細存罷在候ニ付、同人私方へ無沙汰先方金主へ罷越、
金子請取度旨欠《カケ》合候由之処、同人儀白川ニ而家柄之も
のニ而、重役も相勤罷有候故、家来等も大勢召連罷越
候事故、先方ニ而私よりも慥成人と相心得、同人より
証文取之相渡し候由、然ル処私一向不存罷有、右金子
早々差下呉候様申遣し候処、先方より申来候者、御家
中片岡右馬丞殿越中守様御供ニ而御出府被成、序之由

ニ而御尋被成候ニ付、同人へ御渡申候間、則右片岡氏より受取候様申来候ニ付、私より片岡方へ引合候処、無相違受取置候間、近日帰足之節相渡し候様可致段返書至(到)来仕候ニ付、帰足相待罷有候処、漸帰足ニ付、右金子受取申度片岡宅へ罷越直談仕候処、江戸表家中武芸門弟御急入用有之無心ニ付、無余儀用立候間、四五日中致才覚相渡し可申段不都合之儀申聞候得共、領主家中重役之儀故任其意ニ相待居候得共、一向相渡不申候、依之難捨置奉存候得共、重役之儀故成丈内々ニ而受取申度奉存、証文取請、去四月迄相待候得共、一向返済無之、金主方より者去年中私方へさひそく(催促)有之、右馬丞へも厳敷さひそく有之候得共、表立候而者領主之家中壱人及断絶候程ニ罷成候ニ付、内々ニ而品よく取付返金為仕度奉存、国元私心易キもの共より金五六百両私急借仕、江戸金主方へハあらまし返金仕、残金少々有之候処日延相頼置申候、然ル処私方ニ而他方より急借仕、江戸表へ返金残り有之候ハヽ、右金子相廻し呉候得者、最初之金子ハ繰合不残返金可致旨折入相頼候ニ付、聊相違も有之間敷奉存、先方取斗聞届候処、弥以慥成訳ニ付任頼ニ相廻し遣候処、一方跡方も無之偽談ニ而、数月相待候而も一向返済無之、難捨置、去五月より当正月迄白川家に詰切さひそく仕候へ共、みこと(見事)成挨拶のミニ而一向返済無之一(カ)延ニ相成候ニ付、金主方ニ而ハ私偽談之様相心得、金主より白川役所へ訴出候ニ付、私御呼出御尋有之候処、全右馬丞不取斗故、右馬丞物頭役被召上、閉門七十五日被仰付、金子儀ハ領主表より御返金被下相済申候、私儀者最早さひそく等なをざり(等閑)之取斗故、実意とは乍申領主之世話ニ相成候段不埒之旨被仰渡、八月十三日より九月十三日迄三十日慥(愼カ)被仰付引込罷有申候処、九月十三日御使者を以慎御免被仰付候ニ付、為御礼白川表へ罷出候処、片岡右馬丞又々大偽を申立、三嶋木紀伊守より借用金一金も無之、却而三嶋木方へ金三百八拾壱両弐朱用立置候処、返金差滞居不埒之段、領主表へ偽を申立候ニ付、私領主寺社役所へ罷(被カ)召出御尋有之候へ共、右馬丞より一金も借用仕候覚無之候ニ付、其趣申立候処、片岡方ニ而者慥ニ用立、証文等数通有之旨申立候ニ付、双方申口難分、寺社役所より差出ニ相成、横目・大横目・御家老列座ニ而、夜中人払ニ而御吟味ニ罷成候処、片岡右馬丞方より証文数通偽作仕差出し申候、其他私自筆之由ニ而偽筆を相認書状数通差出し、証拠として申立候処、全偽書偽計之事故、十月十八日右馬丞偽談(カ)ニ落入、私利運仕候処、追々片岡方より偽書差出シ、偽を申立候ニ付、双方御吟味ニ罷成、十二月廿六日夜八ツ時迄御吟味有之候処、弥々以片岡右馬丞偽書偽計ニ落入、領主表へ大偽を申立、とふぞく(盗賊)同前之儀ニ罷成、廿六日夜八ツ時右馬丞網打ニ被仰付、親類共へ御預ヶ被仰付、私儀者数ヶ條申分相立、何之障も無之、廿八日夜帰足被仰付、在所須賀川へ罷帰申候、先以神慮ニ相叶難有奉存候、正月吉日前ニ付親類御預ヶニ相成居候得共、しめ過(注連)候ハヽ、厳重に被仰付可有之候、白川表ニおゐてハ暦(歴カ)々之侍ニ御聞候得共、前文之仕合ニ付無余儀事ニ奉存候

一、私儀去々秋中より下社家・家来等召連、去十二月廿九日迄白川詰切り、其上江戸表金主之受合等ニ而月々両三度宛人為差登、都合入用三百六拾両余相掛り難混至極仕候、乍然捨置候而者相済不申儀ニ付、金銭入用ニかまはす欠(懸)合罷有、甚以入用相掛り難混仕候、御堅(賢)察可被下候

一、先年より御届申上置候通、其御社御名目を以私金子千八百両余此表村々へかし付置申候処、凶年已来返金差滞居申候ニ付、去々年中より領主表へ申立、取立申度奉存罷在候処、右掛合ニ而一向手違無之取立候間も無之延引仕候へ共、捨置候而者道なしに罷成候ニ付、当春手透次第取立ニ相かゝり申度奉存候、右ニ付万一其御社へ当領主より三嶋木紀伊守へ御かし金有之哉、手筋を以何となく御聞合申上候やも難斗奉存候間、万一御聞合御座候ハヽ、私方へ先年より金子御かし置被下候趣御答可被下候、間違候而ハ此表ニ而取立相成不申候間、御間違無之様乍憚御聞合御座候ハヽ、宜御答可被下奉願候

一、巳ノ年上京之節、差上入御覧置候証文五六本有之候、

当年取立節入用御聞候間、御戻し被下候様仕度奉存候、
飛脚屋便を以御戻し可被下奉願候、以上
正月五日
三嶋木紀伊守

三八五　田畑下作請書（広田御炊役人平助下作地につき）

宝暦一二（一七六二）・四・一二　五七八

宝暦十二午年四月　御炊役人平助証文

一札之事

一、畑地壱反余　古屋敷之南ニ在
一、田地弐畝余　古大日堂屋敷
　御社所替之節替地
一、田地壱畝歩　御炊役人屋敷之下ニ在
　右同断
一、畑地七畝歩　御林之内丸山ニ在
一、田畑合七畝余　古御屋敷之上ニ在
一、米五斗　南宮御炊料
一、米麦　但当秋初尾西宮三ヶ村・六軒新田・上ヶ原村・越木岩村・鷲林寺村・夙村五ヶ之庄、津門村・小松村・こそね（小曽根）村・両瓦林村・御代村・大固（箇）村此村々相廻り初尾受納

右之通之物成之内、米五斗年貢宮江指上、且又有来候通毎年九月ニ御膳指上、御仲間中へ初尾振舞仕、此外之作相・初尾等年中総分ニ被下置御奉公申上候、尤私儀広田村住居之者ニ而、宗旨ハ浄土宗同村豊乗寺旦那ニ而御座候、勿論御公儀様御法度相守、博奕□一（ママ）等之宿不仕、御宮山林常々相廻り大切ニ制道仕、御境内掃除等入念可申候、其外御社用ニ付候儀何時ニ而も急度無滞相勤可申候、将又御神役之御方へ不礼不届之仕方少茂仕間敷候事
右之趣急度相守相勤可申候、万一自堕落仕、御指図違背仕候ハヽ、如何様ニも可被仰付候、為後日仍証文如件
宝暦十二壬午四月十二日

広田御炊役人
平助
広田村請人
清右衛門
口入
広瀬右内

神主
吉井和泉守様

三八六　田村伊織由緒書壱通

天保五（一八三四）・五　五七九

仕上由緒証文之事

一、私義本国生国共ニ尼崎御領分摂州武庫郡広田村、祝部田村織衛悴ニ而、親代々広田・西宮両社之祝部職相勤候処、父織衛儀病死仕罷有候、私跡目相続仕候事

一、私妻儀者存生ニ而同家ニ罷有候事

一、祝部之儀者神祇道乃已ニ而、切支丹之末類ニ而者無御座候、召使之者迄宗門入念寺手形請状取之召抱可申候事

右之通少しも相違無御座候、仍而如件

天保五午年五月

広田村祝部
田村伊織

寺社
御奉行所

右之通相違無御座候ニ付加判仕候、以上

広田・西宮両社神主
吉井上総介　印

右伊織と改名之段右京より届有之、本人書付持参ニ付、五月廿日印形致置候、神主付添罷出候筈、病気申立、代ニ広瀬兵馬出候、折々出府ニ不及候事

廿一日ニ尼へ罷出候様本人申居候事

（裏表紙）

解　題

本書は、すでに刊行されている『西宮神社文書』第一巻（清文堂出版、二〇一七年）に引き続き、戦前に原稿用紙にペン字で筆写された筆耕原稿をもとにしている。本史料群全体の性格などについては本書第一巻の「はじめに」や解題などをご参照いただきたい。

この筆耕原稿は『西宮神社文書』第一巻と第二巻（本書）に収めたものがすべてである。原則として筆耕の順番に従って史料を配列しているため、やや内容が把握しにくいと思われる。そこで、少しでも利用の便をはかるため、巻末に第一巻・第二巻すべての史料、すなわち筆耕史料群全点の目録を年代順配列として掲載している。

また、所収史料は内容が多岐にわたるため、いくつかのトピックに限った解題となっていることをあらかじめお断りしておきたい。ただ、かように豊かな内容・可能性を有する史料群ゆえ、利用される方々の興味・関心により、さらに多くのトピックを掬い上げていただけるものと確信している。なお、『西宮神社文書』シリーズの第三巻以降は、本吉井家（現宮司家）・西吉井家（現権宮司家）や神社が所蔵する近世文書群を翻刻・刊行する予定となっている。

一　社家・祝部・神子の相続

本節では、社家・祝部・神子相続関係史料について、個別に紹介する。なお、いずれも**表1**として年代順に概略をまとめたのであわせてご参照いただきたい。

1　社家関係

社家に関しては、享保三年（一七一八）の史料が最も古い。**史料二一二・二一七**が該当するが、この前提には正徳年間の社中争論がある。すなわち、神主排斥側にあった社家四家（中村・浜・田中・鷹羽）が幕府裁許により追放となり、東向家のみが当主幼少につき追放を免れたことで、以後近世期を通じて西宮神社の社家は東向家一家のみが存続することとなる。この二点の史料は、正徳の争論当時幼少であった東向左膳の社頭出勤についてのものであり、**史料二一二**の前半にはかかる存続のいきさつも記されている。

享保三年当時問題となっていたのは、東向左膳出勤にあたり、神領米配当を割当てるべきか否かであったようで、史料の順番としては、まず**史料二一二―2**において社家職としての出勤を仰せ付けられたことを神主へ謝し、そのうえで**史料二一二―1**のように、神主・祝部衆中へ対し、出勤にあたっての神領米配当は評議の結果に従うことを約している。神領米配当については、正徳の争論以前は、尼崎藩主より安堵された黒印地三十石の年貢分九石余を神主・社家らで配分しており、祝部がその配当はもちろん、配当の相談にも加わっていないが、社家四家追放に伴い、かかる相談にも関与するようになったと考えられる。その結果が、**史料二一二―1**の宛所に端的に示されている。

この神領米配当にあたり、神主・祝部は正徳の争論において、在京・在江戸による多額の借銀を抱えており、当時幼少で訴訟に参加しなかった東向左膳にとって、社家の家柄とはいえかような状況下で駆け出しの神職が配当をうけることは憚られたのではないだろうか。この東向の意向をうけ、神主・祝部らで相談のうえ、社家職としての出勤を認めた以上配当しないわけにはいかないということで、配当が決定する（**史料二一七**）。

その後享保五年には尼崎藩寺社役庄田弥右衛門へ先祖親類書を提出する（**史料一八〇**）。かかる書類は祝部も含めて初見であるが（神主の場合は正徳四年・宝暦八年のペン書き写しが本書で採録した史料群とは別に存在）、社家東向家の変遷が垣間見える。たとえば、①高祖父は同僚であった社家田中家より養子に入ったこと、②曾祖父・祖父は「神職之儀断絶」などとあることから、社家職を勤めておらず、父の代より再勤したこと、③伯父は西宮の浜久保町太郎兵衛なる町人方へ養子に、伯母は今津村吉兵衛方へ嫁にそれぞれ行ったこと、などがわかり、②からは、祝部にままみられることと同様に社家も必ずしも親子相続として継続的に勤める必要はなかったこと、そして①・③からは、あくまで一例にすぎないものの、社家の取り結ぶ婚姻関係が窺える。

かようにして唯一の社家職となった東向左膳であるが、彼の退役を示すのが**史料二〇九**である。寛延三年（一七五〇）九月、倅斎宮とともに神主に対して社家職の退役と倅への相続を出願している。享保三年から三十余年にわたる奉職であった。なお、「御両社上官之社家」とあるが、「御両社」とは広田・西宮（南宮を含む）両社のことを指す。また「上官」とは、正徳の争論以前には社家が複数存在していたことはすでに述べたが、それまで社家は「上官」とその次位である「中官」（鷹羽家）とに区分されており、東向家は「上官」の家であったため、唯一の社家となってもなおその呼称を用いていたと考えられる。

その後は斎宮の称を世襲するようで、本書所収史料からは代替わりが判然としないが、宝暦八年（一七五八）八月に神主より「神道之秘書相伝」を受けている（**史料一九六**）。また、文政七年（一八二四）八月には神社外での竃祓執行や星祭の貼り紙差し止めについて、それを遵守する旨神主へ約している（**史料三四五**）。星祭（星供《ほしく》）は密教法会であり、近世を通じて唯一神道へと舵を切り続けた西宮神社においては、貼り紙すらも許容しがたい問題であったのではないか。なお、この史料で興味深いのは、祝部中と神子から指弾されている点にある。元禄期に、神子が神社外にて行う竃祓などについて、神職のみが執行しうる祈禱行為であるとして神主・社家らが差し止めるが（志村洋「摂津西宮神社における神職争論と支配」〔『部落問題研究』二〇二、二〇一二年〕）、今回は神職による執行にもかかわらず問題となっている。詳細は不明であるが、当該時期の神職と神子との関係を考えるうえで重要であり、今後の課題としたい。

その他、文政十三年（一八三〇）八月、時の東向斎宮の退役と弟良丸相続に関する**史料一四二・一八九**（※**史料二二三**は同内容史料）や**史料三二一・三二二**があるが、これらについては後掲「四　吉田家一件」の節を参照いただきたい。

【史料】一四二・一八〇・一八九・一九六・二〇九・二二二・二二三・二二七・三二一・三二二・三四五

2　祝部関係

祝部相続関係については、本書第一巻解題を参照いただき、ここでは、史料を分類のうえ各史料番号順に列記するにとどめる。なお、本書第一巻所収の史料七一・七二と重複する史料が多いため、本書のみに確認できる（史料七一・七二と重複しない）場合には史料番号に傍線を付して示している。また、尼崎藩へ提出された祝部証文のみを抜き出し、**表1―1**としてまとめた。

【史料】

〈相続〉

二一〇・二一五・三一七―8・三三四―1・三三四―2・三三四―3・三三四―7・三三四―8・三三九・三五八・三五九・三六〇・三六二・三六三・三六四・三六五・三六六・三六七・三七一・三七三・三七四・三七五

〈藩への届け〉

一七七・三一七―1・三一七―2・三一七―4・三一七―5・三一七―6・三一七―7・三三七・三五四・三五五・三五六・三五七・三六一・三六八・三六九・三七二・三七六・三七七・三八六

〈その他〉

三二一・三三四―9・三三五・三三六

3　神子

近世西宮神社の神子は、「神領下行米内訳器械取調記」（西吉井家所蔵）という史料中にある、明治三年（一八七〇）の社中取調書に「男巫」と記されるように、すべて男性であり、西宮町に居住する者たちであったと考えられる。神子は神事の際には神楽奉納を、また平日には境内にあった神楽所に詰め、参詣者の要望に応じて神楽奉納を行い、後者の場合は神楽料を受納していた。

人数は、元禄期までは二十数人が存在していたものの、同時期の神主・社家との争論、さらには正徳期の社中争論を経て、大石・瓶子・紅野の三家のみが存続するが、その後紅野も絶え、前述の史料から明治初年まで残ったのはわずかに大石・瓶子のみであった。

神子は西宮町居住であり各々家業を営んでいたと想定されており、それが故に他の社中構成員とは異なり、全面的に神主の指揮をうけるような存在ではなく、元禄期から正徳期には度々申し付けに背くなどの行為を繰り返していた

父母	兄弟	典拠
父：七郎兵衛、25年以前死去／母：14年以前死去	兄弟：兄妙喜・弟勘衛門　子供：権大夫・七十郎・かめ／八衛門（西宮東浜八左衛門養子へ、宗門は養父と同じく一向宗西宮正念寺）	177
実父：次郎兵衛／養父：善右衛門、去年死去／母	兄弟：兄治右衛門・妹しゆん　子供：亀吉・しゆん	317-2
父：惣右衛門、代々祝部・当秋退役／母：享保6年死去	姉きく（西宮東之町かも屋嘉左衛門妻、宗門は夫と同じく同所新行寺）／弟六兵衛（かも屋嘉左衛門養子へ、宗門は新行寺）／弟太郎兵衛（西宮横道町市郎左衛門養子へ、宗門は養夫と同じく同所正念寺）／妹かめ（青山内記領内中村小左衛門妻、宗門は夫と同じく同村観音寺）／妹小女郎（青山備前守領内中村庄左衛門妻、宗門は夫と同じく同村観音寺）	72・368
父：久左衛門、24年以前9月死去／母：17年以前6月死去	姉小女郎（3年以前死去）／弟長兵衛・弥市郎、妹なつ・女郎、いずれも同家	317-1
父：太郎左衛門、去年7月死去／母：10年以前7月死去	姉よし（尼崎北之口たばこや安兵衛妻、宗門は夫と同じく尼崎甘露寺）／姉すぎ	317-5
父：忠右衛門、享保10年7月7日死去／母	弟源六・妹きん・弟由松、いずれも同家	72・369
父：治郎兵衛、6年以前死去／母	妹しゆん（西宮浜東之町加茂屋治良左衛門妻）／残り2人は母と同居	72・372
父：丈右衛門／母：元文2年11月死去	弟1人、同家	72・356

表1－1　尼崎藩宛祝部証文一覧

番号	年月日	西暦	差出（本人）	本人	妻
1	享保5年4月	1720	中村祝部堀江忠兵衛	青山信濃守領内摂津国武庫郡中村祝部堀江七郎兵衛悴／52年以前に跡目相続	広田村茂兵衛娘
2	享保5年4月	1720	中村祝部大森次良兵衛	青山信濃守領内摂津国武庫郡中村、祝部大森善右衛門悴・中村浄土宗観音寺旦那／同村次郎兵衛、実子19年以前養子に入る／3年以前より養父跡目相続	養父善右衛門娘
3	享保7年11月	1722	中村祝部大森忠右衛門	旗本青山藤蔵領内摂津国武庫郡中村祝部大森惣右衛門悴・中村浄土宗観音寺旦那	摂津国武庫郡神呪村太郎兵衛妹・宗門は本人に同じ
4	享保10年12月22日	1725	中村祝部橋本治太夫	青山内記領内摂津国武庫郡中村祝部橋本久左衛門悴・中村浄土宗観音寺旦那／先月より跡目相続	無
5	享保13年2月	1728	中村祝部大森善大夫	青山藤蔵知行所摂津国武庫郡中村祝部大森太郎左衛門悴、中村浄土宗観音寺旦那／正月より跡目相続	無
6	享保20年10月1日	1735	中村祝部大森主膳	旗本青山丹下領内摂津国武庫郡中村祝部大森忠右衛門悴・中村浄土宗観音寺旦那／今秋より跡目相続	無
7	寛保元年11月5日	1741	中村祝部大森主水	旗本青山備後守領内摂津国武庫郡中村祝部大森治郎兵衛悴・中村浄土宗観音寺旦那／先月より跡目相続	無
8	延享元年7月23日	1744	広田祝部広瀬右内	尼崎藩領内摂津国武庫郡広田村祝部広瀬丈右衛門悴・広田村浄土宗豊乗寺旦那／先月より跡目相続	無

父：治大夫、宝暦3年11月5日死去／母：延享2年10月5日死去	嫡子次郎吉（12歳）、妹きよ（7歳）、いずれも同家	72・355
父：権大夫、3年以前死去／母	娘さと（2歳）	72・354
父：善太夫／母	—	72・361
父：伊左衛門／母：宝暦10年11月死去	娘1人、同家	72・357
父：右内、享和2年3月死去／母・祖母	—	72・376
父：右京／母・祖母	—	377
父：織衛、死去	—	72・337・386
父：市衛門、25年以前死去／母：29年以前死去	兄弟：兄惣衛門・姉□こん　子供：善太郎・む[　　]（7年以前尼崎安衛門妻、浄土宗甘露寺旦那）	317-4（後欠史料）
父：惣左衛門、7年以前死去／母	1人（広田村某妻、宗門は広田村浄土宗豊乗寺）／1人（大坂寺嶋埼（塩ヵ）飽次郎兵衛妻、宗門は夫と同じく一向宗）／妹3人、同家	317-6（後欠史料）
父：次郎兵衛、12年以前死去／母：13年以前死去	兄弟：よし（大坂新地中町弐丁目新屋八兵衛妻、8年以前死去）／妹つま（大坂中ノ嶋宗是町石川屋権兵衛妻、5年以前死去）、子供：兵之助・伝吉	317-7（後欠史料）

9	宝暦5年12月2日	1755	橋本右門	青山美濃守領内摂津国武庫郡中村祝部橋本治大夫悴・中村浄土宗観音寺旦那	中村嘉兵衛娘・宗門は本人に同じ
10	宝暦9年正月	1759	中村祝部堀江左門	青山美濃守領内摂津国武庫郡中村祝部堀江権大夫悴・中村浄土宗観音寺旦那	東富松村太郎右衛門姉・宗門は本人に同じ
11	明和4年12月	1767	中村祝部大森数馬	旗本青山長三郎領内摂津国武庫郡中村祝部大森善太夫悴・中村浄土宗観音寺旦那／当月より跡目相続	摂津国武庫郡小林村藤兵衛娘・宗門は本人に同じ
12	明和4年12月	1767	広田村祝部田村伊織	尼崎藩領内摂津国武庫郡広田村祝部田村伊左衛門悴・広田村浄土宗豊乗寺旦那／当月より跡目相続	摂津国川面村宗左衛門娘・宗門は本人に同じ
13	享和3年11月	1803	広田村祝部広瀬右京	尼崎藩領内摂津国武庫郡広田村祝部広瀬右内悴・寛政11年7月宗旨除印／享和2年跡目相続	無
14	天保5年2月19日	1834	広田村祝部広瀬兵馬	尼崎藩領内摂津国武庫郡広田村祝部広瀬右京悴・神祇道のみ／先月より跡目相続	妻あり
15	天保5年5月	1834	広田村祝部田村伊織	尼崎藩領内摂津国武庫郡広田村祝部田村織衛悴・神祇道のみ	妻あり
16	（近世）	—	中村祝部大森某	青山藤蔵領内摂津国武庫郡中村祝部大森市衛門悴・中村浄土宗観音寺旦那／8年以前跡目相続	去年7月死去
17	（近世）	—	広田村祝部田村某	尼崎藩領内摂津国武庫郡広田村祝部田村惣左衛門悴、広田村浄土宗豊乗寺旦那／26年以前跡目相続	無
18	（近世）	—	広田村祝部広瀬某	尼崎藩領内摂津国武庫郡広田村祝部広瀬次郎兵衛悴、広田村浄土宗豊乗寺旦那／7年以前跡目相続	青山藤蔵領分中村源衛門娘、中村浄土宗観音寺旦那

註）父母・兄弟欄について、死去と記していない場合は存生。
註）史料72については、領主へ提出した証文のみ掲載。

表1-2　神子相続史料一覧

番号	年月日	西暦	差出	宛所	目的	事由その他	典拠
1	寛保2年11月	1742	紅屋治左衛門	吉井左京佐（亮）殿	神子職相続	親治左衛門迄神子職相勤候へ共、其後中絶	383-17
2	宝暦6年2月	1756	幣司源兵衛	吉井左京亮殿	跡目相続		383-11
3	宝暦13年11月	1763	神子大石長大夫	神主吉井和泉守殿	跡目相続		383-13
4	宝暦13年11月	1763	神子紅野宗十郎	神主吉井和泉守殿	跡目相続		383-4
5	明和5年4月	1768	瓶子清三郎	神主吉井和泉守殿	跡目相続	源兵衛養子、実父大坂南久宝寺町堺筋和泉屋喜兵衛	383-5
6	天明5年11月	1785	神子大石長大夫	神主吉井陸奥守殿	跡目相続		383-15
7	天明6年6月	1786	神子紅野宗十郎	神主吉井陸奥守殿	跡目相続		383-14
8	寛政5年11月	1793	神子大石長五郎	神主吉井陸奥守殿	跡目相続		338
9	寛政13年正月	1801	神子紅野平八良	神主吉井陸奥守殿	跡目相続		383-10
10	文化10年閏11月	1013	紅野治郎太夫ほか	神主殿	帰役	家内病気旁離縁などにつき休役のところ、帰役したく	383-7
11	天保12年7月	1841	神子大石万治郎	神主吉井但馬守殿	跡目相続	大石長太夫忰	334-4
12	嘉永7年4月	1854	幣司清三郎	神主吉井但馬守様	跡目相続	親清太夫老衰多病につき	334-5

（志村洋「摂津西宮神社における神職争論と支配」（『部落問題研究』二〇二、二〇一二年）、松本和明「近世西宮神社の社中構造—貞享〜正徳期を事例として—」（『ヒストリア』二三六、二〇一三年）など）。

神子の性格について画期となったのは正徳争論であったと考えられる。**史料三八三—19**は正徳争論に関する史料で、神子十人の動向が記されているが、前の幣司周防以下の五人は神主吉井宮内在職中に勤務していた者、後ろの成尾豊前以下の五人はこの当時から十九年前に出勤が絶えていた者である。ここで問題となっているのは、伝奏白川家学頭臼井左忠の画策により神主吉井宮内とそれに同調していた祝部が排斥された際、神子が「国名」（周防や肥後など）を称するようになったこと、そして後ろの五人については白川家より神子としての復職が申し渡されたことであり、いずれも「新規」であると神主側は指弾しているのである。

瓶子・紅野・大石といった、以後存続する三家の変遷については今後の課題としたいが、神主に対して神子職相続を出願する事例が登場するのはいずれもこの正徳争論以降であり、争論を契機として神主の指揮下に組み込まれたと評価できるだろう（史料三三四―4・三三四―5・三三八・三八三―4・三八三―5・三八三―7・三八三―10・三八三―11・三八三―13・三八三―14・三八三―15・三八三―17）。なお、神子相続史料のみを抜き出し、表1-2としてまとめた。

また、一例のみであるが、社家・祝部と同様に、尼崎藩へ対して紅野治左衛門から提出された由緒書も確認できる（史料三八三―18）。これによれば、彼は西宮釘貫町居住で、姓は紅野、そして姉の嫁ぎ先が紅屋の屋号を名乗る西宮町人であることから、同族集団ないしはのれん分けなどを経て形成された紅屋一統の一員ではなかったかと考えられる。史料三八三―17では治左衛門が紅屋を称しているのもここに理由があったのではないだろうか。

また、神子は個別に師檀関係を取り結んでいたことが窺える。寛延元年（一七四八）九月に大黒屋（大石）長大夫から神主に対して提出された一札（史料三八三―12）からは、播磨国に「師旦之方」がいたこと、また、播磨国へ年礼に行ったついでに淡路国の「浦所縁方」へも行ったことが「御社内之御作法」に違反することであったことなどがわかる。史料三八三―3でも、明和四年（一七六七）に大石長大夫が母服中にて休役中にもかかわらず淡路国岩屋浦講中からの依頼により出向のうえ「猟事祈禱」を行ったことが問題となっている。

史料三八三―2・三八三―3・三八三―7など、詫びや相続にあたり、神主への提出書類に他の神子が奥印を付していることが指摘できる。このことは、三家しか存在しない神子ではあるが、個別に存在していたわけではなく、相互に請け負うようなヨコの関係を取り結び、「神子中」とでもいうべき仲間集団を形成していたことを窺わせる。

正徳争論以後、相続願書を神主へ提出するようになるという点を評価すれば、神主の指揮下に組み込まれたといえるが、いっぽうで、詫びなどの事例からは、それ以前と同様に神主の指揮に背く者もおり、仲間集団として神主と対峙していたといえるのではないだろうか。

【史料】

〈相続〉

三三四―4・三三四―5・三三八・三八三―4・三八三―5・三八三―7・三八三―10・三八三―11・三八三―13・三八三―14・三八三―15・三八三―17

〈藩への届け〉

三八三―18

〈その他〉

三八三―2・三八三―3・三八三―12・三八三―19

4　社役人

西宮神社において社役人と称する者は複数存在していた。「社用日記」を通覧すると、江戸支配所関係の者と考えられ、元文年間に配下吟味のため北陸方面を廻国した柴田主殿、あるいは近世中後期に頻出する、大坂願人と思われる久世主水・久世内膳などであり、彼らは「社役人」とも「西宮本社社役人」などとも肩書きを付している。あるいは本社祝部らもそのように肩書きを付す場合が散見される。ただ、本書史料中に登場する社役人はいずれも辻氏のこと

表1－3　社役人相続史料一覧

番号	年月日	西暦	差出	宛所	目的	事由その他	典拠
1	天明5年12月7日	1785	辻兵治	神主吉井陸奥守殿	跡目相続		379
2	文化4年9月	1807	社役人辻兵治	上総介様	帰役	文化2年断りなく他行により諸帳面・本社賽銭箱の鍵取り上げらるにつき	208-1・2
3	天保7年11月20日	1836	辻大炊	神主吉井上総之介様	跡目相続		380
4	嘉永4年3月7日	1851	社役人辻大炊	神主吉但馬守殿	差控赦免	不束の儀のため差控仰せ付けらるにつき	334-6

である。彼は正徳期の社中争論で追放となる中西氏と同じく、近世初期以来願人ないし願人頭と称していたが、中期以降は社役人を称するようになる。元文六年（一七四一）の史料に「此年初而社役人之名目見ゆ、是迄皆々願人辻某也」（「御本社勘定差引請取」〔本吉井家文書一八一二〕）などとあることから、この頃に変更されたと考えられる。ただ、その明確な理由は未詳である。願人という呼称が願人坊主など民間宗教者まがいであることから、かような者たちと区分するためであったか、あるいは寺社造営に従事する「本願人」的性格（寺社からはある程度自立的な）から神主・神社により従属的な性格へと変容した結果かなど、様々な理由が考えられる。

史料三七九・三八〇は神主宛の跡目相続願いである。正徳争論以前には見られない手続きであり、また同争論など事毎に神主方と対立していた時代があったことも考えあわせると、神主・神社に対して従属的な性格（あくまで正徳争論以前と比較して）となっていたことを窺わせる。これら相続史料は**表1―3**にまとめた。

史料三三四―6は嘉永四年（一八五一）三月七日に辻大炊が神主吉井但馬守へ提出した、七日間社頭差控処分についての御免願いである。「不束之儀」とは、本書第一巻所収の**史料一五―3**によれば、嘉永三年四月に辻が「重き御殿方」の浪人を止宿させていたことから、幕府役人らが居屋敷を取り囲んでその浪人を捕縛するという捕物があり、辻も「身上御紏」をうけたという。これが「御社頭御称号ニ抱り不束之至」であるというわけであり、二月晦日に神主・社家・祝部列座のもと差控処分を申し付けられている。また、この史料では差控にあたって「御本帳面」「散銭之鍵」「宝蔵之鍵」「配下之帳面」を提出させている（**史料二〇八―2・3**も同様）。この四点の所持が重要で、前三つは社役人の社中における職掌、「配下之帳面」は諸国えびす願人・社人把握という職掌を示している。これらは本書第一巻所収**史料九六・一二〇**の貞享二年（一六八五）定書以来のきめごとであり（詳細は同巻解題二―1参照）、願人頭→社役人と呼称変更を経ても職掌は基本的に変わらなかったこと、とくに諸国願人・社人支配については、当時は神主直支配となっていたが、「配下之帳面」は社役人辻が所持していたことは見逃せない。またこのことから、貞享二年の定書は近世西宮神社のあり方を規定するものであったことが指摘できよう。

【史料】二〇八―1・二〇八―2・二〇八―3・三三四―6・三七九・三八〇

5　関屋役人

関屋役人とは、神主の支配をうけ、散銭より扶持を支給されて境内に所在する関屋（**写真1**・昭和二十年に空襲により焼失）に詰め、社中の雑用に従事する。但し、神主たりといえども「私用」には使役できず、あくまで「社用」を務める存在である。**史料一四七・三三二―2・三八二**が関係史料である。**史料一四七**は元禄十三年（一七〇〇）二月二十八日に、関屋役人が社家・祝部らに無礼を働いたとして交代させた旨、神主より社中一同へ通達があり、一同がそれを承知した旨を記した覚書、**史料三三二―2**は二月晦日に新規雇用の広田村与市衛門・勘十郎から神主・御社中宛に提出された一札である。「社用日記」によれば、元禄十三年二月二十五日に関屋役人喜兵衛・治兵衛へ暇を出し、晦日には新規雇用の与市衛門・勘十郎が来社している記事があり、この一連の動きに関連する史料である（『西宮神社御社用

写真１　関屋

日記』第一巻、清文堂出版、二〇一一年）。但し、「社用日記」記事からは無礼を働いた形跡は見出せない。**史料三八二**も同じく関屋役人交代時の史料で、享保二年（一七一七）に摂津国武庫郡川面村（現兵庫県宝塚市）の弥右衛門と倅喜太郎を雇用した際の、本人らから神社宛に提出された請証文である。「社用日記」から確認すると、同年四月二十六日に「役目不相応」「可然小者も不召連候得ハ、不勝手ニ付」という理由を以て先役の広田村宇兵衛に暇を出し、川面村中友右衛門の肝煎にて弥右衛門と、十六歳になる倅の両名を雇用したとある（『西宮神社御社用日記』第三巻、清文堂出版、二〇一五年）。基本的に、宇兵衛のように広田村など氏子村からの雇用であるが、この時はやや遠方からの雇用となっている。

西宮と同様に、広田社側にもかかる役人が設置されており、「広田宮役人」「広田御炊役人」などと称されている（**史料三八三―16**の詳細は未詳であるが、「御境内西山」などの文言から広田社の管理と考えここに分類した）。いずれも広田村の者が二名で雇用され広田社の維持管理などを

表1-4　関屋役人（西宮）広田宮役人雇用史料一覧

番号	年月日	西暦	差出	宛所	目的	事由その他	典拠
1	元禄12年2月25日	1699	広田宮役人庄次郎・弥次兵衛ほか	吉井宮内殿	広田宮役人として召し抱え	広田村住居の者・広田村浄土宗豊乗寺旦那	175
2	元禄13年2月晦日	1700	関屋役人与市衛門・勘十郎	吉井宮内様・御社中	関屋役人として召し抱え	広田村住居の親子・中村浄土宗観音寺旦那	332
3	享保2年	1717	摂津国川面村弥右衛門・世悴喜太郎ほか	西宮御社役中	関屋役人として召し抱え	川面村住居の親子・中友右衛門の取次にて・川面村禅宗法泉庵旦那	382
4	享保8年6月23日	1723	広田村又左衛門・子勘四郎ほか	吉井宮内様	広田宮御炊役人として召し抱え	広田村住居の親子	332
5	寛延2年2月16日	1749	広田村儀右衛門・子次郎吉ほか	吉井左京佐様	広田宮御炊役人として召し抱え	広田村住居の親子	383-8
6	宝暦10年正月26日	1760	広田村甚兵衛・子甚六ほか	吉井和泉守様	広田宮御炊役人として召し抱え	広田村住居の親子	383-9

行っていたことがわかるが、具体的内容は従来未詳であった。**史料一七五・三八五**はそれを明らかにする史料として重要である。宝暦十二年（一七六二）四月に、広田御炊役人平助から神主宛に提出された一札である**史料三八五**から確認すると、平助は広田村居住の百姓と思われ、①広田社山林の管理、②境内地などに散在する「宮田」（黒印地二反とは異なる）の耕作と五斗の年貢（「南宮御炊料」）上納、③毎年九月に御膳献備と仲間中（神職一同）への初尾振舞い、これは「社用日記」において九月十八日頃にみえる「作り初尾」（例えば元禄十四年九月十八日など）であろうが、これら三つが役であり、得分として④②の作あいと、秋初尾として西宮ほか近隣を廻村して得た米麦取得の権利が与えられること、などが確認できる（**史料一七五**には「年中給分」と記される）。また、広田村の祝部広瀬右内が口入となっており、かように祝部が居村の適任者を推薦することにより選出・雇用されていた可能性を窺わせる。享保期の遷宮前の絵図ではあるが、貞享三年（一六八六）の「広西両宮絵図」（写真２）に

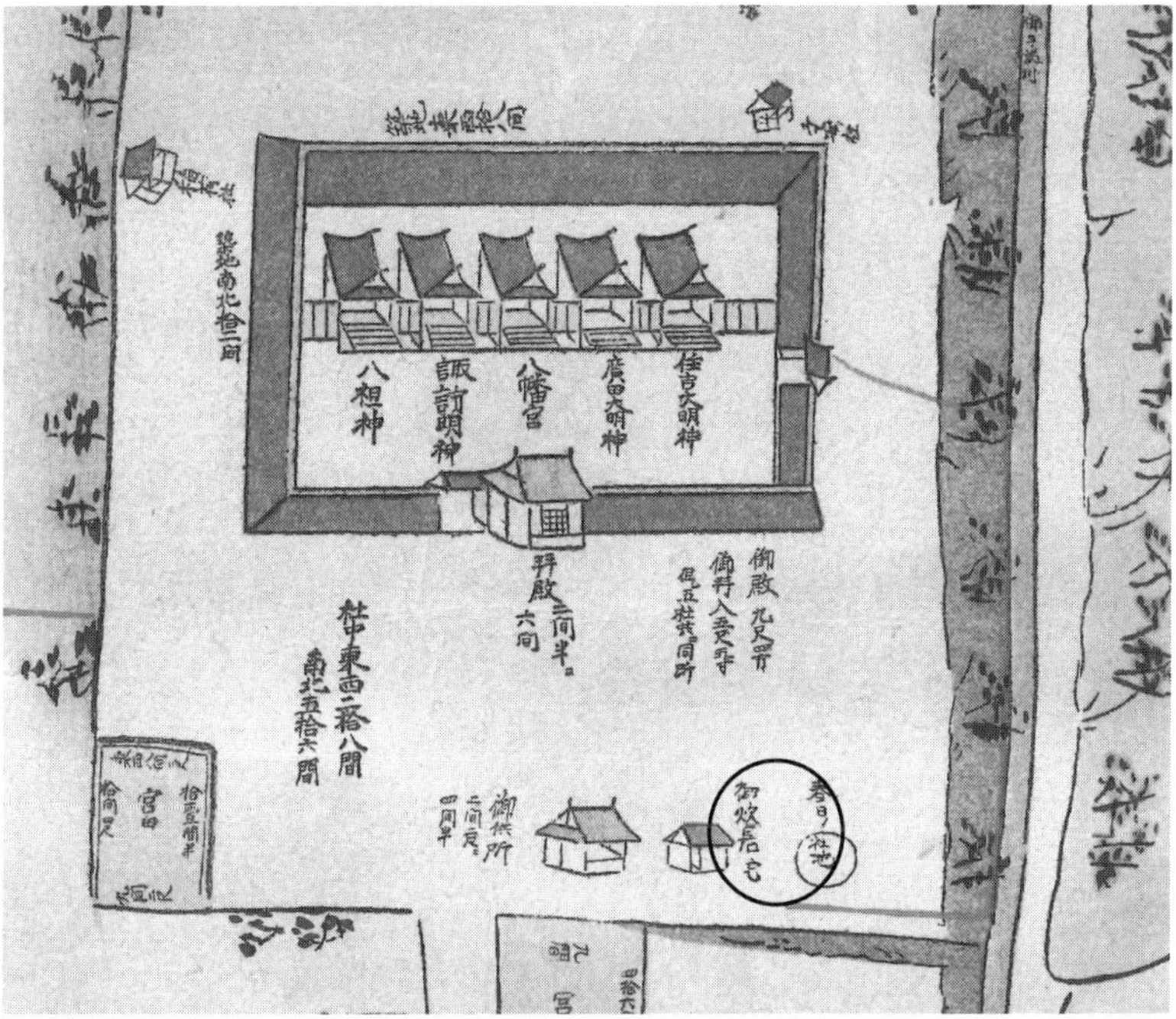

写真２　「貞享三年広西両宮絵図」（広田神社所蔵）に加筆

は「御炊居宅」（丸囲みの部分）が描かれており、ここに住み込みで奉仕していたと考えられる。なお、関屋役人・広田宮役人雇用関係史料は表1—4としてまとめた。

しかしながら、散銭の配分など、広田社に関しては基礎的な事項についても未詳な部分が多く、かかる史料や「社用日記」にわずかにみられる記述を抽出しながら今後明らかにしていく必要がある。

【史料】

〈西宮〉

一四七・三三二—2・三八二

〈広田〉

一七五・三三二—1・三八三—8・三八三—9・（三八三—16カ）・三八五

二　社中関係（明礬採掘・絵馬殿その他）

1　明礬採掘

史料一八一は、宝暦五年（一七五五）五月～六月の、広田社境内地における明礬採掘・販売に関する史料である。**史料一八一―1**は、広田村役人と同村治兵衛・平兵衛からの願書に西宮大庄屋が奥印のうえで尼崎藩宛に提出されたものである。広田社境内東山にて明礬土を発見し、それを彼ら懇意の「明礬切《（功カ）》者成ル炊人」に確認させたところ明礬土に間違いないということで出願がなされている。商売としての明礬採掘については、①上ヶ原村藤兵衛が銀主であること、②神主方へはすでに出願済みであり、証文を取り交わす予定であること、③釜を三つ設置し、冥加金として一両を毎年十一月に上納すること（「三釜立候而一年ニ金壱両宛」（「社用日記」宝暦五年六月八日））、④釜数が増加すれば上納金は釜数に応じて増額すること、などが条件として提示されている。銀主の存在と、釜の所有数（この場合三釜単位カ）が経営規模を示す指標とされている点は興味深い。

史料一八一―2は、前記②に該当する、広田村治兵衛・平兵衛と西宮町善塔利兵衛・上ヶ原村藤兵衛から神主宛の一札である。これによれば、運上金十両を毎年上納すること、また境内地に細工用に建設する小屋の地代も支払うこと、立木はもちろん、落ち葉・枯れ枝も採取はしないこと、中村・越水村へも話を通して了承を得ていること、神社境内地のことであるので村人から藩への出願だけでは済まず、神社側からも藩へ出願いただきたい、などといった条件が提示されている。「社用日記」によれば、藩からは同年十一月二十七日に許可がおりている（「社用日記」宝暦五年十一月二十七日）。

明礬採掘という点では、釜数が意味を有していたと考えられること、しかし藩への冥加金は釜数に応じた額であるいっぽう、神社への運上金は釜数という条件は付帯せず、定額の十両であるといった差異は未詳である。また、神社境内地開発という点では、広田村内の事項にもかかわらず、同村では完結せず、神社との証文取り交わしをはじめ、中村・越水村といった氏子村としての関係も無視しえず、さらには藩に対して神社からの出願も必要であるといったように、複雑な関係が表出した事例といえる。とくに、尼崎藩との関係においては、「（治兵衛らが、筆者注）社地之事ニ候へハ、神主より寺社方へ願出不申候而ハ可申付様も無之旨ニ御座候間、願くれ候様ニ相頼候」（「社用日記」宝暦五年六月八日）と、管轄の違いがその要因であった。

なお、**史料三四一**は宝暦四年の神主・社役人物代より広田村ほかの三名宛の粘土掘取に関する証文である。明礬採掘の前年であること、いずれも広田社東山であり、広田村平兵衛が関与していること、などから、粘土採掘目的で掘りはじめたところ明礬が発見された、という流れではないだろうか。粘土採掘の際にも神社側へは礼金が支払われることは同じである。

2　禁制札

史料一八六は広田・西宮両社に建てられていた禁制札文言の写しである。近世中期頃までは神主職相続の際には、尼崎藩の許可を得て新神主名義の札へ立て替えられていることが「社用日記」から確認できるが、中期以後はかかる記事が確認できず、未詳である。なお、竹木伐採条項については、享保二年時点で尼崎藩から伐採時には藩へ断ったうえで指図に従うべき旨の通達がなされている（**史料三七八**）。これが西宮一社を対象としたものか、あるいは藩領内寺社一般を対象としたものか未詳であるが（「相廻り候御書付」とあることから、後者ヵ）、神主側はそれを「新規」として拒否せんとする。その際禁制札も拒否理由としてあげられている。すなわち、当該期の西宮・広田の禁制に関していえば、尼崎藩の容喙を回避しつつ何とか維持されたものであり、その意味においては同藩支配の埒外ではありえなかったのである。

3　絵馬殿建設

史料一九四は神主より大坂町奉行所への、絵馬殿（絵馬堂）新建願いと、在来の建物である神楽殿についての庇・下屋新設願いである。絵馬殿については元文二年（一七三七）に出願のうえ許可が下りていたが、「助勢届兼」という理由で延引し、年月が経過したために再度の出願となったようである。これが宝暦十一年（一七六一）であるから、最初の出願から二十四年が経過している。なお、絵馬殿は同十三年に上棟が行われ、第二次大戦時の空襲でも被害をうけず近年にいたるまで本殿西側に存在していたが、惜しいことに平成七年（一九九五）一月の阪神・淡路大震災にて倒壊した（**写真3**参照）。

4　境内見世設置

史料二六四は、文政十一年（一八二八）における境内小見世物小屋設置と、それを貸与するにあたり寺院・神主より届けるべき旨の大坂町奉行所申渡しへの請書である。小屋新設にあたっては、まず、「其神事一日切ニ取払候小屋」と、「日数ヲ重候小屋懸」「常ニ小屋掛ヶいたし置」の二種類に大別されていることがわかる。前者は神事の参詣者を当てこんだ、神事当日限りの小屋と考えられる。ここで問題となっているのは後者であり、これは神事の有無とは無関係

写真３　平成７年の阪神・淡路大震災にて倒壊した絵馬殿（上：倒壊前、下：倒壊後）

に常設ないし長期間設置される小屋のことであろう。かかる小屋については、大坂町奉行所支配の寺社に関して、①天王寺（四天王寺）・住吉大社などの公儀御普請所、②摂河御朱印所とそれに準ずる寺社、という格式が存在し、そのいずれにおいても常設の場合は寺院・神主より奉行所へ届けているため、西宮においてもそうすべし、という論理となっている。ただし注意したいのは、これが大坂町奉行所の広域支配と評価できるかどうかである。請書冒頭において「御上知」、すなわち明和上知に言及されている。西宮の場合、上知以前は前述の①②の格式や小屋設置の原則などとは異なる「仕来」があったことが窺える。加えて、広域支配の問題であれば、上知の有無とは無関係であり、かかる点は問題とならなかったのではないか。よって、上知による大坂町奉行所直支配への切り替えに伴う、尼崎藩領時代との領主支配レベルでの手続きの差異に起因する問題と想定している。また、**史料一七三・三二九**はそれぞれ享保七年（一七二二）・文政十年（一八二七）の、社中茶屋設置に関するもので、前者は仮設、後者は常設茶屋の仮座敷増設について、神主宛に提出された願書である。

三　祝部除印一件

西宮神社の下級神職である祝部は、広田村・中村・越水村など神社近隣の村方に居住し、宗門人別帳上においても村方人別であるという、半農半神職のような存在であった。そのため、神事奉仕のいっぽうで居村の領主から夫役も課されていた。

文化四年（一八〇七）に中村の祝部二名について、預け銀出入の件で日切を超過してしまい（詳細は**史料二一六―1・3**参照）、大坂町奉行所より居所の朱印地・除地・年貢地の別を糺された際、二名より奉行所へ提出された**史料二一六**

―2には、祝部の来歴が記されている。それによれば、祝部はこの当時から八～九代前までは社地に居住していたが、度々の神社火災により買得していた田地のある村々へと居を移した、とある。また、**史料二一六―3**では、二十二社の一社たる広田社へ朝廷から勅使が差遣される際、綸旨・祝詞などを受領するのは祝部であり、耕作はあくまで内職で、本来は神職であることが述べられている。そのため、宗旨人別帳は別帳であるとする。

この宗旨人別帳の別帳が初手からのものではないことは所収史料からも確認できる。**史料二七三―2**では、中村の祝部大森数馬の場合、願書が記された享和三年（一八〇三）より以前に別帳を願い受理されていたが、同年に至り別帳不可を申し渡されている。その際、村の人別帳に記載されることになるが、先規通り「広田・西宮両社祝部与肩書仕、苗字等書付」ることを願っている。そのための論理として、同村の別領主である青山恒次郎知行所に居住する祝部は寛政二年（一七九〇）には肩書・苗字は言うまでもなく、すでに別帳の許可を得ており、同村同職であるにもかかわらず、大森のみ領主から神職としての扱いをうけることができなければ、社中での格式など諸事に影響が出る。さらに、尼崎藩領広田村の祝部についても同様であり、先頃藩・大坂町奉行所へ宗旨除印も済んでいる、ということを主張するのである。これらから、祝部の別帳・宗旨除印が寛政年間頃から徐々に行われ、しかもその対応・時期は居村の領主ごとに区々であったことがわかる。

宗旨除印は**史料二五一**のように出願がなされていたようである。同史料は年月日未詳であるが、広田村祝部からの出願であること、さきの大森数馬が広田村祝部の宗旨除印は先頃済んでいると記していること、そして奥書の神主吉井陸奥守良秀の在職期が明和～享和であること（陸奥守は幕末～明治期の神主吉井良郷も名乗っているが、史料内容から考えて良秀のほうであろう）などから、享和年間からそれほど遡らない、寛政年間頃のものではないかと考えられる。

さて、斯様に宗旨除印を願った理由であるが、広田村祝部は同村豊乗寺（浄土宗）の檀家であったが、「職道混雑仕、神祇道ニおゐて差支御座候」ため、「宗旨相除キ神道のみニ而事済仕度」というものであった。当の豊乗寺の反対により縺れるが、祝部は豊乗寺の触頭たる尼崎の如来院・甘露寺も宗旨除印を行っていること、本山知恩院も領主へ対して宗旨除印は問題なき旨の一札を提出していること、さらには明和年中には幕府寺社奉行より許可された事例があることなど、様々な事例を引用しつつその正当性を主張している。また、この願書の提出先は大坂町奉行所と考えられるが、その理由として「相手豊乗寺本寺表之儀申立候上者、領主表ニおいて御糺難相成、当御役所江願出候儀者勝手次第之旨御差図御座候付」とある。この場合の本寺とは他の箇所では本山と称されている知恩院のことと思われるが、豊乗寺が知恩院へ申立てた以上、一村内の問題にもかかわらず領主尼崎藩は手限り吟味は行えなくなり、大坂町奉行所へ出願せざるを得なくなる点は、寺社支配の問題として興味深い。

史料二五三は年月日未詳であり、かつ願書雛形であるが、内容からこの一件に関係する史料と考えられる。ここでも甲斐国府中八幡宮・越後国高安寺のいずれもが幕府寺社奉行の裁許により除印が叶ったという事例が引用されており、情報収集力の高さが窺える。加えて、元禄五年寺社改帳への記載を含め、祝部としての由緒なども示されるが、ここでは夫役の問題が記されていることに注目したい。まず、祝部らは村内において二十石の高を所持しており、この高について正徳四年（一七一四）に村方からの出願で領主尼崎藩より夫役免許をうけていた。しかし、それでは居村の負担となるため、あくまで「助分」としてこれまで夫役を勤めてきていたようである（**史料三八一**には、正徳四年から明和五年〔一七六八〕までは不勤であったが、同年に村方困窮につき高木村庄屋らを仲人として村方から七割負担を求められ、以後三十年にわたりやむをえず勤めてきた、とある。同史料も年月日未詳であるが、この内容から考えると寛政九年〔一七九七〕頃か）。しかし、今回宗旨除印ということになれば、領主の仰せ渡しの通りに「助役」の夫役をも勤めなくなることを危惧した村方が「此節に到百姓並通申立」てているが、そのようなことはなく、夫役以外の村用も含め従来通り勤める、という内容となっている。

ここから、宗旨除印をめぐり、檀那寺たる豊乗寺のみならず、夫役不勤を危惧した村方からも反対されていたことが窺える。前述の如き祝部としての由緒も、「元ハ百姓」などとして除印に反対する村方への反論として提示されているのである。また、神職身分としての領主からの夫役免許はあくまで体面上のものであって、実際には村落共同体の一員としての義務・義理から遊離した存在たりえなかったといえよう。

本書所収史料からは、宗旨除印の際には①檀那寺との問題、②幕藩領主寺社支配の問題、②村方との間での夫役負担をめぐる問題、などを解決せねばならず、簡単に切り替えるわけにはいかなかったことが窺える。

【史料】二一五・二七三―2・二五一・二五三・三八一

四　吉田家一件

史料一五一・**一五三**は、社家・祝部が江戸寺社奉行より呼び出されて出府する際、神主へ提出された覚書で、**史料一五一**は社役人辻佐内が神主代として付き添うにあたって個別に提出したもの、**史料一五三**は辻も含め出府の社家・祝部全員から提出したものである。呼び出しに際し、文政十年（一八二七）春以来の吉田家一件が想定されている。これは、京都吉田家が西宮神社内の社人について、同家への断りなき装束着用を指弾し、大坂町奉行所へ差し止めを願ったものであり、史料中「大阪御奉行所より御尋之節」とあるのはこのことを指している。その後、この一件は神社社法に属することでもあり、大坂町奉行所の手限り吟味は行い得ず、幕府寺社奉行へまわされた結果、同奉行よりの呼び出しに至ったと考えられる。社家・祝部らは文政十年十一月二十六日夕刻に着府している。また、辻が神主代として出府したのは神主病気という理由による（「社家・祝部中江戸下向日記」）。

幕府からの尋問は**史料一四一・一五六・三二六**に記されているように、装束着用一件に関するものであり、具体的には「前々之仕来ヲ以東向斎宮者四位之衣冠着し、其外之もの共者風折烏帽子・紗狩衣豊臣内府公より被下置候儘着用致候」という点が問題視されていた。寺社奉行の判断は、「右者何れも申候迄之儀、其外自己之書留而已ニテ難取用筋」であり、かつ「既ニ元文五年之御裁許ニも本社之社人両伝奏之執奏ニ寄受領いたし候例無之由認有之、又者吉田家へ申立受領可致之御文言も相見へ候」というものであった。加えて、「天明之度御触之通相心得」とあるように、いわゆる天明二年（一七八二）の諸社禰宜神主法度再触も基底にあった。そもそもこの一件の要因も、吉田家によるこの再触れを足がかりとした諸国社人掌握に求められよう。

史料一四一・三二六は文政十一年四月〜五月の、**史料一五六**は文政十二年九月の史料であるが、本一件の裁許は文政十一年六月十九日になされているので、前者は審理中、後者は結審後の史料である。**史料一五六**はその内容から審理中の史料にもみえるが、時期的に考えると結審後のものである。

いずれも寺社奉行とのやりとりというよりは、本一件について出府中の社家・祝部と在西宮の神主との連絡・回答というべき性格の史料と考えられる。**史料三二六**は、「社用日記」に写された、文政十一年四月二十八日付社家・祝部より寺社奉行への提出書類と同一文言であり、日記地の文から、神主と相談するなどの目的で一旦帰村するために提出されたと考えられる。その後五月二日には、社家・祝部数名を残し、田村織衛・大森帯刀・大森数馬・橋本弥太郎が帰国する（文政十一年「社用日記」）。祝部は帰村・出府した体にするなど、実際は複雑であるが、見送り人として社家と堀江左門・大森修理が記されており彼らは在府のままか）。**史料一四一**の差出は祝部四名のみであるが、五月という作成時期に加え、差出の祝部と帰国したとされる祝部の名が一致することから、この帰国時に訴訟の進捗状況の報告かたがた作成・提出された史料と考えられよう（落印の二名は江戸に印鑑を置いてきたままか）。

このように、**史料三二六**の全文、**史料一四一・一五六**の冒頭は寺社奉行への提出書類だが、そこにおいて社家・祝部は「若此上官位等相願候ハ丶、吉田家申立、御同所之御差図可請筋之旨相弁、勿論私共儀申伝迄之儀ヲ以右装束之儀仕舞置着用仕間敷候間、御吟味是迄ニテ御下被成下候様偏ニ奉願上候」などと記しているように、基本的には吉田家の思惑に沿うかたちでの決着を志向していたようである。ただし、「社家・祝部中着服日記扣」（「社用日記」の一冊）に写されている文政十一年三月十一付寺社奉行宛願書には、「下社家者吉田附、神主儀者御伝奏附と、於同社ニ両伝奏ニ相成候而者自然と不取締混雑之基ニも可相成哉と歎ケ敷奉存候」として「是迄之通神主同様御伝奏支配請候様」と申し立てている。

また、その旨の連絡に対応するかたちで、**史料一四一・一五六**の中段以降において神主は「永代白張着用之儘御神役被相勤存寄ニ候ハ丶、子細無之候得共、若已後官位幷許状等之儀被相望候節者、時之神主へ可被申談候」「一己之了簡ヲ以受領等被致間敷候」などと指示し、**史料一四一**は前述の如く一旦帰国した祝部四名から、**史料一五六**ではあらためて社家・祝部一同からそれぞれ請書を取っている。吉田家の思惑に沿う解決は社家・祝部が吉田家と直結する、すなわち神主の社中支配の埒外に位置づくことを恐れ、その可能性を排除せんがために請書を取ったと考えられる。また、裏読みをすれば、この請書が遵守されさえすれば、社家・祝部の受領には必ず神主の許可が必要という、従来はなかった権限を神主が持つこととなり、受領を梃子とした神主による社中支配の再強化に繋がるという見方も可能であろう。

本一件は文政十一年六月十九日、寺社奉行堀大和守親審宅において「銘々先祖へ豊臣家より給候由之申伝有之候迚も無官之身分、殊ニ吉田家之許容をも不請着用いたし候段不埒」であるとして急度叱りに処せられて結審する。そして、同年七月十九日に一同帰着している（「社家・祝部中着服日記扣」）。なお、**史料三三〇**において、この直後に引退のうえ倅への祝部職相続を願った田村織衛は、社中一同が吉田家の許状を受ける際には倅にも受けさせたき旨もあわせて神主へ出願しているが、その際には「社用向何様之義仰付被下候而も決而違背申上候義者毛頭無御座候」ことを請け負っており、**史料一四一・一五六**の請書を踏まえた内容となっていることが窺える。

かかる吉田家からの受領問題が関係していると思われるのが**史料一四二・一八九**の東向良丸一件である。文政十三年（一八三〇）八月、旧冬の御社頭取締一札への調印を拒否したうえに社頭へも出勤しなかった社家東向斎宮は、その不調法を詫び、退身のうえ弟良丸へ社家職を相続させたき旨、神主へ願う（かかる状況ゆえ、同年六月の**史料三二一・三二二**では神主差合いの場合、神事の祭主を祝部のうちから勤めることとしている）。その際、良丸と吉田家との関係が問題視されている。すなわち、良丸は文政八年（一八二五）二月に吉田家より許状を受け、同年三月には菟原郡森村の神主神田家へ養子に入るものの、文政十二年には不縁となり実家である兄斎宮のもとへ戻ってきていた。社家職相続にあたり、斎宮は町浜庄屋・年寄へ「当時吉田家ニおゐて懸り合無之、手切ニ有之候義毛頭相違無御座候」との旨を申して神主への仲介を依頼し、庄屋・年寄はその旨を以て良丸の社家職相続と社頭出勤を取り持っている。

良丸が吉田家から許状を受けたのは、養子先で神主職を相続する予定であったためであり、必須のことであったと思われる。ところが、西宮神社の社家職を相続するにあたっては、その関係が桎梏となる可能性があったのである。これは、**史料一四一・一五六**のように、社家・祝部が神主の許可なく直接に吉田家と結びつくことを牽制しているにもかかわらず、良丸が吉田家との関係を継続したまま社家職に就任すると、いきさつはどうあれ、神主の許可を得ずして吉田家との関係を持つ社家が突然社中に存在することとなるからではないか。

これらのように、この時期に吉田家が多少にかかわらず関係する問題は、天明の再触やそれに依拠した吉田家の権限伸長、さらには白川家など他の権威と結びつくことを選択する神職など（西宮神社も天保元年〔一八三〇〕の近衛家による神馬奉納を契機に、同家との関係を深めていく）、西宮一社に限定されない、列島規模の神職編成問題とも密接に関連すると考えられる。ゆえに今回は本書所収史料という限られた範囲で述べてきたが、社用日記など他の史料からの詳細な分析が必要であろう。

【史料】一四一・一四二・一五一・一五三・一五六・一八九・二七二—2・二七二—3・三二六・三三〇

五　攘夷

近代以前、西宮と広田とは一体であり、西宮神主が運営・神事一切を管掌していた。広田社は古代以来二十二社のうち、下七社というカテゴリーに含まれる一社として、天皇より幣帛を賜り国家的祈禱を執り行う役割を担っていた。近世期の広田社においても国家的祈禱が執行されることを窺わせる史料が本史料集にも数点含まれているが、その特徴は幕末期の攘夷祈禱ばかりである点にある。

史料一三九は嘉永七年（一八五四）二月のもので、**史料一三九—1**は武家伝奏坊城俊明に対し、（おそらく朝廷より）広田社での攘夷祈禱を下知するように伝えたもの、**史料一三九—2**はそれを承けた坊城の雑掌らが広田社へ達したものと考えられ、本来は武家伝奏両名を以て達すべきところ、相役の三条実万が引籠中ゆえ坊城一人から達した旨が記されている。武家伝奏を経由して達せられた理由は、正徳期の社中争論により白川神祇伯家が外されてより以後はその時々の武家伝奏が西宮神社の寺社伝奏であったためである。

なお、**史料一三九—1**にみえる「魯西亜船」は露海軍提督プチャーチン率いる露艦隊（再来航）、「亜美利加船」とは米海軍提督ペリー率いる米艦隊（再来航）のことで、この年に日米和親条約・日露和親条約が締結されることとなる。開国を志向する幕府とは対照的に、朝廷は孝明天皇のもと「外夷摂《（攘）》服」祈禱を広田社にも指示しているのである。**史料二八〇**も「近年来《チカゴロ》異国《コトクニノ》船《フネ》頻《シキリニ》来《キタリ》乞求通商《アキナヒカヨハサ》武止《シムト》事《コト》謀《ハカ》連《レ》里《リ》」との一文から、かかる頻繁な通商を求めての外国船来航という状況下、「国体安全・天下泰平」を祈禱すべしとの指示が朝廷から広田社に対してであり、その祈禱時に奉読された祝詞であろう。

史料一六六は年未詳であるが、内容と、宛所が吉井但馬守（良顕、嘉永七年八月没）であることを考えると、嘉永六年ないし七年の史料ではないかと推測される。ただ、差出の鈴鹿氏らが西宮神主の代替りを把握しないまま既に没した但馬守宛としたとすれば、嘉永以降の可能性も捨てきれない。

史料二〇六も内容は未詳であるものの、ペリーやプチャーチンが嘉永六年六～七月にかけて来航していること、広幡・広橋両議奏へ対する御教書・初穂銀などの請取書であること、そして祝部田村伊織が「摂州広田社一社惣代」の肩書きで提出していることから、朝廷から広田社に対する攘夷祈禱指示の御教書であったと考えられる。

これらの祈禱指示はあくまで広田に対してであり、西宮ではない点が興味深い。管轄は三社一体であるとはいえ、二十二社としての役割はやはり広田社として求められているのである。加えて、幕末期の外圧に二十二社制度が機能していることにも留意したい。近世中期以来漸進しつつあった天皇・朝廷権威の浮上と、外圧＝国家的危機という考えとがリンクした結果を端的に示しているのがこれら広田社に対する朝廷からの攘夷祈禱指示と、その執行を示す祝詞などの史料であろう。

【史料】一三九・一六六・二〇六・二七三・二八〇

六　開帳

近世西宮神社開帳に関する史料も数点含まれている。「社用日記」のほうが手続き・定書などが詳細に記されているが、天保度開帳については「社用日記」が現在のところ未発見であるため、その際の定書である**史料一四九**は貴重である。また、**史料二五八・二五九**は開帳の収支が窺える史料であり、かかる記事も「社用日記」にはみられないため、こちらに依拠するしかない。

点数は多いとはいえないものの、かように開帳関係史料が含まれているため、簡単に西宮神社開帳について紹介しておきたい。まず、近世期の開帳は、**表2**に示した通り六回実施されており、いずれも三月上旬（文化度のみ閏二月）～四月にかけての五十日、夷社で行われる居開帳となっている。開帳対象は、「日本一体蛭子御神像」（「社用日記」寛保三年七月七日）であり、これを東殿前、すなわち三連春日造りの本殿のうち向かって右側の第一殿前に出すことが、同社における開帳の核である。なお、享保度には沖夷神像、寛保度には「客人《まろうど》神像」をそれぞれ東殿の前に出している（「社用日記」寛保三年六月十日）。沖夷とは、えびすの荒魂を祀る境外末社である。「客人神像」は、蛭児神を祀る本社東殿に古くより同祭されていたものの、主祭神・相殿神いずれでもなく、まさに客人《まろうど》という存在であったが、蛭児神の真のお姿が不明であるなか、いつの頃からか鯛を抱えて喜色満面のこの像を以て蛭児神（＝えびす）のお姿とされたとの説がある（吉井良秀『西宮夷神研究』同氏発行、一九三五年、一七二頁）。近世開帳の対象となっていたのはこの「客人神像」と沖夷神像であり、享保度には沖夷神像を開帳したが、寛保度ではどちらを開帳すべきか「以御鬮神慮ヲ奉伺」り、鬮の結果を以て「客人神像」を開帳する。いずれも像の形状であったため、仏像と同様開帳という行為が可能で

表2　近世開帳一覧

	開始	終了	期間	間隔	理由	備考
1	享保7年(1722)3月1日	4月21日	50日	—	広田・西宮屋根破損修理	享保6.11.2大坂へ出願
2	寛保4年(1744)3月3日	4月23日	50日	22年	諸所破損・元文5年水難	寛保3.6.19大坂へ出願／いずれとも公儀修理なし／勧化多い※当初25日まで53日開帳にて出願のところ、大坂町奉行所より50日とすべき旨下命により変更。
3	宝暦14年(1764)3月3日	4月23日	50日	20年	諸所破損	宝暦13.7.24大坂へ出願
4	寛政3年(1791)3月3日	4月23日	50日	27年	諸所破損	寛政2.10.18大坂へ出願
5	文化8年(1811)閏2月20日	4月10日	50日	20年	修覆助成	文化7.10.25大坂へ出願
6	天保11年(1840) 3月3日	4月23日	50日	21年	修覆助成	天保10.10.11大坂へ出願

あったと思われる。これら神像の他にも、拝殿に龍明珠、南宮に剣珠、本地堂に宝物、仮殿に境外末社松原天神の神像といったように、社宝類もあわせて展示されている。

開帳手続きについては、尼崎藩支配の時代は神主→藩寺社役人→大坂町奉行所というルートで、最終的には大坂町奉行所の許可を得たうえで行われた。加えて、開帳直前には神主・社家・祝部連印のうえ庄屋・年寄加判の請書を、大庄屋を経て西宮町奉行へ提出する。明和六年（一七六九）上知以後は、西宮に設置された勤番所（大坂町奉行所与力が詰める）→大坂町奉行所というルートでなされた。**史料三―二―三**は寛政二年（一七九〇）十月に、時の神主吉井陸奥守から大坂町奉行所へ提出された開帳執行願いである。

開帳を行う理由は、**史料三―二―三**の願書文言にもある通り、諸所の修復費用捻出であり、その背景には、幕府寺社行政の転換がある。すなわち、元禄期を境として、享保期には幕府は直接的に資金を投入しての造営・修復ではなく、寺社自らが勧化・開帳を行い、それに許可を与えることで造営・修復を可能とする方式へと転換させたとされる。西宮神社についても、寛文期の公儀普請に対して、享保六年（一七二一）に近世初の開帳が執行されていることからも、幕府の方針転換と密接に関連しているといえよう。

享保度以後は二十数年間隔で開帳が実施されており、これにより諸所は大破に及ばざる以前に修復しえたと思われる。すなわち、近世西宮神社の開帳とは、三社本殿を中心とする諸所の本格的修復を行う費用を捻出するために実施されたのであり、神社側の思惑と幕府寺社行政とが交錯するなかで、神社側によって選択された手段であったといえよう。

開帳に際しては、定書類が出される。**史料一四六・一四九**がそれである。これは神主・社家・祝部・願人の開帳中諸役と役料を定めたものである。一条目では神事の厳修が規定されており、開帳中においても神職らの第一の役儀は神事のつつがなき執行であった。また、二条目では神主以外の者が輪番で終夜拝殿に詰めるとされている。三条目では守護場所が定められており、拝殿詰め以外の者も境内諸所に配置され、他出は禁止となる。五条目では境内見世への立寄りも禁じられている。四条目からは、期間中の諸所散銭・初尾・寄進金穀・夷像札代などすべてが一旦神納されることがわかる。そして、複数の箇条で「内縁」「私欲」を禁じる文言が確認できるように、これが定書全体に通底する論理であったといえる。

神子については**史料一五八**のように「神楽所之定」として別の規定が適用される。一条目では、神子の役たる神楽の厳修が要請されている。それと対になるのが四条目であり、その対価である神楽料は神子の得分となる。また、初穂・寄進の金穀を神楽料に混同して受納することは禁止されている。これは、神子の私欲という問題のみならず、参詣者にとって斯様な神社内部の事情は知る由もなく、かつ混雑している状況下、神楽所・神子に初穂を渡すなどの行為が行われる結果、神楽料との弁別が困難となる状況があったと想定される。この神楽料について、六条目では修理のための開帳ゆえ過分の場合は神納すべきとある。ただし、心持ち次第ともあり、あくまで神子の判断による。さらに、五条目では食事は自ら用意すべしとある。関屋にて賄いが出る神主以下とは異なる点であり、それは神楽料受納が根拠となっている。

このように、開帳中の神子は、禁止事項通達がなされるという点において神主の支配をうけているが、そのいっぽうで神楽奉納という固有の役を担い、対価として神楽料受納が認められ、神納を強制されない。この点で、神子が固有の集団を形成しているという評価が可能ではないだろうか。

また開帳は、当然多くの参詣者（による散銭などの収入）を見込んで行われるが、寛政度開帳の際の諸払いをまとめた**史料二五八**によれば、神社側の経費も莫大なもので、出願時の小遣い・日用賃や、出願先への音物、諸所への開帳告知の立て札設置のための人足賃や関係各所への祝儀などに始まり、開帳中は社中一同へは関屋において賄いを出すため、醤油・味噌・砂糖・蕎麦などの食品類、夜番が詰めるためか貸布団賃、その他茶瓶・茶碗・行燈・硯・筆・傘・葦簀《よしず》・箒などの備品類の代金が計上されている。また、「御神像懸物」や剣珠用袱紗、襖張替賃・紅紙金銀紙代などは神像・宝物などを荘厳するためと考えられる。興味深いのは髪結賃の存在で、神像・宝物のみならず、社中の人々自身も「荘厳」、すなわち参詣者・祈願依頼者などの多数の目があるなか、神に奉仕する者として相応しいように身だしなみを整えておくためではなかったろうか。

娯楽の少ない時代、二十数年に一度という境内の非日常的空間を楽しみに参詣する者の存在も想定され、その賑わいをもたらした要因が境内見世である。諸商人へ境内地を貸し、諸商売・諸芸能が行われるが、参詣者はこれらを目的のひとつに、また、諸商人は多数の参詣者を見込んで出店するという相乗効果によりさらに参詣者が増加するという構図となる。また、神社にとっても地代銀収入となる。

本書ではその性格上神社関係史料のみからの視点に終始したが、開帳は氏子は勿論、寄進者・参詣者を含めると、神社を核とし、信仰を媒介として広域的な諸関係が形成されていたことを読み解く手がかりとなると考えられる。その点においてまた別の視点からの分析も求められよう（松本和明「享保期における広田社遷宮と西宮社開帳」（『西宮神社御社用日記』第三巻、清文堂出版、二〇一五年）、同「近世西宮社における開帳と社中構造―寛保四年開帳を中心に―」（『人文論究』六五―二、二〇一五年））。

【史料】一四六・一四九・一五八・二五八・二五九・三二三

七　配下

諸国配下関係史料については、在地における争論と江戸支配所関係の二つに大別できるだろう。在地における争論については、**史料二四四・二四六・二四八**の、寛政五年（一七九三）末から翌年にかけての、陸奥国安達郡片平村（現福島県郡山市）の触頭である千木崎近江正の我意一件と、**史料一三〇**の信濃国持田市之進身許調一件（近世後期、居村は安曇郡細萱村（現長野県安曇野市））がある。

まず、千木崎に関する一件であるが、触下の蛭児社神職が京都吉田家へ継目願いと装束等の免許を得るにあたり、それを取り次がなかったことから問題となっている。**史料二四四**は大槻村（現福島県郡山市）蛭児社神主である谷田部長門守より西宮本社宛の訴えであるが、彼の場合、領主・西宮本社の添簡を揃え、上京のうえ吉田家へ金銭などを納めたにもかかわらず、触頭千木崎が取次をしないばかりか、願書類への印形をも拒否するなど、妨害を繰り返される。須賀川の大宮司三嶋木紀伊守を経由して吉田家へ問い合わせたところ、触頭の印形がなくとも願書提出に問題はないとの回答を得、三嶋木の奥印を以て願書を提出し、受理された。ところが、この旨を領主役所へ届ける際にも千木崎は拒否する。彼の主張は「其元神主号之儀ハ筋違を以頂戴仕候ニ付、吉田表江相伺、其上御役所江御届可申上候間、一先差扣候様」などというものであった。

なぜかように千木崎が印形を渋るのか、谷田部は「元来此儀ハ須賀川三嶋木氏惣注連頭御役被蒙仰候義を相憎、横合成義を以事大変ニ仕」るというように、感情的な縺れが原因ではないかとみている。また、「注連頭」とあることから、ここでは須賀川近隣における吉田家配下の神職組織の問題であるいっぽうで、谷田部・千木崎いずれも西宮本社配下神職でもあるという状況にあったことが看取される。さらに、谷田部の言い分は「御領主様御役所御添簡を以継目等仕候社家之儀候」というものであったこともわかる。

千木崎の問題はこれだけではなかった、**史料二四六**にはえびす像札賦与の檀那場に関する一件が記されている。二本松領安達郡福原村（現福島県郡山市）の蛭児社神職である小林弾正から西宮本社へ提出された、千木崎の役儀罷免願いであるが、彼の主張によれば、千木崎は小林の親類であり、安達郡本宮村（現福島県本宮市）蛭児社神職であった瀧田多善なる人物の出奔後、その檀那場を兼帯する。ところが、千木崎は「絵像札等も碌々不相配」という状況であったため、檀家が帰服しなくなったうえ、手に余る場所を玉井村（現福島県大玉村）の同職である伊東左門へ七十年季などという永代譲渡しにも等しい条件で譲渡するなどしているという。さらに、小林の檀那場のうち二ヵ村を奪ったままであり、西宮本社へ訴え、寛政五年三月には小林へ返すようにとの「御直印之御書」を頂戴したにもかかわらず、千木崎は一向に承知しないとする。領主役所に訴えたものの解決せず、このままでは千木崎の「我意」に振り回され「同職之混雑相止不申」という理由を以て触頭の罷免を西宮本社へ要求することとなる。ここでは、「御社法之義ニ候間、於役所も吟味難成筋も在之、早速ニハ相分り申間敷」という文言に注意したい。領主役所へ訴えたものの、この件は「社法」に属する問題であるため、同役所での判断は難しいのではないか、という小林の見方である。幕府・領主は「寺法」「社法」出入には原則介入しないという立場を貫くが、末端の神職ともいうべき小林にまでかかる点は理解されていたのではないか。また、千木崎の役儀罷免を求めるという論理も、かかる原則のもとで、西宮本社の触頭任免権に依拠せんとするものであったといえよう。

なお、寛政六年三月にこれらを含め、かつ谷田部・小林以外に問題の当事者であった折橋大和正・伊東左門の四名連印を以て、千木崎の一連の問題点を指弾し、その解決を求めて西宮本社へ訴えたものが**史料二四八**である。また、**史料一六五**は江戸神田大和町鈴木左一なる人物より社役人辻兵治宛書状であるが、千木崎近江正のことが記されていることから、この関係文書と想定される。干支は「寅」であることから、寛政六年二月の書状ではないだろうか。

三嶋木については、**史料三八四**にも登場する。彼が入用のため用立ててもらった四百三十両の為替の届け先を江戸白河藩邸に指定していたところ、白河家中の片岡右馬丞なる物頭役が押収してしまったというのである。為替を白河藩邸とした理由は、三嶋木は片岡と「入魂」であるからとする。今回は問題となってしまったものの、物頭クラスの藩士と、大金の為替を預ける・預かることができるという関係を取り結んでいた点は、神職としての三嶋木の位置づけを考えるうえで興味深い。

史料一三〇の信濃国持田市之進身許調一件については、差出・宛所とも未詳であるが、内容から、江戸支配所役人から西宮本社（神主ないしは辻）宛の史料と想定されるが、本一件については志村洋氏の論考で分析が行われている（志村洋「近世後期信州の西宮えびす社人について」〔『関西学院史学』三九、二〇一二年〕）。氏の論考から簡単にまとめるとつぎの通りとなる。まず、彼は安曇郡細萱村の持田市之進、「地方名前」を周蔵といい、少なくとも宝暦期頃よりえびす社人として認められていた。文政九年（一八二六）八月、市之進の留守中に女房へ対して長百姓善左衛門が「西宮神職穢多之手下」などと種々の悪口を申し、穢多との関係を断つためとして一両一分を取り立てて穢多へ渡した。善左衛門方には二十人余の百姓が与していたようである。帰宅した市之進は触頭を介して「拙者」（おそらく江戸支配所役人）へ西宮職分が賤しき筋かどうかを問い合せ、由緒ある職分であるという回答を得たうえで、翌年正月には村役人を経て大庄屋にまで願書を提出する。この訴えはなかなか聞き入れてもらえず、信濃国下諏訪町の触頭小山相模よりこの旨が江戸支配所へ報告されると、同支配所は二度にわたり領主松本藩へ不当の旨を訴える。しかし、この訴えに対する沙汰もなく、西宮神職は卑職であるという言説がこのまま流布することを恐れた江戸支配所は、西宮本社の了解を得て幕府へ訴えることとなる。

志村氏はここで疑問を提示している。それは、市之進家が宝暦期頃からえびす社人を勤めているにもかかわらず、それから半世紀も後の文政期になぜ問題化したのか、という点である。これについては、一ヵ条目冒頭の一文から、穢多との金銭貸借があったこと、また、五ヵ条目冒頭あたりに「市之進之居村飯田靱負と申吉田家鎮守之社人、此者抔西宮家ヲ至テ賤シめ」とある点に注目し、周縁的な神職身分の取込みという十九世紀段階の吉田家の施策に伴い、新規に宮持神主としての地位を公認されていくえびす社人のような者を既存の専業神職らが賤視するようになったことが原因と見做している。

この一件は、幕府による宗教者統制の面において、本所による配下統制は有効であったが、本所の権限の伸長が村内において別の本所に連なる末端宗教者排除へ向かうという、複雑な側面もあったことを窺わせる。さらには一家内でえびす・陰陽師・諏訪大祝被官として活動するなど、職分をめぐり様々な構図で問題が生起していたといえよう。

つぎに、江戸支配所関係史料については**史料二四〇**の一連の史料が該当する。①江戸支配役人宗田越前退役、田波紀伊守跡役推薦関係（**史料二四〇―1・2・6・7・8**）、②幕府からの諸国本寺・本社江戸出張旅宿への神前・仏壇設置禁令とその対応（史料二四〇―3・5・7）、③仙台役金の件（史料二四〇―4・7）、に大別できる。年代は、宗田越前が支配所役人である時期（宝暦八年〔一七五八〕～安永七年〔一七七八〕頃）と、史料二四〇―5の差出は吉井陸奥守（神主在職明和六年〔一七六九〕～享和元年〔一八〇一〕頃）であること、そして宗田越前が退役する頃であることから、安永期のものと想定される。

①については、六月十九日に宗田越前より本社社家東向斎宮・本社社役人辻兵部（兵治の誤記と思われる）宛に老年を理由に養子を決めたうえで退役を考えている旨の書状が出されている（史料二四〇―1）。また、本社御役所宛にも書状を出しているが、そこでは後任に推す田波紀伊守なる人物について記されている。すなわち、「戸田大炊頭様御領地栃木宿」にて「元来御支配下之者ニ而、蛭児之御社ニ所持仕《(カ)》、毎年日光山江勅使御通向之節ハ御宿茂仕来候者」で、四十余歳であるという（史料二四〇―8）。さらに、同日付で正木伊勢守なる人物からも、東向・辻宛に後任に田波紀伊守を推す旨の書状が出されている（史料二四〇―2）。正木伊勢は、文政期～天保期にかけて支配所役人を勤めていることが確認されるが、その者と同一人物か否かは未詳である。

これらの申し出に対し、東向らは八月十八日に宗田・正木それぞれへ返書を下している（史料二四〇―6・7）。宗田宛書状からは、「紀伊守儀元来御支配下之神職ニ而蛭児御社奉仕之由、いかゝ之訳ニ而年来奉仕之社を捨、江戸へ罷出候哉」「勅許無之候而紀伊守与申候受領有之候事毛頭無之儀、若吉田家ニ而裁許状を願受候呼名与受領之心得違ニ而も有間敷事ニ御座候哉、社役人国名唱候事訳も有之候得者、已来者紛敷事無之様得と御勘弁被成候」などと東向らが慎重を期していることが窺える。それは、「先年大膳幷中務儀貴様より御願被成候得共、両人共不埒ニ而長御役茂不被勤候」とあるように、以前に宗田推薦の者を任命したものの、不埒にてすぐに罷免となったという苦い経験があったためであろう。ゆえに、「此節之儀能々其人柄御見立候而」という理由を以て今回の願書は返却されている。たとえば、不埒の事例として示されている大膳とは、宗田大膳のことで、在所は小田原、宗田越前の養子となり安永七年（一七七八）正月に支配所役人となるものの、翌年十二月には病気不縁にて退役となる人物である。

これらの史料から、江戸支配所役人の後任人事については、当役の推挙を基本とするものの、本社へ照会し、その者が適当と判断されなければ流れてしまうということもあったことがわかる。

つぎに、②については、幕府よりの禁令布達への対応について、まず宗田は東向・辻宛に書状にて確認している。それによれば、奉納物・石燈籠・手水石の処分が問題であったようで、宗田は本社へ引き取るか（但し多額の費用がかかると想定）、江戸にて売り払うか、いずれにすべきか指示を仰いでいる（**史料二四〇—3**）。支配所は江戸町方の借家に置かれることが常であるが、神前のみならず、石燈籠や手水石が設置されていたということであろうか。それに対しては、神主が直々に安国・十文字屋といった江戸商人と思われる者へ、取り払いについての善処を依頼している（**史料二四〇—5**）。「此儀兼て御世話被成被下候儀」とあることから、本社や支配所で設置したものではなく、彼ら江戸商人（西宮太々講中と考えられる）からの寄進であったことが窺える。なお、十文字屋などはその屋号から西宮を出自とする商人であろう。

③については、まず**史料二四〇—4**を紹介する。この史料は、八月三日の日付のみで差出・宛所とも記されていないが、**史料二四〇—7**の八月十八日付東向・辻より宗田越前宛書状の「別啓」部分にて仙台社納金のことが記されていることから、宗田より東向らへ宛てたものと考えられる。そして、七月に仙台触頭である菊田主膳方から江戸支配所へ送られた社納金が金二分であったことが問題となっている。仙台の銭相場が一分＝四貫八百文であったためであるというのが菊田の言い分のようであるが、一両はおよそ四貫文というのが一般的な相場であるとすれば、本来納めるべきは二両強であったと考えられ、東向らも「誠ニ左様之相場可有之とも不被存候、御本社御支配所かろしめ致嘲

哢候様ニ存候、壁（譬カ）土ニテ作り候とも左様之相場者有之間敷候、余り成事」と、強い疑念を示している（**史料二四〇―7**）。なお、仙台藩の規制によるものか、同城下においては毎年十二月の定日に芭蕉辻にて触頭らが御神影札を賦与することとなっており、特異な地域といえる。

また、配札ではないが、**史料二六二**には天保～弘化期における仙台登米町福島屋らへの祈禱札送付と、神主による塩引鮭・初穂請取書が多くみられ、「例年之通」「不相替被献御信心」などと神主が記していることから、恒例のことであったと考えられ、仙台におけるえびす信仰について、西宮本社との直接的な結びつきを窺わせる。

それ以外には、**史料二六五・二六七～二七〇**など、江戸支配所役人吉角左京と本社との間での書状がある。**史料二六八**によれば、この時は「御代被為替未夕御免許状御改無御座候ニ付、右御改継目御許容被成下、御許状相渡シ候様仕度」きことについてのやりとりが中心である。弘化三年（一八四六）の史料と考えられることから、天保十年（一八三九）に口宣案を受領した、五十代神主吉井但馬守良顕による新免許状の発給を願ったものであろう。また、**史料二六七と二七〇**は対となっている。弘化三年六月には、安房・上総・相模の配下については故障なきため免許状二十枚を下してほしいと吉角が要請するものの（**史料二六七**）、本社祝部・社役人の返書は、「夫々何之たれ殿領分何国何郡何村之配下何之たれ与申事相分り不申、就者認候事難出来」く、調査をしてほしい、というものであった（**史料二七〇**）。吉角の依頼は拙速に過ぎたといえよう。なお、**史料二六八**では本船町の真宜九郎右衛門がやりとりの仲介をしている点は興味深い。吉田伸之氏の研究によると、彼は西宮九郎右衛門と名乗る、西宮出身の江戸日本橋本船町魚問屋で、身代の大きさを示す板舟の所持数が最も多い有力問屋であるという（吉田伸之「肴納屋と板舟」〔『巨大城下町江戸の分節構造』山川出版社、一九九九年、初出は一九九二年〕）。**史料三一八・三一九**から、江戸神楽講に加入していることもわかる。出身地の氏神である西宮神社を累代崇敬し、密接な関係を持っていたが、かように本所の江戸出張役所の維持運営に、江戸の有力商人たちが関与していた可能性を窺わせる史料であるといえる。

【史料】一三〇・一四四・一六五・二四〇・二四四・二四六・二四八・二六二・二六三・二六七・二六八・二六九・二七〇・三三三・三四七・三四八・三八三―1・三八四

八　大坂・近国の似せ札

近世期の西宮神社を特徴づけ、さらには中世期までの傀儡師にかわってえびす信仰を全国へひろめる役割を果たしていたのが、木版刷りの御神影札《おみえふだ》（写真4）と呼ばれる、えびす像札とその頒布である。史料にも頻出しているが、寛文三年（一六六三）の四代将軍徳川家綱による社殿造営時に、修理料に充当する目的のもと、諸国にて御神影札を頒布するえびす願人（のちには社人も）を支配し、彼らから役銭を取得する権限を幕府から与えられていた。西宮神社は、えびす願人・社人の本所として位置づけられたといえる。

えびす神は、現在のような都市部での商売繁盛のご利益のみならず、漁村では海の神・漁業の神として、また農村では五穀豊穣をもたらす神としてひろく信仰されており、御神影札の需要も高かったことに加え、簡単に刷れるため、西宮神社や同社から免許状をうけた正規のえびす願人以外の者や他社が配る似せ札が出まわっており、その対応にも苦慮することとなる。**史料三四二**からは、既に元禄期頃には大坂今宮・堀川夷、堺夷嶋などの頒布差し止めを大坂町奉行所へ願い、受理されたこと、また、宝暦～明和期には大坂三郷での「紛敷像札」頒布差し止め触を大坂町奉行所へ願っていることなどが窺える。大坂などの事例が多い理由としては、西宮神社が直接管掌していた地域であり、かつ巨大都市であり需要が大きかったためと考えられる。

その大坂三郷における「紛敷像札」頒布差し止め願いについては、宝暦期が最初であったようで、**史料三三一**がそれである。宝暦十年（一七六〇）九月に神主と社役人久世主水が連名のうえ、久世が大坂町奉行所へ提出した願書である。前半部分は前述の如き御神影札頒布の由緒であるが、後半部分では願意が記されている。すなわち、京都市中ではすでに享保十三年（一七二八）には御触（京都町奉行ヵ）のうえで、毎年町中の宿老中へ御神影札を納入していたが（おそらく宿老から町中へ頒布されるという仕組みがすでに出来ていた）、大坂は「家敷広大」であるため毎年正月十日に日本橋・心斎橋などの橋々にて頒布するのみであった。そこで今後は大坂においても町々へ御神影札を納入したい（すなわち京都での仕組みと同様に行いたい）。これは「今般始之儀」であるため、従来は素性の知れない者どもが西宮を名乗って頒布していたかもしれず、彼らと「紛敷存候」町々もあるかもしれない。そこで西宮から直参のうえ頒布を開始する旨の御触を流してもらいたい、というものである。従来、大坂三郷への頒布は橋々での相対売りのみであり、京都のように市中全域に頒布も可能な仕組みが出来ていなかったこと、また、それを行ううえでは西宮を勝手に名乗って頒布しているような者どもの存在を仮定し、権力による排除を依頼することから始めねばならなかったのである。その論拠は前半に記された御神影札頒布の由緒であることはいうまでもない。なお、この出願は受理され、翌宝暦十一年五月五日に町触が流されたようである（『大阪市史』触二四〇〇、本文は記載

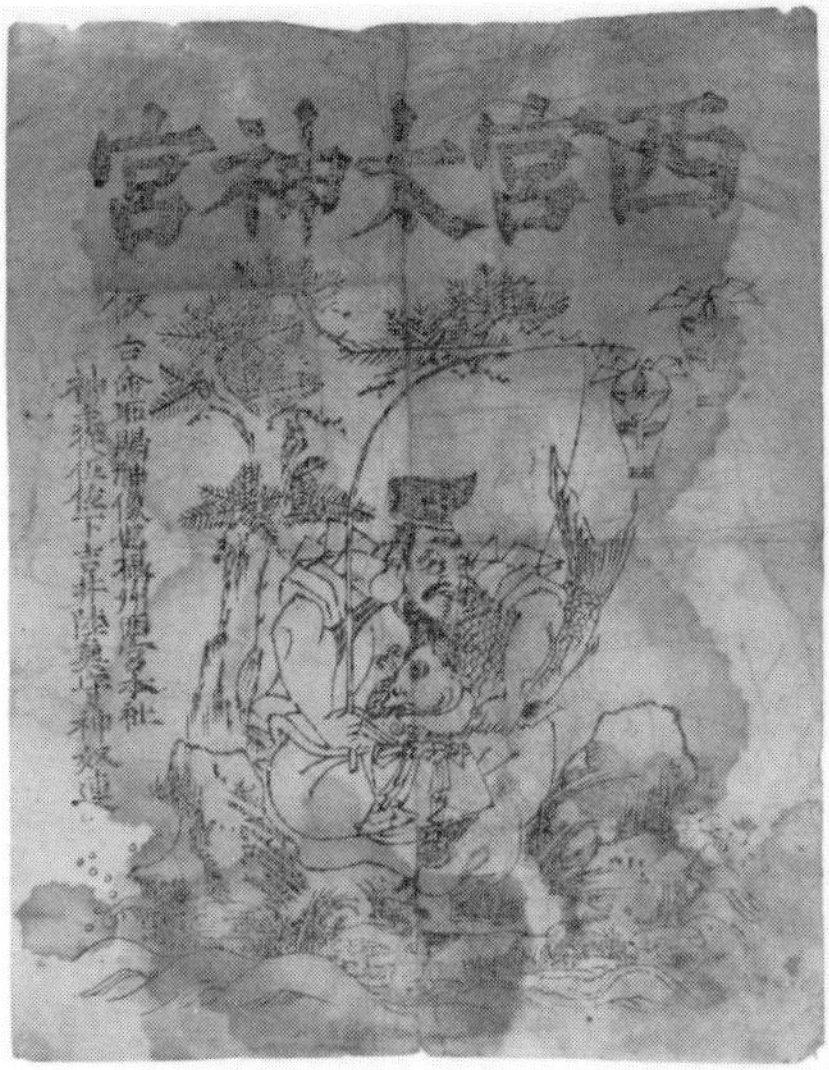

写真４　近世期の御神影札（西宮神社所蔵）

なし）。

ところが、やはり似せ札問題は一掃できなかったようで、以降安政四年まで五度の「願触」（問題の当事者から規制を要請し、それを受けて奉行所が布達する触）が確認できる（『大阪市史』触二六二三〔明和四年十二月二十四日〕・触三五六五〔寛政二年三月二十五日〕・触四一三二〔文化五年十一月八日〕・触四三二六〔文化十一年十一月〕・触六一二七〔安政四年九月十一日〕）。例えば、最後の安政度の触はつぎのようなものであった。

一、摂州西之宮恵美須像札之儀、当地者勿論諸国江弘来候処、紛敷者徘徊いたし、似寄候像札を拵、就中毎年正月十日西宮与相唱、売弘候者有之由ニ付、不正之像札世上江流布いたし候而者、神威薄く相成候旨、右神主願出候間、向後信心之者者西宮正像札可請之、若紛敷像札売弘候者ハ、吟味之上急度可令沙汰旨等、先年より度々触置候処、又候近年紛敷者徘徊いたし、大晦日之夜若恵美酒与号、像札相弘、又者年中西宮大神宮初穂抔与申、相廻候者有之趣相聞、差障ニ相成候由、西宮よりハ毎年正月ハ町々会所より像札相弘、五月・九月ハ町々会所より通達之上、右社役人巡行いたし、神像札相弘来候処、右通達洩候町々も有之候ニ付、仕来之趣致承知、右正像札受候様致し度旨、今般神主吉井陸奥願出候間、前々より触渡置候通相心得、信心之輩ハ西宮社正像札可請之候、此後紛敷像札売弘候者有之ハ、吟味之上、急度可令沙汰候

右之趣三郷町中可触知者也

巳九月　　伊豆（東町奉行・戸田氏栄）

佐渡（西町奉行・久須美祐雋）

この触からは、西宮神社側が「似寄候像」「不正之像札」などと指弾する頒布の実態や、大坂市中での頒布活動のあり方が垣間見える。まず、大晦日の夜に「若恵美酒」と称して、あるいは時期を限らず「西宮大神宮初穂」などと称

して頒布のため徘徊する者らがいたようである。それらに対して西宮神社から「正像札」を頒布する場合は、正月は町々会所から、五月・九月は町々会所から通達のうえで西宮神社の社役人が巡行して頒布する、ということになっていたようである。

直接には似せ札頒布を規制する触であるが、「信心之者共者弥西宮正像札可請之候」との文言や、大坂三郷町中へ布達されたこと、さらに度々規制されている事実をあわせ考えると、頒布する者たちだけの問題ではなく、似せ札であると知ろうが知るまいが、えびす像札というだけで購入する者たちが広く存在していたことにも留意すべきであろう。なお、大坂三郷を頒布のため巡行するとされている社役人とは、西宮神社から出張する者の可能性もあるが、**史料三一一・三三一**などにみえるような久世姓を名乗る人物ではなかったかと考えらえる。**史料三三一**では「西宮社役人」を称してはいるが、**史料三一一**では役銭を徴収し、西宮神社側へ納める側の者であると読みとれる。ここから、大坂を統括する組頭的存在ではなかったかと想定しているが、今後の課題である。「社用日記」内容などから追究する必要がある人物である。

かような似せ札頒布の横行は大坂に限らない。**史料一五〇**は天明五年（一七八五）の播磨国、**史料一四三**は万延元年（一八六〇）の若狭・阿波・淡路の各国における似せ札に関する願書である。まず**史料一五〇**から確認すると、播磨国においては、修理料も納めないままに「村々之番人共猥ニ神像ヲ拵相賦」っていることが問題で、そのため西宮神社から派遣した社役人のほうが「紛敷もの」と見做されているとする。また、かかる者どもは数多おり、それらを一々摘発していては諸事において難儀となるため、御触の布達を大坂町奉行所へ願うことで解決を図ろうとするものである。大坂町奉行所へ出願したのは、播磨国が大坂町奉行所支配国であり、同奉行所が触（郡触）を流すなどの権限を有していたためである。また、ここでは一々の摘発が難儀であるという点もかかわっていよう。すなわち、似せ札頒布者の居村とその支配領主を特定し、それぞれの領主ごとに個別に対応を願うこともまた難儀であり、大坂町奉行所へ願うほうが、播磨国一円に触が行き届くわけであり、この点も、効果の程を考えつつ出願先を選択するという、西宮神社のしたたかな姿勢として評価できるのではないだろうか。ただ、この方法ではあくまで触というかたちでしか対応できず、私領内の似せ札頒布者個々人を摘発するということは不可能であるという点に限界があったのではないだろうか。

つぎに**史料一四三**をみると、若狭・阿波・淡路の各国について、やはり以前から「紛敷もの」が「似寄之神像札」を頒布しており、西宮神社側からの頒布の妨げとなっていることが問題視されている。その解決のため江戸表への出願を行うべきところではあるが、出府の路用に難渋することを理由に奉行所へ「三ヶ国江御声遣り」を願っている。状況から考えて、この奉行所も大坂町奉行所のことと考えられるが、さきの播磨国と異なり同奉行所はこの三ヵ国へ直接触を流す権限はない。そこで、「御声遣り」というかたちでの通達を願ったのであろう。この事例も、出府路用の節約という目的を達するため、さらには支配国か否かを承知したうえでの出願という、西宮神社のしたたかな側面が読みとれる。

【史料】一四三・一五〇・三一一・三三一・三四二

九　名古屋支配所

近世西宮神社による東国願人支配については、享保八年（一七二三）二月に開設された江戸支配所を介して行われていた。その実態は近年志村洋氏により明らかにされている（志村洋「西宮神社の江戸支配所について」（『人文論究』六十五

一四、二〇一六年など）。それに対して西宮神社名古屋支配所は、尾張藩という一個別領主城下町に設置されたわけであるが、かかる一個別領主領内への出張役所設置の事例は、管見の限り西宮神社はもとより、他の本所についてもみられない。この点からも、幕府宗教行政と勧進宗教者的存在の統制・把握についての議論にも寄与する史料と考えられる。本書所収史料は大きくわけて、①名古屋支配所の役割と変遷、②支配所役人・配下をめぐる争論、である。そのため、それぞれについて「社用日記」記事で補完しつつ紹介したい。なお、これらを含めた名古屋支配所の詳細については、松本和明「近世西宮神社の名古屋支配所について」（『神道宗教』二四七、二〇一七年）を参照されたい。

1　名古屋支配所の役割と変遷

名古屋支配所設置時期は**表3**に示した通り元文四年（一七三九）末から寛延二年（一七四九）冬までの十年間である。設置理由については「社用日記」につぎのように記されている。

> 廿日ニ亦被召出、尾州御領分不残御国触被下候、尤似申候者廻り候事も難斗候へハ、割判可指出候、此方より在々庄屋共へも一枚御渡被成候間、代官之者共茂其割判ヲ以可為相廻旨御申渡、将亦名こや・岐阜・犬山三ヶ所ハ本社より直ニ賦与可然候、代官ハ無用之由被仰付候、且亦樹（甚）目寺・大須寺・笠寺正月十七日八日直ニ賦与可仕候、外ニ広小路神明社内之義茂此度新規ニ場所御渡シ被下候、猶其外ニ茂可然場所有之候ハ丶、可申出候、御領分ニ而西宮代官職申付候ハ丶、別帳ニ相記可指出候、百姓町人たり共寺社支配ニ被成候、要人義勿論万端共ニ寺社方へ可相伺候、名こや之内ニ少キ支配所相構可申候、尤随分軽ク可仕候、乍然神前ハ支度可仕候、代官職之者随分入念能々公儀御定法相守、御国風共ニ不相背様可申渡候、只今迄賦与仕候陰陽師・修験等ハ堅ク御停止被仰付候（下略）（「社用日記」元文四年十二月二十五日）

元文四年（一七三九）十二月二十日、尾張藩はえびす像札賦与についての触を藩領全域に布達したうえ、西宮神社側へ対してはつぎのような指示を下した。すなわち、①「似申候者」廻村への対処として庄屋たちへ割判を渡すので、「代官」も割判を以て廻村すべきこと、②名古屋・岐阜・犬山は西宮本社が直接賦与し、「代官」は無用、③甚目寺・大須寺・笠寺では正月十七・十八日に直接賦与すること。新規に広小路神明社での賦与も認める。これら以外に適当な場所があれば申し出ること、④藩領にて「西宮代官職」を申しつけたならば、別帳に記して提出すること。百姓町人であっても寺社方支配となる。蓑和田要人は万事寺社方へ伺うべきこと、⑤名古屋のうちに小規模な支配所を構えること。ただし神前は拵えること、⑥「代官」へは公儀御定法・御国風（尾張藩の法令・風儀ヵ）に背かないように申し渡せ、⑦陰陽師・修験などによるえびす像札賦与は厳重に禁止、という内容である。史料中「代官」とは「西宮代官職」ともあることから、えびす願人のことである。そして、蓑和田要人が名古屋支配所役人に就任する人物である。

尾張藩触は藩から上意下達で布達されたわけではなく、直前に「十八日八ツ時より寺社御奉行処中西甚五兵衛殿へ被召寄、願之通被仰付候段御申渡有之、樹目寺《（甚）》其外下賤之筋取扱候者へハ此方より停止申付候、猶追々何角可被仰付由、首尾能相済」（「社用日記」元文四年十二月二十四日）との記述がみえることから、蓑和田から正規のえびす願人ではない「下賤之筋取扱候者」らによる賦与差し止めを藩へ願い、願いの通り認められたという、「願触」のような形式であったようである。加えて藩は蓑和田に対して「急々支配所借候様ニ」と指示を下したため、蓑和田は十二月二十九日に本町七丁目に小家を借り、つぎのような掛札を掲げた。

　　　　　摂州西宮本社吉井左京亮役人
　　御免西宮支配所
　　　　　　　　　蓑和田要人

この日を以て名古屋支配所・支配所役人が設置されたが、それは尾張藩の領内支配・領内えびす願人支配の一環で

表３　名古屋支配所・尾張触頭一覧

名前	期間	支配所所在地・居所	出典
蓑和田要人茂広（罷免）	元文4(1739).12	本町七丁目(小家借り)	元文5・神社25
大沢兵部（死去）	寛保2(1742).12～寛延2(1749).冬	上門前町	神社25・326・寛延2江戸
堀田右内・飯田丹宮	寛延3(1750).2～？	「以来ハ支配所社役人ヲ不相立、諸国並ニ触頭ニ而仕廻候様ニ致度」	寛延2江戸
堀田右内	宝暦3(1753).4.11		宝暦3
飯田多宮（死去）	？～宝暦12(1762).3		宝暦12
山本左膳	明和6(1769).11.8		明和6
鳥居内匠（死去）	天明元(1781).5～天明4(1784).5	若宮浦	応対記録・天明4
田辺刑部	天明6(1786).正	日置村ヵ(本書238)	天明6江戸
田辺永馬	？～享和2(1802).10		享和2
田辺周蔵（永馬悴）	享和2(1802).10～？		享和2
服部伊織	文化6(1809).12.25～文政12(1829).12	萱屋町(本書238)	文化6・神社21
落合左次馬（病気退役）	文政12(1829).12～天保13(1842).7.23	尾州名古屋東瓦町長栄寺門前筋法花寺町西へ入南側	神社21・35・本吉井4
落合銀治（左次馬）高道(前左次馬悴)	天保13(1842).7.23～嘉永2(1849).5(以後も)		神社35・本吉井4
落合鍋三郎	？～嘉永7(1854).1	東瓦町長栄寺門前筋	嘉永7江戸
鵜飼主水	？～明治2(1869).2		明治2
梶浦数馬	明治2(1869).2～明治3(1870).10	前津村（本書238）	明治2

支配所役人は寛延２年冬の大沢兵部死去を最後とす。

【出典】元号・年のみは「社用日記」、江戸は江戸日記、応対記録は「諸国支配下応対記録」(社用日記の一部)、神社は西宮神社所蔵文書、本吉井は西宮神社本吉井家文書をそれぞれ示す。

もあり、藩の意向に沿うかたちのものであった。

ゆえに、尾張藩の意向を蓑和田を通じて受取った西宮本社は、蓑和田への返書を送るに際してつぎのように記している。

尾府ニ役所支配人住居、此願之通ニ致シ□（虫損）而茂物入耳多ク罷成、却而後々社頭之為ニ成可申筋無之候へハ、触頭ニ何角申付、此方より役人住居之義、何卒無用ニ存候、それ共致かゝり候事急ニ違変も難成候□（虫損）、当分ニ存候ハ各別、先々一応も二応も相考候様ニと申遣シ候事（「社用日記」元文五年正月二十六日）

名古屋市中に支配所役人を住まわせるのは「物入耳多ク罷成、却而後々社頭之為ニ成可申筋無之」きため、触頭に諸事申し付けたほうがよく、無用との認識を示している。しかし、藩の意向もあり借宅も済んだ現状で急に辞めることもできないため、しばらくはこのままでよいが、今後一応も二応も考えるべき、というように、事情を考慮して当面は認めるが、神社側としては名古屋支配所設置には消極的な考えを持っていた。ここに十年という短期間で廃止される理由があったといえる。

このように、神社側が消極的姿勢をとるにもかかわらず、尾張藩の意図通り設置された名古屋支配所であったが、その性格や果たした役割を確認できる史料を紹介したい。まず、**史料二三七**は支配所設置の翌年二月に、支配所役人蓑和田要人から配下へ布達された定書である。触頭中宛であるが、内容は一般の配下願人に向けたもので、触頭を通して配下へ布達されたものと考えられる。ここから、尾張のえびす願人が名古屋支配所─触頭─配下という関係に編制されていたこと、そして蓑和田は独自に配下へ対して定書を布達する権限を有していたこと、などが指摘できる。

また、**史料二二一**はその蓑和田要人の来歴を窺わせる史料である。元文五年（一七四〇）四月、蓑和田要人より藩寺社奉行所へ提出した一札であるが、蓑和田は海東郡百嶋村（現愛知県津島市）厳龍寺（禅宗）檀那であり、先祖の菩提所は下野国都賀郡鍋山村（現栃木県栃木市）西方寺（禅宗）檀那であるという。また、下男・下女を雇用していた可能性もある。すなわち、蓑和田の墳墓の地は下野国都賀郡であり、その後尾張国海東郡百嶋村へ住み、召使いを雇用するような身代であったが、名古屋支配所設置にあたり同城下へ出てきて支配所役人として勤めていたことがわかる。

その後の変遷は**表3**を参照いただきたいが、まず、寛保二年（一七四二）十二月には蓑和田要人は罷免され、後任として大沢兵部が就任している。彼の居所は城下上門前町とあることから、蓑和田時代の本町七丁目から移転したこと、また、名古屋支配所とは、定まった施設があるというわけではなく、役人の居所＝支配所という、江戸支配所と同じ有り方であったと考えてよいだろう。この大沢兵部は七年後の寛延二年（一七四九）冬に死去するが、その際に支配所は廃止される。本社神主より尾張藩寺社役所宛の申請書にはその理由がつぎのように記されている（「社用江戸日記」寛延三年二月十五日）。すなわち、①大沢兵部の跡目として任命すべき適当な者がいないこと、②藩へ請証文を提出する以上、蓑和田のような私欲者を任命してしまうと本社の責任となる、という点を問題視し、③以後は支配所を設置せず触頭に管轄させたい、というものであった。この申請が受理されたようで、名古屋支配所は廃止となった。理由を縷々述べてはいるが、そもそも、神社側が支配所設置に消極的であったこととも相俟って、短期間で廃止されたといえよう。

支配所廃止後は、寛延三年二月に神主吉井良行より尾張藩寺社役人中宛の書状で堀田右内・飯田丹宮（飯田多宮のことと思われる）を触頭に任命したことが報告されているが、その理由は「古老之者」であるというものであった（「社用江戸日記」寛延三年二月十五日）。この両名以後も明治に至るまでのいずれもが触頭として任命されており、名古屋支配所が再び設置されることはなかった。なお、この時の神主より堀田・飯田両名へ宛てた触頭任命の書状によれば、触頭の職務とは「御役所御用ヲ始、配下之事御修理料社納万端」であるとする（「社用江戸日記」寛延三年二月十五日）。少し時期は下るが、天明六年（一七八六）正月二十日、江戸年頭礼を終えて帰西中の神主が熱田宿へ到った際、触頭田辺刑部が挨拶に来るが、神主は触頭の職分について、①尾州配下の管理と役銭の遅滞なき徴収、②社法の遵守と尾張藩役所の御用向への対応、③遠江・三河・伊勢桑名などに存在する願人が未把握であり、触頭から吟味すること、④遠江・三河については「手寄」のため先年から尾張触頭の配下である、と説いている（「社用江戸日記」天明六年正月二十日）。これらからは支配所役人との間に決定的な性格の相違は見出せない。おそらく、職掌自体は近似的だが、本社の責任の軽重（支配所＝本社も藩へ請負証文提出、触頭＝任免の事後報告のみ）、あるいは経費を負担するか否か（支配所＝本社負担・経費送金、触頭＝自賄い）、など、支配所・触頭―配下願人のレベルというよりも、藩・本社―支配所・触頭というレベルにおいて相違があったのではないだろうか。

先述の如く名古屋支配所は尾張藩の指示により、藩領願人統制を目的として設置されたが、③にもあるように、設置当初より同藩の意図を超えて活動を行っていたようである。**史料二三一・二三六・二三八**には支配所・触頭配下の願人や役銭額が記されているが、その他の史料も加味すると、具体的な管轄範囲は三河国・遠江国、信濃国木曽福島・飯田、美濃国恵那郡・苗木藩領・加納藩領、伊勢国菰野藩領・亀山藩領、そして近江国などであったようである。触頭体制に切り替わり、これら尾張以外の地域の管轄がどうなったかは未詳であるが、前述の田辺刑部に対する神主の指示によれば、少なくとも三河・遠江両国は尾張触頭の管掌地域であると神社側は見做していたのである。かかる尾張以外の願人たちとの間で生起する争論が蓑和田要人の罷免に繋がっていくのであるが、その史料が本書にはいくつか収録されている。そこで、一件ごとに簡単に紹介したい。

2　名古屋支配所をめぐる諸問題

本書所収の名古屋支配所をめぐる問題は、いずれも蓑和田要人のえびす願人支配のあり方をめぐって生起した。とくに、寛保二年（一七四二）八月二十三日から九月十八日にかけて、神主吉井左京亮良行の弟采女（吉井良知）が名古屋支配下について社納滞り・不埒の者あるにつき出向して調査を行ったことも相俟っている。それらを前提として一件別に確認していこう。

山本主膳一件　寛保二年八月、えびす願人山本主膳が尾張出向中の吉井采女へ提出した口上書**（史料二三三）**からはつぎのようなことがわかる。すなわち、山本主膳は元文五年（一七四〇）正月九日にえびす願人となり、美濃・信州木曽のうち計百五ヵ村を檀那場として渡された。そのうち美濃国恵那郡大井では毎年正月七日に「ゑひす市」「七日市」などと称し、近在より神像札を求めに来る風習があった。そこで翌寛保元年に七日市にて神像札賦与を行ったところ、檀那場の者から、七日市以外での神像札は受納しないため、廻村賦与は無用と言われる。また、寛保元年十月に蓑和田が信州飯田藩領を檀那場として杉中治部へ割付けた際、蓑和田から飯田藩への願書提出を依頼され、檀那場廻りをやめて十二月末まで飯田に滞在するが、その隙に七日市へは大沢兵部・飯田多宮が派遣され、賦与代金はすべて蓑和田が受納するという無躰が行われた、というものである。

山本主膳は新たにえびす願人となり檀那場を割付けられているが、当該地域の慣習には昏かったと考えられる。えびす願人は誰でもできるが、かように縁もゆかりもない檀那場を割付けられて賦与を行いはじめる他所者にとって、地域の慣習が大きな問題として立ちはだかっていた。

なお、この一件と関連していると思われる史料は、**史料二一八・史料二二七・史料二三九・史料二五四**などである。

史料二一八は寛保二年（一七四二）九月二日付の、杉中治部（名古屋橘町裏居住）より神主弟吉井采女へ提出された一札である。本社の指示により、「無拠訳御座候」という理由で前年に割付けられた飯田藩領から手を引くかわりに、代替の檀那場として尾張海西郡六十四ヵ村、美濃・近江のうち十九ヵ村・伊勢亀山藩領二十二ヵ村・町、計百六ヵ村を渡され、それを承知したものである。杉中治部の出自や飯田藩領からの撤退理由についてはは**史料二三九**とともにつぎの杉中治部一件の項で紹介する。**史料二二七**は寛保二年九月十二日付の山本主膳よりの口上書であり、美濃苗木藩領での賦与は同藩より触あるため差し支えていること、美濃加納藩領・伊勢菰野藩領を檀那場として下されたきこと、また美濃川辺大嶋雲八知行所についても御内達をお願いしたきこと、美濃のうちで檀那場として割付けられていない村は約六百ヵ村あり、ここに配下をつけ、西宮本社へ修理料を上納できるようにしたきこと、などを願い出ている。出願先は未詳であるが、山本主膳は積極的に檀那場を開拓せんとしていること、またその檀那場が領分単位であること、そして「配下を附り」という文言から、そもそも山本主膳は末端の願人ではなく、配下を抱えるレベルの願人であった可能性も考えられる。たとえば、遠江国榛原郡岡田村の願人池田織部はさらに下願人へ配札を行わせている（松本和明「遠江国榛原郡岡田村池田家文書からみたえびす願人の存在形態について」〔西宮神社文化研究所編『近世諸国えびす御神影札頒布関係史料集』第二巻、西宮神社、二〇一七年〕）。

史料二五四は寛保二年九月に蓑和田から吉井采女へ提出された詫び状のような史料である。そのなかほどに山本主膳一件に対する反論が提示されている。蓑和田は、山本主膳は寛保元年より飯田へ行き、飯田を年内に発ったのはよいがどこへ行ったかわからなくなり、もはや大井での七日市が迫っていたため、大沢兵部・飯田多宮の二人を派遣したこと、売り上げについては山本主膳方へは支配所で立て替えてある金銭があるので、それらの差引勘定で済ますこととしたことなどを主張している。さらに、主膳は「心底すさましき者」であるなどと激しく非難している。双方の思惑を忖度するならば、蓑和田側は新規開拓した檀那場の、しかも最も収入が見込める七日市での頒布を放棄する（飯田への使いは頼んだが、期日に帰宅しなかった）ことで今後に影響があると考えて支配所から直接頒布した。いっぽう山本主膳側としては、飯田へ派遣されている隙に檀那場を簒奪された、ということになるのであろう。

杉中治部一件　寛保二年八月、名古屋城下橘町裏に居住する杉中治部は尾張藩寺社役人宛に訴状を提出する**（史料二三九）**。それによれば、杉中治部は高田村居住の鬼頭舎人なるえびす願人に勧誘され、蓑和田方へ代金（二両＋西宮への初尾一分）を支払い伊勢国菰野藩領のうち十八ヵ村・尾張国海東郡のうち十五ヵ村、計三十三ヵ村を檀那場として割付けられ、寛保元年十月十二日にえびす願人となる。その際、檀那場の村数が少ないため増村を願ったところ、蓑和田から飯田藩領を提示され、再度代金三両を進上のうえ同意する。

その後、前述の通り蓑和田の代理として山本主膳が飯田藩との交渉のため派遣されるが、その後同藩から、藩領については内笠村（嶋田村）の勘之丞（牧下斎宮と改名）が賦与するようにと仰せ付けられたため、代金・諸経費の合計十二両余を返済して欲しい、という内容である。

杉中治部の居住する橘町は寺社地が広がり、日置・古渡などの村方とも接続する名古屋城下のはずれに位置する。彼はそこで少々の田畑を所持して生計をたてていたが、その所持田畑や家財を売却して資金とし、えびす願人を勤めんとする。信仰心の発露からではなく、投機的性格が濃厚であったことが窺える。蓑和田要人による恣意的な檀那場分割が問題の発端であることは間違いないが、このように願人にならんとする者たちの思惑もそこに交錯していた。新たに設置された名古屋支配所による、信仰の有無や檀那場との地縁・由緒、地付き願人の存在などすべてを無視した檀那場設定により、問題化したのである。

本一件に関連するその他の史料には、**史料二一八・史料二二三・史料二三三・史料二三四・史料二五四**などがある。**史料二二三**は、寛保二年九月に、飯田多宮・大沢兵部より吉井采女へ提出されたもので、配下願人の我意の振舞いが各人毎に書きあげられている。そのなかで、杉中治部を勧誘した鬼頭舎人についても記されているが、菰野藩領・尾張国海東郡の檀那場について、他者へ渡してあるにもかかわらず、蓑和田要人と申し合せて杉中治部へ再度渡したことが問題として指弾されている。**史料二三九**では菰野藩領・尾張国海東郡は最初に杉中へ渡された檀那場であることが記されており、蓑和田らは最初から檀那場の二重割付けを行っていた可能性が考えられる。

史料二三三は、寛保二年八月に山本主膳より吉井采女へ提出されたもので、蓑和田が杉中治部の願いを容れて金銭にて飯田藩領を追加の檀那場として設定したこと、これがさきの山本主膳一件の要因となったことなどがわかる。**史料二三四**は寛保二年九月に飯田多宮より吉井采女へ提出されたもので、飯田は金二両を蓑和田へ支払い尾張国愛知郡四十八ヵ村を檀那場として割付けられていたところ、さらに追加を願い、二両一分にて伊勢菰野藩領五十三ヵ村を割付けてもらうこととなったが、そこはすでに杉中治部へ二両で売り付けられていたことを知る。これを飯田は「旦家弐度売」として指弾したのである。このように、同時期の諸問題は個別に生起していたわけではなく、密接に関連していたのである。

史料二五四は寛保二年九月に蓑和田から吉井采女へ提出された詫び状のような史料である。そのなかで飯田藩領における賦与失敗については自らの構想を披歴しつつも、その不調法を認めている。

勘之丞一件（**寛保二年「社用江戸日記」寛保二年二月二十三日**）　前述の一件について問題となっている、飯田藩領での賦与については、別の問題も同時に生起していた。それが勘之丞一件である。寛保二年「社用江戸日記」から繙くと、つぎのような内容であった。すなわち、信州飯田藩領嶋田村の勘之丞は非人頭であるという理由で名古屋支配所による配下吟味時に檀那場を没収されたと江戸支配所へ訴えた。その際、数十年来えびす札賦与を行っており、本社願人頭中西氏家来の書付や庄屋代の請書などの所持を証拠とするが、本社では把握しておらず、蓑和田要人に再吟味をさせたうえで配下にするか否かを決めさせることとし、寛保元年冬に神主が江戸下向途次名古屋に立寄って蓑和田へ申し渡した。その後、蓑和田は勝手な判断で配下に加えなかったが、本社よりも勘之丞の身分について江戸支配所より飯田藩江戸藩邸を経由して同藩へ問合せを行う。この勘之丞は中西氏支配時代に免許をうけた旧来からの地付きのえびす願人であり、蓑和田はかかる願人らを無視して杉中治部らへ新規の檀那場割付けを行っていたと考えられる。

また、本社神主側もかような中西の免状を所持する者たちを把握できていない点に注意すると、本社における正徳の争論―本社願人頭中西による諸国願人支配が、争論を経て幕府の命により神主直支配へ切り替わる―もこれら一件の遠因であったと評価できるかもしれない。なお、勘之丞については、吉田ゆり子「万歳と春田打ち―近世下伊那の身分的周縁―」（『飯田市歴史研究所年報』一、二〇〇三年）、西田かほる「地域社会と宗教者」（『新体系日本史15　宗教社会史』山川出版社、二〇一二年）などに詳しい。

願人全般に関する訴え　寛保二年九月、吉井采女に対して、大沢兵部・飯田多宮両名よりも訴えがなされた。大沢は城下上門前町に居住し、蓑和田罷免後の名古屋支配所役人、飯田は名古屋支配所廃止後の尾張触頭にそれぞれ任命される人物である。そのため、蓑和田罷免を裏側から読めば、大沢兵部・飯田多宮による画策という見方も可能である。

彼らからの訴えは、個々人に関するものと、当該地域のえびす願人の不正に関するものとに大別できるが、ここでは後者について、**史料二二三**から確認するとつぎの通りとなる。①堀田右内について。尾張藩諸士方との貸借関係があり、藩奉行衆への出訴になる恐れあり（史料二五四によれば、妹婿が元尾張藩足軽であり、それが関係していると考えられる）、②渡辺多門について。美濃笠松代官所（幕府郡代陣屋）管轄の幕府領における賦与を認められたと蓑和田要人へ申してきたため願人一両名の檀那場として割付けたが、実際は許可など受けておらず、渡辺は「謀斗之者」である。③鬼頭舎人について。去年から願人仲間との交流もなく、社用を申し遣わしても理由をつけて不通のうえ、伊勢菰野藩領・尾張海東郡については杉中治部に対して檀那場の二度売りを行った、などが記されている。

この訴状のみをみれば、大沢・飯田両名はこれらの問題行為を憂う立場とみえるが、両名がその後に前述のような役職に就いていることに加え、蓑和田の言をかりれば「兵部義鼻先思案にて人ヲ潰シ、当座之利よく斗ニ而末々之事ハ不存者ニ御座候、多宮義ハ元怪キ者成上りニ而、無筆短気我ま丶者ニ御座候」（史料二五四）といったような者たちであった。すなわち、これら諸件について蓑和田一人に責任を帰することには留意すべきで、実際は願人個々の恣意的行為や思惑にも問題化の要因があったのではないだろうか。

3　蓑和田要人の罷免と名古屋支配所の廃止

寛保二年九月、蓑和田より本社・吉井采女宛に書状（詫び状）が提出される。史料二五四がそれであるが、指弾された諸点について、個別に反論を申し立てている。また、「私義も此度ハちりヲつまみ大海江捨候様成目にあい、尾州た丶ずミも不罷成、殊更大病ニ而他国江其方も無御座、そこニ一夜かしこニ一夜情を頼、病気凌罷有候」とあることから、すでにこの時点で蓑和田は罷免されていたようである。翌寛保三年八月には、尾張廻国中の吉井采女に対して「只今至跡江茂先江茂不参、殊更年被《(波カ)》寄方々と流浪仕至極難儀仕候」としてヒラ願人への復帰を歎願している（史料二五〇―2）。もとの居住地である海東郡百嶋村に近親者が居住していることを理由に檀那場の再下付を願うものであった。

しかし、蓑和田は以後の史料にみえないため、この歎願は受理されなかったと考えられる。

後任の名古屋支配所役人には、寛保二年十二月時点で大沢兵部が任命されている。また、大沢住居地の上門前町へ支配所が移転したことも想定される。そして、大沢が寛延二年（一七四九）冬に病死すると、本社は「以来ハ支配所社役人ヲ不相立、諸国並ニ触頭ニ而仕廻候様ニ致度」として支配所というかたちではなく、「古老之者」である堀田右内・飯田丹宮の両名を尾張触頭に任じ、以後明治に至るまで触頭が尾張・東海地域の願人を管掌していくこととなる（「社用江戸日記」寛延三年二月十五日）。

【史料】二〇八―1・二一八・二二三・二二七・二三一・二三三〜二三九・二四九・二五〇・二五二・二五四・三四六

（松本和明）

—	—	1		340	2
広瀬右内・田村右衛門	御奉行所	1	吉井陸奥守の奥書あり。	357	2
—	御奉行所	1		359	2
—	—	1		365	2
大坂町奉行所支配所西宮住居西宮・広田両社社家東向斎宮、青山伊賀守知行所摂州武庫郡中村住居西宮・広田両社祝部大森主水ほか祝部6名	—	3	内容は差出が判明する史料より採録。	381	2
—	—	1		391	2
源雄	—	1		393	2
清水浜臣	—	1	和歌書付。	398	2
摂州西宮戎社神司宮内	—	1		422	2
—	—	1	内容は寛保3年～嘉永5年の人別送り状・宗旨手形一覧。	428	2
—	—	1		563	2
—	—	1		574	2
岡山県士族寺尾貢・蒲生弘	教部省御中	1		519	2
—	—	1	明治14年7月正遷宮までの出願・許可年月日一覧。	194	1
—	—	1	本文なし。	192	1
—	—	1		225	2
（敷田）年治	—	1		227	2

236	尾州八郡村附御修理料附壱冊	(近世)	1872
251	広瀬右内・田村右衛門連署状壱通(宗旨除印の儀につき)	(近世)	1872
253	吉井神主口上書壱通(宗印除之儀につき)	(近世)	1872
259	御開帳勘定仮書壱綴	(近世)	1872
272	松原宮御湯立料寄進帳幷官位着服願下書三冊	(近世)	1872
281	橘家大元祭式壱通	(近世ヵ)	1872
283	宇都宮直名介祭文壱通	(近世ヵ)	1872
288	清水浜臣懐紙壱通	(近世ヵ)	1872
291	石燈籠願主人数書付壱通	(近世)	1872
297	請人関係書類壱括	(近世)	1872
370	吉井良信官位勅許御礼目録	(近世)	1872
381	口上書(村役並の夫役助勤仕候義、其訳御尋につき)	(近世)	1872
350	広田祠官建白書壱冊(広田神社由緒考証につき)	明治6年4月	1873
109	西宮神社営繕始末壱冊	明治13年3月28日	1880
107	広田社権殿遷宮行列壱冊	—	—
135	恵美酒大神縁起壱冊	—	9999
137	広西両宮覚壱通	—	9999

『西宮神社文書』第1巻・第2巻所収史料は戦前の筆耕通りの順番に掲載したため、検索にあたっては不便が多い。本目録はその難点解消を目的として年代順に並びかえて作成した。

註1)左端の番号覧が史料番号である。各史料が1巻・2巻いずれかに収録されているかについては右端の収録巻欄を参照。

註2) 複数一括の場合、年・差出・宛所などは1点から採録(差出・宛所の末尾に「〜ほか」と記す)。詳細は本書冒頭の細目次参照。

註3)本目録では、年代未詳史料のうち近世と想定される場合は年代に便宜上「(近世)」と記し、西暦は1872年として掲載している。

市瀬小左衛門信名・黒次権左衛門教久・米原三右衛門言亮	蓑和田要人様	1		347	2
大橋治部・古田兵馬・小嶋左近ほか5名	吉采女様	1		312	2
—	—	1		473	2
萩原二位	吉井上総介殿	1		168	1
—	—	1		62	1
西(両ヵ)社神主吉井宮内・祝部・社役人	—	1		67	1
—	—	1		69	1
—	—	1		76	1
—	—	1	寛文ヵ。	119	1
—	—	1		144	1
—	—	1		147	1
—	—	1		148	1
西宮神主	—	1		160	1
広田・西宮両社神主吉井陸奥守	御奉行所	1		171	1
—	御奉行所	1		173	1
神主神奴連良明	—	1		185	1
—	—	1		196	1
—	—	1		202-1	1
—	—	1		202-2	1
—	—	1		211	1
—	—	1		212	1
—	—	1		213	1
神主左京亮従五位下良行	—	1		221	2
神主	—	1		222	2
青山播磨守幸明	—	1	幸明はのち幸督と改名。	231	2
—	—	1		262	2
二位（萩原員維ヵ）	上総介殿（吉井良貫）	1	吉井良貫（のち良明）は萩原従言の子息にて吉井家に養子に入る。	263	2
西宮願人小左衛門	—	1		267	2
—	—	1		280	2
—	—	1		334	2
—	—	1		335	2

243	配下連署状壱通（嶋田村勘之丞、西宮御役人中へ願いの儀これ有り、嶋田村百姓共拙者共より添状願出候につき）	（近世）12月27日	1872
211	堀田右内追訴連判状壱通（堀田右内仕方悪敷につき当地御役所へ願書差し上げたく）	（近世）戌12月	1872
342	神札授与覚書壱通（猥に神像札差出候儀御停止の旨由緒書上）	（近世）辰12月	1872
86	萩原二位書状壱通（下社家官位の儀につき）	（近世）閏月25日	1872
11	御礼物覚壱通	（近世）	—
14	広田太神・西宮太神社頭覚書壱通	（近世）	—
16	広田社中宮立之覚壱通	（近世）	—
23	〔神像写〕	（近世）	—
43	戎御本社弥根坪数壱通	（近世）	—
63	遷宮行列壱通	（近世）	—
65	遷宮以下諸次第幷祝詞壱通	（近世）	—
66	遷宮行列次第壱通	（近世）	—
78	六甲山石宝殿修理幷石垣寄進帳壱冊	（近世）	—
89	吉井良郷訴状壱通（祝部より神主の差図を受くべき筋これ無き旨申すにつき）	（近世）	1872
91	神供調達訴状二通（祝部へ神主差図随従仕るべき旨仰せ付け下されたく）	（近世）	1872
100	吉井良明祝詞壱通	（近世）	1872
110	西宮造営入用壱通	（近世）	1872
115	往古神領控・寄附米手続書壱冊	（近世）	1872
116	〔往古神領控・寄附米手続書写〕	（近世）	1872
123	江戸紀行壱冊	（近世）	1872
124	江戸紀行壱冊	（近世）	1872
125	江戸紀行壱冊	（近世）	1872
131	広西両宮覚壱冊	（近世）	1872
132	広田・西宮社記稿壱冊	（近世）	1872
140	青山播磨守幸明献上目録壱通	（近世）	1872
169	広西両宮境内絵図弐枚	（近世）	1872
170	萩原二位書状壱通（内々頼置候勅問の儀につき）	（近世）	1872
174	神像頒布願壱通（神像札賦与免許状雛形）	（近世）	1872
185	大塩父子申渡書壱綴	（近世）	1872
230	西宮代官職以下諸職覚壱通	（近世）	1872
231	配下覚（配下人名書上）	（近世）	1872

三砂善之助	吉井様	1		443	2
ついほほか	吉井左京亮とのほか	2		433	2
広田・西宮両社神主吉井陸奥守	—	2		161	1
吉角左京	辻大炊様・大森主水様	1		377	2
吉角左京重徳（花押）	御神主様	1		378	2
中之町	—	1		383	2
宗田越前ほか	東向斎宮様・辻兵部（治ヵ）様ほか	1	8点を1冊に写すヵ。1点目の史料より採録。	344	2
山村司・山崎条馬	—	1		336	2
—	—	1	7月26日～8月4日。	474	2
辻大炊・大森主水	吉角左京殿	1		379	2
先祝子次郎兵衛	鷹羽源太夫殿	1		311	2
半田小平次	吉井左京亮様	1		289	2
—	—	1	西宮本社ではない。	282	2
広田社々司田村伊織・大森主膳	宿々問屋役人中・船川渡場役人中	1		265	2
福嶋村林主水	飯田多宮殿・大沢兵部殿	1		363	2
社家郷村々庄屋・年寄共	吉井宮内様	1		77	1
鈴鹿信濃守?明・鈴鹿陸奥守勝・鈴鹿但馬守芳春・鈴鹿石見守長存	吉井但馬守殿	1		304	2
沢田上野介内谷田吉右衛門	吉井上総介様御内芝田吉兵衛様	1		399	2
信久	広田社々家中	1		295	2
西永執事都筑勾当房	西宮御役人大沢兵部様	1	大沢は近世中期の名古屋支配所役人。	477	2
石川孫七	—	1		464	2
紙屋嘉兵衛ほか	吉井左京様	2		41	1
吉井但馬守良顕（花押）	蔭山将曹様・立野大和介様	1		374	2
祢津為右衛門	吉井宮内殿	1		250	2

312	神納口述壱通（神納品書上）	（近世）5月4日	1872
302	ついほ書状弐通	（近世）5月8日	1872
79	広西両宮奉納米覚弐通	（近世）5月	—
268	吉角左京書状壱通（諸国配下免許状交付の儀などにつき）	（近世）午6月5日	1872
269	吉角左京書状壱通（暑中見舞いにつき）	（近世）6月5日	1872
274	神明宮遷宮寄附壱冊	（近世）巳6月13日	1872
240	書状留壱冊（諸家贈答の書翰うつし）	（近世）6月19日	1872
232	山村司・山崎粂馬書状（能登守領分北条村宮本大和・宮本伊勢両人、配下にもつかず蛭子守札幷御祓等賦与いたし候由につき）	（近世）6月	1872
343	日記書抜覚壱冊	（近世）7月26日	1872
270	辻大炊・大森主水書状壱通（関東筋支配下御免許状書替の儀につき）	（近世）8月5日	1872
210	拝殿勤役懈怠詫状壱通（社役差揚の儀御赦免下さるにつき）	（近世）子8月6日	1872
192	半田小平次書状壱通（其許配下杉中治部、当役所へ相訴候につき）	（近世）8月14日	1872
187	西宮境内絵図壱枚	（近世）亥9月17日	1872
172	広田社々司先触壱通（禁裏御用につき）	（近世）辰9月20日	1872
257	林主水口上覚壱通（兄金左衛門神職相望候につき）	（近世）戌9月	1872
24	社家郷村々庄屋書状壱通	（近世）10月5日	—
203	鈴鹿氏連署状壱通（禁裏御所より其社頭へ御奉納米あらせられ候旨仰せ出され候につき）	（近世）10月17日	1872
289	谷田吉右衛門荷物目録壱通	（近世）11月朔日	1872
197	神馬寄進状壱通	（近世ヵ）11月9日	1872
346	役所返納金通覚壱綴（西永執事都筑勾当房より指越候了簡事・御役所返納金通写）	（近世）11月15日	1872
333	宇佐見左中出入済書壱通（遠藤石見守左仲儀を不束者と申立候義御吟味につき）	（近世）11月26日	1872
2	勘定覚書四通	（近世）寅極月5日	—
266	吉井良顕書状壱通（寒中御伺いのため上京仕るべきところ所労にて使者を以て御機嫌伺い奉るにつき）	（近世）12月10日	1872
157	祢津為右衛門書状壱通（来年頭御礼勤方につき）	（近世）12月24日	1872

摂州武庫郡広田・西宮両社一社惣代祝部田村伊織	弁事御役所	1		300	2
広田・西宮両社神主吉井陸奥守	弁事御役所	1		287	2
広田・西宮両社神主吉井陸奥守	弁事御役所	1		306	2
神主家・東向斎雄	御役所	1		224	2
従五位神奴連良郷	—	1		397	2
広田社吉井神主良郷	神祇官御役所	1		305	2
吉井神主従五位	兵庫県御役所	1		228	2
神祇官	—	1	年代は内容より比定。	226	2
広田社西大森祝・吉井神主	神祇官御役所	1	年代は内容より比定。	223	2
—	—	1		387	2
一社惣代田村兼資・吉井良郷	神祇省御役所	1		163	1
惣代社人田村兼次郎・吉井良郷	神祇省御役所	1		188	1
三嶋木紀伊守	—	1		577	2
井河内守ほか	吉井宮内殿	4		40	1
水和泉守	吉井宮内殿	1		177	1
鈴木左一	辻兵治様	1		258	2
鈴鹿信濃守熈明（花押影）・鈴鹿陸奥守勝（花押影）・鈴鹿但馬守芳春（花押影）・鈴鹿石見守長存（花押影）	吉井但馬守殿	1		259	2
美南川四郎右衛芳雄	吉井左京亮様	1		361	2
—	—	1		362	2
西宮源左衛門	吉井上総之助様御社中様	1		449	2
米屋平五郎・西宮源左衛門	吉井上総介様	1		450	2
吉角左京	辻大炊様・大森主水様	1		373	2
筒井四郎右衛門	西宮吉井上総介様・御世話方中	1		471	2
三宅主税	吉井上総介様御家来中	1		166	1

202	田村伊織口上覚壱通（広田・西宮両社社家・祝部共官位神祇官様御執奏下されたきことなど）	慶応4年辰6月	1868
191	吉井良郷口上書壱通（今般御一新に付、先規仕来の通諸国へ像札賦与の儀御免許成下されたく）	慶応4年辰7月27日	1868
205	吉井良郷口上書壱通（摂州広田・西宮両社御寄附米の義御許容下されたく）	慶応4年辰7月27日	1868
134	広田神社御伝略記壱冊	明治2年己巳11月24日	1869
287	明治二年八月九日祝詞壱通	明治2年秋8月9日	1869
204	吉井良郷口上書参《(ママ)》通（年始拝賀のため上京にあたり献上物・着服の儀御伺いにつき）	明治3午年正月19日	1870
138	兵庫県供米請書壱通	明治3年庚午5月12日	1870
136	神祇官十箇條区別書上沙汰書壱《(通脱ヵ)》	（明治3年）庚午6月28日	1870
133	十箇條別廉書壱冊（広田社・西宮社明細書上）	（明治3年）庚午7月29日	1870
277	明治初年布告壱通	（明治3年）	1870
81	広田社印書上壱通	（明治5年）壬申2月	1872
103	広田神社印書上写壱通	（明治5年）壬申2月	1872
384	三嶋木紀伊守口上之覚壱綴（白川家中片岡右馬丞との借用金出入につき）	（近世）正月5日	1872
1	年頭書状四通	（近世）正月7日	―
94	巻数口上覚壱通（年頭祝詞巻数・扇子の御礼につき）	（近世）正月7日	1872
165	鈴木左一書状壱通（上着祝い・奥州須賀川三嶋木父子一件などにつき）	（近世）寅2月17日	1872
166	鈴鹿氏連署状壱通（攘夷祈願仰せ出され候につき）	（近世）3月4日	1872
255	美南川芳雄書状壱通（兵部儀今般社役人に御申付候段につき）	（近世）3月15日	1872
256	中尾多内申渡書壱通（御修理料不納不埒などにつき）	（近世）亥3月23日	1872
318	神楽講中連名書壱通	（近世）子3月	1872
319	神楽講中連名書壱通	（近世）辰3月	1872
265	吉角左京書状壱通（免許状改めの御沙汰の儀につき）	（近世）4月2日	1872
340	筒井四郎右衛門覚書壱通（勘定書上）	（近世）4月	1872
84	三宅主税書状壱通（二位様より御直書被進候につき）	（近世）閏4月25	1872

—	—	1	雛形。	425	2
西宮・広田両社社家東向斎宮	御奉行所	1		286	2
神主但馬守、社家東向斎宮、(祝部)大森主水・橋本右膳ほか5名	—	1	万延元年(1860)まで1冊に写すヵ。	352	2
摂州広田社一社惣代田村伊織兼資	広幡右大将様御家岸本筑前守様・毛利采女佑様、広橋大納言様御家藤堂兵庫権助様・浜路阿波守様	1		307	2
祭主	—	1		390	2
長順ほか	坊城前大納言殿ほか	3	年代は内容より比定。	230	2
摂州西宮・広田両社神主吉井故但馬守男吉井土岐	三條大納言様御内森寺因幡守殿・丹羽豊前守殿、東坊城前大納言様御内井上主税殿・三上信濃介殿	1		162	1
神主神奴連良郷	—	1		389	2
郡山駅役人	御撫物御役人中様	1		441	2
久世新吾ほか	御本社様御役人中ほか	2	内容は1点目の史料より採録。	442	2
秀熈	—	1	2冊の区分不明。	210	1
西宮恵美酒社神主吉井陸奥守	御奉行所	1		235	2
東寺社方役人	西宮恵美酒社神主吉井陸奥守	1	絵図写しとも。	214	1
右（西宮恵美酒社）神主吉井陸奥守幼年ニ付代（以下ママ）	御奉行所	1		478	2
広田社神主吉井陸奥守（印）	宿々問屋・船川渡場役人中			169	1
広田・西宮両社神官吉井陸奥守	御奉行所	1	元禄11年・享保3年の拝殿当番定書写し。	151	1
広田・西宮両社神官吉井陸奥守	御奉行所	1	天保12年～嘉永5年の願書類写し。	153	1
—	—	1	年代は内容より比定。	101	1
—	—	1		396	2

294	田地売券壱通（雛形）	嘉永4亥年12月	1851
190	東向斎宮差上一札壱通（上ヶ原新田村氏神八幡宮支配神主吉井但馬守・上ヶ原新田村庄屋仲右衛門両人に相究候につき）	嘉永5年子4月朔日	1852
247	御神領米割方	（嘉永6年ヵ）丑11月晦日	1853
206	御教書請書壱通	嘉永6癸丑年12月3日	1853
280	嘉永六年十二月祝詞壱通	嘉永6年12月	1853
139	広田神社祈願書三通	（嘉永7年）2月22日	1854
80	吉井良郷官位任叙覚書五通	安政2年9月	1855
279	安政四年十二月朔旦祝詞壱通	安政4年歳次丁巳12月朔日	1857
310	郡山役人願状壱通（御撫物御通行、当宿止宿仰せ付けさせられ候ところ、当日長州様御泊りゆえ宿中壱軒も明宿御座なく候につき）	安政6未年3月19日	1859
311	久世新吾請書二通	安政6未年4月	1859
122	広西両宮社頭不取締覚弐冊	安政7申年正月	1860
143	吉井良郷口上覚壱通（若州・阿州・淡州にて紛敷もの当社似寄の神像札相弘め居候につき）	万延元年申4月26日	1860
126	西宮南拝殿宮作一件壱袋	万延元年申6月22日	1860
347	吉井良郷口上覚壱通（佐州・若州・阿州・淡州信心の輩へ神像札賦与仕りたく）	安政7年申	1860
87	御先触書壱通	文久2年12月18日	1862
69	社家連印証札写壱冊（拝殿番につき元禄・享保年中証書写）	文久《ママ》2亥年閏8月10日	1862
71	社家神人証札留書壱冊	文久2戌年閏8月	1862
28	広田社攘夷祈禱祝詞壱通	（文久3年亥3月8日）	1863
286	慶応三年十二月祝詞壱通	慶応3丁卯歳12月	1867

―	―	1		108	1
広田・西宮両社神主吉井上総介	尼崎寺社御奉行所	1		308	2
―	―	1		109	1
―	―	1		112	1
摂津国広田社神主吉井上総介	御勘定所	1		273	2
―	―	1		105	1
広田村祝部広瀬兵馬	寺社御奉行所	1	神主奥書あり。	570	2
広田村祝部田村伊織	寺社御奉行所	1	神主奥書あり。	468	2
広田村祝部田村伊織	寺社御奉行所	1	神主奥書あり。	579	2
広田村祝部田村織衛	寺社御奉行所	1	天保5年は午年。	470	2
―	―	1		193	1
（社家町）庄屋	組頭惣五郎殿	1		384	2
辻大炊	神主吉井上総之介殿	1		573	2
一條殿御内難波伊予守ほか	徳大寺大納言様・日野前大納言様雑掌御中ほか	2		157	1
一條殿執達	広田社・西宮社	1		199	1
銀預り主吉井上総介・請負人鷲屋清兵衛ほか	ー（ほか）	2	4点2冊ヵ。冊の区分箇所不明。内容は年代が判明する史料より採録。	480	2
神主神奴連良顕	―	1		392	2
社役人辻大炊、祝部広瀬右京・田村伊織ほか5名、社家東向斎宮、神主上総介	―	1		242	2
神祇管領長上侍従卜部朝臣良芳ほか	生田神社大宮司後神熈之進藤原秀熈ほか	2		190	1
吉井但馬守	―	1		174	1
西宮御社神主吉井但馬守ほか	奥州仙台登米町福嶋屋七郎治殿ほか	5	内容は年が判明する史料より採録。	370	2
御本社江戸支配所吉角左京	御本社様御重役衆中	1		376	2
西宮御社神主吉井但馬守ほか	奥州仙台登米町福嶋屋七郎治殿ほか	1	数点の書状が一紙に写されているか。	371	2
西宮・広田両社社家東向斎宮、同祝部大森主水・堀江左門ほか5名	近衛御殿御役人中	2	内容は枝番2より採録。	167	1
―	―	3	3月29日まで計3通。	68	1

33	西宮太神宮権殿遷宮役附行列壱通	天保2年辛卯5月23日	1831
207	吉井良貫口上覚壱通（広田大神宮社領田地弐反につき）	天保3年辰2月16日	1832
34	南宮八幡宮権殿遷宮役附目録壱通	天保3年壬辰6月5日	1832
37	南宮八幡宮正遷宮役付目録壱通	天保3年壬辰9月29日	1832
178	広田社領書上壱通	天保3辰年11月	1832
31	西宮正遷宮役付目録壱通	天保4年癸巳3月20日	1833
377	広瀬兵馬由緒書	天保5年午2月19日	1834
337	田村伊織由緒書壱通	天保5午年5月	1834
386	田村伊織由緒書壱通	天保5午年5月	1834
339	田村織衛社職譲願壱通(老年にて社職相勤兼、悴要人へ相勤めさせたく)	（天保5年ヵ）丑10月	1834
108	広田社権殿遷宮役列	天保5甲午歳冬霜月19日	1834
275	年貢通壱冊	天保5年午12月	1834
380	辻大炊社役願	天保7申年11月20日	1836
75	一條家祈禱請書弐通（西宮・広田両社へ藤之御紋之高張・哂幕・弓張御寄附につき）	天保8丁酉年5月20日	1837
113	一条家祈禱沙汰書壱通	天保8年酉5月	1837
349	田地質入証文留書二冊	天保9年戌10月	1838
282	天保十年五月朔旦祝詞壱通	天保10年歳次己亥5月朔日	1839
149	西宮社頭定壱通（開帳につき）	天保11年子3月朔日	1840
105	吉田裁許状弐通	天保12年11月7日	1841
92	吉井良郷継目記録三通（江戸年頭礼につき前々よりの仕来書上）	天保14卯年7月	1843
262	吉井書状案壱綴	天保15辰年10月25日	1844
267	神札免許状壱通	弘化丙午年6月	1846
263	吉井良顕送り状壱通	弘化3年午閏5月	1846
85	西宮社家執奏願弐綴	弘化4年未4月	1847
15	社役隠退申渡覚三通	嘉永4年亥2月晦日	1851

—	—	1	内容は文政4年まで。	368	2
西宮・広田両社神主吉井上総介	—	1		186	1
社家東向斎宮・証人今西□之丞	神主吉井上総介殿	1		476	2
—	—	1		126	1
神主吉井上総介忌服有之候ニ付代社役人辻兵治ほか	御奉行所ほか	3		158	1
金屋茂兵衛・請人当舎屋庄兵衛	御宮神主殿	1		460	2
附添社役人辻左内、祝部大森弥太郎・大森数馬ほか5名、社家東向斎宮	神主殿	1		246	2
社役人辻佐内	神主吉井上総介殿	1		244	2
田中惣五郎・関屋繁太郎	御神主	1		459	2
—	—	1		457	2
祝部橋本弥太郎・大森数馬・大森帯刀・田村織衛	神主吉井上総介殿	1		233	2
祝部大森主膳・橋本弥太郎ほか5名、社家東向斎宮	神主吉井上総之介殿	1		249	2
田村織衛	御神主	1		461	2
神主良明（印）	祝部中	1		164	1
祝部大森主税・橋本兵太郎・大森数馬ほか4名	御神主	1	世話人惣代吉屋惣兵衛の奥書あり。	452	2
神主良明　神奴連良明	—	1		453	2
町方庄屋植村七右衛門、年寄浅尾市右衛門・紅野平左衛門、浜方庄屋中川甚兵衛、年番年寄小池市郎兵衛・当舎久右衛門ほか	神主吉井上総介殿ほか	3		234	2
東向斎宮ほか	町・浜庄屋年寄中ほか	3	3点一綴ヵ。	314	2
社家東向斎宮ほか	神主吉井上総介殿ほか	1	町・浜役人宛ほかとも一紙に写すヵ。	284	2
西宮・広田両社神主吉井上総介	御奉行所	1		456	2
今大路内蔵権頭・斎藤宮内大輔	吉井上総介殿	1		197	1
安平次左衛門権大尉・木村兵庫允	吉井上総介殿	1		198	1
西宮・広田両社祝部田村伊織・大森主膳ほか5名、社家東向斎宮	近衛様御役人中	1	神主吉井上総介の奥印あり。	165	1
—	—	1		107	1

261	筒井氏結納諸入用覚壱冊	文化13子年	1816
101	西宮・広田両社頭覚書壱冊	文政6年未3月7日	1823
345	東向斎宮竃祓被差留請書壱通	文政7年甲壬8月	1824
49	太々神楽執行式壱通	文政8年乙酉3月18日	1825
76	江戸年頭拝礼口上覚参通（神主忌服につき名代出府致させたく）	文政8年酉11月25日	1825
329	茶屋新座敷建願壱通	文政10年亥10月3日	1827
153	辻左内覚壱通（祝部・社役人江戸下向につき）	文政10年亥11月6日	1827
151	辻左内覚壱通（神主名代にて社家・祝部付添人として江戸下向につき）	文政10年亥11月	1827
328	記録請書壱通（公儀御裁許御書物ほか在府社家・祝部へ相渡し申すべき旨）	文政11年子2月8日	1828
326	社家・祝部風折烏帽子裁許請書壱通	文政11年4月28日	1828
141	西宮祝部装束吉田裁一件壱通	文政11年子5月25日	1828
156	吉田装束裁許請書壱通（社家・祝部装束一件につき）	文政12年丑9月25日	1829
330	田村織部（衛）口上覚壱通（老年につき忰要人へ社職見習として相勤めさせたく）	文政12年丑10月	1829
82	西宮神主申達覚壱通（神主差合の際御神前祭主祝部名代として勤める儀につき）	文政13年寅6月	1830
321	神前祭主請書壱通（神主差合の節祝部中より祭主相勤候様申付候につき）	文政13辛寅6月	1830
322	神主吉井良明申達書壱通（祝部中の内より祭主定むる儀につき）	文政13年寅6月	1830
142	東向良丸一件参通	文政13寅年8月晦日	1830
213	東向左膳口上覚壱綴	文政13年寅8月晦日	1830
189	東向斎宮口上覚壱通（私儀心得違いにつき退身、家督の儀弟良丸へ相譲りたく）	文政13寅年8月	1830
325	吉井良貫口上書壱通（西宮本社屋根檜皮葺替にあたり檜皮等入置候仮屋相建て申したく）	文政13年寅11月18日	1830
111	近衛御教書壱通	文政13庚寅年後3月	1830
112	近衛家神馬奉納添文弐通	文政13年庚寅年後3月	1830
83	西宮社家執奏願壱通（社家・祝部着服の儀につき）	天保	1830
32	西宮太神宮権殿遷宮次第	天保2年辛卯5月23日	1831

大槻村蛭児社神主谷田部長門守	御本社様御役人中様	1		348	2
神子大石長五郎	神主吉井陸奥守様	1		469	2
安積郡二本松領福原村蛭児社神職小林弾正	—	1		350	2
小浜町蛭児社祠官折橋大和正・玉ノ井村同断伊東左門・福原村同断小林弾正・大槻村神主谷田部長門守	御本社様御役人中様	1		353	2
石在町かくや只四郎・証人小浜屋弥兵衛	吉井陸奥守殿	1	石在町月行司ほかの奥印あり。	435	2
畑地譲り主市庭町西口屋小兵衛・千足屋茂兵衛	吉井陸奥守殿	1	鞍懸町月行司の奥書あり。	424	2
広田村祝部広瀬右京	寺社御奉行所	1	神主奥書あり。	569	2
青山斧次郎殿知行所摂州武庫郡中村西宮・広田両社祝部堀江左門・大森主水ほか	御奉行所ほか	3	冒頭の覚書より採録。	320	2
社役人辻兵治ほか	上総介様ほか	3		309	2
—	—	1		388	2
—	—	1		131	1
—	—	1		141	1
—	—	1		145	1
—	—	1		264	2
—	—	1		342	2
浜方年寄仁右衛門、庄屋厚五郎、町方年寄喜兵衛・又左衛門、庄屋源兵衛	吉井上総介殿	1		283	2
梅園信徳	—	1	梅月は陰暦4月も指す。	395	2
—	—	1		128	1
紅野治良太夫・大石長大夫・瓶子清太夫	神主殿	1		251	2
請人丹波屋伊兵衛・臼屋惣五郎	御役人中様	1		455	2
—	—	1		123	1
西宮神主吉井上総介	御奉行所	1		372	2
—	—	1	年代は内容より比定。	220	2

244	谷田部長門守口上覚壱通（触頭方へ神職継目免許の儀御本社幷吉田表へ伺呉候様相頼候得共、伺呉申さず候につき）	寛政5丑年11月	1793
338	大石長五郎跡目口上書壱通（神子職出勤仕りたく）	寛政5年丑11月	1793
246	小林弾正口上覚壱通（私親類安達郡本宮村蛭児社の神職瀧田多膳先年出奔仕り、片平村触頭祠官千木崎近江正兼帯仕る儀につき）	寛政6寅年正月	1794
248	諸国配下口上覚壱冊（陸奥国安積郡片平村触頭千木崎近江正支配下中不取計の筋共これ有り候につき）	寛政6寅年3月	1794
304	田地譲渡状壱通	寛政11未年6月	1799
293	畑地譲状壱通（下々畑壱反弐拾弐歩につき）	寛政11未年11月	1799
376	広瀬右京由緒書	享和3亥年11月	1803
216	地頭金口上覚参通	文化4卯年7月11日	1807
208	辻兵部口上書参通	文化4年卯9月	1807
278	文化五年三月祝詞壱通	文化5年歳在戊辰春3月28日	1808
54	太々神楽執行式壱通	文化6年己巳4月20日	1809
61	御旅所正遷宮行列壱通	文化6年己巳6月13日	1809
64	正遷宮次第壱通	文化6年己巳6月13日	1809
171	御旅所世話人振舞献立壱通	文化6巳年6月26日	1809
238	尾州配下人別覚壱袋	文化6年巳11月	1809
188	境内境保証一札壱通（新堤築直にあたり名次山御社地へ入込候につき）	文化7午年5月	1810
285	神代文字梅園信徳記壱通	文化庚午（7年）梅月	1810
51	太々神楽執行式壱通	文化8年辛未4月20日	1811
158	神楽所之定壱通（夷社開帳につき）	文化8年未閏2月	1811
324	社内住居請書壱通（三ヶ年間御社中へ住居仰せ付けられ候につき）	文化9年申6月	1812
46	太々神楽執行式壱通	文化11年甲戌3月18日	1814
264	見世物小屋届書壱通（西宮社境内において小見世物小屋補理貸候につき）	文化11年戌12月15日	1814
130	信州持田市之進身許調一件壱冊	（文化13年）子6月23日	1816

貰主中川屋太衛門・請人佐古屋四郎兵衛	西宮御社御社役人中	1		170	1
西宮・広田両社神主吉井陸奥守、同社家東向斎宮、同祝部大森主膳・堀江佐門ほか5名、同神子紅野次郎大夫・大石長太夫・瓶子清三、同社役人辻佐内	—	1		178	1
西宮・広田両社神主吉井陸奥守病気ニ付代社家東向斎宮	御奉行所	1		203	1
淡路屋権右衛門	吉井陸奥守様	1		366	2
—	—	1		122	1
吉井陸奥守	—	1		243	2
西宮神主吉井陸奥守	御奉行所	1		103	1
辻兵治	神主吉井陸奥守殿	1		572	2
西宮・広田両社神主吉井陸奥守	御奉行所	1		252	2
広田・西宮両社神主吉井陸奥守	御奉行所	1		209	1
西宮神主吉井陸奥守	御奉行所	1		458	2
西宮・広田社神主吉井陸奥守	御奉行所	1		156	1
—	—	1	内容は慶応元年12月まで。	447	2
—	—	1		110	1
—	—	1		111	1
—	—	1		114	1
—	—	1		116	1
—	—	1		113	1
—	—	1		115	1
—	—	1		117	1
神主吉井陸奥守	御奉行所	1		454	2
西宮神主吉井陸奥守ほか	御奉行所ほか	1	3点一括ヵ。文久3年まで。内容は古い年代のものより、採録。	382	2
伊勢国飯高郡之御民平阿曽美宣長	—	1		394	2
紅野次郎大夫・大石長次郎・瓶子清大夫	神主殿	1		172	1
神主陸奥守・社家東向斎宮・祝部惣代田村伊織・社役人辻兵治	—	1		364	2
社役人辻兵治、祝部橋本常太郎・広瀬熊次郎ほか8名、社家東向斎宮、神主陸奥守	—	1		238	2

88	迷子世話料請取書壱通	明和8卯年7月	1771
95	西宮・広田両社頭覚書壱冊	安永元年辰12月12日	1772
117	西宮・広田両本社末社之除地改帳壱冊	安永2年巳10月13日	1773
260	両社修覆銀預ヶ帳壱冊	安永9年子9月	1780
45	遷宮諸役壱通	天明	1781
150	偽神像札停止願壱通（播州辺にて紛敷像札差出候者数多につき）	天明5年巳2月	1785
29	戎神像頒布停止願壱通（播州辺にて紛敷像札賦与につき）	天明5年巳4月	1785
379	辻兵治社役願	天明5巳年12月7日	1785
159	吉井良秀口上覚壱通（寺社家出金取集めの御触書につき）	天明6年午8月朔日	1786
121	西宮・広田両社頭覚書控壱冊	天明6歳午8月8日	1786
327	吉井良秀口上覚壱通（社家高へ用金掛り候につき）	天明6年午8月8日	1786
74	広田・西宮幷末社境内惣間数之覚壱通	天明6年午8月13日	1786
316	銀子関係書類壱括	天明7年10月	1787
35	権殿遷宮次第壱通	寛政元年己酉4月24日	1789
36	西宮太神宮仮殿遷宮役附行列壱通	寛政元年己酉4月24日	1789
39	南宮八幡宮仮殿遷宮次第壱通	寛政元年己酉9月4日	1789
41	南宮八幡宮仮殿遷宮役付目録壱通	寛政元年己酉9月4日	1789
38	南宮八幡宮正遷宮役付行列壱通	寛政元年己酉9月29日	1789
40	西宮太神宮正遷宮役附壱通	寛政2年庚戌3月11日	1790
42	正遷宮次第壱通	寛政2年庚戌3月11日	1790
323	吉井良郷願状壱通(恵美酒神像開帳仕りたく)	寛政2年戌10月	1790
273	文久三年五月一日覚　幕末史関係壱括	寛政3年亥正月13日	1791
284	酒折宮寿詞壱通	寛政之3年云歳之正月	1791
90	寛政三年定書壱通（神子勤方につき）	寛政3年亥2月	1791
258	御開帳諸払之記壱冊	（寛政3年）亥6月18日	1791
146	西宮社頭定壱通（開帳につき）	寛政3年亥2月	1791

左京亮従五位下神奴連良行	—	1		380	2
臼井勘兵衛	西宮御神主吉井宮内殿	1		240	2
吉井采女	寺社御月番大嶋七右衛門様	1		451	2
社家東向斎宮良近	神主吉井宮内殿	1		294	2
中村祝部堀江左門	尼ヶ崎寺社御奉行所	1	神主奥書あり。	547	2
祝部堀江左門	神主吉井宮内殿	1	「神主吉井宮内」は吉井良知のこと。	566	2
田地売主中村右門・同村庄屋市兵衛	吉井和泉守殿	1		444	2
西宮社役人久世主水・同神主吉井和泉守	大坂御奉行所	1		462	2
雑訴人本八丁堀四丁目西宮社役人石川孫七	—	1		149	1
摂州西宮神主吉井式部	御奉行所	1		291	2
広田御炊役人平助・広田村請人清右衛門・口入広瀬右内	神主吉井和泉守様	1		578	2
神主吉井和泉守、社家東向斎宮、祝部田村伊左衛門・大森善太夫ほか5名、社役人辻左内	—	1		245	2
西宮神主吉井式部	寺社御奉行所	1		466	2
広田祝部広瀬右内	祝部仲間中・東向斎宮殿・神主和泉守殿	1		467	2
祝部伊左衛門倅田村万平	神主吉井和泉守殿	1		567	2
祝部善大夫倅大森数馬	神主吉井和泉守様	1		568	2
売り主夙村九左衛門・請人同村助三郎・庄屋庄兵衛	吉井和泉守殿	1		436	2
譲り主深川越中嶋町平助・組合証人半三郎・立合同所大嶋町長右衛門	平左衛門殿	1		479	2
—	—	1		218	1
本物主右門	吉井和泉守様	1		440	2
広田村祝部田村伊織	尼崎寺社御奉行所	1	神主奥書あり。	550	2
中村祝部大森数馬	吉井和泉守様	1		554	2
訴訟方松平遠江守領分摂州武庫郡西宮神主吉井式部病気ニ付代福野数馬・相手方清水領知泉州大鳥郡石津社神主陸野若狭病気ニ付代笹伊勢	寺社御奉行所	1		42	1

271	吉井良行告丹羽先生霊前詞壱通	宝暦8戊寅年春正月	1758
148	脇指寄進状壱通	宝暦8年寅7月	1758
320	吉井宮内口上書壱通（神主継目の節社頭之様子古格共御尋ねにつき）	（宝暦8年）寅7月	1758
196	神道裁許神文壱通（神道秘訣口伝の書共相伝に預かるにつき）	宝暦8戊寅年8月	1758
354	堀江左門由緒書	宝暦9己卯年正月	1759
373	堀江左門祝部職願	宝暦9年卯正月	1759
313	田地売券壱通	宝暦9卯年12月	1759
331	久世主水口上書壱通（大坂にて神像札賦与仕るにつきその旨御触成し下されたく）	宝暦10年辰9月27日	1760
67	西宮社役訴状壱通（奥州飯野村西宮神職宇佐見佐仲宗判奥印相除候儀につき）	宝暦11巳年8月	1761
194	西宮絵馬堂新建願壱通	宝暦11年巳9月13日	1761
385	田畑下作請書（広田御炊役人平助下作地につき）	宝暦12壬午4月12日	1762
152	銀子借用証文壱通（御本社御神物の内より拝借仕るにつき）	宝暦12年壬午11月晦日	1762
335	吉井式部願書壱通（御領分広田村広瀬右内、平生神役の勤方不埒につき急度仰せ付け下されたく）	明和元年申10月26日	1764
336	広瀬右内詫証文（私儀不埒の勤方につき）	明和元年申11月	1764
374	田村万吉《(平ヵ)》祝部職願	明和元年申11月	1764
375	大森数馬祝部職願	明和元年申11月	1764
305	田地売券壱通	明和元申年閏12月	1764
348	上納地面譲状壱通（深川越中嶋町平助持来候新田開発之地面凡千弐百坪貴殿方へ相譲り申すにつき）	明和4丁亥年2月	1767
129	吉井良信夫人葬送覚壱綴	明和4丁亥8月26日	1767
309	田地売券壱通	明和4亥年12月	1767
357	田村伊織由緒書	明和4亥年12月	1767
361	大森数馬由緒書	明和4亥年12月	1767
3	石津戎宮出入裁許請書壱通	明和5戊子年8月27日	1768

飯田多宮	吉井采女様	1		338	2
大沢兵部	吉井采女様	1		339	2
高津左近	大沢兵部殿・飯田多宮殿	1		345	2
西宮社役人嚢和田要人	—	1		358	2
嚢和田要人	御本社様・采女様	1		360	2
紅屋治左衛門	吉井左京佐（亮）殿	1	19点一括ヵ。寛保2～文政9。内容は最も古い史料より採録。	576	2
西宮・広田両社神主吉井左京亮	（大坂御奉行所）	1		104	1
嚢和田要人	吉井采女様ほか	2	2点目の史料より採録。	356	2
大沢兵部	吉井采女様	1		349	2
尾州名古屋服部民部	西宮御役所	1		326	2
広田祝部広瀬右内	田中清助様	1	神主奥書あり。	549	2
市庭町与二兵衛・仁兵衛ほか5名、同田地肝煎藤兵衛ほか	神主吉井左京亮殿ほか	2	内容は1点目の史料より採録。	427	2
—	—	1	内容は延享2年7月まで。	386	2
—	—	1	内容は元治元年まで。	446	2
—	—	1		133	1
—	—	1		135	1
—	—	1		136	1
東向左膳・東向斎宮	吉井左京亮殿	1		310	2
訴訟方摂州武庫郡西宮神主吉井左京亮	御奉行所	1		237	2
神主吉井左京亮・社役人惣代大森主水	広田村平兵衛殿・西宮理兵衛殿・寺本次右衛門殿	1		472	2
広田村治兵衛・同村吉兵衛悴平兵衛、同断年寄吉兵衛・清右衛門、庄屋弥兵衛ほか	御奉行様ほか	2	大庄屋の奥書あり。ほか神主宛。	276	2
中村治《(祝)》部橋《(ママ)》本右衛門	堀弥次右衛門様	1	神主奥書あり。	548	2
—	—	1	内容は文久3年9月まで。	421	2

234	飯田多宮口上覚壱通（蓑和田要人、勢州菰野御領分五十三ヶ村檀那場の取り扱い不法につき）	（寛保2年ヵ）戌9月	1742
235	大沢兵部口上之覚壱通（蓑和田要人、金子借用・檀那場取り扱い不法につき）	寛保2年戌9月	1742
241	高津左近追証文壱通（御役人中より御不審の筋御座候につき）	（寛保2年ヵ）戌9月	1742
252	蓑和田要人社役追放申渡書壱通	寛保2戌年9月	1742
254	配下不埒覚壱通（蓑和田要人配下不埒の行状書上につき）	寛保2年戌9月	1742
383	神子職関係書類壱括	寛保2戌年11月	1742
30	西宮開帳書類壱通	寛保3年亥6月	1743
250	蓑和田要人書状弐通	寛保3亥8月	1743
245	大沢兵部書状壱通（年始御礼御祓献上願いの儀などにつき）	寛保3年亥閏4月10日	1743
222	服部民部口上書壱通（上京・西宮御本社御開帳に参上仕りたく）	延享元甲子年5月11日	1744
356	広瀬右内由緒書	延享元甲子年7月23日	1744
296	社地開発手形二通	延享元年甲子8月	1744
276	隠居普請入用帳壱冊	延享元年子臘月	1744
315	銀子関係書類壱括	延享元年12月	1744
56	西宮太神宮上遷宮行列目録壱通	延享4丁卯3月10日	1747
58	西宮太神宮上遷宮役付壱通	延享4丁卯3月10日	1747
59	遷宮次第壱通	延享4丁卯3月10日	1747
209	東向左膳口上覚壱通（老年につき御両社上官の社家職忰斎宮に相譲り申したく）	寛延3午年9月21日	1750
145	吉井左京亮訴状壱通（泉州石津社より夷像札賦与致すにつき）	寛延4未年	1751
341	東山堀（掘）取箇所渡状壱通（広田御宮東ノ山ノ内に粘土これ有るにつき）	宝暦4年戌7月3日	1754
181	明礬掘出願弐通	宝暦5亥年5月	1755
355	橋本右門由緒書	宝暦5乙亥年12月2日	1755
290	銀子関係書類壱括	宝暦6年11月	1756

—	—	1		175	1
—	—	1	年代は内容より比定。	100	1
祝部大森主膳	吉井左京亮様	1		552	2
中村祝部大森主膳	田中清助様	1	神主奥書あり。	562	2
神主吉井左京亮、社家東向佐膳、祝部広瀬丈右衛門・田村伊左衛門ほか5名	嵯峨屋理右衛門殿	1		429	2
広田村売主茂左衛門・同村年寄吉兵衛・同村庄屋七右衛門	吉井左京殿	1		434	2
左京亮従五位下神奴連	参州吉田触頭司著藻	1		189	1
—	—	1		332	2
中西甚五兵衛・加賀嶋七郎左衛門	—	1		333	2
摂州西宮本社役人蓑和田要人茂広	当役触頭中	1		341	2
蓑和田要人	寺社御奉行所	1		325	2
—	—	1	3点一綴ヵ。	475	2
—	—	1		47	1
中村祝部大森主水	田中清介様	1	神主奥書あり。	565	2
蓑和田茂広	—	1		355	2
西宮配下橘町裏杉中治部	寺社御役人中様	1		343	2
杉中治部・服部民部・石崎織江ほか3名	吉井采女殿	1	飯田多宮・大沢兵部の奥書あり。	346	2
西宮配下名古屋橘町裏杉中治部	摂州西宮御本社代吉井采女殿	1		322	2
吉井采女	西永検校殿	1		323	2
飯田多宮・山本主膳	大沢兵部殿内取次	1		324	2
飯田多宮・大沢兵部	吉井采女様	1		327	2
山本主膳	吉井采女様ほか	2	2点目の史料より採録。	331	2
山本主膳	吉井采女様	1		337	2

93	勅許御礼物控壱通	享保19年12月	1734
27	官位蒙勅許候次第壱通(神主吉井左京亮良行)	(享保19年)	1734
359	大森主膳祝部職願書	享保20年卯2月26日	1735
369	大森主膳由緒書	享保20年10月朔日	1735
298	常夜燈明料寄進請書壱通(田畑売券・御手形請取につき)	享保20年卯12月24日	1735
303	畑地売券壱通	元文2巳年12月	1737
104	参州吉田触頭職免許状壱通	元文四年己未春3月望	1739
228	社家法度壱通(尾張様御條目)	元文5年2月6日	1740
229	公儀御條目壱通(社家職について相続・他出届けなどにつき)	元文5年2月	1740
237	蓑和田要人定書壱袋(西宮職分勤方につき)	元文5年申2月初午	1740
221	蓑和田要人宗旨一札壱通(御当地居住にて摂州西宮社役相勤めるにつき)	元文5年申4月	1740
344	神札賦与願壱綴	元文5年申5月	1740
4	吉田配下願添文案壱通	寛保元辛酉年8月12日	1741
372	大森主水由緒書	寛保元年辛酉11月5日	1741
249	蓑和田茂広誓詞壱通(蓑和田要人社役免許につき)	(寛保2年ヵ)戌2月26	1742
239	杉中治部訴状壱袋(檀那場飯田領相戻り申す様に仰せ付け下されたく)	寛保2年戌8月	1742
242	配下口上覚壱通(蓑和田要人不埒につき社役人相勤申さざるように仰せ付け下されたく)	寛保2年戌8月	1742
218	杉中治部済口証文壱通(檀那場・借金などの儀につき)	寛保2戌年9月2日	1742
219	銀子《(ママ)》預り証文壱通(西宮役人蓑和田要人借用金拾六両につき)	寛保2年戌9月	1742
220	銀子《(ママ)》預り証文壱通(社用金のため京都西永検校殿下の衆中官金のうち金三両六分につき)	寛保3(2)年戌9月	1742
223	飯田多宮・大沢兵部口上之覚壱通(堀田右内儀諸士方より返済の金子自分借金に引次返済の儀などにつき)	(寛保2年ヵ)戌9月	1742
227	山本主膳口上覚弐通	(寛保2年ヵ)戌9月	1742
233	山本主膳口上覚壱通(濃州恵那郡大井について、私檀那場のところ蓑和田要人賦与像代残らず御引取りにつき)	(寛保2年ヵ)戌8月	1742

西宮・広田神主吉井宮内、社家東向左膳、祝部大森太郎左衛門・広瀬丈右衛門ほか4名、願人辻重左衛門、神子長右衛門・源兵衛	庄田弥右衛門殿	1	広田村庄屋以下10名よりの願書とも一紙ヵ。	298	2
水掛り田地主仲之丁六左衛門・同丁助右衛門・馬場之丁治兵衛ほか22名	神主吉井宮内殿・惣社役人仲	1	連印のうち大庄屋以下12名は奥印ヵ。	296	2
神主吉井宮内良信、社家東向左膳、祝部大森太郎左衛門・広瀬丈右衛門ほか4名	—	1		299	2
神主吉井宮内、社家東向左膳、祝部広瀬丈右衛門・田村伊左衛門ほか3名、願人辻重左衛門	—	1		318	2
大森善太郎	吉井宮内殿	1		551	2
願主小網中善右衛門ほか	吉井宮内殿ほか	3	内容は1点目の史料より採録。	431	2
広瀬丈右衛門	吉井宮内殿	1		182	1
—	—	1		290	2
摂州西宮・広田社神主吉井宮内	御奉行所	2	高木村庄屋ほかよりの口上書とも2点一括ヵ。	75	1
松平遠江守殿領分西宮庄屋六左衛門・同所年寄代り善左衛門・同所浜庄屋茂左衛門ほか6名	御奉行様	1		79	1
摂州西宮・広田社神主吉井宮内	御奉行所	1		278	2
淡路・日向	摂州武庫郡村々寺院中・社家中・山伏中・庄屋・年寄	1		292	2
防州山口三原屋新兵衛・宮竹三郎左衛門、同国宮市磯部忠右衛門	吉井宮内様	1		430	2
地主浄円太郎兵衛	吉井宮内殿	1		439	2
—	—	1		125	1
神主吉井宮内	—	2	夷社・広田社禁制。	281	2
神主吉井左京ほか	—（ほか）	1	12点一綴ヵ。内容は嘉永7年4月まで。最も古い史料より採録。	465	2
—	—	1		127	1
冷泉家雑掌ほか	吉井左京殿ほか	1	4点一括ヵ。年代は冒頭、内容は1点目より採録。	544	2

200	旧地開発願壱通（広田社所替につき、唯今迄の社地跡境内の儀修理料のため畑地に仕りたく）	享保11年午3月24日	1726
198	納米請書壱通（御会殿所社地より修理料米神納の旨儀定につき）	享保11年午6月	1726
201	広西両宮神田神文儀《(議)》定壱通（広田社跡地ほか修理料の畑に仕るにあたり神納銀の儀につき）	享保11年午6月	1726
214	西宮社議定壱通（江戸支配所・散在願人役銭・江戸年頭礼につき）	享保11年丙午11月	1726
358	大森善太郎祝部職願書	享保12年未12月11日	1727
300	常夜燈明料寄進状三通	享保12未年12月22日	1727
98	広田古御社跡地開発証文壱冊	享保13年申10月8日	1728
193	広西両宮書上壱通	享保15年庚戌5月5日	1730
22	吉井宮内口上覚弐通	享保16年亥10月9日	1731
26	猪尾境界訴状壱通	享保16亥年10月	1731
183	西宮神主差出書弐《(ママ)》通（社家郷村々舟坂村山論につき）	享保16年亥10月	1731
195	寺社山伏江戸年礼触書壱通	享保16辛亥年11月	1731
299	金燈籠寄進請書壱通	（享保18年）丑正月16日	1733
308	田地返戻証文壱通	享保18年丑正月25日	1733
48	火大明神上遷宮行事壱通	享保19甲寅年仲春24日	1734
186	広西両宮禁制弐通	享保19年9月	1734
334	書状留書壱綴	享保19年9月	1734
50	吉井良行祝詞壱通	享保19年甲寅10月朔	1734
351	吉井良信御召状（御召状ほか）	享保19年甲寅11月25日	1734

摂州西宮・広田神主吉井宮内	寺社御奉行様	1		261	2
田村伊左衛門	神主吉井宮内様	1		560	2
祝部大森善右衛門	神主吉井宮内殿	1		559	2
西宮神主吉井宮内	祢津為右衛門殿	1		571	2
摂州河面村弥右衛門・世忰喜太郎・弥右衛門弟請状七郎兵衛・同村肝煎中友右衛門	西宮御社役中	1		575	2
東向左膳ほか	神主・祝部衆中ほか	2		313	2
神主吉井宮内・大森惣右衛門・同姓次郎兵衛ほか5名	—	1		321	2
中村祝部堀江忠兵衛	庄田弥右衛門殿	1	神主より庄田宛一札とも。	272	2
西宮社家職東向左膳	庄田弥右衛門殿	1	神主より庄田宛一札とも。	275	2
中村祝部大森次良兵衛ほか	庄田弥右衛門様ほか	1	8点一括ヵ。内容は最も古い史料より採録。	448	2
堀江忠兵衛	吉井宮内様	1		553	2
市庭町勘兵衛	吉井宮内殿	1		266	2
中村祝部大森忠右衛門	庄田弥右衛門様	1	神主→庄田宛奥書あり。	561	2
浦ノ町清二郎	吉井宮内殿	1		260	2
—	—	1		132	1
摂州西宮・広田神主吉井宮内	牧野因幡守様御役人中	1		48	1
—	—	1		134	1
神主吉井宮内ほか	越水村地主重兵衛殿ほか	2	ほか十兵衛より神主宛。	279	2
久保町地主樋口屋吉兵衛後家・同村証人樋口屋惣兵衛・同町組頭油屋理左衛門	小増屋庄左衛門殿	1		437	2
祝部橋本治大夫	吉井宮内殿	1		564	2
西宮・広田神主吉井宮内、社家東向左膳、祝部大森太郎左衛門・広瀬丈右衛門ほか4名、願人辻重左衛門、神子長右衛門・源兵衛	庄田弥右衛門殿	1	大庄屋以下12名よりの願書とも一紙ヵ。	297	2

168	吉井宮内口上覚壱通（夷散在願人へ免許証文交付仕りたきにつき）	正徳5年未正月16日	1715
367	田村伊左衛門祝部職願	正徳5戌《(未)》年10月17日	1715
366	大森善右衛門祝部職譲状	享保2年酉11月15日	1717
378	吉井良信口上覚（伐竹木の節届間敷の断りにつき）	享保2年酉□□24日	1717
382	関屋役人請証文	享保2酉年	1717
212	東向左膳口上覚二通	享保3いぬ年11月	1718
217	御神領米之連印状壱通（東向左膳御神領米配当の儀につき）	享保3戌歳	1718
177	神人差上証文壱通（祝部堀江忠兵衛由緒書上）	享保5年子·亥《(ママ)》4月	1720
180	先祖親類書壱通（東向左膳につき）	享保5年子4月	1720
317	社家祝部職関係書類壱括	享保5年子4月	1720
360	堀江忠兵衛社役譲願	享保6年丑11月23日	1721
173	社中水茶屋証文壱通（境内にて水茶屋仕るにつき）	享保7年寅6月朔日	1722
368	大森忠右衛門由緒書	享保7年寅11月	1722
167	家普請請一札壱通（木を植え申すまじき旨につき）	享保7年12月3日	1722
55	戎社・南宮下遷宮役人目録壱通	享保8年卯2月6日	1723
5	吉井宮内口上覚壱通（追放・所追払の者共所へ帰り候旨御赦免奉願候儀につき）	享保8年卯2月22日	1723
57	戎社・南宮上遷宮役人目録壱通	享保8年卯12月5日	1723
184	地替証文弐通	享保9年辰4月	1724
306	畑地譲状壱通	享保10巳年2月2日	1725
371	橋本治太夫祝部職願	享保10年巳11月11日	1725
199	鳥居跡借屋願壱通（鳥居跡の社地ほか除地につき修理料のため借屋・畑地に仕りたく）	享保11年午3月24日	1726

中村治部・浜庄太夫ほか社家3名・祝部5名	吉井宮内殿	1		239	2
関屋役人与市衛門・勘十郎	吉井宮内様・御社中	2	内容は古い方より採録。	463	2
—	—	1		129	1
—	—	1		130	1
西宮神主吉井宮内、社家中村治部・浜庄大夫・田中右衛門・東向刑部・鷹羽源太夫	洛陽京都亀井和泉殿	1		426	2
越水村善次郎親次郎左衛門	鷹羽源太夫殿	1	鷹羽→吉井宮内宛奥書あり。	319	2
西宮社家惣代東向刑部・同所神主吉井宮内	土田平重郎殿	1		277	2
田地売主吉井宮内、証人田地張《(帳ヵ)》面浜庄大夫・田中右衛門・東向刑部ほか	さなぎ九郎右衛門殿ほか	1	史料13点一括。内容は慶応2年まで。	432	2
中村大森大郎左衛門	神主吉井宮内殿	1		557	2
新井得参	西宮御神主吉井宮内様	1		159	1
伯家学頭臼井左忠平興胤	西宮神主とのへ・社家中	1		155	1
—	—	1	年代は内容より比定。	143	1
神祇伯家之雑掌岡本市之進・臼井左忠	西宮上官中・中官中	1		63	1
神祇伯家之雑掌岡本市之進・臼井左忠	西宮上官中・中官中	1		64	1
摂州西宮・広田神主吉井宮内	御奉行様	1		51	1
吉井宮内	御奉行様	4		50	1
摂州西宮祝部大森善衛門・大森惣衛門・堀江忠兵衛・大森太郎左衛門・田村惣左衛門	寺社御奉行様	1		52	1
摂州西宮・広田神主吉井宮内	寺社御奉行様	1		253	2
摂州西宮・広田祝部大森善右衛門・大森惣衛門・堀江忠兵衛・大森太郎左衛門・田村惣左衛門	寺社御奉行所	1		255	2
摂州西宮神主吉井宮内	御奉行様	1		254	2
—	—	1		53	1
—	—	1		49	1
西宮神主吉井宮内	河澄四郎右衛門殿	1		74	1
広瀬次郎左衛門	吉井宮内殿	1		558	2

148	西宮関屋役人壱通（関屋役人交代につき）	元禄13年辰2月28日	1700
332	関屋役人請書二通	元禄13年辰2月晦日	1700
52	夷之社下遷宮役人付目録壱通	元禄13辰年3月27日	1700
53	夷社上遷宮役人付目録壱通	元禄13辰年6月5日	1700
295	常夜燈明料寄進請書壱通（燈明油料として金子拾弐両受納につき）	宝永元年申11月20日	1704
215	黄衣神人次郎左衛門口上書壱通（悴善次郎祝部社役に罷り出でたく）	宝永3戌年2月18日	1706
182	広田馬落道標建石願弐通	宝永3戌年9月18日	1706
301	田地関係書類壱括	宝永6年丑4月25日	1709
364	大森太郎左衛門祝部職願書	正徳2年辰11月4日	1712
77	永代御祈禱勤仕帳壱冊	正徳3年巳正月20日	1713
73	伯家申渡之条々壱冊（神事祭礼奉仕などにつき）	正徳3年3月17日	1713
62	行列壱通	（正徳3年3月）	1713
12	吉井宮内改易状壱通	正徳3年巳4月26日	1713
13	西宮祝部職《(烏脱カ)》帽子装束停止申渡書壱通	正徳3年巳4月26日	1713
8	吉井宮内返答書壱通	正徳3巳年5月4日	1713
7	吉井宮内返答書四通	正徳3巳年8月26日	1713
9	広田社祝部返答書壱通	正徳3巳年11月11日	1713
160	吉井宮内訴状壱通(臼井左忠らの不法につき)	正徳3巳年11月11日	1713
162	西宮・広田祝部訴状壱通（神職相続仰せ付けられたきにつき）	正徳3巳年11月11日	1713
161	吉井宮内口上之覚壱通（御裁許御條目頂戴仕りたきにつき）	正徳4年午5月26日	1714
10	立札覚壱通（西宮・広田の制札・関屋の札につき）	正徳4年午6月13日	1714
6	神子役覚壱通	正徳4年午6月	1714
21	吉井宮内口上覚壱通（産所散在願人役銭不埒につき）	正徳4午年9月3日	1714
365	大森次《(ママ)》郎左衛門祝部職願書	正徳4午年12月11日	1714

—	—	1		137	1
摂州西宮夷之社人田中宇右衛門・鷹羽源之丞・吉井式部	寺社御奉行所	1		236	2
（西宮神主吉井宮内・上官社家中村治部・中官社家鷹羽源之丞）	（白川三位様御家荒木土佐殿）	1	差出・宛所は28日付「被仰渡候趣」より採録。	72	1
西宮神主吉井宮内・上官社家中村治部・中官社家鷹羽源之丞ほか	二俣作之丞様ほか	1	内容は1点目の史料より採録。	546	2
—	—	1		545	2
西宮神主吉井宮内、社家中村治部・田中右衛門ほか3名、（祝部）広瀬次良兵衛・堀江忠兵衛	御奉行様	1		274	2
西宮庄屋六左衛門、同年寄利右衛門・太郎兵衛、浜庄屋庄兵衛、同年寄茂左衛門・七郎兵衛ほか5名	—	1	宝暦13年正月の写しとあり。	181	1
広田村庄屋長兵衛、同年寄喜兵衛・新右衛門、越水村庄屋次郎兵衛、同年寄太郎兵衛・弥次右衛門	—	1		204	1
西宮庄屋六左衛門、同年寄利右衛門・太郎兵衛、浜庄屋庄兵衛、年寄茂左衛門・七郎兵衛ほか5名	—	1		206	1
祝子惣代判橋本久左衛門・社家惣代中村治部・神主吉井宮内	御奉行所	1	同年5月21日付神主・社家より伝奏白川様御家荒木土佐殿宛願書まで諸願書写し。	191	1
祝部大森善右衛門ほか	鷹羽源太夫殿ほか	1	元禄10年～天保5年の願書類写し	154	1
祝部大森善右衛門	鷹羽源大夫殿	1	鷹羽→神主宛奥書あり。	555	2
祝部大森惣右衛門	鷹羽源太夫殿	1	鷹羽→神主宛奥書あり。	556	2
—	—	1		124	1
社家中村治部・浜庄大夫ほか3名、祝部広瀬次郎兵衛・橋本九左衛門ほか3名	吉井宮内殿	1	享保3年2月21日の定書とも一冊。	201	1
社家中村治部・浜庄太夫ほか3名、祝子広瀬次郎兵衛・橋本久左衛門ほか3名	吉井宮内殿	1		247	2
広田宮役人庄次郎・弥次兵衛、広田村口入広瀬次郎兵衛	吉井宮内殿	1		270	2

60	遷宮行列次第壱通	元禄	1688
144	西宮社人口上覚壱通（神主・社人神像札賦与仕り閉門仰せ付けられ候につき）	元禄2年巳4月27日	1689
19	西宮神人申渡書壱通（西宮御社法につき）	元禄5年5月16日	1692
353	白川家書上	元禄5年申5月23日	1692
352	〔服忌令〕（元禄年中白川二位雅光卿より下し置かれ候御自筆本紙写）	元禄5壬申年6月9日	1692
179	鷲林寺境内社家支配願壱通	元禄5申年11月3日	1692
97	西宮寺社御改壱冊	元禄5申年12月18日	1692
118	広田社御改御吟味写帳壱冊	元禄5申年12月18日	1692
119	西宮社御改御吟味写帳壱冊	元禄5申年12月18日	1692
106	神子共之一巻（神子の者共神主・社家の下知を不承につき）	元禄8年亥3月10日	1695
72	祝部証札留書壱冊（跡目相続につき）	元禄10丑年7月25日	1697
362	大森善右衛門祝部職願書	元禄10丑年7月25日	1697
363	大森惣右衛門祝部職願書	元禄10丑年8月28日	1697
47	南宮上遷宮役人付目録壱通	元禄10年	1697
114	社頭定書壱冊	元禄11年寅年5月朔日	1698
154	拝殿勤番定書壱通	元禄11年寅年5月朔日	1698
175	広田宮役人物成請書壱通	元禄12卯年2月25日	1699

差出	宛所	数量	備考	旧番	収録巻
—	—	1		70	1
—	—	1		248	2
—	—	1	内容は安政2年まで。	215	1
家康	日本国中諸神社別当神主中	1		217	1
摂津国西之宮神主吉井宮内大夫・平田左京大夫、上官中村兵部大夫	酒井雅楽頭殿	1		271	2
—	—	1	宝永5・寛保元の追書あり。	184	1
伊丹屋喜左衛門・雑賀屋市郎左衛門	郡右衛門市右衛門殿	1		121	1
—	—	1		330	2
惣郡代中	—	1		187	1
かり主市左衛門・請人市兵衛ほか	吉井民部ほか	2		256	2
—	—	1		329	2
—	—	1		328	2
売主吉井民部・請人東向半四郎	千足源兵衛殿	1		257	2
売主吉井民部、請人東向半四郎・田中宇衛門、口入木津屋勘十郎	鞍懸浜浄円太郎兵衛殿	1		438	2
—	—	3	3点一括ヵ。	78	1
摂州西宮神社吉井式部（印）・鷹羽源之丞（印）	御奉行所様	1		71	1
摂州西宮神社吉井式部・鷹羽源之丞	御奉行所様	1	神主吉井陸奥守から御奉行所宛の写し	152	1
—	—	2	年代は内容より比定。	73	1
—	—	1		150	1
摂州西宮願人辻勘右衛門・中西太郎兵衛、社家鷹羽源之丞、神主吉井式部	御奉行所	1		179	1
摂州西宮願人辻勘左（右）衛門、中西太郎兵衛、社家鷹羽源之丞、神主吉井式部	御奉行処	1		208	1
中村地主九郎右衛門・同村年寄与次兵衛・同村庄屋四郎兵衛	大坂戎屋治兵衛殿	1		423	2
—	—	1	内容は慶応3年6月まで。	445	2

『西宮神社文書』第一巻・第二巻所収史料年代順総目録

番号	文書名	年代	西暦
17	広西両社年中神事壱通	元亀2年11月吉日	1571
155	広田社服忌令壱通	慶長15年	1610
127	古史徴抜書壱冊（吉井家譜・宣旨・位記・口宣案写）	慶長17年正月5日	1612
128	寺社法度書壱通	元和元年正月15日	1616
176	広西両宮覚壱通（西宮・広田両社由緒につき）	寛永11年4月28日	1634
99	社家中留帳写壱冊	寛文元年辛丑極月	1661
44	西宮遷宮用木覚壱通	寛文3年卯2月18日	1663
226	公儀御條目壱通（諸社禰宜神主法度）	寛文5年7月11日	1665
102	寛文六年御触書九ヶ條之写壱冊（神儒仏の在りようにつき）	寛文6丙午年8月	1666
163	合壁関係文書参《ママ》通	寛文7年ひつし3月10日	1667
225	公儀御條目壱通（道心者・行人ほか宗教者取り扱い方につき尾張藩達）	寛文7未3月18日	1667
224	公儀御條目壱通（尾張藩吉利支丹宗門禁制）	寛文8申年5(8)月8日	1668
164	田地売券壱通（字大田九畝拾三歩につき）	寛文8戊申年極月24日	1668
307	田地売券壱通	延宝4年辰ノ極月25日	1676
25	延宝検地雑々三通	延宝9辛酉年	1681
18	西宮神主訴状壱通（中西太郎兵衛、戎社本願と申すにつき）	貞享元年子9月	1684
70	吉井式部返答書覚壱冊（願人中西太郎兵衛と出入につき）	貞享元年子9月	1684
20	西宮造営覚三通	（貞享元年）	1684
68	広西両宮覚壱冊	貞享2年乙丑8月	1685
96	西宮定書壱冊	貞享2乙丑11月9日	1685
120	西宮定書控壱冊（社中神職・願人の職分につき）	貞享2乙丑11月9日	1685
292	田地売券壱通（上田七畝六歩につき）	貞享3年寅12月25日	1686
314	請状関係書類壱括（吉井家年季奉公人・人別送り状ほか	貞享5年8月13日	1688

【総監修者】

松本和明　1979年生まれ　静岡大学人文社会科学部准教授

【監修者】

井上智勝　1967年生まれ　埼玉大学教養学部教授
岩城卓二　1963年生まれ　京都大学人文科学研究所教授
梅田千尋　1970年生まれ　京都女子大学文学部准教授
志村　洋　1964年生まれ　関西学院大学文学部教授
中川すがね　1960年生まれ　愛知学院大学文学部教授
西田かほる　1964年生まれ　静岡文化芸術大学文化政策学部教授
幡鎌一弘　1961年生まれ　天理大学文学部教授
東谷　智　1970年生まれ　甲南大学文学部教授
引野亨輔　1974年生まれ　千葉大学文学部准教授
山﨑善弘　1968年生まれ　東京未来大学モチベーション行動科学部専任講師

【事務局】

戸田靖久　1975年生まれ　西宮神社文化研究所主任研究員
日向寺朋子　1991年生まれ　西宮神社文化研究所研究員

西宮神社文書　第二巻

清文堂史料叢書　第135刊

平成30年９月１日　初版発行

編　者　西宮神社文化研究所

発行者　前　田　博　雄

発行所
〒542-0082
大阪市中央区島之内2-8-5
清文堂出版株式会社
電話 06-6211-6265(代)　FAX 06-6211-6492
ホームページ：www. seibundo-pb. co. jp
メール：seibundo@triton. ocn. ne. jp
振替 00950-6-6238

印刷：亜細亜印刷　製本：渋谷文泉閣　装幀：森本良成

ISBN978-4-7924-1075-9　C3321